HISTOIRE

D'UNE

FAMILLE PROVENÇALE

MANOSQUE — IMPRIMERIE A. DEMONTOY

Œuvres posthumes de Camille ARNAUD

HISTOIRE

D'UNE

FAMILLE PROVENÇALE

DEPUIS

LE MILIEU DU XIVᵉ SIÈCLE JUSQU'EN M DCCC LXXXIII

RECHERCHES ET DOCUMENTS

SUR LA FAMILLE ARNAUD, DE FORCALQUIER

publiés par

CAMILLE ARNAUD

Maire de Forcalquier, Juge suppléant au Tribunal Civil
Officier de l'ordre royal de la Couronne de Roumanie

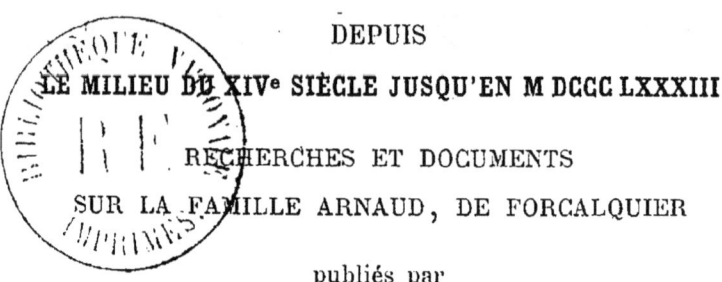

Le culte des ancêtres est une seconde religion.

TOME PREMIER

MARSEILLE
CHEZ E. CAMOIN, LIBRAIRE, RUE CANNEBIÈRE

M DCCC LXXXIV

C'est pour réaliser un désir de mon cher et regretté oncle, que je publie aujourd'hui ces deux volumes.

Je suis donc heureux et regarde comme un pieux devoir, de faire connaître aux nombreux amis et admirateurs de ce travailleur opiniâtre, cette œuvre, produit de dix années de travail, dans laquelle il s'attache à tirer de l'oubli les mœurs, les usages, les coutumes, les superstitions de nos aïeux.

C. A.

PRÉFACE

J'ai entrepris un travail qui paraîtra futile à beaucoup de monde et, peut-être, impertinent à plusieurs. Bien des gens diront qu'ils n'avaient que faire de l'histoire de ma famille, et qu'il faut être pourvu d'une bonne dose de fatuité pour s'imaginer qu'on perdra son temps à lire un ouvrage, dont on aurait fort bien pu se passer, attendu qu'il n'importe à personne.

A ceux qui parlent et agissent sans réflexion ces reproches paraîtront fondés. C'est à peine si l'histoire de quelqu'une de nos grandes familles serait lue. Sait-on pourquoi ? C'est parce que les évènements qu'elle rapporterait seraient déjà connus de la plupart des lecteurs, et que ceux qui resteraient en dehors du cadre historique seraient d'un médiocre intérêt parce qu'ils retraceraient des faits et une manière de vivre particuliers à certaine caste. Que sera-ce donc s'il s'agit d'une famille qui n'a, et ne peut avoir, de prétention à se faire distinguer ?

Mais il ne faut pas considérer mon œuvre sous ce point de vue. Quelque simple que soit le récit qui va suivre, et à raison des renseignements qu'il contient, il s'adresse à une classe nombreuse, j'oserai même dire au pays presque tout entier. Il intéresse la bourgeoisie aussi bien que le peuple, dans les rangs duquel elle se recrute continuellement. Il intéresse la noblesse non titrée, les simples gentilhommes qui se rapprochaient tant de la bourgeoisie et s'alliaient si souvent avec elle. La classe moyenne surtout est celle qu'elle concerne plus particulièrement, et c'est pour elle que j'écris. Toute famille bourgeoise, ayant quelque ancienneté, est sûre de trouver ici l'histoire de ses ancêtres, car, à part quelques différences résultant de l'inégalité des fortunes, le fond sera partout à peu près le même. Sauf quelques florins de plus ou de moins constitués en dot aux filles, des joyaux plus ou moins riches, des robes d'un drap plus ou moins fin, tout le reste sera pareil. Mœurs, usages, coutumes, superstitions, rien ne sera particulier à une race ; car, pas plus alors qu'aujourd'hui, une famille quelconque ne pouvait se flatter d'avoir quelque trait caractéristique qui put la faire sortir de l'inflexible niveau d'égalité qui pesait sur toutes les têtes. Je crois, au demeurant, qu'il en a été ainsi dans tous les pays et dans toutes les conditions. Nobles, bourgeois, paysans, ont toujours vécu chacun dans un milieu commun, de telle sorte que, dans chaque condition, l'histoire de l'un est bien réellement l'histoire de l'autre. Les rares exceptions à cette règle, s'il en existe, ne se rencontrent que dans les faits et gestes de l'ordre équestre, et encore la singularité qui peut se rattacher au nom de quelques individus de cet ordre, n'est due qu'à leur haute position, ainsi qu'à leur fortune, qui leur permettaient de mettre en évidence leur personnalité. Mais, à part ces exceptions que la constitution de la société rendait possibles, il ne reste rien de particulier.

Ainsi qu'on ne se hâte pas de me blâmer. Qu'on lise cet ouvrage, et qu'on le juge ensuite ; c'est tout ce que je demande. S'il contient quelques remarques curieuses quelques détails intéressants ; s'il fait connaître les usages de la société dans laquelle nos devanciers ont vécu, il aura atteint son but. Qu'importe qu'il prenne ses exemples dans les actes de mes ancêtres ?

On ne me fera pas l'injure de penser que j'ai écrit par vaine gloire. Mon origine n'est pas de celles dont on puisse se vanter, et, sauf des sentiments d'honneur et de probité dont j'ai hérité de mes pères, rien ne m'autorise à avoir des prétentions qui, d'ailleurs, seraient fort mal venues. Qu'on apporte donc à la lecture de mon œuvre la droiture et la simplicité que j'ai mises à la composer.

Encore un mot et j'ai fini ce préambule. Je n'ai pas la prétention d'inspirer une foi aveugle à ceux qui voudront bien me lire, mais j'affirme qu'on peut croire à la vérité des faits que je vais raconter. Ils sont pris exclusivement dans des actes notariés dont j'ai des copies. Jamais on n'écrivit l'histoire sur des documents plus authentiques, plus certains et plus véridiques.

CHAPITRE PREMIER

DE L'ORIGINE DU NOM D'ARNAUD

> Ad recognoscendos singulos nomina comparata publico consensu. (Cod. de ingenuis manumissis).
>
> Notre nom propre, c'est nous-même.
> (EUSÈBE SALVERTE)

SOMMAIRE

1. Usage du nom.
2. Sa définition.
3. L'invention du nom est liée à l'usage de la parole.
4. Manières dont les noms furent imposés. — Des enfants.
5. De l'homme à l'âge viril.
6. Dans l'origine, tous les noms ont eu une signification.
7. En général, l'enfant prenait le nom de son père.
8. Epoque où le surnom commença à être en usage.
9. L'imposition d'un nom à l'enfant fut accompagné de cérémonies religieuses.
10. Règles à suivre dans l'imposition des noms.
11. Exceptions qui y furent faites selon la Roque.
12. Ces exceptions n'ont jamais existé.
13. Défaut de prudence dans l'imposition des noms.
14. Distinction entre le nom propre et le surnom.
15. Epoque où l'on adopta des surnoms dans les classes inférieures.
16. Comment se formèrent les surnoms.
17. Inconvénients du défaut de fixité dans les noms.
18. Des changements de noms, ils sont dangereux et blâmables.
19. Un nom ne peut être imputé à déshonneur.
20. Origines des noms.

21. Noms empruntés du lieu d'habitation.
22. Des qualités du corps.
23. De celles de l'esprit.
24. Noms de malheureuse rencontre.
25. De vertus.
26. De stature et autres parties du corps.
27. De complexion.
28. Des nombres.
29. Noms pris de la nourriture.
30. Du pays.
31. Des dignités ecclésiastiques.
32. Des dignités séculières et féodales.
33. Des offices et charges.
34. Noms de bonne fortune.
35. Noms de joie.
36. De tristesse.
37. Noms procédant des arts.
38. Des couleurs.
39. De l'âge.
40. Noms d'amitié.
41. Noms de saints.
42. Noms de consanguinité et de famille.
43. Noms propres devenus noms de race.
44. Noms de nations.
45. De villes.
46. Noms venant de serment.
47. Noms tirés des évènements.
48. Noms tirés des mois.
49. Des saisons.
50. Des lettres de l'alphabet.
51. Des éléments.
52. Des astres.
53. Des pierres précieuses.
54. Des métaux.
55. D'église, chapelle, etc.
56. Noms d'ajustements.
57. D'instruments et de meubles.
58. D'habits.
59. Noms tirés des ustensiles.

60. Du blé et autres grains.
61. Noms provenant des actions.
62. Des arbres et des plantes.
63. Des fleurs.
64. Des fruits.
65. Des animaux.
66. Des oiseaux.
67. Des poissons.
68. Des insectes.
69. Utilité de cette nomenclature.
70. Origine du nom d'*Arnaud*.
71. Ancienne signification de ce nom, elle est injurieuse.
72. Autre signification plus noble.
73. Impossibilité qu'un grand nombre de familles ait pris volontairement un nom malhonnête.
74. Autres significations qui ne sont pas injurieuses.
75. Exemples de noms à signification injurieuse, ou vulgaire.
76. Arquabot.
77. Argail.
78. Albanel.
79. Artaud.
80. Bassac.
81. Baude.
82. Brachet.
83. Burdin.
84. Bouteille.
85. Bernard.
86. Bourillon.
87. Brochier.
88. Cambis.
89. Avis aux mauvais plaisants.
90. Origine méridionale des premiers qui portèrent le nom d'Arnaud.
91. Dans le Moyen-Age, ce nom fut un nom propre, il devint ensuite un nom de race.
92. Ancienneté de ce nom, il a fourni une foule d'hommes remarquables.
93. Exhortations et conseils à ceux qui le portent.

1. La loi romaine nous apprend à quoi servent les noms : *ad recognoscendos singulos nomina comparata*, mais elle ne les définit pas, car ce n'est pas définir que d'indiquer l'usage auquel une chose est destinée, au lieu de nous dire quelle est son essence et, par suite, quelles sont ses qualités et ses attributs.

Un auteur moderne donne du nom une définition exacte et conforme à la nature même du sujet. Voici ce que dit Eusèbe Salverte, dans un ouvrage peu connu quoique fort intéressant :

2. « Notre nom propre, c'est nous-même. Dans notre pensée, dans la pensée de ceux qui nous connaissent, rien ne peut en séparer notre être; on le prononce, et, soudain, blâme ou éloge, menace ou prière, haine ou affection, c'est nous qu'atteignent les idées et les sentiments que l'on y attache. Quelques syllabes insignifiantes, ou dont le sens ne s'applique sous aucun rapport à l'homme qu'elles désignent, suffisent néanmoins pour réveiller inévitablement le souvenir de cet homme, celui de son aspect physique, de son caractère moral, des actions et des évènements les plus remarquables de sa vie [1] ».

3. D'après le même auteur, « l'invention des noms propres n'appartient point essentiellement aux sociétés civilisées; elle est liée à l'usage de la parole. Il faut qu'un père distingue chacun de ses enfants, soit quand il leur parle, soit quand il parle d'eux en leur absence, et lorsque le geste ou l'inflexion de la voix ne suffit plus pour les faire reconnaître. Le signe distinctif qu'il emploiera ne peut être qu'un nom exclusivement propre

---

[1] Essai sur les noms d'hommes, de peuples et de lieux, tome 1, § 1, p. 1.

à la personne désignée. Le père, à son tour, reconnaîtra le nom qu'il recevra de ses enfants [1] ».

4. L'imposition d'un nom, soit à l'enfant qui vient de naître, soit à l'étranger avec lequel on se trouve en rapport pour la première fois, est donc une opération toute naturelle de l'intelligence. Mais elle ne se fait pas et ne peut se faire d'une manière uniforme. Au nouvel arrivant dans la vie, à l'enfant qui n'a ni profession, ni qualités morales, ni physionomie, ni souvent rien dans l'aspect physique qui le distingue d'un autre enfant, on donne un nom, rappelant un évènement passé, une circonstance présente, une crainte ou une espérance. Ainsi, Moïse signifie retiré des eaux ; le nom de Marie, sa sœur aînée, exprime l'amertume dont, à sa naissance, étaient abreuvés les Israëlites ceurbés sous le joug des égyptiens [2]. Benjamin, veut dire fils de la droite, de la puissance [3].

5. Mais, pour l'homme *fait,* il n'en était pas de même. En général, on le nommait d'après ses qualités physiques ou morales, sa profession, sa manière d'être, le lieu de son habitation, la place qu'il occupait dans la famille ou dans la société : en un mot, d'après une foule de circonstances qu'il serait impossible d'énumérer toutes [4].

6. Il résulte de là que, dans l'origine, les noms étaient tous significatifs, c'est-à-dire, que, indépendamment de la désignation spéciale attachée à l'individu, ils entraînaient avec eux l'idée d'un fait, d'un sentiment, d'une

---

[1] Essai sur les noms d'hommes, etc., t. 1, § 1, p. 4.
[2] Ibid. t. 1, § 11, p. 76.
[3] Ibid. § 14, p. 99.
[4] Ibid. § 11, p. 79.

qualité, d'une manière d'être, particulier à la personne ainsi désignée. Il s'ensuit dès lors, qu'ils n'étaient pas donnés au hasard et que, tous les noms, quels qu'ils soient, même ceux dont l'origine nous demeure inconnue, avaient une signification qui leur était propre.

7. Ordinairement, l'enfant prenait le nom de son père, en l'accompagnant d'un surnom qui put permettre de le distinguer des autres membres de la famille. Car il ne suffisait pas d'être nommé, il fallait encore qu'on put reconnaître à quelle race il appartenait.

Gilles de la Roque, dans son Traité de l'origine des noms, dit que : « ce n'est pas assez d'être né, si l'on ne porte les marques de la génération et de la descente que l'on tire de son père, par des marques sensibles de la filiation, à l'imitation du fils de Dieu même qui, s'étant incarné, reçut le témoignage de sa génération, à son baptême, par ces paroles[1] : *hic est filius meus dilectus, in quo mihi complacui*[2]. »

8. Cependant cet usage, particulier à certains pays, ne se généralisa qu'après que les diverses familles eurent adopté des noms patronymiques. Jusques alors, en France, ainsi que dans toute l'Europe, il n'exista que des noms propres. Le surnom, c'est-à-dire, celui qui s'applique spécialement à la famille, était inconnu, même aux gens haut placés. A ma connaissance, il ne commença à se vulgariser que dans le courant du XIIe siècle. Il est même fort probable que le peuple ne l'adopta que plus tard.

9. Du moment où les noms emportèrent une signification quelconque, il s'ensuivit que le fait de nommer

[1] De l'Origine du nom, chap. 6, p. 46.
[2] Mathieu, chapitre 3, v. 7.

l'enfant qui venait de recevoir le jour ne pouvait être une opération indifférente. Presque toujours, en effet, on l'accompagna de cérémonies religieuses. Il était naturel qu'on appelât la protection divine sur l'être qui débutait dans la vie. Cet usage est attesté par Eusèbe Salverte qui en rapporte des exemples pris dans la pratique de diverses religions [1].

D'après Gilles de la Roque, chez les hébreux l'imposition des noms se faisait par quelque mystère, ou suivant l'inclination de chacun, conformément aux avantages qui étaient désirés à la personne nommée [2].

« Les anciens, dit-il, ont toujours désiré que des noms insignes et remarquables fussent imposés à leurs enfants. Aussi les hébreux, les arabes, les grecs et les romains ont recherché des significations excellentes. Les derniers consultaient pour cela les oracles de leurs dieux profanes, et faisaient des sacrifices pour avoir révélation des noms précieux. Les grecs étaient même très-superstitieux à ce sujet. Ils présumaient que les noms d'Ariane, de Polixène, de Cassandre, de Pâris et d'Hector étaient des noms pleinement infortunés, comme ceux de Déjanire et de Faustine pour les femmes [3] ».

10 Pour les anciens, les noms avaient donc une grande importance et ils mettaient un soin tout particulier à les choisir. Les philosophes grecs eux-mêmes avaient tracé certaines règles dont tout homme sensé ne devait pas s'écarter. Les voici, telles que je les trouve énumérées dans Gilles de la Roque.

[1] Essai sur les noms d'hommes, etc., t. 1,, § 12, p. 84.
[2] De l'origine du nom, etc., chap. 6, p. 47.
[3] Ibid. chap. 45, p. 289.

« Epicure voulait que les noms fussent les effets de ce que les hommes s'étaient d'abord imaginés de chaque chose. »

« Nigidius le prend d'une autre manière dans Aulugelle : mais il convient avec Platon que les noms doivent être tenus plutôt pour naturels et fondés en raison qu'arbitraires. »

« Pythagore rapportait aussi leur première imposition à une souveraine sagesse. Et quand Aristote cherche si souvent la vérité des choses, aussi bien que les stoïciens, dans la propriété des noms, il montre bien qu'il n'approuvait pas non plus qu'eux qu'ils fussent donnés par hasard [1]. »

Les chrétiens, selon le même auteur, agissaient d'après des principes semblables. « Saint Jean Chrysostome improuve les noms fortuits et d'événements, en en souhaitant de solides et de raisonnables, tels qu'étaient les premiers qui ont été imposés selon la nature des choses qu'ils devaient exprimer. C'est pour cette raison que Platon, *in cratilo*, disait très-bien que c'est affaire aux sages d'imposer les noms aux choses [2].

11. Cependant Gilles de la Roque avoue que, dans la pratique, on ne s'est pas toujours conformé à ce que nous enseigne l'antiquité, et il prétend que, plus d'une fois, les noms furent donnés au hasard. Cette opinion, à mon avis, est contraire à la raison et à ce que nous apprend l'expérience, car on ne comprend pas que, dans aucun pays, alors que les hommes se formèrent en société, on ait pu désigner un individu par un nom qui n'avait aucune signification. Il est plus difficile qu'on ne

---

[1] De l'origine du nom, etc., chap. 6, p. 48.
[2] Ibid. ibid. p. 47.

croit d'inventer en matière de dénomination, aussi bien qu'en toute autre chose.

« Mais, dit Gilles de la Roque, parce que nous ne sommes pas éclairés d'une pareille connaissance des choses naturelles, telle qu'avait Adam qui avait donné le nom à toutes les créatures sublunaires [3] ; et qu'encore que nous le fussions, il nous serait difficile d'exprimer en un mot la nature de chaque espèce, et d'atteindre à leurs propriétés, il s'ensuit qu'il y a peu de noms qui manifestent la nature des choses; la plupart manquant de quelqu'une de leurs conditions, en sorte que plusieurs sont donnés fortuitement et sans y avoir fait réflexion. Ils signifient rarement la qualité du sujet. Ils sont plutôt de l'invention du peuple qui se contente de faire remarquer par le consentement commun ce que l'on veut donner à entendre [1].

Plus loin, après avoir rapporté l'opinion des philosophes de l'antiquité, il ajoute : « il est certain que les noms n'ont pas été imposés avec tant de raison, qu'ils soient justes et précis pour la signification de chaque chose, puisqu'il n'y en a aucun qui n'en explique plusieurs. Ainsi, l'on n'approfondit pas toujours si l'imposition des noms s'est faite casuellement ou avec connaissance de cause [2]. »

12. Laissant de côté ce que cette thèse a de général, pour m'en tenir à mon sujet, c'est-à-dire, à la manière dont les noms propres et les surnoms furent imposés, je crois pouvoir dire que le raisonnement de Gilles de

---

[3] Appellavitque Adam nominibus suis cuncta animantia, et universa volatilia cœli, et omnes bestias terræ. — Genèse, chap. 2, v. 20.

[1] De l'origine du nom, etc. chap. 6, p. 47.

[2] Ibid. ibid. p. 49.

la Roque est erroné et peu concluant. Il attribue au hasard certains noms dont il ne peut deviner le sens ou dont la signification est complexe. C'est pure insuffisance de sa part ; mais son ignorance ne prouve pas que tout nom dont la signification nous est inconnue, à cause des variations du langage, doive son origine à la fantaisie. Le caprice a pu s'en mêler, mais jamais il ne donna un nom vide de sens. Je le répète, cette conclusion est contraire aux enseignements de la tradition et de l'expérience.

13. Mais s'il est évident que le hasard n'est pour rien dans l'imposition des noms, il est également certain qu'on ne les a pas toujours donnés avec la prudence requise. Les pythagoriciens eux-mêmes, au dire de Gilles de la Roque, pour établir les beaux noms, les rapportaient à la fatalité, au génie ou à la région à laquelle conviennent les mœurs, les arts ou les esprits [1] ; ce qui, pour le dire en passant, constitue des bases fort peu solides. Quant à ceux qui n'avaient pas l'honneur d'être philosophes, les passions, les préjugés, certains évènements heureux ou malheureux, prévus ou survenus casuellement, des craintes, des espérances, y avaient une grande part, surtout chez le vulgaire qui attachait beaucoup moins de prix au choix des noms. Ce n'est qu'à l'occasion des grands et des riches que Scaliger a pu démontrer dans un de ces traités, *quanto studio veteres conati sunt ut insignia nomina liberis imponerentur*. Quant au peuple, il ne se conformait guère au précepte de saint Chrysostome qui ne voulait quedes noms solides et raisonnables ; et encore moins à celui de Platon lequel réservait aux sages le droit

[1] De l'origine du nom, etc., chap. 45, p. 290.

d'imposer des noms. Avec ce beau précepte, les trois quarts au moins du genre humain seraient demeurés innommés. Au reste, je ferai remarquer que, en fait d'imposition de noms, il arrive presque toujours le contraire de ce qui devrait être : le vulgaire nomme d'abord; viennent ensuite les savants qui expliquent la dénomination et la ratifient.

14. Quoiqu'il en soit, et sans m'occuper davantage de la théorie de Gilles de la Roque et d'Eusèbe Salverte sur le mécanisme de l'imposition des noms, je poursuis pour parler du nom, abstraction faite de son origine.

Gilles de la Roque, passant de la théorie à la pratique, distingue le *nom propre*, c'est-à-dire, celui qui est imposé particulièrement à un individu, pour le distinguer des autres, en tant qu'ils sont compris dans une même espèce, dont ils ont le nom commun avec l'essence ; et le *surnom* qui enchérit par-dessus le nom propre pour le discernement des familles [1].

15. J'ai déjà suffisamment parlé du premier. Quant au second, c'est-à-dire, au surnom, en d'autres termes, au nom patronymique, la Roque assure qu'il ne commença à être en usage que sur la fin de la seconde race de nos rois, lorsque la noblesse prit les surnoms de ses fiefs. Tel serait, d'après lui, le sentiment de Jean du Tillet, greffier du parlement, qu'il rapporte en ces termes :

« Que les nobles de France en l'an 987, et sur la fin de la lignée des Carlovingiens, s'attribuèrent des surnoms à cause de leurs fiefs ; que les rustiques et les serfs, qui n'étaient pas capables des fiefs, les prirent du ministère où il s'employaient, des lieux, des métairies

---

[1] De l'origine du nom, etc., chap. 6, p. 49.

qu'ils habitaient, et des métiers qu'ils exerçaient [1]. »

Un peu plus loin, la Roque, examinant la question de savoir si les noms sont plus anciens que les armoiries, avance qu'ils n'ont été héréditaires en France qu'environ sous le règne de Louis-le-Gros, c'est-à-dire, au commencement du XIIe siècle [2].

Ce que cet auteur dit de la noblesse s'applique aux classes inférieures. Ce n'est guère qu'à partir de cette époque et même sur la fin du règne de Philippe Auguste que, au dire de Mézeray, les familles commencèrent à avoir des noms fixes et héréditaires. D'après lui, les seigneurs et les gentilhommes, les prenaient le plus souvent des terres qu'ils possédaient ; les gens de lettres du lieu de leur naissance ; les juifs, quand ils se convertissaient, et les riches marchands, les prenaient de la ville de leur demeure.

16. Quant aux roturiers, ce qui a donné lieu à leurs surnoms, c'a été, aux uns, la couleur ou la manière du poil, l'habitude ou les défauts du corps, la façon des habits, ou l'âge, aux autres, la profession, l'office, le métier. A quelques-uns leurs bonnes ou mauvaises qualités, à plusieurs la province ou le lieu de leur naissance.

Je m'assure dit Mézeray, que qui voudra examiner tous ces chefs séparément, avouera qu'il s'en peut rarement trouver d'autres [3].

17 Le défaut de fixité dans les noms a répandu une grande incertitude sur toutes les généalogies et rendu plus difficile la preuve de l'origine de familles très-

---

[1] De l'origine du nom, etc., chap. 6, p. 49.
[2]   Id.   chap. 23, p. 127.
[3]   Id.   chap. 6, p. 51.

distinguées. Jean le laboureur de Blerenval, parlant du temps où les noms et les armes ont commencé d'être héréditaires, veut qu'il y en ait peu qui puissent prouver leur descente au-delà de cinq ou six cents ans, parce que les noms et les armes n'étaient pas héréditaires, mais seulement attachés aux fiefs que l'on habitait[1]. Je crois que c'était déjà beaucoup pour l'époque où écrivait cet auteur ; aujourd'hui peu de gentilhommes remonteraient aussi loin. Mais si le défaut de fixité du nom patronymique, ou, pour mieux dire, sa non existence, rend incertaine la filiation des familles titrées, la difficulté d'établir d'une manière solide la descente d'une famille bourgeoise est bien plus grande encore ; car, à partir du XIIIe siècle, les actes notariés manquent presque complètement, et ceux qui nous restent du XIVe siècle sont en petit nombre. Quant aux actes judiciaires anciens, ils ont presque tous disparus.

18. La Roque, en parlant de ceux qui méprisent leur nom et qui ont honte de le porter, dit que le changement de nom peut devenir préjudiciable, car il semble éteindre la race avant qu'elle le soit. Il donne un exemple frappant des inconvénients qui peuvent en résulter. Interprêtant ensuite un texte des livres sacrés, il prétend que l'Écriture Sainte blâme ceux qui suppriment leur nom, au lieu de se faire un bonheur de laisser après eux des enfants qui le perpétuent. « *benedictus dominus qui non est passus ut deficeret successor familiæ tuæ et vocaretur nomen ejus in israel*[2].

« C'est à ce sujet, dit-il, que Tertullien remarque

[1] De l'origine des noms, chap. 6, p. 50.
[2] Ruth, chap. 4, v. 14. — De l'origine des noms, etc., chap. 14, p. 94.

que les choses courent fortune de perdre leur substance alors que les noms leur sont ôtés. *Aliter accipiuntur, si aliter quam sunt cognominantur. — Fides nominum salus est proprietatum, etiam quum demutantur qualitates, accipiunt vocabulorum possessiones. Verbi gratia; argilla excocta testæ vocabulum suscipit* [1].

Cela signifie qu'il faut garder soigneusement le nom que nous avons reçu en naissant, quel qu'il soit, beau ou laid, sonore ou grossier, peu importe : qu'à le changer, il y a une sorte d'impiété envers nos ancêtres, le mépris du nom de nos pères ; et que, renier le nom qui nous rattache à eux est presque aussi odieux qu'une apostasie.

19. Ainsi, contentons-nous des noms que le sort nous a donnés, de peur d'en rencontrer un pire. Gilles de la Roque remarque, avec raison, dans son traité, que des noms qui semblent pleins d'opprobre, ne doivent pas être imputés à déshonneur à ceux qui les portent [2]. C'est là une grande vérité, qu'il faut proclamer hautement, surtout aujourd'hui où tant de personnes s'empressent de changer de nom, ou, tout au moins, d'allonger le leur à l'aide d'une particule ou d'un titre. Jamais on ne vit en France tant de gentilhommes. On se rue sur le *de* comme à la curée.

20. Gilles de la Roque attribue aux noms diverses origines qu'il est bon de connaître, bien que la nomenclature en soit un peu longue [3].

21. Les uns s'empruntent des lieux qu'on habite.

22. Plusieurs se tirent des qualités du corps, *ab*

---

[1] De carne christi, cap. 13. — De l'origine, etc., chap. 14, p. 95.
[2] De l'origine des noms, etc., chap. 1, p. 5.
[3] Ibid.   ibid. p. 4 et suiv.

habitu corporis, tels que Lebeau, Lebegue, Leborgne, etc. ;

23. D'autres se prennent des qualités de l'esprit, comme Bonhomme, Coquin, Doucepensée, Mauvais, etc.

24. Il y a des noms de malheureureuse rencontre : Ledangereux, Lepérilleux, Mauvoisin, Mauconduit, Mauduit, etc. ;

25. Il y en a de vertus : Lehardi, Levaillant, Gentil, Clément, Bonnechose, Lesage, etc. ;

26. On en remarque de stature et autres parties du corps : Legrand, Lepetit, Lenain, Testu, etc. ;

27. On en voit de complexion et de naturel : Ledoux, Lefort, Lemaigre, Legros, Levigoureux, etc. ;

28. On en voit qui sont pris des nombres : Livres, Quarto, Quarteron ;

29. D'autres de la nourriture, comme du pain : ainsi, Jean Pain, Mathieu Painante et Jean Painembouche, qui servaient dans l'armée royale en 1339 et 1340 ;

30. Il y en a qui représentent le pays, et non pas ce qu'on appelle le paganisme : comme Pierre Payen, Jean Payen ;

31. Il y a des noms qui tirent leur origine des dignités ecclésiastiques : Lepape, Lecardinal, Lévêque, Labbé, etc. ;

32. Il y en a qui viennent des dignités séculières et féodales : Lempereur, Leroi, Leprince, Leduc, etc. ;

33. Les offices et les charges ont donné des surnoms : comme Lejuge, Lemaire, Leveneur, Leseneschal, etc. ;

34. On remarque des noms de bonne fortune : Leriche, Bonaventure ;

35. Des noms de joie : comme Gaudin, à *gaudio ;*

36. De tristesse : comme Pleurs, Tristan ;

37. Des noms procédant des arts : Lefevre, Lecoutelier, Lemercier, Letisserand, etc. ;

38. Des noms de couleur : comme Lebrun, Brunet, Leroux, Leblanc, Lemore, Blondel, Hallay, Blanchard, etc. ;

39. Il y a pareillement des noms d'âge : Lenfant, Lejeune, Lainé, Levieux, Vieillard ;

40. Des noms d'amitié : Lami, Amat, Bentivoglio, Aimé ;

41. Des noms de saints : saint Amadour, saint Amour, saint Germain, etc. ;

42. Les noms de consanguinité et de famille sont aussi en usage : Lepère, Lamère, Legendre, Fillastre, Malfillastre, etc. ;

43. Beaucoup de noms propres sont devenus noms de race : comme Hubert, Renaud, Martin, Bernard, Artaud, Fouques, etc. ;

44. Il y en a qui ont en partage les noms de quelque nation : comme Lenormand, Lebreton, Ledanois, Lombard, etc. ;

45. D'autres ont des noms de villes ; Paris, Bordeaux, Toulouse, etc. ;

46. Quelques-uns ont des noms qui viennent de serment : Pardieu, Dieuavant, Bonnefoy ;

47 Il y en a qui se tirent d'évènement : Apelvoisin, Crevecœur, Dormans, Eveillechien ;

48. D'autres des mois : ainsi que Genuari à Naples, Febrarii en Sicile, Martii à Ferrare, Aprili dans la Pouille, May à Amiens, Agosto à Rome ;

49. D'autres des saisons : comme Hiver, Été ;

50. D'autres des lettres : Le B, L'O, Le Q ;

51. Des éléments : Deleau, Delarivière, Delamare, Desmarets, Doutreleau, etc. ;

52. Des astres : Solis, Luna, Létoile, Dujour ;

53. Des pierres précieuses : Emeraude, Rubis ;

54. Des métaux : Delor, Montdor, Montdori, Étain, Plomb ;

55. Ainsi, il y a des noms d'église : Chapelle, Moustier, Desmoustier, Lhopital ;

56. Des noms d'ajustements : Braverie, Gentil, Paré ;

57. D'instruments et de meubles : Spada, Épée, Canon, Lancy, Martel, Bourdon, Lachaise, etc. ;

58. D'habits : Chaperon, Collet, Capelle, Bonnet, Soulier, Chapdelaine ;

59. On voit aussi des noms tirés des ustensiles : comme Chaudron, Chaudière, Pot ;

60. On se sert pareillement du blé et autres grains pour des noms : Froment, Fromentin, Avoine, Orge, Graindorge, Blaru, Millet, Legrin ;

61. Les actions en ont même produit, ce qui se prouve, de Baillehache, Lebouleur, Portefaix, Taillebois, Taillefer ;

62. On en a tiré des arbres et des plantes : Crequier, Rosier, Pommier, Prunier, Perier, Noyer, Nogaret, Laforêt, Lasaussaye, etc. ;

63. Des noms de fleurs : Rose, Dulis, Marguerie, Marquetel, Florie, Malortie ;

64. Il y a des noms de fruits : Orange, Grenade, Oliva, Laprune ;

65. Des noms d'animaux ; Dulion, Lecerf, Labiche, Loup, Louvet, Desursins, Lebœuf, Lane, Lemouton, etc.

66. Des noms d'oiseau : Laigle, Lagrue, Faucon, Corbin, Lecoq, Poussin, Lacaille, Canvet, Cauvin, etc. ;

67. Ainsi l'on remarque des noms de poisson : Dauphin, Chabot, Luce, Lucy, Bar, etc. ;

68. Enfin, on s'est servi jusque des insectes pour en tirer des noms : comme Abeille, Lamouche, Papillon, Cigale, *Souris*[1], *Rat,* et autres qui vont à l'infini.

69. Telles sont les notions sur l'origine des noms en général. Avec leur aide il en est peu dont on ne puisse connaître la signification, car, ainsi que le dit Mézeray, celui qui voudra examiner tous ces chefs séparément, avouera qu'il s'en peut rarement trouver d'autres. Cependant il y a des exceptions et même assez nombreuses. Il en est sur lesquels les conjectures ne sont pas permises et qui, je le crains bien, se refuseront constamment à toute investigation. Est-ce, comme dit la Roque, parce qu'ils ont été donnés au hasard et qu'ils ne représentent point la qualité du sujet ? Je ne le crois pas. Quoiqu'il en soit, il en est bon nombre dont il est difficile, pour ne pas dire impossible de trouver la signification, perdue qu'elle est dans la nuit des temps. Car, dans l'origine, tous ont signifié quelque chose. J'arrive maintenant à mon sujet.

70. J'ai vainement recherché l'étymologie de mon nom dans l'étude des langues de l'Europe méridionale, car c'est là évidemment que je devais la trouver, si elle existe quelque part. Il m'est impossible, et cela par des motifs étrangers à toute fausse honte, de prendre au sérieux l'impertinente signification que du Cange y attache dans son glossaire. Je dois cependant en dire un mot, ne fut-ce que pour éviter cette peine à d'autres.

Cette signification, je le dis en toute humilité, est médiocrement satisfaisante pour ceux qui portent le

[1] Sic. La Roque. chap. 1, p. 14.

même nom patronymique que moi. Je les surprendrai beaucoup en leur apprenant que le glossaire dont j'ai parlé y attache une idée flétrissante. C'est un désagrément que quelques-uns d'entr'eux trouveront difficile à supporter. Mais qu'ils se consolent ! Un malheur divisé devient léger, et nous sommes nombreux ! Si la chose en valait la peine, je leur ferai voir qu'ils sont en bonne compagnie.

71. Dût notre amour propre en souffrir, voici comment s'exprime le glossaire : « Arnaldus, Arnoldus, *ganco, nebulo, homo nihili, scortator*. En français, *débauché, coquin, homme sans aveu*. Il rapporte les passages suivants des anciens statuts de deux villes italiennes, qui ont évidemment pris la partie pour le tout, en ce sens qu'ils ont attribué à tous ceux portant le nom d'*Arnaud* ce qui était, sans doute, le fait de quelques-uns d'entreux. « *Non debeant emere vel reducere aliquos fructus, nec aliqua ligna ab aliqua persona ignota, soldato, meretrice, Arnaldo vel Ribaldo, sub pæna solidorum IX pro quolibet et qualibet vice.* »

L'autre statut contient la disposition suivante : « *non fiat, nec teneatur aliqua barateria ludi taxillorum..... in aliquibus contratis nec parrochiis, nec domibus civitatis et confiniorum cumarum per aliquos stipendarios, baraterios, Arnoldos*, etc. » et le glossateur d'ajouter : « *hinc nostris Arnauder, Arnaldorum more agere, molestiam inferre, vexare.* »

Il rapporte le passage suivant : « *Jehan des Roches dit à Jean Courtois, tu me vas arnaudant, comme tu fis hier mon père, que tu affolas.* »

C'est déjà beaucoup de voir son nom associé à celui de Ribaud ; mais ce qu'il y a de pire, car on se console encore de passer pour libertin, tout le monde ne pouvant pas l'être, c'est que notre auteur se demande si ce ne serait pas de là qu'on appellerait *hernoux* un mari complaisant, et il cite à ce sujet trois vers d'un ancien poëme français composé par je ne sais qui :

> Hélas dolent, et que feray,
> Pour ly de tous gabbé seray,
> Et sire hernoux aussi clamé [1].

Enfin, dans le glossaire français, il est dit au mot *Arnauder :* chercher querelle, tourmenter quelqu'un ; du nom d'*Arnaud*, qui a signifié un débauché, un coquin, un homme sans aveu [2].

A coup sûr, de tous ceux qui portent ce nom réprouvé, et ils sont nombreux en France, surtout dans le Midi, pas un ne se serait douté de l'ignoble sens qu'on y attachait jadis. Moi-même, lorsque j'ai ouvert du Cange pour la première fois, j'en suis resté tout confus. Une chose néanmoins m'a consolé ; c'est que du Cange ne s'est pas rendu coupable de cette énormité ; c'est son continuateur Carpentier dont, malgré toute la science, je récuse l'autorité.

72. Cependant, ainsi qu'il y a des remèdes pour tous les maux, des lénitifs pour toutes les douleurs, le savant du Cange donne un dédommagement à mon amour propre froissé. L'antidote se trouve à côté du poison. Compensant amplement la brutalité de son continuateur, il attribue à mon nom une origine beaucoup plus élevée. Des hauteurs où il nous a placés, nous pauvres *Arnauds* si humiliés, nous pouvons répondre par le dédain à nos misérables détracteurs, et les

---

[1] Du Cange, gloss., sup. V° Arnaldus.
[2] Ibid. gloss. franç. V° Arnauder.

accabler du poids de notre supériorité. Voici le passage de Ducange :

« Arno. Belgis idem quod aquila. Hinc Arno seu Arnoldus elnonensis abbas, deinde saltzburgensis archiepiscopus apud alcuinum epist. 34 et 104, aquila vocitatur. Prior ita inscribitur : *aquilæ antistiti albinus;* posterior vero : *dulcissimo fratri et sanctissimo prosuli aquilæ. Hinc factum,* inquit Mabillo, in actis ss. Benedict. sæc. 4, part. 1, pag. 64, *ut ad annum* 714. *Scripserim aquilam hunc distinguendum esse ab Arnone. Quem locum cum ligisset vir doctus domnus Landoaldus de Kimpen, monachus elnonensis, amicus meus, monuit me sibi videri aquilam non alium esse ab Arnone. Germanicum seu flaudricum nomen esse Arnout; ex quo ducta synomina Arnulphus, Arnoldus et Arno seu Arnonus; addita aspiratione germanis et flaudris familiari, fieri harent : quæ vox aquilam significat. Similia habet Molanus ad diem 16 Augusti, ubi des Arnulpho. Hic aliis que consideratis addutus sum, ut credam Arnonem et aquilam unius et ejusdem esse nomen duplex, alterum Germanicum, alterum Latine redditum pro moræ illius œtatis.* Rem firmant aelfricus in glossario, et sonnerus in dictionario anglo-saxonico, quibus *earn* aquilam significat[1]. »

Notre nom est donc synonime de celui de l'aigle, l'oiseau de Jupiter : celui que les Romains portèrent sur leurs piques triomphantes ; celui qui décore les enseignes des puissants souverains de Russie, d'Autriche et de Prusse ; celui que Napoléon promena par le monde et qui, lors de sa chûte, remonta vers les cieux.

[1] Du Cange, gloss. V° Arno.

Ainsi, nous voilà réhabilités et vengés ; et par qui ? Par le savant du Cange, par l'illustre Mabillon, les hommes les plus versés dans la connaissance des langues anciennes que la France ait produits. Après cela, que m'importent, et l'autorité de Carpentier, et celle des statuts de deux infimes villes italiennes, et le texte malhonnête de quelques méchants bouquins ! Les princes de la science ont parlé ; il n'y a plus qu'à s'incliner et à se taire,

73. Mais trêve d'autorités, et raisonnons. Peut-on en conscience, admettre qu'un si grand nombre de familles, car j'établis en fait que le nom d'*Arnaud* est le plus répandu de tous ceux usités en France, principalement dans le Midi, peut-on admettre, dis-je, qu'un si grand nombre de familles ait consenti à prendre, pour les distinguer des autres, un nom déjà flétri ? Cela est impossible à croire, impossible même à supposer. Il faudrait bien peu connaître l'espèce humaine pour soutenir que quelques-uns de nous se sont affublés, de gaieté de cœur, d'une épithète déshonorante ou d'une qualification ridicule. Tout au plus pourrait-on dire qu'on la leur a imposée. Mais alors il eut fallu que le nombre des libertins, des méchants et des maris commodes eut été bien considérable ; et, quoique je ne sois pas très-profondément convaincu de la sainteté de notre espèce, il me paraît difficile d'admettre qu'il se soit trouvé tant de mauvais drôles qu'on aurait marqués d'un surnom qualificatif, ainsi que d'un fer chaud.

74. Des auteurs un peu plus morigénés donnent au nom d'*Arnaud* une signification qui n'a rien de déshonorant, mais qui prête seulement au ridicule. Ils enten-

daient par là des gens simples d'esprit : *tanquam fatui et idiotæ*. C'est toujours autant de gagné [1].

D'autres l'entendaient dans un sens plus favorable. « *Per filios Arnaldos, intelliguntur hi, qui novissime post alios ordinem nostrum sunt professi, quasi tirones. Quod quidem vocabulum, quod et ipsum gallicum est, in terra sancta frequens et commune fuit. Nam qui illic ex patribus* [2] *christianis nati erant, polani dicebantur, qui vero in partibus citramarinis nati eo veniebant, ab eis filii Arnaldi vocabantur.* » — Jacobus de vitriaco. Lib. 1. historiæ hierosol. C. 72. — Sanutus. lib. 3. part. 8. C. 2 et 5.

Voilà une amélioration. D'après ce texte, les *Arnaud* auraient été ceux qui seraient nés dans une contrée transmarine ; ou, peut-être, le premier d'entre eux serait-il arrivé un peu plus tard à la croisade. J'accepte ces deux significations.

En voici une autre également innocente :

Erat autem ibi ad illam obsidionem (cremæ) quædam magna societas solummodo pauperum et egenorum insimul congregata, qui derisione filii Arnaldi appellabantur. » — Otto Morena in hist. Rerum Laudensium, p. 46 [3].

On peut, si l'on veut, tenir pour vraie l'opinion de cet auteur. Elle ne blesse nullement l'amour propre, elle n'attente pas à notre dignité personnelle. Nous sommes issus de gens pauvres : ce fut un malheur pour nos ancêtres ; ce n'en est pas un pour nous. Pauvreté n'est pas vice ; tout au plus est-ce un défaut.

75. Notre nom n'est pas le seul dont les anciens

---

[1] Du Cange, gloss. V° filii Hernaudi.
[2] Le texte porte *patribus*. Je crois qu'il faut lire *partibus*.
[3] Du Cange, gloss. V° filii Hernaudi.

eussent fait une épithète mal sonnante. S'il se trouve en France quelque malheureux nommé *Arlot*, il saura qu'il comportait jadis la même signification que celui d'*Arnaud*.

« Arlotus, italis *arlotto*, helluo ventri deditus ; nostris arlot, ganco, nebulo, homo nihili. Gallice, *fripon, coquin. — Guillerma serviens aut pediseca uxoris andreæ Bossati dixit prædicto andreæ : ha ! andrea socie, qualiter de ille Arlotto Johanne auriga seu carraterio fui associata. — qui pronominatis exponentibus animo irato dixit : unde venitis vos alii Arloti et Ribaldi... vos mali Arloti in fide mea luetis de corpore. — Cui Arnauldo dictus Raymondus replicavit, tu mentiris, arlot, grosso mal nez. — Icellui pierre appellast le suppliant Arlot, tacain, Bourc ; qui vaut autant à dire en langaige du pays de par delà, garçon, truant, bastart[1] »*

76. « Arquabot idem sonat. *Jehan le piccart avait dit que Jehan de deux vierges escuier suppliant estait Ruffien et Arquabot*[2]. »

77. Le nom argail-argalhier emporte aussi une signification burlesque. « *Argalia, instrumentum quo liquores injiciuntur in vesicam, quod seringa dicitur.* » C'est l'engin dont Molière arme ses matassins dans Monsieur de Pourceaugnac[3].

78. Albanius, et ses nombreux dérivés, Albin, Aubin, etc., signifiait un homme sans aveu. « *Judicavit omnis curia, quod nullus alius albanius esset dicendus, nisi is qui per terram ibat, et in ea nec parentem, nec*

[1] Du Cange, gloss. sup. V° Arlotus.
[2] Ibid.   ibid.   ibid.
[3] Ibid.   ibid.   V° argalia.

amicum, nec hospitem ullo modo habebat, nec in illa terra nisi transeundo habitabat [1].

79. Artaud, vient probablement du latin *artavus*, signifiant *canif, couteau*. « Artavus, cultellus acuendis calamis scriptoriis. »

« Idem Jacobus habebat unum parvum artavum, gallice canivet, et volebat percutere dictum matheum per ventrem [2]. »

80. Bassac, est tiré de *Bassacha*, ce qui veut dire, en provençal, paillasse, sommier. « Apud cameram capellani lectum unum de Bassacha [3]. »

81. Baude, vient de *Bauditor*, signifiant traitre, malfaiteur, coupable de crime capital. « Volumus præterea et mandamus, ut nullus violatores pacis manuteneat, nec raptores; nec aliquis qui sit Baudator appellatus, sit sub hac pace, nisi voluerit se purgare ad cognitionem curiæ nostræ. — Ex edicto pacis Jacobi Regis Aragoniæ. »

Delà, Bausiare, Bosiare, in dominum insurgere, foris facere; et *Boiser* en vieux français.

    Del vieil fromond le vieillart tretor,
    Qui a Boisié son droiturier seignor.

et

    Il li escrie, torne à moi renoiez
    Par meinte fois as envers moi Boisié.

                                             (Roman de Garin) [4].

82. Brachet, vient de *Brachettus*, canis sagax, indagator, vulgo *Brac*. « Concedo eis 2 leporarios et

---

[1] Du Cange, gloss. V° Albanius.
[2] Ibid. V° artavus. — Sup. V° artavus.
[3] Ibid. V° Bassacha.
[4] Ibid. V° Bauditor.

4 *bracetos* ad leporem capiendum. » — Charta Henrici II Regis Angl[1].

83. Burdin, vient de Burdinus, Burdones. « Asini, seu, ut allii censent, qui ex equo et asina nati, muli, e quibus genitos mares, hinnulos antiqui vocabant. »

Burdonem producit equus conjunctus asello,
Procreat et multum junctus assellus equo[2].

84. Bouteille, signifie boîte ou Bouteille, indifféremment[3].

85. L'un des noms les plus malheureux est celui de *Bernard*.

« Bernarius, minister ad quem canes in ursis venandis usurpati spectabant. Hinc olim apud nostros male acceptum videtur nomen *Bernart*, quibus idem sonabat quod stultus, hebes, ineptus ; unde *être tout Bernart de quelqu'un* dicebant, pro alicujus amore insanire, habescere. — *Lambert, Lambert tu as enchanté ou ensorcelé mon frère, il est tout Bernart de toi, et te monstre plus grant amour qu'il ne fait à moi.* »

Lequel Duchesne répondit au dit Bernart qu'il n'était point coquart ; mais que le dit Bernart estait bien coquart, Bernart, et tous sos : car il n'est si mauvaise cornardie que sotie[4]. »

Aujourd'hui ce mot a quelque peu changé de sens. Au lieu de signifier l'insanité d'amour, il n'est plus que le synonyme de vains désirs. Tout provençal connait le sens que, dans notre langue, on doit attacher à cette expression *estre enbarnat*.

[1] Du Cange, gloss. V° Bracetus.
[2] Ibid.   V{is} Burdones. Burdo.
[3] Ibid.   V{is} Buta. Butella.
[4] Ibid.   V° Bernarius.

86. Bourillon, vient de l'art de tondre les draps. « *Item quod Borrellinos, id est, quod in mundando panno de eo cum forticibus elevatur.* »

« *Item nullus audeat pannum venalem facere, vel quomodo libet adaptare de borra, seu de pessolis, aut de reboilliis, vel de Borilionibus quibuscunque*[1]. »

87. Brochier, est synonyme de *Brocherius*, c'est-à-dire, *Macellarius*, boucher [2].

88. Cambis, veut dire *Canabis*, chanvre [3].

89. J'aurais pu pousser plus loin cette énumération, que je ne fais que par esprit de corps. Elle fera voir aux *Arnauds* qu'ils ont des compagnons d'infortune ; et elle apprendra aux mauvais plaisants qui auraient envie de rire à leurs dépens, qu'ils ont bec et ongles pour se défendre, et, de plus, un arsenal dans lequel ils trouveront toutes sortes d'armes. Les malins n'ont donc qu'à se tenir cois, ou ils risquent de s'en repentir ; car quel est celui qui peut se flatter de connaître l'origine et la signification de son nom ? et qui sait si, sous l'appellation la plus honorable en apparence, ne se cache pas une idée biscornue ? Je pourrais monter toute une ménagerie rien qu'avec des noms propres ; je ne parle pas de ce que je pourrais faire encore.

90. Je reviens à mon nom. Je crains qu'il ne soit du nombre de ceux dont la signification est complètement perdue. Je crois qu'on ne la retrouvera jamais. Il est également impossible de savoir de quel pays nous venons. Tout ce que je puis dire c'est que, si l'on s'en rapporte au teint et à la couleur des cheveux, qui sont

---

[1] Du Cange, gloss. sup. V° Borrelio.
[2] Ibid.   ibid.   V° Brocherius.
[3] Ibid.   ibid.   V° Cambis.

presque toujours noirs, nous devons avoir une origine méridionale. En effet, je n'ai jamais vu un *Arnaud* qui fut blond. Il est incontestable qu'il y a du celte dans la plupart des familles de Provence, mais le sang du Midi l'emporte. Quant à nous, j'établis comme positif qu'un véritable *Arnaud*, un *Arnaud* non adultéré, doit être brun, et que son teint doit contenir un léger mélange de bistre. Cela étant, il en résulte que nous venons du Midi ; mais d'où et quand ? Dieu le sait !

91. Ce qu'il y a de certain, de vrai, d'irrécusable, c'est que le nom d'*Arnaud* était un nom propre avant de devenir un nom de race, ou surnom. Il en a été de cette appellation comme d'une foule d'autres qui sont devenues, en quelque sorte, le patrimoine d'une famille. Ainsi de Renaud, Hubert, Martin, Bernard, Artaud, Robert, etc. [1]. Quant au nom d'*Arnaud*, j'ai trouvé un grand nombre d'actes des XIIIe et XIVe siècles, et des siècles suivants, dans lesquels il figure comme nom de baptême. Il n'y a pas très-longtemps qu'il a cessé d'être en usage. C'était, sans aucun doute, un nom de saint, qui est porté peut-être dans le martyrologe, à moins que le glossaire de du Cange ne l'en ai fait expulser.

92. Quoiqu'il en soit, ce nom remonte à une haute antiquité. Il a appartenu à une foule d'hommes célèbres, ou remarquables dans divers genres. Poésie, sciences, théologie, médecine, guerre, les hommes de ce nom ne sont étrangers à rien et peuvent prétendre à tout. Il n'en est pas qui ait été plus fertile en intelligences d'élite.

93. Ainsi, vous tous qui avez un nom semblable au mien et, peut-être une origine commune, *Arnold*, en Allemagne ; *Arnal*, en Angleterre ; *Arnaud, Arnould*,

---

[1] De l'origine des noms, etc., chap. 1, p. 10.

Arnoux, en France ; *Arnaldo*, en Italie ; *Arnau*, en Espagne ; soyez fiers de votre nom et portez-le dignement. Il a appartenu à des princes, des gentilhommes, des cardinaux, des prélats, à des hommes de toutes les classes et de toutes les conditions. Que s'il fut quelquefois en mauvaises mains, qu'importe ! En ce monde, le mal n'est-il pas toujours à côté du bien ? Ne vous inquiétez donc pas des commentaires des savants ! méprisez les sarcasmes des sots ! Mais, surtout, ne maudissez pas l'imprudent, le maladroit qui, par un étalage intempestif d'érudition, a révélé un mystère que nul ne songeait à approfondir ! Pardonnez-lui, car son plus vif désir, son plus sincère souhait, est de vivre en paix avec tout le monde !

CHAPITRE II

ARNAUD, PIERRE Ier

Steti ubi defuit orbis.

SOMMAIRE

94. Pierre Arnaud.
95. Epoque de sa naissance incertaine.
96. Sa demeure. On ne sait rien de plus sur lui.
97. Sa fortune.
98. Droit de retrait exercé par Pierre Arnaud sur une propriété baillée à emphytéose par ses ancêtres.
99. Désinence des noms patronymiques.
100. Du florin. Renvoi.
101. Du droit de retrait. Sa définition. Dans l'origine, il était limité aux possesseurs de fiefs.
102. Il s'étendit aux choses non nobles.
103. Les roturiers pouvaient exercer le retrait.
104. Nature du bail à emphytéose en Provence. Son nom donnait ouverture au droit de prélation, différent du droit de retrait.
105. Exercice du droit de retrait.
106. Publicité des actes notariés.
107. Administration de la justice sur la place publique.
108. Qualification de *nobilis*. Sa signification.
109. Défaut de signature des actes par les parties.
110. La signature du notaire n'était pas indispensable. Manière de signer.
111. Du *sumptum* et de l'*extensorium* ou *plenum*.
112. Forme du *sumptum*. Ce qu'il contenait.
113. Forme de l'*extensorium*. Ce qu'il contenait.
114. Des notaires apostoliques.
115. Raison du défaut de signature des notaires.
116. Signes adoptés par eux.

117. Formules usitées dans les actes.
118. Interversion des actes dans les extensoires.
119. Causes de cette interversion.
120. Rareté de ponctuation dans les actes.
121. Faculté pour certains notaires d'instrumenter dans toute la Provence.
122. Qualité du papier dont ils se servaient.
123. Formes différentes employées pour des actes de même nature. Raison de ces différences.
124. Acte à formes simples. Ratification de vente par le seigneur foncier. Exemple.
125. Remarques sur cet acte.
126. Cherté de l'or dans le XIVe siècle.
127. Cours du florin de Florence en Provence.
128. Viguier du seigneur. Quelle était sa fonction.
129. Forme de l'investiture de la propriété.
130. Délai donné au seigneur foncier pour exercer le retrait.
131. Défense d'aliéner la chose censivée à des gens de main-morte.
132. Acte à formes compliquées. Vente. Exemple.
133. Valeur de la reconnaissance faite hors jugement.
134. Renonciation à l'action en rescision pour lésion d'outre-moitié. Manière dont on éludait la disposition du droit romain qui accordait cette action.
135. Cessions diverses faites par le vendeur à l'acheteur, notamment *de calumnia jurare*.
136. Jusqu'à la tradition réelle, le vendeur déclarait tenir la chose à titre précaire.
137. Rétention par le vendeur de l'usufruit d'une heure sur la chose vendue. Symbolisme de cette clause.
138. Stipulation de garantie. Clause singulière qui y est ajoutée.
139. Soumission du vendeur à payer les dépens, et dommages-intérêts encourus par le fait de l'inexécution de la convention. Manière de les liquider.
140. Renonciation de la part du vendeur à certaines exceptions, de l'exception *oblationis libelli ac simplicis petitionis*.
141. Exceptions relatives aux fêtes des moissons et des vendanges.
142. Mélange des juridictions en Provence. Papes, rois et empereurs.

143. Renonciation des parties à attaquer l'acte pour faux intellectuel. Raison de cette clause.
143 *bis*. Renonciation au bénéfice de la minorité. Serment prêté par les parties.
144. Insuffisance d'une renonciation générale. La renonciation spéciale seule était valable. Moyen d'éluder la règle.
145. Pouvoir donné aux notaires et aux jurisconsultes de corriger et refaire les actes. Inconvénients de cette faculté.
146. Exemple du haut prix de l'or au XIVe siècle.
147. Exemple de substitution et de révocation conditionnelle d'institution d'héritier.
148. Sens du mot *gadiator* employé dans les testaments.
149. Vente de services fonciers. Exemple.
150. Faculté pour les religieuses d'acquérir et d'aliéner avec le consentement de leurs supérieurs.
151. Taux de l'intérêt en 1345.
152. Forme du bail à emphytéose ou *acapit*.
153. Sens particulier du mot *acapit*.
154. De l'origine du bail emphytéotique. Pureté de son titre.
155. Ce bail était à l'usage des roturiers aussi bien que des nobles. Exemples.
156. Influence du droit féodal sur le bail emphytéotique. Renvoi.
157. Nature des prestations imposées par le bailleur en emphytéose.
158. Perpétuité du bail emphytéotique.
159. Terres de franc aleu; nombreuses.
160. Le bail amphytéotique constituait une véritable aliénation. Le bailleur ne s'y réserve que le cens et le droit de lod. On ne prévoyait jamais la résolution du contrat pour défaut d'accomplissement des conditions.
161. Du sur cens. Ce que c'était.
162. Nature de l'*acapit*.
163. Rôle symbolique de l'*acapit*. Cas où il représentait le prix de la chose aliénée. Exemples.
164. La vente de la chose baillée à emphytéose donnait lieu au droit de lod.
165. Les roturiers percevaient le droit de lod sur les biens par eux baillés à emphytéose. Exemples.
166. Le mari et la femme ne pouvaient s'obliger par le même acte,

167. Lod et trézain sont synonimes. Signification du mot lod ou *laudimium*.
168. Du contrat d'échange. Il donnait ouverture au droit de lod.
169. Ratification donnée par une femme à l'aliénation d'un bien dotal faite par son mari.
170. Le notaire instrumentant stipulait pour la partie absente. Fréquence de cette stipulation. Qualité en laquelle elle était faite.
171. Soumission des parties à la juridiction des tribunaux qu'elles désignaient.
172. Soumission à la contrainte par corps.
173. Juridiction des divers tribunaux.
174. Pourquoi cette juridiction était-elle déterminée dans les actes.
175. De la cour des Comptes; *curia cameræ rationum*.
176. Exemple de soumission à diverses juridictions.
177. Cour du Maréchal du pape.
178. Faculté pour le créancier de poursuivre son débiteur en même temps devant deux tribunaux.
179. Juges seigneuriaux. Avantages pécuniaires attachés à la fonction. Comment elle s'acquérait.
180. Exemples d'institution de juge seigneurial.
181. Gages des juges seigneuriaux.
182. Mission du clavaire dans les justices seigneuriales.
183. Les juges seigneuriaux se donnaient des lieutenants ou substituts. Exemple.
184. L'office de juge était annuel. Faculté de prorogation.
185. Commune dans laquelle les officiers de justice devaient être agréés par le Conseil municipal.
186. Du greffier. Ses émoluments. Durée de la charge.
187. Viguier ou *vicarius*. Quelle était sa fonction.
188. Juges royaux. A Forcalquier, la justice était rendue par un officier nommé viguier. Il était nommé par le comte ou par le sénéchal. La charge était annuelle. Serment.
189. Elle était confiée à des jurisconsultes. Privilèges de la ville de Forcalquier à ce sujet.
190. Le viguier jugeait seul, tant au civil qu'au criminel.
191. Il connaissait de l'appel des sentences rendues par les officiers des barons et seigneurs de la viguerie.

192. Des vice-viguiers. Mode de leur nomination.
193. Des sous-viguiers. Leur nomination. Nature de leurs fonctions.
194. Ancienneté de l'office de vice-viguier.
195. Du greffier. Son institution. Serment. Annualité de l'office. Il s'acquiérait moyennant finance.
196. Le greffier se donnait un substitut, avec l'agrément du juge.
197. Qualité prise par le juge approuvant la désignation du substitut faite par le greffier.
198. Du clavaire. Quelle était sa fonction. Par qui il était nommé.
199. De l'appel des sentences du viguier.
200. Du Conseil éminent ou grand Conseil.
201. Requête d'appel au criminel.
202. Sentence du juge.
203. Cette sentence est rendue par deux magistrats. Rédaction de la requête.
204. Inhumanité envers les détenus.
205. Appel conditionnel.
206. Lettres dimissoires et apostoles.
207. Laconisme des jugements.
208. La minute du jugement était écrite par le greffier en présence de deux témoins.
209. Exemple de jugement.
210. Autre exemple.
211. Requête d'appel envers une décision administrative.
212. Ambition de la bourgeoisie pour les honneurs de la noblesse. Comment elle les obtenait.
213. Seigneuries possédées indivisément.
214. Moyens employés par l'autorité pour empêcher la bourgeoisie de sortir de sa caste.
215. Appel émis hors de la juridiction du juge qui avait rendu la sentence.
216. Ordonnance rendue par le juge d'appel.
217. Requête d'appel contre la sentence rendue par la juridiction ecclésiastique.
218. Autorité qui prononçait sur la recevabilité de l'appel.
219. Liberté de style de cette requête.
220. Rôle de la bourgeoisie dans la société.
221. Du compulsoire. Définition.
222. Exemples de compulsoire.

223. Vente aux enchères publiques.
224. Vente faite par l'huissier. Intervention du vice-bailli.
225. Signe du tribunal qui avait ordonné la vente.
226. Remarque sur la justice d'Entrevènes.
227. Faculté pour les juifs de posséder des biens fonds.
228. Il n'existait pas de greffe dans les tribunaux. Réclamation à ce sujet par le Conseil municipal de Forcalquier.
229. Mesures prises pour empêcher les notaires d'exagérer leurs honoraires.
230. Toute convention était constatée par un acte. Vente d'une ânesse. Prix.
231. Défaut de date pour cet acte, ainsi que dans beaucoup d'autres. Inconvénient qui en résulte.
232. Licences que prenaient les notaires avec la langue latine.
233. Vices rédhibitoires. Stipulation de non garantie.
234. Exemples de transformation du provençal en latin.
235. Changement de résidence, constaté par acte notarié. Exemple.
236. Intervention du seigneur. Consentement de la commune.
237. Formes suivies dans les villes libres. Exigences envers les nouveaux citoyens.
238. Solennités avec lesquelles ils étaient reçus. Exemples.
239. Manière dont on procédait à Aix.
240. Acte d'hommage lige et de reconnaissance envers le seigneur.
241. Autre acte d'hommage.
242. Autre.
243. Marque du changement de domicile. Crémaillière.
244. Changement de domicile frauduleux. Poursuites criminelles.
245. Inculpés relâchés sous caution.
246. Défenses.
247. Nouveaux citoyens exemptés des charges locales.
248. Syndics de Forcalquier ne sachant pas le latin.
249. Arrêté pris par la municipalité de Forcalquier défendant aux étrangers de se servir de l'épée.
250. Réformation de cet arrêté par le sénéchal.
251. Guerre du Conseil municipal de Forcalquier contre les procureurs. Requête au roi René. Réponse du roi.
252. Contrat unique dans son espèce. Procuration donnée par un individu pour gérer sa fortune, à condition qu'il sera logé, nourri et entretenu par le mandataire.

253. Genre de ce contrat.
254. Explication du mot trentenaire.
255. Mise en commun d'animaux de labour.
256. Honoraires du notaire.
257. Droit de patronage sur une fondation pieuse. Procuration *ad presentandum*.
258. Immission en possession d'un bénéfice. Exemples.
259. Arrêt rendu par le juge mage.
260. Enquête prise à la suite de cet arrêt.
261. Cas où les animaux de labour étaient saisissables.
262. En matière d'enquête, tant civile que criminelle, le juge ne procédait pas par lui-même ; il déléguait un notaire à cet effet. Le procès-verbal en était expédié.
263. La minute de ce procès-verbal se trouve dans les registres du notaire demandeur en enquête.
264. Questions préliminaires adressées aux témoins. Formule d'interrogatoire.
265. Forme du serment pour les laïques.
266. Pour les ecclésiastiques.
267. Femmes grosses dispensées du serment.
268. Serment des juifs. Ils le prêtaient sur leurs livres sacrés.
269. Singulier serment prêté par les juifs : *super raupam notarii*.
270. Juridiction des cominaux. Sentence par eux rendue.
271. Mots techniques employés dans cette sentence.
272. Autre sentence des cominaux.
273. Dation de gage pour sûreté d'une obligation. Créancier autorisé à rendre le gage sans formalités de justice.
274. Cherté des instruments d'agriculture. Exemple.
275. Du bail à cheptel. Il était fort usité. Exemples.
276. Acte de protestation.
277. Appel à la suite de cette protestation.
278. Mention du franc.
279. Profession de l'un des témoins.
280. Interdiction aux religieux de St-François de toucher de l'argent.
281. Honoraires du notaire.
282. Les redevances foncières étaient rachetables. Le rachat était forcé.

283. Dispositions à la crédulité chez nos ancêtres. Procès à l'occasion d'un âne blessé.
284. Gens ayant l'art de guérir au moyen de simples paroles. On les autorise à exercer.
285. Du contrat de prêt ; il était ordinairement accompagné d'hypothèques. Exemple.
286. Omission de plusieurs formules dans cet acte.
287. Le prêteur attire l'emprunteur devant les tribunaux de son pays.
288. L'emprunteur déclare posséder à titre précaire, jusqu'au paiement, une propriété affectée à la garantie de l'emprunt. Raison de cette disposition.
289. Cet acte est mélangé de vente.
290. Du contrat de cautionnement. Exemple.
291. Soumission aux tribunaux ecclésiastiques de la part de l'obligé. Cause de cette soumission.
292. Les juifs attiraient de préférence leurs débiteurs devant les tribunaux ecclésiastiques. Cause de cette préférence. Requête réclamant contre cet abus.
293. Usage fréquent de l'excommunication. Exemple. Conséquence de l'excommunication.
294. Quotité de la dot d'une religieuse.
295. Des baux à ferme, rareté des baux à loyer. Raison de cette rareté.
296. Exemple d'un bail à ferme.
297. Intervention de la femme dans le bail passé par son mari des biens à elle appartenant.
298. Le bailleur donne au preneur la faculté de percevoir le droit de lod. Conséquence de cette faculté.
299. Examen d'un clause ambiguë de l'acte.
300. Sens du mot *domus* qu'il emploie.
301. Droit de rétention. Délai pour l'exercer.
302. Manière dont le prix du bail est établi.
303. Obligations respectives du bailleur et du preneur.
304. Réserve de la commise par le bailleur.
305. Définition de la commise. Ses effets. Cas où elle était encourue.
306. La commise n'était pas particulière aux seigneurs ; elle appartenait à tous ceux qui avaient aliéné leurs propriétés à charge de redevance

307. Cette commise produisait le même effet que la commise féodale.
308. S'appliquait-elle seulement au désaveu ?
309. Interpellation que le seigneur dominant adressait au propriétaire servant, précédant la commise. Exemple.
310. Conséquence du désaveu fait par le propriétaire prétendu servant.
311. Explication de ce désaveu présenté comme conditionnel. Rétractation conditionnelle. Refus de l'accepter de la part du seigneur dominant.
312. Deux notaires agissent dans l'acte : l'un pour le seigneur dominant, l'autre pour le censitaire. Qualification prise par l'un des notaires.
313. Pour sortir à effet, la commise devait être déclarée encourue par jugement.
314. Autre exemple de commise. Compromis. Sentence arbitrale.
315. Dispositif de cette sentence.
316. Cas où la chose aliénée à bail emphytéotique était soumise à une seconde redevance.
317. Baux passés par des ecclésiastiques.

318. Le fermier se donne un associé : il stipule pour lui; en son absence, oblige ses biens et jure en son nom. Fréquence du serment fait au nom d'un tiers.
319. Les baux à ferme des biens d'église devaient être approuvés par l'évêque diocésain.
320. Mode de serment d'un ecclésiastique fidéjusseur.
321. Dans ce contrat, le notaire confond le bail avec la vente.
322. Du bail à colonage partiaire. Sa rareté. Pourquoi on le rencontre moins fréquemment que le bail à ferme.
323. Exemple d'un bail à mégerie ou partiaire.
324. Engagement pris par le bailleur de supporter les bans. Signification de ce mot.
325. Autre exemple de bail à mégerie.
326. Mauvaise rédaction de l'acte.
327. Explication du mot affare.
328. Du louage d'ouvrages. Ce contrat ne s'appliquait qu'aux domestiques. Exemple.
329. Ce contrat contient, en outre, un contrat d'apprentissage.
330. Sollicitude de la bourgeoisie pour le peuple.

331. Ecoles publiques et gratuites créées par elle.
332. Autre contrat de louage d'ouvrage. Singulière stipulation qu'il contient.
333. Autre exemple.
334. De la transaction. Exemple.
335. Le clergé traitait ses vassaux avec douceur.
336. Liberté personnelle des vassaux.
337. Juges sommés de révoquer leur sentence.
338. Demande de juge par l'une des parties.
339. Clause pénale attachée à la transaction.
340. Refus d'accepter la transaction. Procédure qui s'ensuivit. Notaire instrumentant hors de son ressort.
341. Du compromis. Exemple.
342. Puissance des arbitres. Expiration de leurs pouvoirs au délai fixé. Clause pénale. Renonciation à tout recours.
343. Recours *ad arbitrium boni viri*. Exemple.
344. Le compromis laissait subsister l'existence d'appel.
345. Délai d'appel. Quel était-il ?
346. Chaque partie désigne un notaire pour la délivrance des expéditions du compromis.
347. Prénom de l'un des arbitres.
348. Autre exemple de compromis.
349. Omission d'un délai assigné aux arbitres pour rendre leur sentence.
350. Serment prêté par le mandataire sur l'âme de son constituant.
351. Sentence arbitrale.
352. Manière dont la propriété était tenue au XIVe siècle. Ses conséquences.
353. La sentence arbitrale était rédigée par un notaire. Nombre de témoins requis. Ratification de la sentence.
354. Mention de la livre. Valeur monétaire.
355. Emplacement du palais de justice d'Aix.
356. De la donation. Exemple.
357. Révocation des donations antérieures.
358. Nécessité de l'insinuation.
359. Renonciation du donateur à revenir sur la donation. Droit coutumier.
360. Puissance des métaux précieux. Pension alimentaire.

361. Autre exemple de donation.
362. Investiture par le pouce. Mode symbolique de tradition.
363. Nombre de témoins assistant le notaire.
364. Autre exemple de donation.
365. Approbation de la donation par le seigneur foncier. Perception du droit de lod.
366. Formule sacramentelle terminant l'acte. Droit de le refaire, amender et corriger.
367. Défaut de ponctuation dans les actes. Pourquoi on y a suppléé.
368. Notaire d'institution impériale.
369. Cause de la donation.
370. Rétention de l'usufruit pendant un jour. Choix de ce jour à la volonté du donateur.
371. Procédure usitée au XIVe siècle. Serment des parties. Pièces produites.
372. Manière dont le donateur se dépouillait de la chose donnée.
373. Causes d'annulation de la donation. Renonciation par le donateur. Droit non écrit ou coutumier.
374. Nécessité de l'insinuation des donations excédant cinq cents pièces d'or. Dispositions du droit romain quant à ce droit nouveau.
375. La renonciation à poursuivre la nullité de la donation s'étendait aux causes futures ainsi qu'aux causes passées.
376. Garantie du donateur.
377. De la procuration. Exemple.
378. Nombre de procureurs fondés.
379. Autre exemple. Procès à la cour des comptes. Onze mandataires.
380. Autre procuration revêtue de toutes les formules. Du style.
381. Du style et de l'orthographe des notaires.
382. Pouvoir aux mandataires d'élire des juges.
383. Intervalles en blanc dans l'acte.
384. Préambules de diverses procurations.
385. Procuration donnée par un évêque.
386. Cet acte institue vingt mandataires.
87. Juridictions diverses devant lesquelles pouvait être porté le procès sur lequel intervient la procuration.
8. Serments multipliés en procédure.

389. Serments licites et illicites.
390. Formes de procédure.
391. Récusation des juges suspects : Election de nouveaux juges ainsi que des notaires et greffiers.
392. Bénéfice d'absolution actuelle et à futur.
393. Intervention du prince dans les procès.
394. Répliques des avocats.
395. Dernier exemple de procuration.
396. Du contrat de mariage. Exemple.
397. Honoraires du notaire.
398. Autre exemple.
399. Mobilier. Inventaire.
400. Résultats de la décadence de la langue provençale.
401. Trousseau donné par un gentilhomme à sa fille en la mariant.
402. Absence du luxe. Réflexions à ce sujet.
403. Autre inventaire.
404. Manière de conserver le blé.
405. Autre inventaire, tiré d'un contrat de mariage.
406. Nombre des témoins présents à l'acte.
407. Corbeille de la mariée.
408. Qualités de la mère de famille.
409. Objets mobiliers dont le nom est inconnu.
410. Services fonciers compris dans la constitution dotale.
411. Manière dont les filles étaient dotées.
412. Mobilier d'un ecclésiastique.
413. Armes qui en faisaient partie.
414. Autre mobilier d'un ecclésiastique.
415. Exiguité de ce mobilier.
416. Prêtre ayant quatre chemises.
417. Droit de l'évêque de Sisteron sur le mobilier délaissé par les prêtres de son diocèse.
418. Rachat du mobilier de Jean Flamenqui, vicaire à Pierrerue, par son héritier.
419. Valeur de ce mobilier. Il est apprécié 12 florins.
420. Différences entre les engagements contractés par l'évêque et par l'acquéreur du mobilier. Juridiction. Serment.
421. Soumission de l'évêque aux censures ecclésiastiques.
422. Un évêque pouvait encourir l'excommunication à raison d'un procès.

423. Utilité des inventaires.
424. Mobilier d'un autre ecclésiastique. Abbé.
425. Seconde partie de ce mobilier.
426. Ustensiles qui le composent.
427. Autre mobilier bourgeois. Qualité des exécuteurs testamentaires.
428. Défaut de linge de corps.
429. Mesquinerie du lit.
430. Emploi de vases en verre dans les usages domestiques.
431. Usage de pétrir dans les ménages. Emploi de tables pour porter le pain au four.
432. Macaroni. Mets connu en Provence.
433. Armes trouvées dans cet inventaire.
434. Les notaires étaient dans l'usage d'emporter les actes qu'ils dressaient en qualité de greffiers des tribunaux.
435. Inventaire des biens de mineurs.
436. Autre inventaire de même nature.
437. Habitudes de propreté inconnues.
438. Prêtre exerçant les fonctions de vice-bailli.
439. Inventaire dressé sur les déclarations des parties. Serment.
440. Provençaux se considérant comme ayant une existence distincte et séparée de la France.
441. Nomination de gardiens judiciaires.
442. Apport mobilier de la femme constaté par inventaire.
443. Pharmacien exerçant la confiserie.
444. Emploi du sucre.
445. Pharmacien épicier.
446. Luxe de linge dans cet inventaire.
447. Division de la propriété constatée par un inventaire. Provisions de bouche. Etable.
448. Autre inventaire. Linge de corps, de table. Provisions de bouche. Etable.
449. Huile rouge.
450. Pourquoi l'on a insisté sur les inventaires.
451. Autre contrat de mariage.
452. Héritier ne s'obligeant que réellement envers son cohéritier.
453. La nouvelle mariée étant veuve, les époux se réfèrent au précédent contrat de mariage.

454. Achat de la robe nuptiale fait à frais communs.
455. Dernier contrat de mariage.
456. Dédit. Affectation de la somme stipulée.
457. Du testament. Exemple.
458. Préambule des testaments. Exemple.
459. Autre préambule.
460. Disposition finale.
461. Formules nécessaires.
462. Autre préambule.
463. Testament d'un gentilhomme.
464. Il ne manque à ce testament que la formalité de la lecture.
465. Défaut de signature.
466. Le notaire atteste la sanité d'esprit du testateur.
467. Ecclésiastiques nommés exécuteurs testamentaires.
468. Pouvoirs des exécuteurs.
469. Legs *pro fore factis*. Ce que c'était.
470. Tutelle de la mère confirmée par le juge.
471. Nombre des témoins instrumentaires indéterminé.
472. Comparaison de deux testaments.
473. Différences de style entre les testaments. Autre exemple.
474. Legs *pro gadio spirituali*. Ce que c'était.
475. Liberté du père de famille dans la disposition de ses biens. Différences d'institutions entre les enfants. Droits des filles. Quotité de la légitime, incertaine.
476. Fréquence des substitutions dans les testaments.
477. Empire des idées religieuses.
478. Fondation de chapellenies.
479. Anecdote relative à une chapellenie fondée à Forcalquier.
480. Enfant naturel doté. Vêtements. Parures.
481. Mention de la livre. Valeur monétaire.
482. Variations dans le nombre des témoins instrumentaires.
483. Autre testament contenant quantité de legs pieux.
484. Fixation du sens du legs *pro fore factis*.
485. Total des legs pieux faits par ce testament.
486. Il énumère les établissements religieux existant à Aix en 1344.
487. Legs d'une bibliothèque.
488. Legs fait à la veuve à condition qu'elle ne se remariera pas.
489. Legs faits aux filles. Obligation de l'héritier de les nourrir et entretenir jusqu'à leur mariage.

490. Substitution. Droit d'aînesse inconnu.
491. Exécuteurs testamentaires chargés de l'exécution du legs *pro fore factis*.
492. Autre testament. Legs divers qu'il contient.
493. Contrat de mariage d'un juif écrit en hébreu.
494. Conversion au christianisme d'individus de cette croyance.
495. Devant qui les juifs se mariaient.
496. Testament d'un juif.
497. Il commence par invoquer le Christ.
498. Communauté des juifs à Manosque dans le XIVe siècle. Leur cimetière. Leurs écoles.
499. Degré d'instruction que l'on donnait aux écoliers. Poésie de la fin du XIVe siècle.
500. Epigramme contre la femme.
501. Exécution du testament du juif. Serment des parties sur les livres hébraïques. Argenterie.
502. L'usage de distribuer des cierges aux prêtres assistant aux obsèques est fort ancien.
503. Legs fait par un mari à sa femme en prévision de secondes noces.
504. Exhérédation indirecte pour cause pieuse.
505. Un testament pareil pourrait-il être cassé ?
506. Legs de *soca abelhada* : ce que c'est.
507. Legs *rotæ beatæ Mariæ :* ce qu'il signifie.
508. Le testateur, décédant sans enfants, exhérède son frère. Sentence écrite par le notaire au bas de l'acte.
509. Singulier héritier. L'âme du testateur.
510. Mention du franc. Valeur monétaire.
511. Legs fait par le testateur à ses filles. Défense à elles de rien demander de plus.
512. Legs aux âmes du purgatoire. A une confrérie religieuse.
513. Le testateur laisse à son héritier le soin de doter ses filles. Validité de cette disposition.
514. Autre legs aux âmes du purgatoire.
515. Autres legs pieux. *Vas* synonyme de *tumulus*.
516. Prix d'une messe en 1425.
517. Manière d'exhéréder les enfants. Causes de l'exhérédation énoncées dans un testament.

518. Procédure criminelle.
519. Poursuites en diffamation. Interrogatoire du prévenu. Condamnation.
520. Vol d'une poule. Procès-verbal. Indices. Ordonnance de soit informé. Transport sur les lieux.
521. Ordonnance d'information rendue oralement. Information reçue par le greffier.
522. Qualification du fait incriminé. Moralité de nos ancêtres. Anecdote.
523. Information sur le vol de la poule. Déposition du plaignant. Rapport du sous-viguier. Saisie et mise en fourrière du corps du délit.
524. Déposition des témoins.
525. Interrogatoire des prévenus.
526. Mise en liberté des prévenus sous caution.
527. Étendue de l'engagement de la caution.
528. Mémoire en défense des prévenus.
529. Ordonnance de non-lieu.
530. Plainte en injure contre un ecclésiastique. Privilège clérical. Certificat de l'évêque de Sisteron.
531. Poursuite envers un domestique inculpé de vol et d'avoir abandonné son service avant l'expiration de son engagement. Cautionnement d'une somme limitée.
532. Domestique se louant à vie.
533. Déclaration d'incompétence du juge à raison du domicile du plaignant et de l'inculpé.
534. Ordonnance du viguier entrant dans sa charge.
535. Poursuites en contravention aux dispositions des statuts.
536. Répression du scandale. Poursuites en adultère contre une femme. Ordonnance de soit informé et de comparaître.
537. Citations faites en vertu de lettres émanées du tribunal.
538. Interrogatoire de la prévenue. Ordonnance de se représenter. Pénalité y attachée.
339. Appel de la part du complice. Quelle était sa valeur.
540. La plainte portée à un officier public, à un huissier par exemple, suffisait pour saisir la justice. Exemple.
541. Signe du tribunal.
542. Fréquence des procès en diffamation. Exemple.

543. Plainte récriminatoire. Ordonnance de non-lieu.
544. Cautions données par les parties.
545. Rareté de la détention préventive.
546. Poursuites pour bris de scellés.
547. Bâtonnement des procédures terminées.
548. Poursuites envers un bailli pour abus d'autorité.
549. Lettres inhibitoires. Ce que c'était.
550. Comparution des parties devant le viguier.
551. Remise de la cause. Ordonnance de non-lieu.
552. Port d'armes prohibées. Poursuites.
553. Procédure pour vol dans les champs.
554. Mémoire en défense du prévenu.
555. Refus d'obtempérer à un mandat de justice.
556. Sens du mot ban.
557. Autre poursuite pour contravention rurale, signification du mot bannier ou bannayre.
558. Poursuite abusive.
559. Poursuite en captation de testament. Interrogatoire des témoins à charge et à décharge. Questions préliminaires faites aux témoins.
560. Vol qualifié. Fait.
561. Ordonnance du juge établissant les indices et disant qu'il en sera informé.
562. Style de cette ordonnance.
563. Ordonnance de mise en liberté sous caution.
564. Élevage des chevaux, bœufs et vaches. Troupeaux transhumans. Industrie perdue.
565. Usage de vêtements de cuir.
566. Mémoires en défense. Ils étaient de deux sortes. Conclusion de cet article.
567. Réflexions sur la méthode employée dans cet ouvrage.
568. Du système monétaire usité en Provence.
569. Rôle des métaux précieux.
570. Simplicité apparente de notre système monétaire.
571. Du florin comme unité monétaire. Ses sous-multiples.
572. Origine du florin.
573. Du florin, monnaie de compte. Sa valeur.
574. Titre et poids du florin.

575. Augmentation du poids du florin après 1251.
576. Diverses espèces de florins frappés par les comtes de Provence.
577. Titre et poids du florin provençal. Sa valeur.
578. Titre, poids et valeur actuels du florin.
579. Puissance du florin en 1780.
580. Pouvoir actuel du florin.
581. Effets de l'avilissement de l'or.
582. Du florin de Florence.
583. Son existence a été réelle.
584. Erreur dans laquelle on est tombé en maintenant ce florin parmi les monnaies ayant cours dans le XIVe siècle.
585. Autre erreur sur la valeur de ce florin comparé au florin provençal.
586. Causes de cette erreur.
587. Du florin grand poids. Sa variation. Il n'est autre que le florin de Florence.
588. Du florin petit poids. Il servit également d'étalon.
589. Différence de valeur entre le florin provençal et le florin de Florence
590. Division du florin en sous.
591. Deux espèces de sous. Le sou provençal et le sou couronnat réforciat étaient inégaux en valeur.
592. Antiquité du sous couronnat réforciat. Valeur du premier qu'on ait frappé. Ce n'est pas de ce sou qu'il s'agit.
593. Titre, poids et valeur du sou provençal.
594. On le nommait quelquefois *albus*.
595. Du sou couronnat. Sa première apparition. Raison de sa dénomination.
596. Identité du sou couronnat avec le sou provençal.
597. Du couronnat réforciat. Pourquoi il était ainsi nommé. Son poids, son titre, sa valeur.
598. Du florin couronnat, monnaie de compte. Sa valeur.
599. Du gros. Sa valeur.
600. Obscurité du système monétaire provençal.
601. Du denier, sous-multiple du sou.
602. Du denier courant.
603. Du denier reforciat. Sa valeur relativement au denier courant.

604. La monnaie reforciate devint monnaie de compte.
605. Du patac, multiple spécial du denier. Sa valeur, son titre et son poids.
606. De l'obole.
607. De la pite.
608. De la parpaillole.
609. Du marc d'argent fin.
610. Sa valeur actuelle.
611. De la livre, monnaie de compte. Trois espèces.
612. De la livre royale.
613. De la livre provençale. Sa comparaison avec la livre tournois.
614. De la livre couronnée.
615. Du cavalier.
616. Du franc.
617. Conclusion de l'article monnaies.

94. Pierre Arnaud est le premier de mes ancêtres dont j'ai connaissance. Mais il n'a laissé que bien peu de traces de son passage en ce monde.

95. Il naquit dans la seconde moitié du XIVe siècle, et vivait encore en 1425. Divers actes notariés, passés en cette année, le mentionnent comme existant à cette époque.

Malheureusement un seul de ces actes le concerne personnellement. Il figure dans tous les autres en qualité de témoin, ou bien ses possessions y sont données pour confront.

96. J'ignore quel était le nom de sa femme, combien il eut d'enfants, et à qu'elle époque il mourut. Tout ce que je sais, c'est qu'il habitait Saint-Michel, petit village du canton de Forcalquier.

97. Il paraît qu'il avait une fortune convenable, qui

le dispensait d'exercer une profession. Il fallait qu'il possédât à Saint-Michel nombre de propriétés, puisque l'indication de ses terres, comme confronts, revient souvent dans les actes passés entre ses concitoyens.

98. Dans ce temps-là, les simples particuliers étaient dans l'habitude de concéder à des tiers leurs propriétés, moyennant des redevances annuelles et perpétuelles. Ils conservaient la directe et la seigneurie sur ces propriétés, et, en cas d'aliénation, ils avaient la faculté d'exercer le droit de retrait. J'ai la preuve de ce fait dans un acte, à la date du 20 juin 1423, notaire Raymond Gautier, à Manosque [1].

« Notum sit quod rostagnus sederie, de sancto Michaele, vendidit Antonio Maliruffi, dicti, castri quaudam *cravem* [2] scitam in porquerias pricio florenorum auri quatuor, de solidis sexdecim provincialium quolibet floreno computando, salvo dominio et senhoria nobilis Petri Arnaudi, sub quo dicta craves tenetur, ad tasquam bladorum et leguminum; et ipsa nota audita et intellecta per me notarium, dictam gravem, tanquam major dominus, sibi retinuit et de dicta retentione dictus nobilis Petrus Arnaudi peciit instrumentum. Actum in cimeterio sancti Michaelis testes nobilis Isnardus Amalrici [3]. »

99. Cet acte donne lieu à plusieurs observations. D'abord, il est positif, qu'à cette époque, et même à des

---

[1] Notaire Mille, à Manosque.

[2] Crau, terre pierreuse, telle que la Crau d'Arles. D'où vient ce mot? Je l'ignore. C'est aux philologues à nous le dire.

[3] Je fais remarquer, une fois pour toutes, que j'imite scrupuleusement l'ortographe, et que je copie fidèlement. Si l'on rencontre des solécismes ou des barbarismes, qu'on ne les mette pas sur mon compte.

temps plus rapprochés de nous, tous les noms patronymiques, se terminant aujourd'hui par une consonne, prenaient la voyelle *i*. Cette règle est sans exception. Cet usage, fort ancien en Provence, existe encore dans quelques localités ; je pourrais en donner des exemples. Il est plusieurs familles qui, à la faveur de cette désinence, ont voulu se donner une origine italienne. Qu'elles sachent que cela ne prouve rien ; car si la terminaison en *i* des noms de famille ou surnoms, signifiait quelque chose de pareil, tous les provençaux viendraient d'Italie.

100. La seconde observation est relative au florin. C'était une monnaie d'or dont la valeur intrinsèque serait aujourd'hui de 15 à 16 francs. Il se subdivisait en sous provençaux et en sous couronnats réforciats. Dans le courant du xve siècle, on abandonna ces dernières dénominations pour celle de gros, monnaie d'origine française. Mais on y revint ensuite. Quoi qu'il en soit, à l'époque dont je parle, c'est-à-dire à la fin du xive siècle et au commencement du xve, on ne connaissait guère que le sou provençal et le couronnat réforciat comme diviseurs immédiats du florin. Je n'en dirai pas davantage pour le moment, mon intention étant de revenir sur ce sujet à la fin de ce chapitre.

101. La troisième observation porte sur le droit de retrait que mon aïeul exerça sur la propriété aliénée. Ceci est intéressant sous plus d'un rapport.

Pocquet de Livonière, en son traité des fiefs, dit que le retrait féodal est un des principaux droits des fiefs, utile, honorable et commode aux seigneurs [1]. Il semble résulter de là que ce droit leur appartenait exclusivement, et qu'il ne s'appliquait en rien aux gens de roture.

---

[1] Livre 5, p. 406.

Ceux-ci pouvaient bien, à la vérité, aliéner leurs propriétés, à charge d'une redevance annuelle et perpétuelle; mais je ne vois nulle part qu'ils eussent la faculté d'exercer le retrait féodal, qui exigeait nécessairement la qualité de gentilhomme possédant fief. Cependant voici un exemple du contraire. Un simple particulier, ayant aliéné, avec cause, une terre de franc aleu, pouvait la retenir lorsque son acquéreur la vendait à un autre, bien qu'il ne fut pas seigneur et qu'il ne s'agit nullement de fief

Il est vrai que le retrait féodal ne portait pas seulement sur les fiefs, et que les choses non nobles y étaient soumises, mais il supposait toujours la qualité de seigneur. Cela résulte de la définition qu'en donne le même auteur. « Le retrait seigneurial, dit-il, est un droit par lequel le seigneur de fief peut retirer, ou plutôt retenir par puissance de fief les choses vendues ou aliénées à prix d'argent par son vassal ou sujet, en en remboursant à l'acquéreur le prix principal et loyaux coûts [1].

102. Ainsi, en principe, ce retrait ne s'appliquait qu'aux fiefs. Mais on l'étendit ensuite aux choses non nobles. Cela est attesté par Pocquet de Livonière. Voici comment il s'exprime :

« Nous avons déjà dit que le retrait seigneurial se divise en *féodal* et en *censuel*. Le retrait *féodal* est celui qui a lieu dans l'aliénation des fiefs, ou choses nobles et homagées. Le retrait *censuel* est celui en vertu duquel le seigneur peut même retirer les choses censives aliénées par ses sujets, par contrat de vente ou équipollant à vente [2].

[1] Livre 5, p. 408.
Ibid.

103. Il est donc positif que les choses censives non nobles pouvaient faire l'objet du retrait, mais toujours fallait-il que celui qui l'exerçait eut la qualité de seigneur, ayant des sujets, c'est-à-dire, possédant une juridiction quelconque sur le lieu où était sise la chose soumise au retrait. Or, dans l'espèce que j'ai citée, il n'existait rien de pareil. Il s'agissait d'un franc aleu, vendu à un roturier, par un homme qui n'était pas seigneur, qui ne possédait pas de fief, et qui néanmoins intervient au contrat subséquent d'aliénation en qualité de rétrayant. Qu'induire de là, sinon que le retrait appartenait à tous ceux qui avaient aliéné une chose censive ?

Je ne serais pas embarrassé de citer des exemples analogues, bien qu'ils soient assez rares[1]. Mais cela serait inutile. Aujourd'hui l'étude du droit féodal est complètement abandonnée, par la prétendue raison qu'elle ne sert plus à rien. J'ai fait comme tout le monde, et ne m'en suis jamais occupé que très-superficiellement. Je dois cependant prévenir qu'elle sera longtemps d'une très-grande utilité pour la connaissance de notre droit fiscal, qui est sorti tout façonné des mains de la féodalité.

104. Mais cette singularité s'explique quand on remonte à la nature du contrat d'aliénation. C'était un véritable bail à emphytéose perpétuelle, que nos ancêtres nommaient *accapitum*. Or, d'après les principes du droit romain, suivis en Provence, le seigneur d'emphytéose avait le droit de retenir la chose vendue[2]. Ce

---

[1] Acte du 12 mai 1425. — Notaire Raym. Gautier. — Notaire Mille, à Manosque.

[2] Lex. fin. c. de jure emphyteutico.

droit de rétention s'était même amplifié, et il était devenu presque semblable au retrait féodal. En effet, Pothier, comparant entre eux le retrait féodal et le retrait censuel, dit que le premier est le droit de retenir la chose déjà vendue, *jus prælationis in re jam vendita;* et le second le droit de retenir une chose à vendre, *jus prælationis in re vendenda* [1]. C'est-à-dire que, pendant un certain délai, après la confection de l'acte de vente, le seigneur de fief pouvait exercer le retrait, tandis que le seigneur d'emphytéose n'avait que le droit d'être préféré à l'acquéreur ; ce qui signifie que si, après avoir été averti de l'aliénation projetée, et avoir été mis en demeure d'exercer son droit de prélation, il laissait l'aliénation s'accomplir, il en était déchu.

105. Cependant le contraire avait lieu en 1423, puisque lorsque mon ancêtre exerça son droit de prélation sur l'immeuble qu'il avait précédemment aliéné, la nouvelle vente était parfaite, et qu'il usa d'un privilège qui, d'après les principes du droit féodal, n'appartenait qu'au seigneur de fief. Il exerça donc un véritable retrait, au lieu d'un simple droit de prélation. Ce fait valait la peine d'être noté.

106. La quatrième observation s'applique à la manière insolite et extraordinaire dont l'acte se termine. Il paraîtra bizarre qu'on eut choisi le cimetière pour passer une convention de vente. Voulait-on par la lier encore plus fortement les contractants, et leur inspirer un plus grand respect pour la foi jurée? Car il était d'usage de leur faire prêter serment *manu tactis scripturis*. Je l'ignore. Mais il est positif que, sur cent actes passés dans une commune rurale, plus de la moitié se

---

[1] Du Retrait féodal, t. 9, p. 698, n. 692.

faisaient dans le cimetière. A l'exception des testaments faits en cas de maladie, tous les actes se passaient en public. La rue, les places publiques, servaient de cabinet au notaire, et rarement il se renfermait dans son étude, ou boutique, comme on disait alors. Dans presque tous les cas, le public était invariablement admis à la confidence. Quand le notaire instrumentait chez lui, la formule finale usitée était celle-ci : *actum in apotheca mei notarii, prœsentibus*, etc.

107. Au reste, les notaires n'étaient pas seuls à recevoir et à rédiger leurs actes en public. La justice seigneuriale s'administrait également sur la place publique, à l'exemple de ce que pratiquaient jadis nos comtes de Forcalquier qui, selon la tradition encore existante, rendaient la justice assis sur l'escalier du clocher de l'église [1]. Les actes notariés relatent plus d'une fois des jugements rendus par les baillis, *in platea publica, super banco fusterio* [2] *pro tribunali sedente* [3].

108. On aura remarqué que le seul témoin mentionné dans l'acte, le notaire ayant oublié le second, est qualifié *noble*. *Nobilis Isnardus Amalrici*. A ce sujet, je dirai

---

[1] Aux ides de février 1217, Raymond Béranger, comte de Provence, concéda des privilèges importants à la ville de Forcalquier. L'acte porte : *Actum in castro Forcalquerii, ante ecclesiam Beatœ Mariæ, et comes stabat in scalariis quo ascenditur ad cloquerium.* — Registre des privilèges de Forcalquier, fos 11 et 45.

[2] De bois. Du provençal *fusto*.

[3] *Notum sit quod, constitutus personaliter in presentia mei Guillelmi de Bolleriis, vicarii, notarii et vice judicis tocius vice comitatus Rellanie, in revellino postalis sancti Petris Castri sancti Michaelis, supre quodam baneum lapideum, ubi curia solita ut teneri, more majorum, pro tribunali sedente, probus vir*, etc. (Acte du 24 avril 1447. Notaire de Boulien. F° 110. Notaire Esmieu.) Il s'agissait de tutelle.

que, dans les XIVe et XVe siècles, il existait dans nos contrées un grand nombre de familles qui prenaient cette qualification. Il en reste fort peu maintenant. Quelques-unes ont changé de nom, en prenant celui d'une terre. D'autres se sont éteintes, ou leurs descendants sont tombés dans la misère. Il est des paysans dont plus d'un marquis envierait la généalogie.

D'où venaient tous ces gentilshommes? Car ils l'étaient indubitablement. Ils l'étaient à tous les titres. Si la noblesse indique l'exemption du servage, ce dont on ne saurait douter, les races dont je parle avaient droit à cette qualification. Elles étaient libres, franches, ingénues, à une époque où la France et l'Europe entière étaient courbées sous le joug de la féodalité, alors toute toute puissante. Peut-être, appartenaient-elles à la noblesse gauloise déchue de ses privilèges par la conquête romaine, et surtout par celle des barbares du nord.

109. L'acte du 20 juin 1423 n'est signé, ni par les parties ni par les témoins, ni par le notaire. Quant aux parties et aux témoins, eussent-ils su signer, ce que j'ignore, cette formalité n'était pas nécessaire. Il y a plus, c'est qu'elle était inusitée. On ne la rencontre dans les actes que vers le milieu du XVIe siècle. Dans les temps antérieurs, je ne connais pas d'exemple du contraire, bien que je puisse compter par milliers les actes qui ont passé par mes mains.

110. La signature du notaire n'était pas non plus indispensable à la perfection de l'acte. Les uns l'omettaient souvent ; d'autres toujours. Quant à ceux qui signaient, leur nom n'était pas détaché du corps de l'acte, ainsi que cela se pratique aujourd'hui ; il était mis purement et simplement à la fin de la dernière

disposition de l'acte, indiquant le lieu où il avait été passé et les noms des témoins qui y avaient assisté. Par exemple, « actum Juxta botecam Jacobi Ahoni, testes honestus vir dominus Martinus Maurelli, Jacobus Ahoni, Andrea Guihoni de Rellania, et ego Raymondus Gauterius de Manuesca[1]. »

111. La même omission de signature ou la même manière de signer se remarque dans les *sumptum* aussi bien que dans les *extensoria*. Je vais en donner la raison, mais avant il faut que j'explique ce que l'on doit entendre par ces mots.

112. Le *sumptum* se composait d'une ou de plusieurs mains de papier repliées sur elles-mêmes, de manière à doubler la quantité de feuilles et à en faire un long parallélograme. On le reliait en parchemin, et, dans cet état, il ressemblait à l'agenda dont se servent aujourd'hui les gens d'affaire. Sur le sumptum le notaire portait les principales dispositions de l'acte, telles que la date, les noms des parties, l'objet du contrat, le prix, le lieu où il avait été passé, et les noms des témoins ; quant aux dispositions accessoires, aux clauses de style, qui étaient fort nombreuses, il se contentait de les indiquer par le premier mot de la clause, ou par des abréviations faciles à comprendre quand on en a la clef.

113. L'*extensorium* ou *plenum* était formé d'un certain nombre de mains de papier employées telles quelles. Les actes portés sur ce registre renfermaient nécessairement toutes les énonciations des actes couchés sur le *sumptum*, mais ils contenaient de plus, outre le nom du prince régnant, toutes les clauses de style,

[1] Acte du 8 mai 1425. — Notaire R. Gautier. — Notaire Mille, à Manosque.

alors très-multipliées, et qui nous paraissent aujourd'hui fort bizarres. Elles attestent l'esprit de chicane et de cavillation des praticiens et des hommes de loi de l'époque, car toutes sont des précautions prises contre les contestations futures.

114. Si l'officier qui recevait l'acte était revêtu du titre de notaire apostolique, il mentionnait ordinairement dans le protocole le nom du pape alors assis sur la chaire pontificale, et l'année de son règne.

115. A présent je vais dire pourquoi les notaires ne signaient pas toujours, et même s'abstenaient quelquefois absolument de signer les actes portés sur le *sumptum* ou sur l'*extensorium,* soit qu'ils fussent écrits de leur main ou de celle de leur clerc ; c'est que les expéditions qu'ils en délivraient ne devaient pas, ne pouvaient pas être revêtues de leur signature. Cela nous étonne aujourd'hui, parce que nous avons un autre usage ; mais cela s'explique.

116. Il faut que l'on sache que chaque notaire, en entrant en fonctions, adoptait pour signature un signe quelconque. C'était une sorte d'hiéroglyphe, sauf qu'il n'avait aucun sens. L'un prenait une croix, l'autre un triangle, un troisième un carré, le tout enjolivé et orné de traits de plume, suivant la science calligraphique d'un chacun, et plus ou moins difficile à contrefaire. Je tiens sur mon bureau une expédition qui a pour signature une main ouverte. Elle se termine ainsi : « *ideo me manu propria subscripsi et signo solito meo signavi ad instantiam et requisicionem dicti Petri Tornatoris in fide veritatis premissorum omnium et singulorum.* » Cette expédition, qui est sur vélin, a, au moment où j'écris, 456 ans d'existence ; elle est du 21 novem-

bre 1400, et fut délivrée par Jean Gombert, de Mane, lequel était « *notarius publicus in comitatibus provincie et Forcalquerii Regia auctoritate constitutus.*

117. Il n'est pas d'un médiocre intérêt de comparer les formules employées il y a quatre ou cinq cents ans dans les actes notariés et dans les jugements, avec celles usitées aujourd'hui. Beaucoup, il est vrai, ont été abandonnées, mais il en est qui se maintiennent encore chez certains notaires, et telle phrase qui paraît surérogatoire, a sa raison d'être dans un usage autrefois suivi. Comme ceci tend spécialement vers le but que je me suis proposé, car il importe à la classe bourgeoise de connaître la manière dont ses ancêtres contractaient, je vais entrer dans quelques détails que, peut-être, on trouvera longs, mais qui sont néanmoins indispensables; mon dessein étant de donner la formule de tous les actes usités.

118. Il faut savoir d'abord que, si, en général, les notaires portaient les actes sur le *sumptum*, à mesure qu'ils étaient passés et sans interversion de date [1], il n'en était pas ainsi de l'*extensoire*. On trouve souvent, dans ce dernier registre, des actes ayant une date récente placés bien avant d'autres actes plus anciens; les exemples ne manquent pas. Je n'ai besoin que d'en citer un seul.

Ainsi, dans l'extensoire de Bertrand Raynaud, notaire à Manosque, j'ai vu un acte du 8 octobre 1341, placé avant un autre acte du 29 juin de la même année. Après ce dernier acte s'en trouvent d'autres de 1364;

---

[1] L'irrégularité que je signale se rencontre quelquefois dans les *sumptum*. On la remarque dans ceux du notaire Raymond Gautier, des années 1323 et 1325. — Notaire Mille, à Manosque.

puis de 1357 [1]. D'où vient cela? Voici comment je l'explique.

119. Quand le notaire recevait un acte, il le couchait immédiatement sur le *sumptum* qui, contenant la substance de la convention, lui servait en quelque sorte de *memento*. Si l'acte était exécuté sans délai, s'il s'appliquait à une obligation de peu d'importance, et que les parties n'en demandassent pas expédition, les choses en demeuraient là, c'est-à-dire que le notaire ne l'inscrivait pas sur l'extensoire. Mais s'il surgissait des difficultés pour l'exécution de la convention, ou que la partie intéressée voulût en avoir une expédition, alors le notaire, retrouvant dans le *sumptum* les dispositions essentielles de l'acte, le transportait sur l'*extensoire*, en ayant soin de l'entourer de toutes les clauses de style. Comme en général ils ne laissaient pas de lacunes sur le registre, on comprend comment les dates étaient interverties. Cette explication donne la clef de la formule suivante qui, autrement, n'aurait pas de sens : « *Actum in castro de Montelauro, etc., testibus ad premissa vocatis et rogatis, et me Guillelmo Autrici de sistarico notario publico in comitatibus provincie et forcalquerii reginali auctoritate constituto, qui hoc presens instrumentum publicum propria manu scripsi signo que meo consueto signavi* [2]. » Cependant cet acte n'est pas revêtu du signe du notaire. Cette formule signifie, et ne peut signifier autre chose, sinon que le notaire avait délivré expédition de l'acte en le couchant sur l'*extensoire*, et qu'il avait apposé son signe sur cette expédi-

---

[1] Notaire Mille, à Manosque.
[2] Acte du 11 juin 1362. Notaire Guill. Autric, f° 22. Notaire Mille, à Manosque.

tion. Il est d'ailleurs une remarque qui donne raison à cette explication, c'est qu'en parcourant le *sumptum*, on est sûr d'y reconnaître tout acte qui a été inscrit sur l'*extensoire*; ou y voit, en effet, écrit en marge, *extractum est*, ou bien *dictatum est ad plenum*. Quant aux autres, ils ne portent aucune mention, et, sauf erreur, négligence ou omission, on les chercherait vainement sur l'*extensoire*.

120. Je ferai remarquer une circonstance insolite dans l'acte dont je viens d'extraire la formule précédente. Il est ponctué, ce qui ne se voit que très-exceptionnellement dans les minutes des autres notaires, et les *i* y sont accentués au moyen d'une virgule, ce qui permet de les distinguer des autres lettres.

121. Ce même notaire, Guillaume Autric qui se qualifiait de *notarius publicus ubique in comitatibus provincie et Forcalquerii reginali auctoritate constitutus,* prenait son titre d'ubiquité au sérieux, car je le vois instrumenter à Montlaux, arrondissement de Forcalquier[1]; à Forcalquier[2]; à Aix[3]; à Saint-Maximin, Var[4]; en un mot un peu partout en Provence. Il est difficile de savoir s'il avait une résidence fixe, ou s'il était notaire nomade. Il paraît, au reste, que certains notaires avaient indifféremment qualité pour instrumenter dans la Provence entière, car ce n'est pas le seul cas semblable que j'ai rencontré. Il faut dire néanmoins que les autres notaires avaient des allures moins excentriques.

[1] Acte du 11 juin 1362. Notaire Mille, à Manosque.
[2] Acte du 26 février 1358.   Ibid.
[3] Acte du 18 février 1344.   Ibid.
[4] Acte du 17 avril 1343.   Ibid.

Il y avait, à cette epoque, un tel laisser aller, que Guillaume de Bouliers, notaire, exerçant à Mane, reçut à Coni, en Piémont, l'acte de vente d'une campagne sise à Reillanne. Le vendeur se nommait Vercelius Marcelli, et l'acheteur était Pierre Devoulx, de Montjustin [1].

Ceci s'explique, quand on saura que les comtes de Provence étaient aussi comtes de Piémont, et que, de plus, certains notaires par eux institués avaient qualité pour instrumenter dans tous les pays possédés par eux.

Ainsi, par lettres patentes données à Avignon le 4 avril 1348, 1re indiction, et la sixième année du règne de la reine Jeanne, François Marcellin fut nommé notaire avec pouvoir d'instrumenter par toute la Provence.

Johanna, etc. Francisco Marcellini de Tharascone, fidelis noster, et quod de genere fidelium ortus ac de legitimo matrimonio natus et laicus, etc. Constituimus spiem notarium seu tabellionem publicum per totam terram nostram comitatuum predictorum, dantes eidem Francisco licentiam et auctoritatem plenariam acta eorum conficiendi et scribendi contractus et ultimas decedentium voluntates, etc [2].

122. Les notaires se servaient, pour inscrire leurs actes, de papier de coton très-fort. Pendant les XIVe et XVe siècles, et dans le cercle que j'ai parcouru, je n'en ai pas trouvé d'autre. Les fabricants employaient quelquefois un moyen assez singulier pour en augmenter

---

[1] Acte du 2 avril 1457. Notaire G. de Bouliers, fo 13. vo. Notaire Esmieu.

[2] Archives de la préfecture des Bouches-du-Rhône. Crucis et potentiæ, fo 14.

l'épaisseur. Ils ne lissaient qu'une des faces de la feuille ; ils en rapprochaient deux ensuite, en les mettant en contact par leur surface brute, et les collaient au moyen d'un agglutinatif. Il m'est arrivé plus d'une fois de dédoubler complètement et sans peine certaines feuilles qui étaient demeurées en blanc.

123. La forme que les notaires employaient n'étaient pas toujours semblable, quoiqu'il s'agit d'actes de la même nature. Je crois que cela dépendait beaucoup de l'importance de la convention que l'acte constatait. Ainsi, s'agissait-il d'une vente considérable, d'une donation, d'un contrat de mariage, ordinairement le notaire n'omettait aucune des formalités usitées en pareil cas : mais la rédaction était plus simple quand l'objet de la convention était de médiocre valeur. Voici un exemple de cette dernière espèce d'actes.

124. « In nomine domini nostri Jesuchristi amen. Anno ab incarnatione ejusdem millesimo tricentesimo quinquagesimo octavo, die vicesima sexta mensii februarii XII indictione, ex hujus publici documenti serie universis et singulis tam presentibus quam futuris liqueat evidenter, quod cum Johannes Augerii habitator Forcalquerii, emerit titulo que perfecte et irrevocabilis emptionis habuerit et adquesiverit a Guillelmo Arnaudi de Forcalquerio, quandam domum cum quodam orto situm et sitam infra locum Forcalquerii in parrochia sancti Johannis, que confrontantur, etc. : ad habendum, tenendum, possidendum, vendendum, donandum, permutandum, alienandum et alias quicquid sibi et suis placuerit perpetuo faciendum, precio quinque florenorum auri de Florencia, pro ut de premissis omnibus, predicti emptor et venditor, constare asserunt quadam nota publicà manu Hugonis Girardi notarii publici

sumpta, et nihilominus dicunt et asserunt predictam domum et dictum ortum teneri et possideri, sub dominio et senhoria magnifici et spectabilis viri domini Fulconis de Agouto, extrenui [1] militis, vallium saltus et Relanie domini, videlicet dicta domus ad servicium unius emine consegalhi [2], et dictum ortum ad servicium denariorum sex, predicto domino et suis in festo natalis domini solvendorum singulis annis. Hinc ut quod venientes predicti emptor et venditor, ad presenciam nobilis Jacobi Muti, vicarii domini Fulconis predicti, eumdem, cum qua convenit instantia, requisiverunt quatenus predictam domum et dictum ortum et alias venditionem pretactam, nomine et pro parte dicti domini Fulconis, ipsi emptori laudare, confirmare, amologare, debeat et ratificare; cui quidem nobilis Jacobus vicarius, hujusmodi requisitione audita, eaque admissa, ut pote juri consona, et pariter rationi, certificatus de predictis venditione et precio, ac aliis supra dictis, per notam predictam, ut dicebat, predictam venditionem ipsi emptori presenti et pro se et suis stipulanti et recipienti solemniter, laudavit, confirmavit, aprobavit, amologavit et ratificavit, ipsumque de ipsa venditione seu dictis domo et orto, ut moris est, per policem investivit, nomine domini antedicti, jure ipsum domini Fulconis et cujuscumque persone alterius in omnibus seruper salvo; retento ipsi domino et suis dominio et senhoria in predictis domo et orto, ac serviciis supra dictis, singulis annis, ipso domino et suis, exolvendis, jureque laudandi et laudinium habendi et precipiendi perpetuo, si venderentur, permutarentur aut in solu-

[1] Strenui.
[2] Seigle. Du provençal *consegaou*.

tum traderentur; salvoque etiam et retento termino dierum quadraginta ad retinendum dictas possessiones si voluerit, dicto precio nomine domini mémorati, non obstante laudatione et aprobatione per eum facta, nec non quod dicte possessiones aut ipsarum altera non possit vendi distrahi aut alienari in personas religiosas, eclesiasticas, aut alias prohibitas de consuetudine vel de jure et laudimium seu trezenum, propterea debitum, dictus Johannes emptore jam dicto, nobili Jacobo vicario supradicto, nomine et pro parte dicti domini Fulconis, recipienti, in pecunia numerata, solvit tradidit et realiter assignavit; de quibus omnibus universis et singulis supra dictis idem Johannes Augerii instrumentum publicum sibi fieri postulavit actum Forcalquerio[1], etc. »

125. Sauf quelques redondances, cet acte est bien rédigé, et sa forme n'a rien d'extraordinaire. Il révèle cependant des usages, aujourd'hui bien loin de nous, et qui méritent qu'on s'y arrête un instant, car c'était au même titre que la *bourgeoisie* possédait une grande partie de ses biens.

126. L'acte dont il s'agit, qui n'est autre chose que la ratification d'une vente par le seigneur foncier, porte que le prix a été payé en cinq florins d'or de Florence. Quelque fût le poids de ce florin, et sa valeur intrinsèque, et en admettant qu'il dépassât de quelque chose la valeur du florin de Provence, on est frappé de l'énorme avilissement que l'or a subi. En 1358, on achetait pour une somme qui n'équivaut pas assurément à cent francs de notre monnaie actuelle, deux immeubles qui vaudraient aujourd'hui de 1,500 à 2,000 francs. Etant du pays, et sachant où ces immeu-

---

[1] Notaire Guill. Autric. f° 28. Notaire Mille, à Manosque.

bles étaient situés, je puis en parler en connaissance de cause.

127. Il est constant qu'à cette époque le florin de Florence avait cours légal en Provence. Si l'acte du 26 février 1358 ne le dit pas expressément, d'autres sont plus explicites. Parmi ceux que je pourrais citer, j'en choisirai un du même notaire qui s'en exprime clairement : « Vendidit et tradidit dictam ferraginem [1] precio quinquaginta quinque florenornm auri de Florencia, boni ponderis et legalis [2], etc. » Cela ne laisse pas de doutes, car pour que le poids du florin fût légal, il fallait que cette monnaie circulât légalement.

128. L'acte de 1358 parle de Jacob Muti, vicaire, ou viguier, ainsi qu'on nomma plus tard le réprésentant d'un seigneur. C'était une sorte d'intendant qui avait charge de percevoir les droits seigneuriaux, de ratifier les ventes de terres soumises à des redevances, et de concéder des emphytéoses. Cet office était affermé annuellement. Il était très-couru par la bourgeoisie, et il n'était pas rare de voir les plus huppés s'en charger.

129. Mais l'investiture, ou, pour mieux dire, la forme, est ce qu'il y a de plus remarquable dans cet acte. Ordinairement elle se faisait, le vassal mettant la main dans celles de son seigneur : ici elle a lieu par l'attouchement du pouce, mode d'ailleurs très usité, et dont je pourrais rapporter de nombreux exemples. Peut-être était-ce parce qu'il n'y avait aucun rapport de sujétion et de suzeraineté entre l'investi et l'investissant, car Foulque d'Agout n'était que seigneur foncier des immeubles

---

[1] Ferraginem. Terre à blé, verger. Du provençal *farrayo*. Ce mot vient du latin *farrago*. Du Cange, gloss. v° *farrago*.

[2] Acte du 17 avril 1343, f° 9. Notaire Mille, à Manosque.

dont il ratifiait la vente, et il ne pouvait exercer aucun droit de souveraineté à Forcalquier.

130. Le seigneur qui avait le domaine et la directe sur une chose censive, avait quarante jours pour exercer le retrait. Cela est positif : « Salvoque etiam et retento termino dierum quadraginta ad retinendum dictas possessiones si voluerit. » C'était le délai de rigueur à l'époque.

131. Enfin, de coutume, il était interdit à ceux qui possédaient des choses censives, de les aliéner à des personnes religieuses, ecclésiastiques ou de main-morte. Bien entendu que l'acte, en parlant des ecclésiastiques, suppose qu'ils agiront en qualité de membres d'une corporation, car lorsqu'ils stipulaient comme personnes privées, il ne leur était pas défendu d'acquérir. Cette prohibition se comprend ; elle était toute dans l'intérêt du seigneur ayant la directe, puisque si la propriété censivée tombait entre les mains de personnes de main-morte, il était à jamais privé du droit de lod. Le propre de ce genre de propriété étant d'exclure toute possibilité de mutation. C'est par un motif semblable, auquel il faut joindre des raisons tirées de l'intérêt public, qu'une loi récente soumet au paiement de certains droits, et ce annuellement, les immeubles possédés par des établissements publics qui, sans cela, seraient de véritables biens de main-morte [1].

132. Voici maintenant un exemple du cas où la convention se présente escortée de toutes les formules usitées. C'est toujours du style du même notaire Guillaume Autric.

« In nomine domini nostri Jesuchristi amen. Anno

[1] Art. 1er, loi du 20 février 1849.

ab incarnatione ejusdem millesimo CCC° lvm°, die XVII mensis Maii XII indictione, ex hujus publici documenti serie universis et singulis tam presentibus quam futuris liqueat evidenter, quod Jacobus Laurencii et Rostagnus Laurencii, fratres filii Isnardi Laurencii quondam de Manua, idem Rostagnus, major annis quatuordecim pro ut Juramentu suo asseruit et firmavit, tamen minor annis vigintiquinque, nullumque habens curatorem, nec se velle habere, ambo simul et quilibet eorum in solidum per se et eos heredes ac imposterum perpetuo successores, non inducti, seducti, introducti aut alias in aliquo circumventi, ut dicunt, sed gratis eorum que propriis motibus ac spontaneis voluntatibus, per se et suos, ut supra vendiderunt, titulo que perfecte et irrevocabilis venditionis, tradiderunt, cesserunt et conssecerunt, siniverunt, perpetuo que penitus et desamparaverunt, seu quasi, Michaeli Borrelli, filio Stephani Borrelli quondam, dicti castri de Manua, presenti et ementi ac pro se suisque heredibus stipulanti et recipienti, quamdam terram cum omnibus juribus et pertinenciis suis sitam, etc., que dicitur teneri et possideri sub dominio et senhoria magnifici et spectabilis viri domini Fulconis de Agouto, etc., dicti que castri Manue domini ad servicium, medie emine Civate[1] et duorum denariorum cum obolo[2], solvende, etc., precio quippe et nomine precii siniti et determinati habiti et conventi inter predictos emptorem et venditores, centum soludorum provincialium nunc currentium, quorum unus provincialis argenti pro decem denariis expenditur et etiam computatur ; ad habendum, tenendum, possiden-

---

[1] Avoine. Du provençal *sivado*.
[2] L'obole était le sous-multiple du denier.

dum, vendendum, donandum, alienandum, permutandum et alias quicquid ipsi emptori et suis perpetuo placuerit faciendum; quod quidem totum precium supradictum predicti inquam venditores habuisse et recepisse confessi fuerunt et in veritate publice recognoverunt, reali et continua numeratione precedente, a predicto Michele emptore presente et interrogante et pro se et suis, solemniter stipulante et recipiente nomine et ex causa venditionis predicte; renunciantes predicti venditores, per pactum empressum, validum et solemne actioni et exceptioni dicti precii non habiti, non recepti, non numerati, sibique non traditi, ac spey future pecunie habitionis, numerationis, traditionis et receptionis ejusdem; jurique dicenti confessionem factam extra judicium non valere; omnique alii juri per quod contra predictam confessionem venire possit. De quo quidem precio terre predicte ipsi venditores, a predicto emptore, presente et interrogante, se pro bene pagatis et contentis tenuerunt, et inde ad majorem cautelam de precio supradicto, venditores ipsi per se et suos, ut supra, dictum emptorem presentem et stipulantem, ut supra, quitiaverunt, liberaverunt et perpetuo penitus absolverunt per aquilianam stipulationem, quitiationem, absolutionem, liberationem, acceptilationem exinde legitime subsecutam; facientes iidem venditores dicto emptori prensenti et stipulanti, ut supra, pacem, finem, omnimodam que remissionem de toto precio supra dicto dicte terre, pactumque sibi fecerunt personale, reale ut in rem ac speciele et generale de a modo aliquid aliud ulterius non petendo pretextu precii antedicti in solidum vel in parte; et si plus valet nunc dicta terra, aut ipsam plus valere contingerit precio supradicto, totum illud plus quodcunque et quantum sit vel esse poterit in futurum, ipsi in quam venditores, per se et suos, ut supra, donaverunt dicto emptori presenti et stipulanti, ut supra, donatione mera simplici et irrevocabili que dicitur inter vivos, nulla causa ingratitudinis revocanda, eciam si dimidiam justi precii accederet; renunciantes inde venditores pretacti per pactum expressum, validum et solemne, juri dicenti si venditor in venditionem quam fecit deceptns fuerit ultra dimidiam justi precii, quod talis vendicio ressindatur aut precium justum restituatur per emptorem: jurique dicenti si donator vergat ad inopiam rem donatam repetere possit; ac dicenti donationem ob causam ingratitudinis, novam que susseptionem aut superventionem liberorum revocari posse; et demum renunciantes omnibus aliis juribus exceptionibus que quibus contra predicta venire possent; exuentes se inde venditores pretacti, ex causa dicte venditionis, de dicta terra et juribus ac pertinenciis suis, per se et suos ut supra, dictum emptorem presentem et stipulantem investiverunt expresse et eumdem in locum suum omnimodo posuerunt; cedentes, transferentes ac penitus remitentes venditores pretacti, dicto emptori presenti et stipulanti, ut supra, nomine et ex causa dicte venditionis, omnia jura, omnesque actiones et requisitiones reales, personales mixtas, utiles et directas, civiles, anormalas, temporales, perpetuas, reique persecutorias, pretorias universales et singulares et alias quascunque que et quos venditores sepe dicti habent vel habere possunt et debent, habebant vel habere poterant et debebant eisque competunt, competabant et competere poterant et debebant quomolibet in predicta terra eisque juribus et pertinenciis, causis et rationibus quibuscumque tacitis vel expressis ; constituentes inde venditores predicti, nomine et causa qua supra, eumdem emptorem presentem et stipulantem ut supra procuratorem et verum dominum in predicta terra et juribus ac pertinenciis suis ut in rem suam propriam, ita quod amodo liceat Michaeli predicto et suis perpetuo predicta terra et juribus ac pertinenciis suis inde agere utiliter et directe protestari, *obicere*[1], componere, compromitere, transigere et pacisci, novare, delegare, de calumpnia jurare et cujuslibet alterius generis juramentum prestare, appellare, appellum que causas prossequere et finire, ponere seu articulare, exipere replicare, et demum omnia alia universa et singula facere, dicere, exercere, tam in judicio quam extra, que verus dominus et legitimus justus que possessor, de re sua propria, ex vera et justa causa, veroque justo ac legitimo titulo aquisita, facere, duire exercere, poterit et eciam allegare, et que ipsimet venditores facere, dicere et exercere poterant ante venditionem et cessionem presentem, et que causarum ac negociorum merita postulant et requirant. Quamquidem venditionem, sive terram predictam, ipsi inquam venditores, ex causa ipsius venditionis, se precario nomine dicti Michaelis possidere constituerunt, seu quasi, donec, et quousque, dictus emptor ipsius terre ac juribus et pertinenciis possessionem adheptus fuerit corporalem, quam aprehendendi et deinceps aprehensam pro se et suis retinendi perpetuo, autoritatem et licenciam contulerunt eidem, nulla inde ipsorum aut alicujuscumque judicis vel pretoris, sive persone, autoritate vel licencia petita aut requisita minime vel

[1] Objicere.

obtenta ; et ipsam possessionem aprehensam habendi, tenendi et possidendi pacifice et quiete, alicujus persona contradictione in aliquo non obstante. Nihil inde dicti venditores in dicta terra retinentes, nisi usumfructum unius hore dumtaxat, qua quidem hora lapsa, ususfructus predictus suæ proprietati consolidetur, omninoque confirmetur et ad dictum emptorem ejusque successoribus pertineant pleno jure. Ceterum dictam terram cum omnibus juribus et pertinenciis suis venditores sepedicti, per se et suos, ut supra, per pactum expressum validum et solemne, jamdicto emptori presenti et stipulanti, ut supra, salvare et deffendere, ac eciam custodire perpetuo promiserunt, et spoponderunt ab omni homine et persona, et ab omni evictione universali et particulari, ac litis eventu in judicio et extra, suorum, ac heredum ipsorum perpetuo propriis sumptibus et expensis ; et si qua ipsi Michaeli aut suis lis, controversia aut inquietatio sive questio universalis vel particularis moveretur vel sussitaretur pro qua vel quibus, cujus vel quorum occasione dictus Michael vel sui sumptus, expensas aut aliquid interesse facerunt, aut modis quibuslibet paterentur, in judicio vel extra, in compromisso vel aliter, totum illud quicquid esset et quantumcunque dicti venditores sponte per pactum, ut supra, dicto emptori presenti et stipulanti, ut supra, dare, restituere et emendare, plenum et integre litem resarcire, licet idem emptor vel sui heredes ut supra in causa obtinerent vel subcumberent, et super ipsis dampnis, expensis, sumptibus, gravaminibus et interesse verbo simplici ipsius emptoris et suorum credere promitendo, sine instrumento, testibus juramento et aliis probationibus quibuscumque ; remitentes venditores prefati per pactum, ut supra, ipsi emptori, presenti et stipulanti, ut supra. perpetuo super premissis jus et necessitatem denunciandi, insinuandi et approbandi, ita quod concordare possit emptor ipse et sui, et si opud esset, componere, compromitere, transigere et pacisci sine strepitu judicii ac juris solemnitate; porro quidem pro omnibus universis et singulis supradictis ac eciam infra scriptis actendendis, complendis ac inviolabiliter observandis, ipsi venditores obligaverunt per pactum, ut supra, omnia bona ipsorum presentia pariter et futura que bona omnia, precario nomine dicti emptoris, pro premissis, ipsi venditores se tenere ac possidere constituerunt seu quasi, usque ad integram observationem premissorum omnium et eciam infrascriptorum; que quidem omnia universa et singula predicta ac infra scripta ipsi venditores rata, grata et firma habere et tenere et perpetuo observare promiserunt, non contra facere, dicere vel venire, sub obligatione predicta et omni renunciatione juris pariter et cautela; et specialiter et expresse renunciaverunt actioni et exceptioni doli mali, metus, vis in factum, conditioni indebiti sine causa et ex injusta causa et ob turpem causam, juris et facti ignorantie, juribusque dicentibus quod venditor non teneatur de evictione emptori nisi questionem sibi motam denunciaverit eidem venditori emptor ipse; ac dicenti venditor non tenetur emptori si de re vendita sibi compromiserit et victus fuerit per sententiam arbitrorum vel aliter quoquomodo; oblationi libelli ac simplicis petitionis, feriisque messium et vindimiarum et aliis publicis seu rusticis et eciam repentinis; noteque seu hujus instrumenti copie vel translatui; deinde renunciaverunt omnibus aliis juribus canonicis et civilibus, statutis, juribusque municipalibus, ac litteris seu rescriptis imperialibus, papalibus et regalibus jam concessis aut concedendis, impetratis aut impetrandis, quo, qua, vel quibus adversus predicta se possent deffendere vel tueri; ac juri dicenti rem aliter fuisse scriptam quam recitatem, vel è converso, nullius esse roboris firmitatis, ac juri dicenti generalem renunciationem non valere nisi precesserit specialis : denique ac specialiter et expresse renunciavit dictus Rostagnus, prius certificatus de jure suo, per me notarium infra scriptum, beneficio minoris etatis ac restitutionis integrum, nec illud se unquam petiturum; et, pro majori efficacia pariter et cautela, predicta omnia atendere et non in aliquo per se vel alium contrevenire, promiserunt et super sancta Dei evangelia juraverunt venditores jam dicti : per eos et ispsorum quemlibet, manu corporaliter libro tacto : et fuit actum dictum et conventum ac in pactum solemne deductum inter predictos venditores et emptorem, nomine quo supra, stipulantem et recipientem, quod presens instrumentum possit dictari, reffici, corrigi et amendari tociem quociens fuerit oportunum, et quousque obtineat omne robur, extractum in publicum vel non extractum, productum in judicio vel non productum, dictamine cujuslibet sapientis meique notarii, addendo novas clausulas vel diminuendo, expressas vel non expressas, ad hoc ut presens contractus non pereat sed pocius valeat, substantia facti illesa penitus remanente, de quibus, etc. [1]. »

On voit que Guillaume Autric, malgré son humeur vagabonde, était un notaire prudent et avisé, et que si,

[1] Notaire Mille, à Manosque.

de son temps, il y avait des procès, ce n'était pas sa faute, mais plutôt celle de l'humaine nature chez laquelle l'esprit de chicane est indélébile. On a beau tout prévoir, et s'entourer de toutes les défenses imaginables, le démon de la controverse trouve toujours le moyen de pénétrer dans le fort.

133. Il n'entre pas dans mon projet d'examiner l'utilité des nombreuses clauses dont les notaires munissaient leurs actes, mais je dois insister sur l'étrangeté de quelques-unes d'entr'elles.

Il paraît, au luxe de précautions dont Guillaume Autric s'environnait, qu'au temps où il exerçait son office, il y avait des moyens pour contester la vérité des énonciations les plus positives insérées dans les actes. Ainsi, l'acte que je viens de transcrire contient la reconnaissance, de la part des vendeurs, qu'ils ont reçu le prix de la vente; cependant le notaire les fait renoncer immédiatement au droit de contredire cette reconnaissance qui, au dire de l'acte lui-même, n'aurait été complètement valable qu'en tant qu'elle eut été faite en jugement. « *Renunciantes juri dicenti confessionem factam extra judicium non valere.* » On avait donc le droit de méconnaître toute reconnaissance faite hors jugement, puisqu'il fallait une stipulation expresse pour la rendre valide.

134. Il était de style, dans tous les contrats de vente, et cela sans exception, de faire renoncer le vendeur à exercer l'action en rescision pour lesion de plus de moitié, et pour éluder la disposition du droit romain qui accordait cette action, on disait dans l'acte que le cas de lesion arrivant, le vendeur donnait à l'acheteur, par donation entre vifs, le complément du juste prix.

C'est contre cet usage que s'est élevé l'art. 1674 C. Nap. On stipulait de plus que cette donation ne pourrait être révoquée pour cause d'ingratitude, ni par survenance d'enfant. Il faut croire que la première stipulation sortait à effet, puisque l'art. 1674 a dû la proscrire par une disposition expresse.

135. La vente pure et simple de la propriété ne suffisait pas pour investir l'acheteur de tous les droits qui y étaient attachés, et qu'aujourd'hui nous considérons comme une conséquence naturelle de l'aliénation. Il fallait que le vendeur en fît un transfert exprès à l'acheteur, qu'il lui cédât toutes ses actions, et notamment la faculté de compromettre, transiger, ester en jugement, et une foule d'autres qui, par le seul fait de la vente, appartiennent à l'acquéreur. Il lui donnait entr'autres la faculté *de calumpnia jurare,* c'est-à-dire d'affirmer par serment la justice de sa cause, s'il était actionné à raison de la propriété par lui acquise. On sait qu'autrefois, lors de l'introduction d'un procès, les parties prêtaient serment devant le juge, et attestaient que leurs prétentions étaient fondées en raison. Le Le défendeur jurait *de calumnia*, parce qu'il affirmait que son adversaire l'actionnait à tort.

136. Jusqu'à ce que la tradition réelle eut été faite, le vendeur déclarait posséder la chose vendue en précaire et au nom de l'acheteur. Cette déclaration n'avait d'autre but que de lui interdire une seconde aliénation de la chose, que le vendeur de mauvaise foi aurait pu faire, entre la première vente et la tradition à venir. Le second titre aurait été vicié dans son essence.

137. L'acte de 1358 contient une clause singulière.

dont je ne puis me rendre compte. Il y est dit que, l'acheteur ayant pris possession corporelle de la chose vendue, le vendeur ne s'y réserve rien, *nisi usumfructum unius hore dumtaxat, quaquidem hora lapsa usus fructus predictus sue proprietati consolidetur, omnique confirmetur, et ad emptorem pertineat pleno jure.* Pourquoi cet usufruit d'une heure?

Je ferai remarquer qu'une clause semblable se trouve dans tous les actes de vente pendant les XIVe et XVe siècles, avec cette différence que la durée de l'usufruit est quelquefois d'un jour. J'en ai cherché la raison, et n'ai jamais pu la trouver. L'acte passé, la tradition réelle accomplie, l'acheteur mis en possession, tout est consommé. Il faut qu'il y ait dans cette clause quelque chose de symbolique que je ne puis pénétrer. J'abandonne ce problème aux savants.

138. La stipulation de garantie se trouve dans l'acte, mais en même temps qu'elle est expressément prévue, elle est accompagnée d'une clause fort extraordinaire. Il y est dit que les vendeurs soumettent tous leurs biens présents et à venir à l'exécution de l'acte, lesquels biens ils posséderont, jusques alors, à titre de précaire, *seu quasi*.

Je crois comprendre l'utilité de cette clause. Elle avait pour objet d'empêcher le vendeur d'aliéner ses biens tant que l'acte n'avait pas été exécuté. Il paraît que dans les principes de ce temps-là, cette affectation réelle pouvait produire quelque effet. Mais le *seu quasi* m'embarrasse. Il tend, évidemment, à atténuer le résultat de la clause, car il lui enlève une partie de son énergie. Qu'est-ce en effet que posséder *presque* à titre de précaire? Quant à moi, en fait de possession, je n'admets que deux alternatives, où l'on possède d'une manière certaine, ou bien à titre précaire. Dans le dernier cas le *seu quasi* est de trop.

139. Il y a encore cela de remarquable, que les vendeurs se soumettent envers l'acheteur en tous dépens, dommages et intérêts à liquider sur sa seule affirmation, *verbo simplici ipsius emptoris* et *sine strepitu judicii,* ainsi qu'on parlait alors. Cette stipulation était terriblement élastique, on ne doit pas être surpris si elle est inusitée aujourd'hui.

140. Le vendeur tenait la vente pour agréable; il promettait de la maintenir, et de ne rien faire qui put la contrarier. Cet engagement était accompagné de la renonciation à toutes les exceptions qu'il aurait pu élever. La nomenclature en est longue, et je doute qu'on en ait omis quelqu'une. Il en est qui sonnent étrangement à nos oreilles; d'autres que je ne comprends plus. Que signifie, par exemple, la renonciation a *oblationi libelli ac simplicis petitionis?* Il s'agissait sans doute de l'exemption de l'accomplissement de quelque formalité; mais pour savoir quelle en était la portée, il faudrait pénétrer dans le secret de la procédure usitée alors. Je ne sais s'il nous en reste des monuments, je ne me sens pas le courage de les explorer. On pourrait dire cependant que, par ces mots, le vendeur renonçait à actionner l'acheteur en justice quant à la propriété de la chose vendue, car le libellé était ce que nous appelons aujourd'hui l'exploit introductif d'instance.

141. Nos ancêtres avaient, depuis longtemps, déserté le culte de Bacchus et de Cérès, cependant ils le tenaient encore en honneur. L'acte de 1358 est là pour l'attester.

Parmi toutes les exceptions auxquelles les vendeurs renoncent, on remarque celles qui naissaient des fêtes des moissons et des vendanges : *feriis que messium ac vendimiarum*.

Il ne faudrait pas croire que cette renonciation se trouve là isolée et comme par hasard. Elle est au contraire de style, et on la rencontre, en outre, dans presque tous les actes du XVe siècle. Elle s'explique au moyen d'une seule observation. A cette époque, et, je présume, bien antérieurement, l'arrivée des moissons et des vendanges faisait surseoir à l'exécution de toutes les obligations. Cela est positif, puisque le cas est prévu dans les actes, et qu'on y faisait renoncer les contractants à profiter de cette faculté. Peut-être était-ce un reste de paganisme ; peut-être la raison de ce sursis est-elle dans l'importance qu'avait alors et qu'a encore en Provence, la récolte des moissons et des vendanges. On peut choisir.

142. En 1358, et longtemps après, il y avait chez nous un mélange incompréhensible de juridictions. Tribunaux ecclésiastiques et civils ; décrets des rois, des empereurs et des papes ; tout était mélangé de manière à produire une confusion ineffable. Notre acte en est la preuve. Les vendeurs y renoncent à tous droits canoniques et civils dont ils auraient pu exciper. Ils renoncent de plus aux lettres ou rescrits des empereurs, des papes et des rois, concédés ou à concéder : « *renunciaverunt omnibus aliis juribus canonicis et civilibus, statutis, juribus que municipalibus, ac litteris seu rescriptis imperialibus, papalibus et regalibus, jam concessis aut concedendis, impetratis aut impetrandis.* »

Ainsi tout le monde avait juridiction sur notre terre

de Provence. Ce n'était pas assez de l'existence simultanée des juridictions civiles et ecclésiastiques ; des statuts municipaux qui créaient des lois différentes pour chaque localité ; il fallait encore que papes et empereurs vinssent s'ingérer dans nos affaires privées. Et notez bien que ce n'était pas contre le passé seulement que l'on se précautionnait, c'était contre l'avenir : *concessis aut concedendis, impetratis aut impetrandis.* Notez encore que cette formule s'est conservée jusqu'à la fin du XVe siècle. Elle avait nécessairement sa raison d'être. Béni soit à jamais le jour où nous n'avons plus eu qu'une seule loi.

On explique d'une manière satisfaisante comment il se faisait que les empereurs eussent juridiction sur notre pays, car on sait que la Provence était un fief de l'Empire. Ainsi, par acte passé à Pise le 1er février 1355, 8e indiction, des ambassadeurs, à ce spécialement députés par Jeanne, reine de Jérusalem et de Sicile, comtesse de Provence, Forcalquier et terres adjacentes, et de Piémont, et par le roi Louis, son mari, prêtèrent en leur nom serment de fidélité à Charles, roi des Romains et de Bohême, pour le comté et le marquisat de Provence, lesquelles expressions dit l'acte sont synonymes [1].

Par privilège, ou rescrit impérial, rendu à Pise le 3 des calendes de février de la même année, l'empereur ayant reçu l'hommage du roi et de la reine, leur donna l'investiture des comtés de Provence et de Piémont, et la leur inféoda à nouveau ainsi qu'à leurs successeurs [2].

Enfin, par autre privilège daté de Pise le 4 des

[1] Archives de la préfecture des Bouches-du-Rhône.—Viridis fo 101.
[2] Ibid. ibid. Ibid. fo 98.

calendes de février de la même année, il mande aux barons, aux nobles et aux communes des deux comtés d'obéir aux ordres du roi et de la reine [1].

Les liens de suzeraineté qui rattachaient la Provence à l'Empire n'étaient pas excessivement resserrés, car elle était beaucoup trop éloignée du centre à l'entour duquel elle était censée graviter, cependant la sujétion était réelle. Cela est prouvé par un quatrième privilège du même empereur, lequel casse toutes sentences et procès faits de l'ordre de l'empereur Henri, et de Louis, roi de Bavière, ayant occupé de fait le trône impérial, contre le roi Robert, et tous autres. Ce rescrit est également daté de Pise, le 3 des calendes de février 1355 [2].

Puisque je suis sur ce sujet, je dois dire que plusieurs années après, le même empereur essaya de ressaisir la haute main en Provence. Par un rescrit donné à Francfort-sur-Mein, dont la copie ne porte pas de date, mais qui doit être de l'année 1366, il délégua à Arnaud, évêque d'Auch (Auxitensis), camérier du pape, le droit de connaître des appels émis contre les jugements des tribunaux de Provence. Mais ce rescrit ne fut point exécuté, et Gautier de Ulmeto, procureur et avocat fiscal, à Aix, protesta contre cette prétention de l'empereur. Il se basait sur ce que il existait en Provence un corps judiciaire parfaitement organisé et suffisant à tous les besoins du pays. Pour rendre sa démonstration plus complète, il énumérait les diverses juridictions alors existantes et en définissait les attributions. Cette pièce curieuse est du mois d'octobre 1366, 4ᵉ indiction [3].

[1] Archives de la préfecture des Bouches-du-Rhône.—Viridis fº 99 vº.
[2] Ibid. ibid. Ibid. fº 100.
[3] Ibid. ibid. Ibid. fº 220.

Mais si, à la rigueur, le pouvoir de l'Empire d'occident s'étendait sur la Provence, on ne voit pas de quel droit et à quel titre les papes auraient pu légiférer chez nous. Il est vrai que nos souverains, en leur qualité de rois de Sicile, étaient ses feudataires ; mais comme comtes de Provence ils échappaient à sa juridiction. Cependant il fallait bien que ce droit leur appartint, soit par l'usage, soit par tout autre motif, puisque dans les actes les contractants étaient dans l'habitude de renoncer *à toutes lettres ou rescrits émanés des papes*.

143. Dans le XIVe siècle l'esprit de chicane florissait déjà, car il y a longtemps qu'il est épanoui, ou, peut-être, tous les notaires n'étaient-ils pas parfaitement honnêtes. Quoiqu'il en soit, ils prenaient leurs précautions. Ils avaient soin d'insérer dans leurs actes une clause qui fermait la porte à toute inscription en faux intellectuel. Les parties renonçaient à exciper de ce que l'acte ne contenait pas les dispositions qu'elles avaient dictées au notaire : *juri dicenti rem aliter fuisse scriptam quam recitatam, vel e converso, nullius esse roboris firmitatis*. Cette clause était de style, on la rencontre partout. Elle était à la fois dans l'intérêt des parties et contre elles ; un peu aussi dans celui du notaire. Elle devait donc se conserver longtemps. C'est ce qui n'a pas manqué d'arriver.

143 *bis*. Une des parties était mineure de 25 ans, c'est-à-dire, incapable de contracter valablement. Elle n'était pas pourvue de curateur, et ne voulait pas en avoir, *nec se velle habere*. Elle aurait donc pu faire rescinder le contrat. Pour parer à cet inconvénient, on la faisait renoncer au bénéfice de la minorité, *beneficio minoris ætatis ;* et, de plus, ainsi que cela se pratiquait

pour tous les contractants, on lui faisait prêter serment sur les évangiles. *Juraverunt venditores jam dicti, per eos et ipsorum quemlibet, manu corporaliter libro tacto.* Dans ce cas, le vendeur était doublement tenu, d'un côté par sa renonciation, de l'autre par son serment. Alors, comme toujours, il y avait avec la loi des accommodements.

144. Je conjecture, d'après les termes de l'acte, qu'autrefois la renonciation générale ne suffisait pas, et qu'il fallait qu'elle fut spéciale. De tout temps on s'est méfié à bon droit des clauses générales, car on peut aisément en faire ressortir ce que les contractants n'ont pas prévu. Mais, en 1358, on ne s'arrêtait pas à si peu. Un principe embarrassait-il ? On l'éludait, ou on le tournait, au moyen d'une clause expresse et contraire. Ainsi, on tenait que la renonciation générale ne liait pas la partie qui l'avait faite : vite, on la privait de la faculté de la quereller, en l'y faisant renoncer d'avance. *Ac juri dicenti generalem renunciationem non valere nisi prœcesserit specialis.* De cette manière, il n'y a pas de principe d'éternelle justice qu'on ne puisse violer ; le tout *pro majori efficacia pariter et cautela.* C'est naïf.

145. Mais la clause la plus extraordinaire est à la fin de l'acte. Si je n'écrivais pas sérieusement, car la matière est grave, je dirais que c'en est le bouquet. Voici ce qu'on y lit. Je le répète, si par hasard ce passage n'avait pas suffisamment frappé le lecteur.

« *Et fuit actum, dictum et conventum, ac in pactum solemne deductum inter venditores et emptorem, quod prœsens instrumentum possit dictari, refici, corrigi et emendari totiens quotiens fuerit opportnnum, et quousque obtineat omne robur, extratum in publicum vel non extractum, productum in judicio vel non productum, dictamine cujuslibet sapientis, meique notarii, addendo novas clausulas vel diminuendo, expressas vel non expressas, ad hoc ut prœsens contractus non pereat sed potius valeat, substantia facti illesa penitus remanente.* »

Voilà donc le notaire investi d'un pouvoir discrétionnaire, et cela, par un pacte exprès et solennel des parties. Il lui est permis, avec l'aide de prétendus jurisconsultes, de refaire, amender et corriger un acte public et authentique, sous le futile prétexte de le faire sortir à effet : *ad hoc ut contractus non pereat sed potius valeat.* De telle sorte que si, par hasard, il a oublié une énonciation substantielle, il pourra la suppléer. Que cela fut, sinon licite, au moins tolérable pour les actes couchés sur le *sumptum*, je veux bien le croire ; mais la raison, le respect dû aux actes notariés, s'opposaient à ce qu'on touchât en rien ceux qui étaient portés sur l'*extensoire*. Le mépris d'une chose, pourtant sacrée, était porté si loin, que le notaire pouvait corriger et refaire l'acte, alors même qu'il en avait délivré expédition, *extractum vel non extractum*, et qu'il avait été produit en justice, *productum in judicio, vel non productum*. Ainsi, un procès, mauvais au fond et désespéré, pouvait changer de face par la production d'une seconde expédition amendée, corrigée, refaite, et annullant la première. Quelle invention pour la mauvaise foi !

De peur qu'on ne fut incertain sur l'étendue de cette clause bizarre, on ajoutait : *addendo novas clausulas, vel diminuendo, expressas vel non expressas;* ce qui revient à dire que, sous prétexte de rendre l'acte valide, le notaire pouvait le bouleverser de fond en comble, et changer radicalement les conventions des parties. On ne peut s'empêcher d'admirer la prudence et la prévoyance des notaires, alors qu'ils faisaient renoncer les contractants à exciper de ce qu'ils avaient écrit et des conventions autres que celles qu'ils avaient consenties. *Rem aliter esse scriptam quam recitatam.*

Il est vrai que cet immense pouvoir est limité, en apparence par une condition restrictive. Les notaires pouvaient corriger, refaire l'acte, y ajouter même, *salva facti substantia*. La belle garantie ! Armés qu'ils étaient du *sumptum* qu'ils pouvaient remanier à leur gré !

Ce pouvoir est tellement extraordinaire, qu'au commencement je ne pouvais m'en rendre compte, et que c'est peut-être la plus grande difficulté que j'ai rencontrée dans mes études paléographiques. Comment comprendre, en effet, des abréviations dont la signification est si contraire au sens commun ! Ce n'est qu'après bien des recherches que j'ai pu en venir à bout, encore, pour en être certain, m'a-t-il fallu la bonne fortune de rencontrer des *extensoires* dans lesquels la clause était littéralement écrite.

Ce qu'il y a de pire, c'est que cet usage, qui date de loin, s'est continué jusqu'à la fin du XVe siècle. Pendant plusieurs centaines d'années, les notaires ont réellement tenu entre leurs mains la fortune et l'honneur des citoyens. Existe-t-il quelque chose de plus intolérable ?

146. J'ai déjà touché un mot du haut prix des métaux précieux pendant le XIVe siècle. J'en trouve un nouvel exemple dans les minutes du même notaire Guillaume Autric. Par acte du 11 juin 1362, une maison sise dans l'enceinte de Manosque fut vendue au

prix de trente florins de Florence, ce qui représente aujourd'hui une somme de trois cents et quelques francs. Encore cette maison appartenait-elle à un homme riche : s'il se fut agi de celle d'un pauvre, le prix en aurait été bien plus minime.

147. La vente dont je parle fut faite en vertu d'un testament par lequel le testateur ordonna, qu'à défaut d'héritiers, son bien fut employé en œuvres pies. Il avait institué son frère pour héritier, en lui substituant la fille de celui-ci, révoquant l'institution dans le cas où elle décèderait sans enfants : *si non dictam filiam, mori contingeret absque prole legitima ex suo corpore procreata.* Le testateur nommait pour exécuteurs de ses dernières volontés, diverses personnes, parmi lesquelles se trouvait un prêtre de Manosque nommé Raymond Aycard. A defaut d'héritier, celui-ci fut chargé de poursuivre la vente des biens ayant appartenu au testateur, et d'en distribuer le montant. Il était revêtu à cet effet d'un pouvoir discrétionnaire, car le testament ne spécialise pas l'emploi des derniers, s'en rapportant pour cela à ses exécuteurs. *Jussit et ordinaverit quod omnia bona sua venderentur et amore dei darentur et distribuerentur, ad distributionem Gadiatorum seu executorum suorum* [1].

148. Ce mot *Gadiator*, qui revient dans tout le testament signifie, exécuteur testamentaire, ainsi qu'il est prouvé par la citation que je viens de faire. Du Cange le prend dans ce sens, et en fait le synonyme de *vadium*. C'est d'après lui, *Curator testamenti*. Plus tard, ce mot se transforma et devint *Gagier* ou *Gaignier* en vieux français. Cette dernière expression se trouve fréquemment dans les actes du XVIe siècle. [2]

[1] Notaire Mille, à Manosque.
[2] Glossaire. Vis Gadiator et vadium. — Gloss. français Vo Gagier.

149. Les services fonciers étaient également dans le commerce, on les vendait aussi fréquemment que les immeubles.

« Anno M° CCC° LVII die XI mensis Aprilis notum, etc. quod scolatis suffanhi...... habitator Manuasce, etc. vendidit et, ex titulo pure et perfecte venditionis, tradidit, cessit et concessit, seu quasi, perpetuo desamparavit nobili domine Marie Nicholay, jurisperiti de Forcalquerio, relicte; nunc vero monialis dominarum sancte Clare de Manuasca, habens plenariam potestatem, a superioribus suis dicti ordinis sancte Clare, emendi, vendendi et alienandi, pro ut sibi placuit et sibi videlietur faciendum, pro ut de dicta potestate constat quodam publico instrumento scripto manu magistri Guillelmi Pandulfi, notario, sub anno currente domini M° CCC° LIII° die tertia mensis Marcii, etc. Guillelmo de Petra procuratore et procuratoris nomine dicte domine Marie, cum voluntate et licentia sororum monialium dicti monasterii beate Clare constituto, pro ut de ejus procuratione constat quodam publico instrumento scripto manu Johannis Roche, notarii, sub anno currente domini M° CCC° LII°, die XVIII mensis decembris, quod incipit, etc. presentibus ementibus et recipientibus et ex potestate eis attributa, ut supra, et de pecunia centum et viginti florenorum auri assignatorum per dictam dominam Mariam fratri Huguoni Gardiloni, ordinis beati Francisci, in ecclesia Beate Marie de Forcalquerio, in Cappella sancti Johannis quam dictus quondam dominus vir suus construi fecit, in qua pecunia est efficaciter obligatus eidem domine Marie dominus Guillelmus Alfanti, presbiter, ut

N. B. Le papier étant usé par le temps, l'acte présente quelques lacunes.

ipsa domnina Maria asserit, videlicet, dominia et senhoria et jus percipiendi et habendi servicia subscripta, in primis, dominium et senhoriam et jus percipiendi et habendi duos solidos sensuales quos ipsi scolati servit et servire tenetur annis singulis in festo natalis domini Fossonus Jacob, Judeus de Manuasca, pro duabus..... vinearum sitarum in territorio Manuasce loco dicto in podio majori, confrontatis ab una parte, etc. Item dominium et senhoriam et jus percipiendi et habendi servicium XII denarios quos etiam servit et servire tenetur, annis singulis in festo natalis domini, Petrus Veyretii, de Manuasca, pro quadam vinea sita in territorio Manuasce, loco dicto ad fontem cubertam, confrontante, etc. Item et dominium et senhoriam et jus percipiendi et habendi servicium duodecim denarios quos eidem servit et servire tenetur, annis singulis in dicto festo, Raymundus Gauterii de Manuasca, pro quadam sua vinea sita in dicto territorio, loco dicto in costa longa, confrontante, etc. Item dominium et senhoriam et jus percipiendi et habendi servicium sexdecim denarios quos eidem servit et servire tenetur, annis singulis in dicto festo, Guillelmus Convitgnoti, pro quadam...... Manuasce loco dicto in podio majori confrontante, etc. Item et dominium et senhoriam....... percipiendi et habendi servicium duodecim denarios quos sibi servit et servire tenetur..... singulis in dicto festo..... alias Ruffus Villenove, pro quandam vinea sita, etc. Item et dominium et senhoriam et jus percipiendi, etc. servitium sex denarios quos eidem servit et servire tenetur, annis singulis in dicto festo, heredes Guillelmi Raymundi, de Manuasca, pro quadam terra sita in territorio Manuasce, loco dicto subtus ecclesiam Beate Marie de totis Auris, confrontante....... Item et dominium et senhoriam et juspercipiendi, etc. *Uchenum*[1] racemorum quod sibi servit et servire tenetur, annis singulis in dicto tempore vendiminiarum, aventurinus Salami, faber de Manuasca, pro quadam vinéa sita ad savellum Confrontante, etc. Item et dominium et sehoriam et jus percipiendi, etc. *Seysenum*[2] racemorum quod percipit et percipere consuevit, annis singulis in dicto tempore, heredis Isnardi Andre, alias tarancaya, pro quadam vinea sita in dicto territorio, loco dicto ad curtes sancti Johannis, confrontante, etc. Cum omnibus eorum juribus et pertinenciis suis, precio et nomine precii decem et septem florenorum auri de Florencia, boni pondéris et legalis, quod quidem totum precium dictus scolaris venditor[3]. »

L'acte se termine là, les feuillets suivants étant déchirés. Seulement on lit au bas de l'acte quelques lignes qui indiquent que Marie Nicolay aurait cédé à une autre personne les services fonciers qu'elle avait acquis.

« Remissio facta de supra dictis serviciis per nobilem dominam...... Guillelmo de Petra procuratione fratris Hugoni Gardiloni, anno domini M° CCC° LIX, die octava.... actum in *opératorio*[4] mei notarii testes Giraudus Monachi et Guillelmus Castanhi de..... »

Le total des redevances en argent s'élève à deux sous et cinquante huit deniers. Le sou valant alors dix deniers, ainsi que je l'établirai bientôt, cela fait la somme de sept sous huit deniers. De plus, on doit faire entrer

---

[1] Huitième.
[2] Sixième.
[3] Notaire Bertrand Raynaud. — Notaire Mille, à Manosque.
[4] Etude.

en ligne de compte les deux redevances d'un huitième et d'un sixième des raisins de deux vignes, dont on ne peut apprécier la valeur. Ces diverses redevances furent acquises pour la somme de dix sept florins de Florence.

150. Il résulte de cet acte, que les religieuses pouvaient, du consentement de leurs supérieurs, acquérir et aliéner, en leur nom privé, des services fonciers. L'acte contient en effet une acquisition et une cession faites par la même personne. Peut-être pouvaient-elles aussi acquérir des immeubles de la même manière ; mais on ne peut affirmer ce fait, faute de documents.

Il paraîtrait que Marie Nicolay était obligée, pour une cause quelconque, envers un moine de l'ordre de Saint-François, de Manosque, pour la somme de cent-vingt florins. Il est fort possible qu'elle ne soit intervenue dans l'acte que pour éluder la règle qui défendait aux religieuses de cet ordre de posséder des espèces monétaires.

151. Par un autre acte, à la date du 5 octobre 1345, quatre redevances, s'élevant en tout à la somme de quinze sous couronnés, furent vendues moyennant huit florins de Florence. En admettant que ce florin valut seize sous, la somme capitale aurait été productrice d'intérêts à raison du 12 % environ [1].

152. Je viens de donner la formule de l'acte de vente, le plus usuel de tous les contrats. Voici maintenant celle de l'*accapitum*, autre mode d'aliénation de la propriété qui n'était pas moins fréquent.

Par ce mot on entendait ce que nous appelons aujourd'hui *emphytéose*; le texte que je vais citer s'en explique

[1] Notaire G. Autric, f° 49 r°. — Notaire Mille, à Manosque.

suffisamment. C'est le sens qu'y attache du Cange, qui le définit ainsi : « Accaptare, capere ad accapitum, hoc est, capere, vel possidere feuda aut quœvis alia bona sub *accapitorum* conditionne ac onere[1] » cette expression était usitée dens toute la France.

La forme ordinaire de l'*accapitum* était la suivante :

« In nomine domini amen anno incarnationis ejusdem 1344, die II mensis novembris, 13 indictione, per hoc presens publicum instrumentum pateat universis tam presentibus quam futuris quod nobilis et eggregius vir, dominus Jacobus Arduyni, dominus Castri dirruti, sancti Marchi et Roveria, ac ejus territorii, per se et suos perpetuo dedit et concessit, ad accapitum et in emphiteosim, Salvatori de Vinono, de Aquis, pro se et suis recipienti, quamdam terram scitam, etc. Pro accapito sex denariorum, et ad sensum sive tascam de omnibus fructibus in dicta terra provenentibus prefato domino et suis successoribus per im perpetuum prestandam. Quod accapitum predictus Salvator, in mei notarii et testium infra scriptorum presencia, sepedicto nobili tradidit et assignavit, et si plus valet dicta terra idem dominus Jacobus dicto Salvatori dedit donatione simplici que dicitur inter vivos ; promitens que idem dominus, dicto Salvatori dictam terram ab omni persona deffendere et salvare ; dans et concedens sibi licenciam ab inde in anterea dictam terram vendendi, distrahendi et alienandi, quibuscunque voluerit, exceptis ecclesiasticis et personis ecclesiasticis, ac religiosis. Constituendo eundem Salvatorem procuratorem et verum dominum, ut in rem suam : quam terram dictus dominus, dicto Salvatori laudavit, et eundem per policem, ut moris est,

[1] Gloss. V° Accaptare.

investivit, salvo et retento jure suo et cujuslibet alterius persone, retentoque sibi et suis perpetuo dominio et laudimio si venderetur, ac tascam faciendam. De quibus omnibus et singulis dictus Salvator voluit sibi fieri puplicum instrumentum. Actum Aquis, etc. presentibus, etc. et me Guillelmo Autrici de Sistarico notario publico, in comitatibus provincié et Forcalquerii, auctoritate illustrissime domine Johanne Regine Jerusalem et Sicilie ac dictorum comitatuum comitisse constituto, qui hanc cartam scripsi et signo que meo consueto signavi[1]. »

153. Je n'ai qu'une observation à faire sur le texte; c'est que si, en général, l'*accapitum* était la même chose que l'*emphytéose, dare in accapitum vel in emphyteosim*, cependant il comporte un autre sens. Dans l'acte de 1344, il signifie la prestation que l'emphytéote donnait, une fois pour toutes, au seigneur foncier, en entrant en possession : *quod acapitum predictus Salvator sepedicto nobili tradidit et assignavit*. C'était le droit d'entrée, *pro acapito sive intragio* [2].

154. La lecture des actes anciens est non seulement curieuse, mais elle est encore très instructive, car elle rectifie bien des idées fausses. Ainsi, sur la foi de certains déclamateurs, j'avais longtemps cru que les lois révolutionnaires qui privèrent les seigneurs de tous droits utiles sur les propriétés roturières, étaient des lois justes, parce qu'elles n'avaient fait que réparer les effets d'une spoliation antérieure. J'étais tout-à-fait dans l'erreur, et je l'avoue bien que fort peu enclin à prôner l'ancien régime, il est positif, au contraire, que presque

[1] Notaire G. Autric, f⁰ 16. — Notaire Mille, à Manosque.
[2] Acte du 2 février 1343. Notaire G. Autric. — Notaire Mille, à Manosque.

toutes les redevances seigneuriales provenaient d'une aliénation de propriété foncière. Ordinairement le cens était modique, et si la propriété était autrefois grevée de charges très lourdes, il faut s'en prendre aux abus du système féodal, et non point au titre qui la constituait. Celui-ci était toujours pur de fraude ou de violence, et il n'est pas vrai, qu'à une époque antérieure, le peuple ait été dépouillé de la propriété par les seigneurs. On n'en rencontre nulles traces.

Ce qui est vrai, c'est que les habitudes différaient des nôtres ; c'est que la manière de gérer la propriété n'était pas la même ; c'est, qu'au lieu d'affermer ses terres, le propriétaire foncier préférait les bailler à cens et les aliéner au moyen d'un contrat d'emphytéose. La convention était donc pure dans son essence. Ce qui était abusif, c'était le droit de lod que le propriétaire du domaine direct percevait à chaque mutation à titre onéreux de la propriété, mais la cause de cet abus résidait ailleurs, le titre n'en était pas moins inattaquable.

155. La puissance féodale se manifestait si peu dans le contrat d'emphytéose, que les roturiers y avaient souvent recours. En voici des exemples.

Par acte en date du 15 juin, Raymond Gasqui, fils à feu Isnard, donna en emphytéose à Jean Bruni, de Manosque, une vigne, à l'acapit de un florin, c'est-à-dire, moyennant la somme de un florin une fois payé, et à charge d'une redevance annuelle de seize deniers. En conséquence, il l'investit de la dite vigne, en se réservant seulement la directe et seigneurie [1].

[1] Notaire Isnard Hospiti. — Notaire Mille, à Manosque.
N. Les premières feuilles du *sumptum* manquant, on ne peut savoir en quelle année les actes reçus par ce notaire ont été passés. Mais ils sont antérieurs à 1389, ainsi qu'il appert de la quittance mise au bas d'un acte.

7

Le contrat suivant fut encore passé entre roturiers. « Anno quo supra die xxii Junii Petrus Passeroni, de Manuasca, dedit ad acapitum et in emphyteosim Johanni Fornelascii, dicte loci, quandam vineam sitam in territorio de Petraviridi ; loco dicto in Cassanhis, pro acapito solidorum 7, quod acapitum confessus fuit habuisse, retinuit dominium et senhoriam et servicium xii denariorum [1]. » S'il était nécessaire, je pourrais multiplier les exemples.

Il est vrai que le contrat d'emphytéose était plus particulièrement à l'usage des seigneurs. Mais la fréquence des baux de cette nature par eux passés s'explique facilement. Ils étaient propriétaires de la plus grande partie du sol, et leurs noms devaient, par conséquent, revenir plus souvent dans les actes notariés. Mais ce serait une erreur capitale de croire qu'eux seuls pratiquassent le bail emphytéotique. Tout propriétaire d'un franc aleu pouvait passer des baux semblables, et retenir le domaine direct, en imposant au preneur une redevance annuelle. Cette faculté résulte des lettres patentes concédées, le 11 avril 1386, à la ville de Moustiers par la reine Marie. Ces lettres, entre autres choses, reconnaissent et confirment l'usage dans lequel sont les habitants de cette ville d'aliéner leurs propriétés par baux emphytéotiques perpétuels, ainsi que le droit de percevoir lod à chaque mutation [2].

156. Cependant le droit féodal avait influé sur le

---

[1] Notaire Isnard Hospiti. — Notaire Mille, à Manosque.

N. Ceci n'est pas contraire à ce que j'ai dit ci-dessus. Pothier parle du droit de prélation. Pocquet de Livonière parle du droit de retrait. Ce sont deux choses essentiellement différentes. V. Sup. nos 112 et 113.

[2] Archives des Bouches-du-Rhône. Cour des comptes, pacis, f° 85.

bail emphytéotique en ce sens, que nous avons vu un exemple du cas où le bailleur exerça le retrait, alors que, dans le dernier état du droit féodal, il est convenu que cette espèce de bail, ainsi que le bail à rente foncière, n'y était pas sujet[1]. Qu'induire de là? C'est que depuis le XIVe siècle, le bail emphytéotique s'était modifié de manière à priver le bailleur du retrait. Mais il n'en reste pas moins acquis qu'à cette époque, et antérieurement, il existait à son profit. Cela, d'ailleurs, ne fait rien à la question de savoir si toute personne usait et pouvait user du bail emphytéotique. Or l'affirmative est hors de doute.

157. J'ai dit que cette espèce de bail avait lieu à des conditions modérées. Là prestation était ordinairement en argent. D'autres fois elle se faisait en nature, c'est-à-dire, en denrées telles que blé, vin, huile. D'autres fois on y ajoutait quelques produits de la basse-cour. Ainsi, dans un bail à emphytéose du 8 décembre 1378, une vigne hermas, *vineam hermam*, ce qui signifie, je crois, une vigne plantée dans un sol maigre, est baillée moyennant l'acapit d'une poule, *unius galline*, et la rente de deux *coupes*[2] et demi de vin, à prendre à la cuve, *solvendarum anno quolibet ad tinam dicti Guillelmi*[3].

158. Le bail emphytéotique était toujours perpétuel. Je ne connais pas d'exemple du contraire. Tous les actes que j'ai consultés, et il m'en a passé beaucoup par les mains, portent, *dedit ad acapitum seu emphyteosim erpetuam*. A cette époque, au moins dans le pays dont

[1] Pocquet de Livonière. Traité des fiefs, p. 455.
[2] Mesure usitée dans la Haute-Provence, contenant 20 litres.
[3] Notaire Jean Autric. — Notaire Mille, à Manosque.

je rapporte les usages, la perennité était la conséquence obligée de l'acapit ou emphytéose.

159. Toutes les terres n'étaient pas possédées sous cette tenure quasi féodale. Il en était beaucoup qui ne devaient de prestation à personne. C'étaient de véritables francs aleux. Quand une pareille terre était aliénée, le vendeur savait bien le dire, et le contrat portait que la propriété était libre, *franca de omni servitio*. D'ailleurs, il portait en lui la marque évidente de la franchise, puisqu'il n'y était question ni de cens ni de lod.

160. Dans les idées de nos ancêtres, le bail à emphytéose constituait une véritable aliénation, la propriété échappait pour toujours au bailleur et passait sur la tête du preneur, avec tous ses droits utiles, sauf le cens dont elle demeurait chargée, et le droit de lod à payer à l'occasion. Il est remarquable que, nulle part, le bailleur ne se préoccupe d'assurer le paiement de la redevance ou canon, en stipulant la résolution du contrat à défaut de paiement de la redevance. Il en était de même pour la vente. Pour l'un et pour l'autre contrat, on s'en rapportait aux principes généraux du droit, qui ont toujours tenu l'aliénation pour résoluble, en cas de non paiement du prix.

161. Quelquefois la redevance était double. Il y avait le cens et le sur-cens. On entendait par ce dernier mot un cens que quelqu'un s'était retenu sur un héritage déjà chargé envers un autre d'un premier cens[1]. C'était, j'imagine, la redevance que le premier emphytéote imposait à un second emphytéote en lui transmettant la propriété. Je trouve un exemple de sur-cens dans un

---

[1] Pothier, traité du cens, t. 1, p. 175, n° 7. — T. 9, p. 756, n° 13.

acte du 5 octobre 1345[1], d'après lequel quatre redevances, s'élevant ensemble à quinze sous couronnés, furent vendues pour le prix de huit florins de Florence. La première redevance, ou chef-cens, était de douze deniers couronnés. Sans doute le canon s'était amplifié par la mise en culture des terres originairement concédées en nature d'hermas.

162. Indépendamment du cens, il s'adjoignait toujours au bail emphytéotique, une prestation soit en argent, soit en nature, soit en services personnels, qu'on nommait *acapitum*. Cette prestation différait du cens, en ce que celui-ci était annuel et perpétuel, et que l'acapit ne se payait qu'une fois. Il est des actes qui s'en expliquent formellement. Ainsi, le 2 février 1343, le seigneur de Saint-Marc bailla à emphytéose à Guillaume Africain, d'Aix, une terre sise dans le terroir de Saint-Marc, à l'acapit de douze deniers, et au cens d'une certaine quotité des fruits : *pro acapito sive intragio duodecim denariorum, et ad sensum seu tascam de omnibus fructibus provenientibus in dicta terra prestandam* [2]. Le mot tasque s'appliquait plus particulièrement à la redevance en fruits.

Dans le bail emphytéotique rapporté plus haut et passé le 8 décembre 1378, l'acapit fut d'une poule, et la redevance une certaine quantité de vin, à prendre à la cave de l'emphytéote.

D'autre fois l'acapit consistait en chair de boucherie : *pro acapito unius Carterii mu'onis et ad servicium unius emine annone solvende in festo Beate Marie medii Augusti anno quolibet* [3], ou bien : *concessit in emphy-*

---

[1] Notaire G. Autric. f° 49. v° — Notaire Mille, à Manosque.
[2] Ibid. f° 4 ibid.
[3] Acte du 8 février 1378, notaire G. Autric, à Manosque.

teosim ad acapitum videlicet quodam cas[1] *cum una croteta*[2] *simul contiguis, etc. acapito unius spatule mutonis, etc. retinuit dominium et senhoriam ipsius et denarios* XII *coronatos qui exponuntur ad panem et vinum in festo omnium sanctorum :* c'est-à-dire, à ce que je présume, que le preneur était obligé de fournir au bailleur le pain et le vin nécessaire à sa consommation le jour de la Toussaint[3]. Je lis dans un autre acte : *pro acapito unius latus eduli*[4], ce qui signifie un quartier de chevreau.

Enfin, en d'autres circonstances, le preneur s'engageait à faire un service personnel pour le bailleur : *pro acapito unius Jornalis sue personne et ad sextam partem rassemorum portanda et portandarum ad domum dicti nobili*[5], dans ce cas, le service foncier consistait en raisins.

163. L'acapit était, en quelque sorte, le prix de l'aliénation : le cens n'en aurait été que l'accessoire. Son insignifiance, dans la plupart des cas, permet de croire qu'il ne jouait qu'un rôle symbolique, et qu'il représentait le prix, chose sans laquelle il n'y a pas d'aliénation. Quelquefois même, sortant du domaine de la symbolique, il prenait un caractère de réalité qui justifie l'appréciation que je viens d'en faire. Il devenait alors véritablement le prix moyennant lequel se faisait une transmission de propriété. Ainsi, par acte du 12 avril

[1] Cas ou Cazal. grange, du provençal *chazau*.
[2] Petite cave.
[3] Acte du 8 février 1423, notaire R. Gautier, à Manosque.
[4] Acte du 11 avril 1426, notaire R. Gautier. — Notaire Mille, à Manosque.
[5] Acte du 6 novembre 1378, notaire G. Autric, à Manosque.

1380, environ, Raymond Gasqui, de Manosque, réduisit à quatre deniers, monnaie courante, le service de seize deniers réforciats que lui faisait Joseph Garnier, du même lieu. Cette réduction fut consentie moyennant un acapit d'un florin d'or que Garnier paya immédiatement[1]. Cet exemple n'est pas le seul que je pourrais citer. Dans un acte du 22 mars 1425, la somme donnée par le preneur pour acapit, prend expressément le nom de prix : *precio et nomine pretii unius floreni*[2].

164. La vente de la chose aliénée à bail emphytéotique donnait ouverture au droit de lod. C'est un point de fait incontestable, dont je pourrais fournir les preuves par milliers. Mais, en l'état de cette affirmation, il reste une autre question à examiner, à savoir, si le droit de lod était réservé aux seigneurs seulement, ou si toute autre personne était admise à l'exiger.

165. La difficulté consiste en ce que le droit de lod était d'origine purement féodale. C'était un droit uniformément tarifé, que le seigneur percevait à chaque mutation de la propriété qu'il avait aliénée à charge de cens. Il semblerait résulter de là, d'abord, que ce droit n'existait qu'au profit du seigneur, et ensuite qu'il ne devait s'exercer que sur les terres situées dans l'enceinte de sa seigneurie.

Nous avons déjà vu, par un exemple particulier à ma famille, que le retraït, cet autre attribut de la puissance féodale, appartenait aux simples particuliers. Nous allons voir qu'il en était de même du droit de lod.

Par acte du 28 décembre 1378[3], Jean Anenti de

[1] Notaire Isnard Hospiti. — Notaire Mille, à Manosque.
[2] Notaire R. Gautier. — Notaire Mille, à Manosque.
[3] Notaire Jean Autric. — Notaire Mille, à Manosque.

Manosque, vendit à Sauvaire Blanchardi, du même lieu, un jardin qu'il y possédait, lequel jardin était sous le domaine et seigneurie, *sub dominio et senhoria*, de noble Beatrix de Pierrevert. On sait que Manosque était sous la seigneurie de l'ordre de Sain-Jean de Jérusalem; d'où résulte que, d'après les principes du droit féodal, le droit de lod, s'il en était dû sur la vente de ce jardin, aurait appartenu à cet ordre.

Cependant le jour même où la vente fut passée et quand l'acte fut terminé, intervint, suivant l'usage, Hugue Merle, fermier, *adrendator*, des biens de Béatrix de Pierrevert, lequel, agissant au nom de cette dame, approuva la vente du jardin, *laudavit, approbavit et confirmavit*, et investit l'acheteur par attouchement du pouce, *ut moris est*. Il est dit en outre que Blanchardi paya le lod qui était dû; *et laudum propterea debitum dictus Salvator solvit dicto Hugoni*.

Que conclure de là? si ce n'est que le droit de lod appartenait à toute personne qui avait aliéné un bien fonds à emphytéose perpétuelle. Car Béatrix de Pierrevert, quoique résidant à Manosque et y possédant des propriétés, ne pouvait être admise à y exercer aucuns des droits dérivant de la puissance féodale. Ce n'était pas au titre de seigneur qu'elle devait de percevoir le droit de lod sur le jardin dont s'agit, car son origine n'était pas plus illustre que celle de bien d'autres. Elle prenait ce droit dans son titre de propriétaire dominant, ayant conservé la directe sur un terrain qu'elle avait précédemment aliéné. Or la rétention de ce domaine était à la portée de tout le monde.

L'ordre de Saint-Jean de Jérusalem possédait des redevances emphytéotiques à Saint-Michel, qui était alors sous la seigneurie des vicomtes de Reillanne. Il percevait cependant le lod ou trézain lorsque les biens chargés de ces redevances, passaient d'une main à une autre, par suite de vente. Cela résulte d'un acte d'approbation et de confirmation, en date du 3 mai 1425, dans lequel intervint Pierre Pary, son fermier, *renderius*, pour approuver la vente, investir l'acquéreur, et percevoir le trézain[1]. Cependant, à Saint-Michel, l'ordre de Saint-Jean n'était qu'une personne privée.

Il en était de même pour certains biens situés à Aix, sur lesquels cet ordre avait conservé la directe et seigneurie. Une terre qui lui devait une rente annuelle de six sous couronnats ayant été vendue, Jacques de Clerio, prieur de l'église Saint-Jean, intervint à l'acte, pour le ratifier en qualité de procureur, et toucha et quittança le lod ou trézain : *et laudimium sive trezenum propterea debitum solvit et tradidit idem emptor dicto fratri Jacobo, priori*[2].

Après bien des recherches, j'ai fini par trouver l'acte de vente d'une propriété dont le seigneur dominant était un simple roturier. Le 3 juin 1345, 8e indiction, Pierre Lambert, d'Aix, fils de Pierre, savetier, *semellator*, et Françoise, son épouse, vendirent à dame Bellete, veuve de noble Michel Ardouin, une maison, sise à Aix, rue du Temple, laquelle était sous le domaine de François de *Varaysono*,[3] au cens de quatre deniers couronnats. Le prix en fut de quatorze florins de Florence. Le même jour, mais par acte séparé, François de

---

[1] Notaire R. Gautier. — Notaire Mille, à Manosque.
[2] Acte du 12 février 1344, notaire G. Autric, fo 21, ro — Notaire Mille, à Manosque.
[3] Varages.

Varages, confirma cette vente, investit la veuve Ardouin, et toucha et quittança le lod ou trézain[1]. L'exemple est concluant. Il prouve, jusqu'à l'évidence, que le droit de percevoir lod n'était pas seulement l'apanage de la noblesse.

166. Cet acte mentionne un point de fait important, relatif à la capacité de la femme mariée pour contracter. Il paraît qu'il était d'usage que femme et mari ne pussent s'obliger par le même acte. En effet, le notaire fait renoncer les vendeurs, entre autres, *juri dicenti virum et uxorem in eodem contractu, seu instrumento, obligari non posse,* et la femme spécialement, *beneficii legis Julie de fundo dotale.* Il convenait d'en prendre note.

167. Remarquons que lod et trézain étaient synonymes. Les actes que j'ai cités s'en expliquent. En voici d'autres aussi explicites.

« Laudavit et confirmavit suum que trezenum habuisse confessus fuit[2]. »

« Precio triginta florenorum auri francorum a prestatione laudimii sive trezeni[3]. »

Je ne crois pas qu'il puisse s'élever de doute raisonnable sur le sens que je donne au mot *laudum* employé dans les anciens actes. Ce mot qui signifiait d'abord *approbation*, a ensuite plus particulièrement désigné une espèce d'impôt établi au profit du seigneur féodal, lequel s'élargit au bénéfice de toutes sortes de personnes, en vertu de cette loi de notre nature qui veut que tout abus tende perpétuellement à augmenter. Quant

---

[1] Notaire G. Autric, f° 40. r°. — Notaire Mille, à Manosque.
[2] Acte sans date, notaire Hospiti. — Notaire Mille, à Manosque.
[3] Acte 17 août, notaire Hospiti. — Notaire Mille, à Manosque.

au sens du mot *laudum* ou *laudimium*, il est clairement expliqué par du Cange, « *laudatio, quod domino feudi pro facultate alienandi feudum, exsolvitur*[1]. »

Ajoutons que par un édit, les droits de lod avaient été rendus uniformes en Provence[2].

Dans l'origine, ils étaient à Forcalquier de 20 deniers par livre[3]; plus tard ils furent réduits à 12 deniers.

168. Le contrat d'échange n'avait rien de remarquable. Seulement quand les propriétés échangées étaient possédées à titre d'emphytéose, il fallait que la convention fut approuvée par le seigneur foncier, qui percevait le droit de lod. Quant à lui, l'échange constituait une aliénation. « Hac vero die presenti dictus Guillelmus Marini, veniens ad presenciam prefati domini Jacobi, humiliter supplicavit eidem quod sibi predictam permutationem terre supradicte laudaret et licenciam daret accipiendi possessionem ipsius. — Nec non confessus fuit predictus dominus Jacobus habuisse laudimium, ad dictorum viginti quinque solidorum precium supradictum[4]. » C'est-à-dire, que le droit de trezain que touchait le seigneur s'élevait à vingt-cinq sous : « dato precio dicte terre ratione trezeni vigintiquinque solidorum[5]. »

169. Dans cet acte, ce sont deux femmes qui contractent, sous l'autorité et en présence de leurs maris. Le

[1] Gloss. sup. v° Laudatio.
[2] Archives de Reillanne, registre viridis, f° 69, 1re armoire, 4e et 5e cases.
[3] Archives des Bouches-du-Rhône, viridis, f° 79.
[4] Acte du 3 février 1343. Notaire G. Autric, f° 5 — Notaire Mille, à Manosque.
[5] Acte du 3 février 1343. Notaire G. Autric, f° 5 — Notaire Mille, à Manosque.

suivant contient la ratification donnée par une femme à une aliénation de bien dotal que le mari avait faite. C'est la femme qui parle :

« Que Caterina presens, sciens, prudens et intelligens, que dixit et fecit dictus maritus ejus, et confitens quod dicta venditio facta de voluntate et mandato ejusdem, ipsam venditionem habuit ratam et gratam et pro majoris cautele suffragio, ipsam faciti de novo, promitens de evictione teneri, et defendere dictum emptorem, et omnes expensas que fierent ratione deffencionis vel evictionis integraliter resarcire, de quibus stabit verbo ipsius domini Jacobi vel procuratoris ipsius. Promisit insuper mihi notarii, stipulanti et recipienti, nomine quo supra, quod si aliquod dampnum vel alique expense fierent, et evenirent dicto emptori, quod dictus dominus Jacobus posset eam in quocunque loco et in quacunque curia, et coram quocunque Judice convenire, et specialiter in curia Reginali Magistrorum rationalium civitatis Aquensis, et solvere et restituere integraliter omnia in quibus fuerit condempnata ; obligans propterea omnia bona sua presencia et futura, renunciando Legi Julie de fundo dotali et omni auxilio muliebri ; et juri et exceptioni per que posset contra venire ; et juravit omnia et singula supradicta efficaciter observare et integraliter adimplere. Volens quod de predictis fiat unum vel plura publica instrumenta, dictanda tociens quosciens opus fuerit ad utilitatem ipsius domini Jacobi, et tradenda ipsi vel procuratori suo ; de quibus ego dictus Guillelmus notarius, ad preces et mandatum dictorum conjugium, de predictis notam recepi et redigi in mundum et publicum instrumentum [1].

[1] Acte du 17 avril 1343. Notaire G. Autric, f° 9. — Notaire Mille à Manosque.

170. Indépendamment de la garantie, dont l'étendue était laissée à la discrétion du garanti, et de la renonciation faite par la femme à se pourvoir contre l'aliénation en vertu de la loi Julia ; l'acte contient cette singularité, que le notaire prend sur lui de stipuler pour et au nom de la partie intéressée. Ce n'était pas une licence de la part de Guillaume Autric qui, en cela, ne faisait que se conformer à un usage reçu. En effet, toutes les fois que la partie, au profit de laquelle la stipulation était faite, n'était pas présente, le notaire acceptait et recevait pour elle, *tanquam persona publica*. C'était de style invariable.

171. Une clause fort remarquable se trouve encore dans cet acte, ainsi que dans tous ceux qui ont été passés postérieurement. Quand la matière le comportait, la partie obligée soumettait ses biens présents et à venir à certains tribunaux qu'elle spécifiait. Quelquefois la soumission était générale, et comprenait tous les tribunaux de Provence. D'autres fois elle était restreinte à quelques-uns, et excluait nommément certains autres. Les exclusions les plus fréquentes s'appliquaient, soit à la Cour des comptes, *curiæ cameræ rationum ;* soit aux tribunaux ecclésiastiques. Mais les prêtres qui contractaient ne manquaient jamais de se soumettre spécialement à ceux-ci. La raison en est facile à comprendre.

172. Au commencement les parties ne s'obligeaient que sur leurs biens. Plus tard elles soumirent encore leur personne à l'action des tribunaux, c'est-à-dire, qu'elles se mirent, par une stipulation expresse, dans les liens de la contrainte par corps. *Se submiserunt custodibus et carceribus curiarum Reginalium*. Nous

en verrons de fréquents exemples. Mais pourquoi cette soumission, tantôt générale, tantôt spéciale, et tantôt exclusive ? Elle avait nécessairement sa raison d'être.

173. Il est indubitable, qu'alors comme aujourd'hui, chaque tribunal exerçait sa juridiction dans un ressort déterminé. C'étaient, d'abord, les justices seigneuriales ; puis le tribunal supérieur de la viguerie, qu'on désignait sous le nom de *curia regia ;* ensuite les tribunaux des premières et secondes appellations siégeant à Aix, puis la Cour des comptes, que j'ai toujours vu nommer *curia camera rationum*[1]. Enfin le sénéchal, devant lequel on recourait en dernière analyse.

174. On comprend très bien comment il se faisait que les parties fussent soumises, pour l'exécution de leurs conventions, aux tribunaux de leur domicile, et, par une conséquence naturelle, à ceux qui avaient pouvoir de connaitre des sentences des juges inférieurs. Mais ce qu'on ne s'explique pas, c'est qu'une stipulation expresse fut nécessaire pour cela. Evidemment, le tribunal du domicile, si la cause était personnelle, ou celui de la situation des biens, si elle était réelle, devait avoir juridiction. Il n'était pas besoin de s'y soumettre. Cependant la chose se faisait toujours. Il doit y en avoir une raison qui m'échappe.

On comprend encore, quoique cela fasse difficulté, que les parties pussent se soumettre à des tribunaux étrangers, soit sous le rapport du domicile, soit sous celui de la situation des biens. A la rigueur, cette dévolution du pouvoir judiciaire se conçoit, et il paraît que les tribunaux de Provence l'acceptaient sans réclamation. Je crois même qu'ils l'accueillaient avec plaisir, car

---

[1] Piton, Histoire d'Aix, p. 519.

elle élargissait leur compétence. Quoiqu'il en soit, on voit fréquemment les parties se soumettre dans le même acte, d'abord à la justice seigneuriale, et ensuite aux tribunaux de viguerie de Forcalquier, de Digne, d'Apt et de Sisteron. D'autres faisaient mieux, ils se soumettaient à tous tribunaux de Provence : *omnibus aliis curiis in comitatibus provinciæ et Forcalquerii constitutis;* comme porte notre acte : *in quocunque loco et in quacunque Curia, et coram quocunque udice.* » Puisque cela leur convenait, je n'ai rien à dire. Je ferai seulement observer que cet usage devait entraîner des longueurs interminables dans l'instruction des procès, car les chicaneurs ne manquaient pas de plaider partout, et que les parties devaient se ruiner en frais.

175. Mais je ne comprends pas que l'on pût se soustraire à la juridiction de la Cour des comptes. De deux choses l'une : elle avait juridiction où elle ne 'avait pas. Si elle l'avait, nulle stipulation ne pouvait a dépouiller d'un droit inhérent à son office ; si elle e l'avait pas, il était inutile de prévoir un cas qui ne ouvait se réaliser. Cependant la renonciation à porter n différent devant cette cour se rencontre à chaque as. Notez que nulle part il ne s'agit de la faculté d'appeler. On renonçait purement et simplement à aisir la Cour des comptes [1].

[1] Cabasse prétend qu'il existait un Conseil souverain, siégeant à ix, qui s'occupait indistinctement de toutes les affaires civiles et riminelles. Il était composé du grand-sénéchal, des juges mages, du résident et des deux maîtres rationaux de la chambre des comptes.

Essai sur le parlement de Provence, t. 1, p. 5.

Dans aucun acte il n'est fait mention de ce Conseil. On rencontre eulement ce Conseil, *magna curia*, dans les actes du pouvoir xécutif.

Dans l'origine, les attributions de cette cour étaient seulement fiscales. Il paraît qu'elles s'étendirent par la suite, et qu'il lui fut donné de connaître des causes civiles. Ainsi, la connaissance des affaires commerciales lui fut d'abord attribuée; puis on porta devant elle les demandes en paiement de créances; enfin, sa compétence s'aggrandit et marcha presque de pair avec celle des tribunaux ordinaires. Au commencement, l'appel de ses décisions devait ressortir du Conseil souverain; plus tard on le porta devant le parlement[1].

Quoiqu'il en soit, il est positif que, pendant le XIVe siècle et longtemps après, les parties contractantes pouvaient, au moyen d'une clause expresse, priver un tribunal de sa juridiction, en l'attribuant à un autre, et qu'elles ne s'en faisaient pas faute. Sous ce rapport, leur indépendance était telle qu'elle devait infailliblement dégénérer en licence. L'omnipotence est pour l'homme une mauvaise chose. Elle ne doit appartenir qu'à Dieu.

176. Je trouve un exemple remarquable de soumission à diverses juridictions dans un acte du 19 mars 1425. L'une des parties était de Manosque; l'autre de la Beaumi-Arnaud, diocèse de Gap. Cette dernière acheta un certain nombre de peaux, *ahorthonorum, arogrillorum, ulpium*[2] et aliarum generum pellium, se soumettant aux tribunaux suivants :

« Et sumisit se et bona sua juridictioni, cohercioni et compulcioni reali et personali curiarum Manuasce,

[1] Ordonnance du 12 octobre 1351. Archives des Bouches-du-Rhône. Cour des comptes. Série B, registre pacis. f° 594.

[2] Sauf pour *ulpium* qui est pris pour *vulpium*, je n'ai pu comprendre la signification des autres mots.

Apte, Sistarici, Forcalquerii, curie domini Marescali domini pape, ac eciam curie civitatis Avenionis, curie Regie civitatis Aquensis, et omnium aliarum curiarum comitatuum provincie et Forcalquerii, et curie Carpenthorate, et curie Chabuelli in Dalfinatu, et generaliter omnium aliarum curiarum ecclésiasticarum et secularium quarumcunque, inquibus dictus Petrus Bonelli fuerit citatus, sive convictus, et cuilibet alterius curie tam ecclésiastice quam secularis, et omnibus statutis, stillis et consuetudinibus dictarum curiarum, factis et faciendis, et voluit dictus petrus Bonelli debitor, personaliter capi et detineri per quamlibet dictarum curiarum, et nihilominus ipsius bona capi usque ad integram satisfactionem debiti supra dicti, pacto adjecto quod una dictarum curiarum electa ad aliam et alias redire possit ante litem contestatam vel post, et in utraque vecxari ipsum debitorem eodem tempore vel diversis, et quod processus unius curie inceptus ad aliam curiam possit redire, ac si primus processus seu contractus ibidem celebratus fuisset. [1]»

177. Je ne me charge pas d'expliquer ce que c'était que la cour du maréchal du pape. C'était sans doute quelque juridiction particulière aux états du Saint-Siège. Tout ce que j'en sais, c'est que, d'après un ancien monument que j'ai trouvé, le maréchal du pape suivait toujours le souverain pontife dans ses voyages. Il existe des lettres-patentes de Louis II, adressées au viguier et aux autres officiers de Marseille, leur apprenant que le roi a concédé au maréchal du pape le droit d'exercer ses fonctions pendant le séjour du Saint-Père à Marseille. Elles sont à la date du 13 avril 1404,

[1] Notaire Raymond Gautier. — Notaire Mille, à Manosque.

12ᵉ indiction et la vingtième année de son règne.

Cum noviter, certis mediantibus conditionibus concessimus generose domino nostro pape benedicto, tertio decimo, quod ejus Marescallus, intra predictam nostram civitatem Massilie, jurisdictionem exercere possit in suos cortesanos et curiam romanam sequentes propterea, etc.

Datum Tharascone, etc.[1].

178. Je dois dire, qu'armé du titre de 1425, le créancier pouvait traduire son débiteur devant quelque tribunal que ce fut, soit ecclésiastique, soit séculier. Il y a de plus cette énormité, qu'il était loisible au créancier de poursuivre son débiteur en deux endroits à la fois, puisqu'il pouvait investir un second tribunal alors qu'un autre était déjà saisi, *acte litem contestatam vel post ;* qu'il lui était facultatif de le faire saisir et incarcérer, *vexari,* en tout temps et partout, et de discuter ses biens. Le luxe des précautions était poussé jusqu'à l'injustice criante.

179. On sait que la justice seigneuriale se composait de trois personnes instituées par le seigneur de la localité. C'était d'abord le juge, ou baile, qui était pris ordinairement parmi les jurisconsultes de la seigneurie. N'étant pas astreint à résidence fixe, il se rendait à des jours déterminés sur le lieu de sa juridiction pour y administrer la justice. L'usage, ainsi que la loi, voulaient que cet office fut annuel, prescription qu'on n'observait pas toujours rigoureusement, et comme certains avantages pécuniaires y étaient attachés, par exemple, la perception d'une certaine quotité, habituellement le tiers, des amendes ou bans infligés aux contrevenants, je crois

---

[1] Archives des Bouches-du-Rhône. Lividi, f° 215.

qu'il s'acquerait moyennant finance. Cependant je n'en suis par sûr, les preuves me manquent pour justifier cette assertion. Quant au droit de toucher une partie des amendes, je ne puis en donner une preuve directe, mais je l'établis par analogie. Il est positif que le viguier ou vicaire de Forcalquier, qui était le juge institué par le comte ou par ses représentants, percevait le tiers des condamnations pécuniaires qu'il prononçait[1]. Or, il est fort probable que le même usage existait dans les justices seigneuriales. J'avoue cependant que ce point de fait est difficile à éclaircir, les archives des communes rurales ayant été complètement dilapidées.

180. Voici des exemples d'institution de juges seigneuriaux : « Anno, ab incarnatione domini nostri Jesu Christi, millesimo quadringentesimo vicesimo quinto et die 22 mensis Julii notum, etc. quod nobilis et venerabilis domina Berengaria, condomina de Volcio et de Corberiis, in castro et juridictionis castri de Corberiis fecit et ordinavit Baiulum suum et dicte sue curie Johannem Centoris, de Manuasca, cui dedit potestatem penas et banna imponendi et omnia alia ad dictum officium baiulie pertinencia et spectancia faciendi et exercendi, etc.

Mandans omnibus universis et singulis dicte sue curie et juridictionis ut ipsi baiulo et suis mandatis pareant, hobediant efficaciter et intendant, si penas et banna per eumdem baiulum imponenda et imponendas cupiunt irressibiliter non subire.

Et illico dictus baiulus fecit in dicte baiule officio suos locumtenentes, videlicet, magister Nicholaus Fabri, et

[1] Délibération du Conseil municipal de Forcalquier de l'année 1888, fo 229.

quando cum abesse contingerit vel adesse, Jacobum Grani et Antonium Esmerati, et eorum quilibet in solidum, quibus comisit vicès suas in forma subsequenti.

Et confestim dicta nobilis domina Beringaria fecit et ordinavit procuratores suos et dicte sue curie de Corberiis et de Volcio prenominatos, videlicet, etc.

Testes Berengarius Ayhe et Nobilis Jacobus [1]. »

Je ne sais comment il se fait que, dans le même registre, se trouve un autre acte passé entre les mêmes personnes ; les termes en sont à peu près les mêmes, si ce n'est qu'ici le seigneur parle à la première personne.

« Ex hujus presentis publici instrumenti tenore pateat evideater et sit manifestum cunctis presentibus et futuris quod, nobilis et venerabilis domina Berengaria sanina, ibidem presens, condomina castrorum de Volcio et de Corberiis, gratis et sponte discreto viro Johanni Centoris, de Manuasca, ibidem presenti, salutem ; de fide, sufficiencia, probitate et legalitate tuis testimonio laudis accepto te in officio baiuliatus supradictorum castrorum ad nostrum beneplacitum, tam dyu quam dyu in eodem officio te bene gesseris, ad omnes et quoscunque actus quos ad dictum officium baiuliatus pertinent, tenore presencium facimus, creamus, costituimus et pariter ordinamus ; mandantes tibi propterea quatenus ad dicta castra in juridictione nostra personaliter te confferas, ibidem que in dicto baiuliatus officio ad utilitatem nostram et subditorum nostrorum studeas diligenter exercere, pro ut ad sancta Dei évangelia prestitistis juramentum, et quod possis propterea merito comendari, quoniam super tibi comi-

---

[1] Notaire Raymond Gautier. — Notaire Mille, à Manosque.

timus dictum officium : ecce nam que universis et singulis hominibus dicto castrorum nobis subjectis et nobis pertinentibus damus, harum serie, exprecius in mandatis, ut in hiis omnibus que ad dictum tibi comissum officium spectare noscuntur, tibi pareant faveant, hobediant et intendant, sicuti nobis, prestent que tibi auxilium, concilium et favorem ; penas vero et banna quas riter propterea duxeris imponendas, ratas, gratas gerimus atque firmas, ipsas que volumus ab ipsorum transcressorium, mediante justicia, extorqueri ; nec non et te constituo et ordino procuratorem meum, et tu de voluntate mea volo et ordino quod tu substituas procuratores tuos discretum virum magistrum Nicholaum Fabri, quando eum adesse contingerit vel abesse, et Jacobum Grani, et Antonium Esmerani, et eorum quilibet in solidum, quibus comisitas vices tuas nec non, etc.[1] »

Je demande pardon au lecteur de lui donner ce latin tel quel. Je crois qu'il ne faut ni corriger les textes, ni suppléer les omissions. C'est à lui à rectifier l'ortographe et à corriger les fautes, selon que le sens l'y décidera. Quant à moi je me contente de copier fidèlement. Je ne reviendrai plus là-dessus.

181. Il apparaît d'un acte en date du 20 mars 1343, que les officiers des justices seigneuriales touchaient des indemnités quand ils se transportaient dans l'étendue de leur ressort pour rendre la justice. C'étaient probablement les parties qui soldaient ces indemnités. Notre acte e'exprime ainsi :

« Pateat..... quod cum quondam magister Johannes

[1] Acte du 22 juillet 1425. Notaire R. Gautier — Notaire Mille, à Manosque.

Arnaudi filius Johannis Arnaudi, de Sederia, olim clavarius comitatus Vintimilii, teneretur et esset obligatus, nobili domino Jacobo Municii, tunc judici comitatus predicti, in aliqua pecunie quantitate, ratione et occasione gagiorum aliquarum dictarum [1] officium judicature exercendo, per castra et loca comitatus predicti, pro ut fieri est consuetum [2]. »

La suite de l'acte constate que l'héritier du clavaire paya ce que celui-ci devait au juge. De son côté le magistrat restitua, *tradidit manualiter,* un certain cheval, *Ronsinum,* que le clavaire lui avait donné en gage. Tout étant ainsi terminé, les parties se firent mutuelle quittance, par stipulation solennelle et Aquilienne.

182. Il paraît résulter de cet acte que le clavaire avait mission de toucher les honoraires, autrement dit les épices, des juges, à la charge d'en rendre compte; ce que le clavaire dont s'agit avait oublié de faire. Il percevait aussi les amendes auxquelles les délinquants étaient condamnés.

Je dois dire qu'il était rare de rencontrer un clavaire attaché à une justice seigneuriale. Ordinairement son office était rempli par le viguier.

183. Les juges seigneuriaux avaient la faculté de se donner des lieutenants, sans que le seigneur intervînt. Cela résulte d'un acte du 20 novembre 1461, par lequel le juge de Reillanne, Ferréol Blanqui, bachelier en droit, désigna cinq lieutenants, et ce pour la même cause. Evidemment il y avait luxe de précautions [3].

[1] Vacations.
[2] Notaire Guill. Autric, f° 6. — Notaire Mille, à Manosque.
[3] Notaire Guill. de Bouliers, f° 105 v°. — Notaire Esmieu, à Forcalquier.

184. Cet office était annuel. Cependant le titulaire pouvait être prorogé. Ainsi, le 15 avril 1483, le Conseil municipal de Reillanne consentit, sur la demande du seigneur, à laisser le viguier et autres officiers en exercice pendant une seconde année [1].

185. Dans cette commune, à raison de la charte qui la constituait, les officiers de justice nommés par le seigneur devaient être agréés par le Conseil municipal [2].

186. Le second officier était le greffier. On prenait toujours un notaire pour remplir cet emploi. Tantôt il était de la localité, tantôt il venait d'une localité voisine. Bien souvent c'était un notaire du chef-lieu. Il percevait des émoluments pour ses actes, et la durée de son office était d'u neannée.

187. Le troisième officier était le viguier, dont j'ai déjà dit un mot. C'était le représentant le plus direct du seigneur, une sorte *d'alter ego,* ainsi que l'indique le titre de *vicarius* sous lequel il etait connu. Il avait charge de faire rentrer le montant des amendes. En un mot, d'après ce que je puis conjecturer, car c'est là que j'en suis réduit, il exerçait le pouvoir exécutif. Je crois que cet office ne s'acquérait que moyennant finance, et que c'est de là que vint plus tard le fermier, *renderius,* des droits seigneuriaux. Je me souviens d'avoir trouvé un acte, datant de la seconde moitié du XVe siècle, qui désignait le chef de la famille Talon comme fermier des droits seigneuriaux de Corbières, canton de Manosque. Il ne sera pas hors de propos de dire ici que la famille *Talon,* à laquelle appartenait l'avocat général *Omer,* était originaire de Forcalquier,

[1] Archives de Reillanne, 1re armoire, 5e et 6e cases, n° 12 de la table.
[2] Ibid.   4e et 5e cases, n° 82   ibid.

qu'elle quitta vers la fin du XVIe siècle. Les *Talon* se qualifiaient de co-seigneurs de Limans et de Segriès, et ils avaient de tout temps occupé une position considérable à Forcalquier. L'acte le plus ancien que je connaisse où il soit fait mention d'eux est du XIIIe siècle.

188. On a plus de renseignements sur les justices royales, que je désigne ainsi, par ce que ces officiers étaient institués par nos comtes. Bien entendu que je ne parle que de la viguerie de Forcalquier, la seule sur laquelle aient porté mes études.

La justice y était rendue par un magistrat unique, nommé par le comte ou par son sénéchal. La nomination devait se faire gratuitement, car je trouve, dans le serment qu'il prêtait devant le Conseil municipal, lors de son installation, qu'il affirmait n'avoir payé aucune rétribution pour acquérir son office[1]. Ce magistrat se nommait *Vicarius*, dont on fit ensuite viguier. Il était institué pour un an[2], mais il ne pouvait être renommé qu'après un certain laps de temps. Cependant il y a des exemples de viguiers, ayant passé deux ans consécutifs en charge, toutefois ils sont rares. J'ai déjà dit qu'il percevait une certaine quotité des amendes infligées aux délinquants. Cette quotité était du tiers.

189. Cette charge était toujours confiée à des jurisconsultes ; les privilèges de la ville ayant formellement prévu le cas. C'étaient ordinairement des bacheliers ou des licenciés en droit. On les prenait partout, sauf dans

[1] Délibération du Conseil municipal de Forcalquier, en l'année 1491, fo 279.

[2] Privilège concédé le 23 juin 1385, par la reine Marie. — Registre des privilèges de Forcalquier, fo 30 vo.

la localité qu'ils avaient mission d'administrer. Il en venait de Marseille, d'Aix, d'Avignon et autres lieux ; mais on n'en trouve pas un de Forcalquier. Si c'était ici le lieu, je pourrais dire des choses curieuses à leur endroit. Peut-être un jour ferai-je ce travail. En l'état, je n'ajouterai qu'une chose, c'est qu'il paraît que le poste était lucratif.

190. Le viguier jugeait seul, tant au civil qu'au criminel. Je ne sache pas qu'il ait jamais eu d'assesseur. Cette double attribution, qui était fort ancienne, résulte expressément des lettres patentes données par Louis III, roi de Naples et comte de Provence, datées d'Averse le 29 juin 1426. Le roi le maintient *in suis juribus, jurisdictionibus, preeminenciis, recursibus causarum omnium et singularum, tam civilium quam criminalium*[1].

191. Il connaissait, de toute antiquité, de l'appel des sentences rendues par les officiers des barons et seigneurs. Ce droit leur fut formellement reconnu par lettres patentes du roi Réné, datées de Naples le 5 juin 1441[2].

L'appel de ses sentences ressortissait au juge des premières appellations d'Aix[3]. Il n'avait pas d'autre supérieur judiciaire immédiat. Quant à ses fonctions administratives, car il cumulait le pouvoir judiciaire et le pouvoir administratif, il relevait du grand sénéchal qui lui donnait l'institution.

192. Il y avait des vice-viguiers, *vice vicarii*. Tout me porte à croire que le nombre en était illimité, car,

---

[1] Registre des privilèges, f° 286 v°.
[2] Registre des privilèges de Forcalquier, f°s 25 v° et 28 v°.
[3] Piton, histoire d'Aix, p. 519.

dans le courant de la même année, j'en vois figurer jusqu'à quatre sur le registre des délibérations du Conseil municipal de Forcalquier[1]. Ils étaient pris parmi les habitants du pays, alors même qu'ils ne fussent pas versés dans la science du droit. On préférait néanmoins les gradués en droit et les notaires.

Ils étaient nommés par le titulaire, avec l'agrément du Conseil de la Commune. Leur nomination se faisait habituellement par acte notarié, dressé par le notaire greffier du Conseil, et couché sur le registre des délibérations. Le viguier leur déléguait ses pouvoirs et promettait, sous serment, de ratifier tout ce qu'ils auraient fait.

193. Il y avait des sous-viguiers, *sub vicarii*. Ceux-ci étaient ordinairement nommés par le sénéchal. Cependant leur institution pouvait se faire d'une autre manière. Je trouve, en effet, qu'en 1489, le viguier présenta deux individus au Conseil de la commune de Forcalquier afin qu'il eut à choisir l'un d'eux pour sous-viguier. Le Conseil désigna un de ces individus en lui faisant promettre de ne prendre d'associé qu'avec son consentement[2].

Il est assez difficile de dire, avec certitude, quelles étaient les fonctions du sous-viguier. D'après ce que j'ai pu en savoir, c'était une espèce d'officier de police judiciaire chargé de constater les délits, d'arrêter les délinquants et de faire, en un mot, tout ce qui appartient à ce genre de fonctions. Il avait aussi quelque chose de l'huissier, qu'on appelait autrefois *servant* ou *nonce*. C'est sans doute par cette raison que Ruffi, dans son

[1] Année 1478.
[2] Délibération du Conseil, année 1489, f° 246 v°.

histoire de Marseille, en fait un sergent massier[1]. Mais comme cet office ne fut créé qu'en 1535, cette dénomination ne peut s'appliquer à l'officier dont je parle. Au reste, les fonctions de sous-viguier, jadis très ambitionnées, avaient fini par déchoir dans l'estime publique et par tomber entre les mains des gens du commun.

194. L'office de vice-viguier existait très-anciennement. Il est mentionné dans les écritures de Guillaume Autric, ce notaire qui mettait la main à tout.

« Anno domini Mº CCCº LXVI, die XV Februarii ego Guillelmus Autrici notarius *locumtenens* domini Arnaudi de Alerio, vicarius et Judex curie Reginalis Forcalquerii precepi, magistro Vincencio Fabri de podio Michele Fabro presenti et confitenti, etc., quantum sub obligatione omnium bonorum solvat Crescas de Lunello judeo presenti, etc. undecim florenos auri de sex decim solidorum hinc ad festum beati Johannis Baptiste et quod possit in quacunque curia conveniri [2].

J'ai cherché dans les archives de Forcalquier pour savoir si, à côté du viguier, ou au-dessus de lui, il y avait quelque autre magistrat chargé de rendre la justice. Toutes mes recherches ont été vaines. Je suis donc fondé à dire qu'à Forcalquier le viguier était le juge unique. S'il y avait eu une autre juridiction existant contemporainement, elle aurait laissé des traces.

195. Le viguier était assisté d'un greffier. C'était toujours un notaire, pris ordinairement hors de la viguerie. Il était nommé par lettres patentes de la cour suprême, et, en entrant en fonctions, il prêtait serment devant le Conseil municipal, d'observer les privilèges

[1] Tome 2, p. 218.
[2] Notaire Mille, à Manosque. — N. B. Cette pièce est un jugement.

et les coutumes de la ville[1]. Il jurait, de plus, d'être modéré dans ses demandes d'honoraires, *moderacio scripturarum*[2]. Cet office devait être fort lucratif, car, sans cela, il n'eut pas été autant recherché par les étrangers. Il était annuel, et s'acquérait à beaux deniers comptants, puisque, en l'année 1455, la commune de Forcalquier demanda qu'on choisit, de préférence, pour le remplir, les notaires de la ville, en payant le prix auquel on était accoutumé de le vendre[3].

196. Le notaire, greffier d'un tribunal, avait la faculté de se donner un substitut, mais il lui fallait l'assentiment du juge, l'acte suivant fournit la preuve de ce que j'avance.

« Anno quo supra (M° CCC° XLIII°) die XII mensis Aprilis XII indictione per hoc presens publicum instrumentum pateat,.etc. quod discreti viri, Alfantus Andree et Johannis Portanerii, notarii curie Reginalis Aquensis, ambo simul et eorum quilibet in solidum, de voluntate, et consensu, nobilis et sapientis viri domini Guillelmi Calladerii, dicte curie Reginalis Aquensis judicis, tunc ad civilia deputati, fecerunt constituerunt, et ordinaverunt, substitutos ipsorum in dicta Reginali Aquense curia, videlicet, Guillelmum Augerii, de Forcalquerio, et Guillelmum Boniparis, de castro Viridi, notarios. Dantes et concedentes, dicti Alfantus et Johannes, notarii, ut prefertur, prescriptis eorum substitutis potestatem causas et mandata scribendi, ac instrumenta in dicta curia recipiendi, et omnia alia universa et singula faciendi que ad dictum officium notarii curie tangunt,

---

[1] Délibération du Conseil municipal. Année 1489, f° 264 v°.
[2] Ibid. f° 279, année 1491.
[3] Registre des privilèges, f° 224 v° et 230 v°.

et ipsimet substituentes facere possunt, et cum omni plenitudine potestatis qui concessa est ipsis substituentibus. De quibus Jam dicti Alfantus et Johannes pecierunt sibi fieri publicum instrumentum. Actum in Capitulo dicte Reginalis curie presentibus [1] etc. »

Le pouvoir est en règle, mais ce qu'il y a de remarquable, c'est que les constituants ne prennent pas des notaires de la localité, ils choisissent deux étrangers. Il devait y avoir à cela un motif qui m'échappe. Peut-être en avaient-ils à meilleur marché.

197. L'acte porte que le juge, autorisant la substitution, était alors député aux affaires civiles. Il y avait donc plusieurs juges au tribunal d'Aix, et il se faisait un roulement entre eux. Il serait bien à désirer que quelqu'un put débrouiller ce cahôs.

198. Enfin en dernier lieu, on trouvait le clavaire, *clavarius*, c'était un officier qui avait, entre autres, mission de recueillir les amendes. Il est assez difficile de déterminer ses attributions.

Les uns en font un géolier ; d'autres un comptable ; il en est qui le considèrent comme participant aux fonctions du ministère public. Quant à moi, je crois que c'était tout simplement un agent fiscal. Au reste, ce n'est pas ici le lieu d'approfondir ce sujet. Le clavaire de la viguerie de Forcalquier était quelquefois, nommé par la cour suprême siégeant à Aix [2]. Le plus souvent il était institué par lettres-patentes, du comte ou du sénéchal.

199. L'appel des sentences du viguier ressortissait,

---

[1] Notaire G. Autric, fo 8, vo. — Notaire Mille, à Manosque.
[2] Délibération du conseil municipal de Forcalquier, année 1477, fos 53, 54 vo.

comme je l'ai déjà dit, au juge des premières appellations : de celui-ci au juge des secondes appellations, pour s'arrêter au sénéchal. De telle sorte que, selon la remarque faite par Piton, un fâcheux plaideur faisait rouler sa partie par six divers tribunaux [3]. Aussi les procès étaient-ils interminables.

200. J'ai rapporté ci-dessus un passage tiré de l'essai historique sur le parlement de Provence, duquel il résulterait que le juge-mage, avait un autre corps de justice au-dessus de lui. Voici ce passage en entier. « Il parait certain, dit l'auteur, que dès 1137, les comtes avaient auprès d'eux une cour de justice connue sous les différents noms de cour royale ou de conseil éminent. Ce conseil était composé de cinq membres : le grand-sénéchal, le juge-mage, le président et les deux maîtres rationaux de la chambre des comptes. Il n'était pas destiné à être le conseil privé et permanent du prince, mais il parait démontré qu'il était appelé à ses délibérations, toutes les fois qu'elles avaient pour objet des questions de politique, de guerre ou de législation. Il était, de plus, le juge souverain des contestations des particuliers ; sa juridiction était universelle, et s'étendait indistinctement sur les affaires civiles et criminelles. Les litiges étaient instruits devant ce tribunal avec une simplicité incomparable. Toutes les questions y étaient jugées sommairement [6]. »

Voilà quelle était l'organisation judiciaire au XIV⁰ siècle. On peut s'en faire une idée, sinon fort nette, au moins suffisante pour juger des épreuves par lesquelles étaient obligés de passer nos ancêtres quand ils avaient

[1] Piton, histoire d'Aix, p. 521
[2] Cabasse, t. 1. p. 5.

le malheur de plaider. Justice seigneuriale, justice royale, appels multipliés, il y avait de quoi lasser la patience et épuiser la bourse du plus invétéré plaideur. Joignez à cela les ressources qu'une législation pareille offrait à la mauvaise foi, et dites si nous n'avons pas gagné au change ?

201. Mais laissons la théorie et passons à la pratique. Il est tombé entre mes mains une pièce assez curieuse. C'est une requête d'appel dirigée contre une mesure préventive du juge de Manosque, elle est du 20 mai 1407.

« Vestrum dominorum Baiuli et Judices ceterorum que officialium curie Manuasce, vel alterius vestrum ad quem spectat, adiens presentiam Daninetus Benionis, Judeus, ut maritus et conjuncta persona Saborose ejus uxoris, ac ut gener et conjuncta persona Stes, ejus socrus, matris dicte Saborose, vos et vestrum quemlibet requirit humiliter et cum quanta potest et debet instania, quatenus cum vos domini officiales ac nonnulis dieus citra, teneatis et tenueritis in vestris carceribus, dictas matrem et filiam, socrum et uxorem dicti Danieti, et ultra modum et formam quam patiatur justicia, eo maxime, quod dictam Estes reponi fecistis infra palaium Manuasce, in loco inhabili et imundo, et dictam Saborosam in curia Manuasce feceris conpedibus detenam et mancipatam, occasione quorumdam processuum neptorum, cum reverencia loquendo, quos formasse icimini contra dictas matrem et filiam et earum quamibet, de abortu passo per uxorem Ganselini Galhardi, icte ville, non animas vertentes quomodo pars que stat fuit variabilis, et minus memorantes qui fuerint istigatores confectionis processuum et causis hujus odi, sicut pro parte dictarum accusatarum legitime mostraleitur loco et tempore opportunis ; vobis et vestre curie semper defferendo, et citra injuriam quamcumque loquendo, quatenus easdem Stes et Saborosa, de dicto abortu accusatas, vel alio quovis crimine seu delicto, digneamini relaxare a dictis carceribus, datis cautionibus ydoneis, quas paratus est, dare, pro ut justitia requirit : petens nihilhominus copiam processuum factorum contra dictas accusatas, et die congrua quod defencionibus faciendis sibi concedi et dari, vestrum dominorum officialium et cujuslibet vestrum ad quos spectat super hiis benignius implorando, et iterum ac humiliter requirendo quatenus pensatis varietate et instigatoribus supra tactis et de quibus vos domini officiales in foro conscientie plenam notitiam habetis, ad dictam relaxationem confestim et illico procedere dignemini, sicut de bona justitia debetis, ut et quod decet justitiam observatis, ut pote cujus estis ministri constituti justitia ipsa, quod abscit, vestris manibus non ledatur, de qua ante Christi tribunal estis ratione posituri : alias si secus feceritis, quod non credit, jus et justitiam sibi denegando, Danineti ipse, ab ipsa denegatione sentiens se et dictas accusatas multipliciter agravavatas, in hiis scriptis presentibus provocat et appellat, ad egregium virum dominum judicem Regium comitatuum provincie et Forcalquerii primarum appellationum, et ad illum et ad illos ad quem seu ad quos presens appellatio de jure melius pertinere poterit et debebit : supponens dictas accusatas et earum bona sub protectione et salva gardia domini judicis ad quem appellat: inhibens vobis et vestrum cuilibet quatenus, pendente hujus modi appellatione, nil novi contra dictas accusatas, vel earum alteram in prejudicium appellationis pretacte faciatis, seu per quempiam modo aliquo fieri permitatis : petens semel, secundo, sepe, sepius et intanter appostoles et litteras dimissorias sibi concedi et tradi. Protestans per eum non stare quominus, illos et illas recipiat si sibi tradantur et concedantur.

De quibus dictus Daninetus nomine quo supra una cum respontionem vestrum vel suorum petit instrumentum.

Et dictus dominus Judex, volens delliberare super contentis in hac presenti cedula, ad audiendum ejus delliberatione, diem lune proxime future, in terciis, pro termino assignavit.

Actum in curia Manuasce, in banco giperio[1], juxta domum heredis Guillelmi Aymerici, testes magister Johanna Burle, notarius, Jacobus Symeonis et Franciscus Antoniis.

Die xx Madii fuit producta presens cedula anni M IIIIe VII. »

202. A la suite se trouve la sentence du juge prononcée après plusieurs renvois. Malheureusement les caractères en sont usés par le temps de manière à la rendre très-difficile à lire. Néanmoins, en écartant les mots indéchiffrables, on en comprend encore le dispositif.

« Et dicti domini Baiulus et Judex habitis et receptis informationibus de intitulitis et denunciatis contra dictas judeas, relaxaverunt et relaxari jusserint die externa Stes, socrum dicti Danineti, cum fidejussoribus per eam prestatis ; Saborosa autem uxor dicti Danineti, cum sit deleta de aborcione duorum infancium mortuorum facto et culpa dicte Saborose, pro ut ex informationibus jam apparet, dixerunt non fore relaxada, cum fuerit

[1] De plâtre. Du provençal *gip*, signifiant plâtre.

denunciata de crimine quod exigit corporalem punitiónem, si reperiatur et probetur clare hoc comisisse; parati eidem requirenti dare et concedere copiam processus ..... et eo completo et eamdem admiti ad deffenciones et de jure suo dandum et proponendum et alias procedere in dicta causa secundum Deum et justitiam et ..... et requirit non admittentes propterea dictam appellationem, nisi et in quantum fuerit de jure admitendam presentem respontionem..... »

La fin de la sentence manque. C'était la partie la plus intéressante, de manière qu'on ne peut savoir comment le juge a statué sur la requête d'appel, et s'il a accordé à la partie les lettres dimitoires qu'elle demandait. Les termes du dernier paragraphe me portent à croire qu'il obtempéra à la requête.

203. Je n'ai d'autre remarque à faire sur cette sentence, si ce n'est qu'elle est rendue par deux magistrats, le bailli et le juge, et de noter le ton un peu leste que prend la requête. Le requérant dit au juge qu'il a fait un procès inepte. Cela pouvait être, mais ce n'était pas bon à dire. Elle présente ensuite cette singularité remarquable d'un juif menaçant le magistrat du tribunal du Christ. Il est vrai que, très-probablement, le rédacteur de la requête était chrétien.

204. La requête dont je parle atteste le peu d'humanité avec laquelle on traitait les accusés. Danineti se plaint que sa belle-mère soit détenue dans un lieu impropre et immonde, et que sa femme tient prison avec les fers aux pieds : *compedibus detentam et mancipatam*. C'était un luxe inutile de précautions.

205. Les usages de cette époque, qui est séparée de nous par un laps de temps de quatre cent cinquante

ans, diffèrent profondément des nôtres. Ainsi, il était permis de dire au magistrat, vous avez fait un procès inique et absurde, *cum reverentia loquendo*[1] ; je demande, par conséquent, que vous mettiez l'accusé en liberté sous caution ; si vous ne le faites, j'appelle dès maintenant de votre décision, avec inhibition et défense de procéder plus amplement.

Aujourd'hui on est plus poli. On dit au juge que sa religion a été surprise. Par qui? C'est à lui à le deviner. Au fond c'est la même chose, car celui qui laisse surprendre sa religion a bien quelque chose à se reprocher. Nos ancêtres étaient plus francs ; leurs descendants sont plus maniérés. Avons-nous gagné ou perdu au change? Je n'en sais rien. Quant à moi, je préfère un bon coup de poing, franchement asséné, à une piqûre d'épingle traitreusement faite.

Autrefois l'appel était conditionnel, maintenant cela ne peut plus être. On appelle d'une sentence rendue, et non plus d'une sentence à rendre. Sur ce point nous avons l'avantage, car le bon sens nous dit qu'on ne peut se faire grief d'un jugement qui n'existe pas.

206. Danineti demande une fois, deux fois, souvent très-souvent et instamment, il était difficile d'insister plus fort, pour qu'on lui délivre des *appostoles* et des lettres *dimissoires*. Je comprends sans peine la nature des dernières. C'était un acte du juge par lequel il se désinvestissait du procès et en portait la connaissance à une autre juridiction. Aujourd'hui le désinvestissement et la dévolution s'opèrent par le fait même de la requête d'appel ; alors il fallait que le juge, dont la sentence était critiquée, se dessaisît lui-même. On mettait des

---

[1] La formule, *sauf votre respect,* date de loin.

égards à le dépouiller de la connaissance d'une cause qui lui avait été précédemment déférée. Il ne risquait pas de demeurer saisi, car le juge d'appel, sur le vu de la requête qui lui était présentée, adressait au juge du premier degré des lettres inhibitoires, lui défendant de procéder contre l'appelant.

Le mot *appostoles* m'a fort embarrassé, d'autant qu'il est écrit très-lisiblement, ce qui exclut toutes conjectures sur la constitution matériellle du mot; étant de principe en toutes choses que, *non est interpretatio in claris*. Cet axiome doit surtout s'appliquer aux paléographes qui ne redoutent rien tant qu'un mot parfaitement écrit, dont ils ne peuvent pénétrer le sens. Ils aimeraient mieux avoir à faire à une abréviation, quelque difficile qu'elle fût. Alors le vaste champ des conjectures et de l'interprétation leur est ouvert. Quoique indigne, j'en sais quelque chose.

Mais que faire d'un mot qu'on ne peut lire que d'une façon ? J'ai cependant fini par trouver le sens de celui-là. C'est une pure redondance, le mol *appostoles* ayant le même sens que celui de litteras *dimissorias*. Telle est l'opinion de du Cange. « *Apostoli vox nota livio et jurisconsultis, et in jure canonico frequens. Erant autem apostoli, dimissoriæ litteræ, quas episcopus laïco, vel clerico, in aliam diocesim transituro, dabat, laïco quidem, ut ibi ordinaretur; clerico vero ut vel ordinaretur, vel ordinatus sacrificaret, vel in alienæ ecclesiæ catalogum referretur. — Sed et interdum pro quibusvis litteris, uti vocant, appellationis, (etiam ad judices laicos) hæc vox usurpata. Ab eadem interlocutoria, ut iujusta, salva vestri gratia et reverentia appello in his scriptis ad d. Regem Majoricarum, et instanter apos tolos peto mihi concedi et tradi (appellatio interjecta anno 1409[1]).* »

207. J'ai déjà rapporté un jugement rendu par le notaire Guillaume Autric, vice-viguier, à Forcalquier. En voici trois autres rendus par le viguier lui-même, qui sont d'un laconisme outré.

« Absolutione tertii parlamenti domini Arnaudi de Alerio, vicarii et judicis Forcalquerii.

Anno domini M° CCCLXVI die VI Februrarii V indictione, sedens in curia Forcalquerii, absolvit suscriptos ;

Et primo, Trimodum Trimodi, de Forcalquerio, quia debuerat intimare possessionem cujusdam grangie[2] magistri Hugonis Girardi, sitam juxta hospicium Hugonis Fanerii, et detinere eam, visis deffensis suis ;

Item nobilem Hugonem Artaudi quia debuerat sindere.[3] quasdam raygotas[4] certorum arborum cujusdam terre Raymondi Gavaudani, site in territorio Forcalquerii, loco dicto ad piram ;

Item quia in briga habita cum dicto Raymundo cultellum evaginavit et ictus lansavit visis suis deffensis. »

208. Le jugement était rendu par le magistrat. Le greffier ensuite écrivait et rédigeait l'acte en présence de deux témoins. Aussi au bas de la sentence, qui statuait sur trois litiges différents, trouve-t-on les noms de six témoins :

« Testes Ludovicus de Amenicis — Bertrandus Sicardi — Symon Vassalli — Jacobus Raynerii notarius — Jacobus Chamini — Magister Juliano Garini notarius [5]. »

[1] Gloss. V° Apostoli.
[2] Grange.
[3] Pour scindere.
[4] Racines du provençal *Ray*.
[5] Notaire Mille, à Manosque.

C'était sommaire, comme on voit. On parle bien des défenses produites, mais il n'y a nul motif à l'appui de la décision. Comment faisaient les juges d'appel pour la réviser ?

209. Le jugement suivant est plus explicite, il est vrai qu'il est transcrit sur l'expédition qui en fut délivrée par le notaire, garde-notes.

« Nos Johannes de Summo, Scutifferus, Regius vicarius et Judex curie Regie Forcalquerii, in dicta nostra curia hora terciarum, more majorum, pro tribunali sedentes, visis meritis presentis processus et eis omnibus in nostre considerationis examine revolutis, Deum solum pre occulis habentes, non declinantes plus ad destram quam ad sinistram, sed *eco*[1] juris transunte incedentes, munientes nos signo venerabilis sancte crucis, sic dicendo in nomine patris et filii et spiritus sancti amen; cum constet ex depositionibus testium supra, per dictum Anthonium productorum, universitatem dicti loci fore et fuisse in antiqua consuetudine et paciffica quod mandamenta *extime*[2] facta per extimatores dicti loci, nisi exécutioni debite infra annum mandentur, nullius roboris sunt ; constet que dictum Anthonium fore civem dicti loci, qui dictis libertatibus gaudere debet ; constet que dictum mandamentum factum fuisse annus est elapsus et nulli exécutioni fuisse mandatum ; ea propter, ex istis apparentibus, dicimus, cognoscimus et per nostram sententiam diffinitivam ordinamus, dictum mandamentum fore et esse nullius efficaciey seu roboris, et per conséquens dictum Anthonium non posse nec debere compelli ad solvendum aliquod de

[1] Sic, pour æquo.
[2] Rapport d'experts constatant un dommage.

contentis in eodem quem Anthonium presentem et nostram sententiam audientem, a présenti judicio et petitis per dictum Johannem, relaxamus ; victum victori in expensis condempnando [1]. »

210. Voici un autre exemple de jugement :

« Nos Guido Crespinus, jurisperitus, commissarius in hac parte specialiter deputatus per magnificum et potentem virum dominum Georgium de Marlio, militem, regium comitatuum Provincie et Forcalquerii senescallum.

« Visis et diligenter, examinatis privilegiis et munimentis coram nobis in presenti causa pro parte universitatis ville Forcalquerii productis, quibus nobis constat incolas et habitantes loci predicti de Forcalquerio esse immunes et libertatem habere et habuisse a prestatione pedagii in quavis parte provincie et terris subjectis in provincia domino comitti Forcalquerii, ut apparens constat per privilegium tunc concessum per dominum Guillelmum comittem Forcalquerii, et inde, per eumdem, locum de podio pino fuisse concessum et datum Poncio et Justacio Justacii, quod privilegium et concessio confirmata fuerunt per dominos comittes et successores prefati domini Guilhelmi et posterius per dominam nostram Reginam Mariam, nunc comittatuum Provincie et Forcalquerii comitissam, et successive executa per dominum Fulconem de Agouto, tunc dictorum comittatuum senescallum, ut constat diversis publicis instrumentis et literis eidem factis et concessis et in presenti causa productis, et nobis exhibitis et hostensis, constet que nobis condempnationes et sententias condempna-

[1] Du 13 mai 1426. — Registre des privilèges, f° 270 v°.
N. B. Il s'agissait de dommages faits aux champs.

torias, de quibus in dicta nostra comissione et literis domini senescalli mentio habetur, fuisse latas et prolatas eo solum et dumtaxat quia ipsi condempnati pedagium minime solvere curaverunt in ipso loco de podio pino, licet ibi cum signo *dominalibus*[1] et mercaturis semel et pluries transiverunt et propterea fuisse condempnatos contra immunitatem et libertatem predictas, ut ex ipsis sententiis et condempnationibus in dicta causa et coram nobis per prefatum clavarium productis manifeste apparet; ideo hic die et hora per nos ipsis, clavario nomine dicte curie Regie Sistarici intervenienti et magistro Anthonio Charvenhi procuratore universitatis ville Forcalquerii, ut de ipsa potestate nobis fides plene facta extitit, assignatis presentibus et nostram sententiam ferri postulantibus, infra domum habitationis nostre in introhitu ipsius domus, in quoddam banco fusteo sedente, more majorum, pro tribunali, quem locum ad hunc actum ellegimus, Deum habendo pre occulis ejus que nomine invocato, sacris sanctis scripturis coram nobis positis, ut de ultu nostro rectum procedat judicium, et occuli nostri semper videant equitatem, non declinantes ad destram plus quam ad sinistram, sed equo juris liberamine procedentes, nos munientes signo venerabilis sancte † dicentes, in nomine patris, filii et spiritus sancti, amen : cognoscimus, et per hanc nostram diffinitivam sententiam pronunciamus et declaramus, dictas sententias et condempnationes et earum quamlibet, ab ipsis sententiis absolventes et dictas sententias et condempnationes vigore hujus nostre sententie et potestatis nobis attribute, fore cuncellandas et abolendas

[1] Sic. Les religieuses de Ste-Claire à Sisteron.

de cartulariis dicte curie Regie, hanc nostram sententiam in hiis scriptis presentibus proferentes. De quibus omnibus et singulis supradictis et publicatis prefatus magister Anthonius Charvenhi, procuratorio nomine universitatis predicte ville Forcalquerii, peciit sibi fieri publicum instrumentum et publica instrumenta, tot quot habere voluerit, et literas opportunas sibi concedere in forma. Acta, lecta, lata et pronunciata fuerunt hec Sistarici, loco die et hora predictis (22 mai 1395) per dictum dominum Guidonem commissarium. Presentibus ibidem nobili Bonifacio Beco, Anthonio Autardi, magistro Jacobo Bonis, notario, magistro Berengario Aurible, Raymundo, Cellerio, de Sistarico, Baudeto Rollandi, de Forcalquerio, testibus ad premissa vocatis, requisitis et rogatis, et dictam sententiam per dictum dominum comissarium proferri audientibus, et me Guilhelmo de Agrimonte, alias planta Vinhas, de Sistarico, ubique auctoritate impériali constituto, et acta ipsius domini comissarii scribi. Qui in premissis omnibus et singulis dum sic, ut premittitur, agerentur et fierent, una cum testibus predictis presens fuit et de predictis notam sumpsit ; de qua hoc presens publicum et autenticum instrumentum in hanc formam publicam extraxi et reddegi pariter que manu propria scripsi. Et in testimonium veritatis et omnium prémissorum signo meo sequenti, quo utor in aliis instrumentis per me sumptis, signavi requisitus et rogatus. »

211. Voici une requête remarquable, en ce qu'elle concerne une décision purement administrative. Il s'agissait de faire réformer une ordonnance du sénéchal de Provence, le sujet en est intéressant sous le rapport historique :

« In Dei nomine amen anno incarnationis ejusdem millesimo CCC^{mo} XLIIII° die XXII mensis Februarii, XIII indictione, per hoc presens publicum instrumentum pateat universis, tam presentibus quam futuris, quod constitutus Raymundus Lhautardi, procurator nobilis domini Jacobi Arduyni, in presencia nobilis et sapientis viri domini Petri de Cana, militis, juris civilis professoris, comitatuum provincie et Forcalquerii primarum appellationum judicis, exhibuit et presentavit dicto domino judici, quandam papiri cedulam tenoris et continencie subsequentis, quam legi et publicari peciit per me notarium infra scriptum, cujus tenor noscitur esse talis. Veniens ad presenciam nobilis et sapientis viri domini Petri de Cana, militis, juris civilis professoris, ac comitatuum provincie et Forcalquerii primarum appellationum judicis : ego Raymundus Lhautardi, procurator et procuratorio nomine nobilis domini Jacobi Arduyni, domini Castrorum et bastide prope Raynerium, ac in parte castri de Anstoyno, baiulie Sistarici, assero, ad dicti domini mei, et mei procuratoris, ejus pervenisse auditum litteras subsequentis tenoris : Bertrandus Roca, judex curie Reginalis civitatis Sistarici, universis et singulis dominis castrorum et locorum subscriptorum, et aliis quibuscunque personis, juridictionem possidentibus in castris seu locis ispsis, aut ipsorum dominorum et personarum juridictionem possidencium in castris et locis Baiulie ejusdem et eorum cuilibet salutem ; cum in executione, quarumdam litterarum noviter missarum per spectabilem virum dominum Hugonem, dominum Baucii, Comitem Avellini, comitatuum provincie et Forcalquerii senescallum, perquirere fideliter et scire habemus, an castra, et juridicdictiones ipse teneantur et possidentur per mercatores, personas non nobiles, aut non generosas, aut per personas nobiles, militares et generosas, que sine ipsorum presencia scire non possumus ; vobis et cuilibet vestrum idcirco presencium tenore precipiendo mandamus, quatenus infra decem dies proximos, a die receptionis presencium in antea numerandos, coram nobis comparere curetis, sub pena centum marcharum argenti fini, pro quolibet vestrum parati fidem facere cur et per quem modum ac per qua causa seu titulo, castra et jurisdictiones ipsas tenetis et possidetis : scientes quod, nisi infra dictum terminum fidem feceritis, ad executionem dicte pene contra vos, et quemlibet vestrum defficiente, procedimus, et dinde ad alia juxta formam predictarum domini senescalli litterarum, pro ut justitia sua debit, procedetur hiis presentanti remanentibus, cui de relatione credemus ; data Sistarici die xxvii Januarii xiii indictione. Cumque predicte littere ipso jure nulle, facte ex *arupto*[1] et absque aliqua rationabili causa, et contra solitum ordinem juris, ab ipsis litteris et, a, mandato in eis contento, nomine dicti domini mei et nomine aliorum nobilium, hinc provocationem assistere volencium, provoco in hiis scriptis tanquam a nullis et irritis ipso jure, et causam nullitatis me offero prosecuturum coram vobis domino appellationum judice, et coram quocunque alio judice competenti, locis et temporibus opportunis, cum peccatum fuerit in ipsis litteris in materia et in forma ; in materia, quia nullus regulariter dicere titulum sue possessionis cogitur ; in forma, quia pena seu multa formam juris excedit ; et non creditur quod tale mandatum, a dicto domino senescallo fuerit

[1] Abrupto.

emanatum ; de quo si esset est fides facienda, cum in talibus judici non credatur ; si vero dicte littere aliquid sunt seu pena in eisdem contenta, dico et assero quod iniquitatem continent manifestam, predictis rationibus et aliis suo loco et tempore proponendis ; et ideo reputans dictum dominum meum et alios nobiles dicte baiulie Sistarici agravatum et agravatos, ex predictis litteris et mandato et penis in eisdem contentis, et ex eis seu ab eis secutis infra tempus legitimun, a tempore sciencie, in hiis scriptis appello, ad serenissimam dominam nostram dominam Johannam, Reginam, et ad dictum dominium senescallum, et ad vos dominum primarum appellationum judices, vel ad illum ad quem presens appellatio melius pertinebit : petens appostolos semel, iterum et iterum, cum instantia quanta possum, et require scribi dicto judici quod appostoli mihi tradantur et quod pendente appellatione hujus modi mihi debeat innovari, et que innovata, si qua sunt, debeant revocari: protestans quod non habeo copiam dicti judicis Sistarici, nec habere possum de facili, et si haberem, coram eo presentem appellationem offerre : et de presenti appellatione, una cum responcione vestra, requiro mihi et habere volentibus fieri puplicum instrumentum vel instrumenta ; et dictus dominus judex volens deliberare utrum dicta appellatio sit admittenda, nec ne, ad audiendum responcionem suam in crastinum assignavit, que erit dies XXIII^a mensis predicti ; actum Aquis in hospicio domini Johannis de Chambia, jurisperiti, in quo prefatus dominus judex habitat. Presentibus barule de Lamberto, de Gramano, Gaufrido Paridelli, de Castro Abberis, Tassilo de podio Euzino, de Forcalquerio, testibus ad premissa, et me notario subscripto, anno quo supra die per dictum dominum judicem superius assignata et coram ipso domino judice, conparuit Raymundus Lhautardi, nominibus quibus supra, paratus audire responcionem domini judicis supra dicti ; et dictus dominus judex admisit dictam appellationem, si et in quantum de jure admitti debet et non ultra ; mandans, in quantum dicta appellatio ad ipsum spectat de jure, fieri super hoc litteras opportunas ; actum, ut supra, presentibus, Nicolas Pingerto de Cana, Gaufrido Paridelli, de Castro Abberis, testibus ad premissa vocatis et rogatis et me Guillelmo Autrici de Sistarico notario publico [1].

212. Cette pièce contient des renseignements intéressants sous plus d'un rapport. D'abord, elle atteste, qu'en 1344, aussi bien qu'aujourd'hui, mais avec beaucoup plus de raison, la bourgeoisie ambitionnait les honneurs de la noblesse. Voici comment elle procédait habituellement. Dès qu'un bourgeois s'était enrichi dans la pratique d'une industrie quelconque, il s'empressait de s'allier avec la noblesse, en épousant la fille de quelque pauvre gentilhomme. Il achetait ensuite une seigneurie, et en prenait le nom. Trois générations passant là dessus, le tour était fait, et ses descendants devenaient nobles de race, ils se qualifiaient *magnificus, dominus scutifer*.

Les moins fortunés se contentaient d'acquérir une part de seigneurie. Quelque petite qu'elle fut, l'acquisition en produisait le même résultat. C'était le moyen le plus ordinaire, car une seigneurie entière n'était pas à la portée de tout le monde, par la raison que le tout vaut plus que la partie. Il est plus d'une famille consi-

[1] Notaire Mille, à Manosque.

dérable, dont je ne veux pas troubler la quiétude, qui a débuté ainsi.

213. Le nombre des seigneuries possédées indivisément était assez grand pour satisfaire toutes les ambitions. Cela provenait, sans doute, des partages successoraux intervenus parmi les descendants des anciens possesseurs du fonds, J'en connais plusieurs dans mon arrondissement qui ont servi à débarbouiller je ne sais combien de personnes. Il en était une surtout, celle de Vachères, qui était bien la plus grande fabrique de savonnettes à vilain qu'il y eût dans toute la Provence. On pense bien que je n'ai pas voulu perdre mon temps à compter le nombre de co-seigneurs que la seigneurie de ce petit village mettait en circulation, je crois qu'il y en avait quelque chose comme une douzaine, c'était la manne du désert pour les affamés d'honneurs.

214. Mais si la bourgeoisie s'efforçait de changer de caste, l'autorité, de son côté, cherchait à l'en empêcher. Notre requête en est la preuve. Quelquefois les audacieux étaient contraints à rentrer dans le giron, au moyen d'enquêtes faites sur leur état. C'est contre une mesure semblable, prise par le sénéchal, contre Avellin des Baux, que s'élevait le procureur fondé de Jacques Ardouin. *Perquirere fideliter et scire habemus, an castra et jurisdictiones ipsæ teneantur et possideantur per mercatores, personas non nobiles, aut non generosas, aut per personas nobiles, militares et generosas.* Il paraît que Jacques Ardouin et consorts n'étaient pas francs du collier. Les raisons qu'ils donnent dans leur requête sont pitoyables. Sans doute, dans les cas ordinaires, nul n'est tenu de montrer le titre de sa possession, quand elle n'est pas contestée ; mais on peut en

exiger l'exhibition alors que cette possession vous conère des privilèges. Quant à la peine, qui était vraiment igoureuse pour l'époque, il était facile de s'y soustraire n se soumettant aux prescriptions de l'ordonnance.

215. La requête que je viens de rapporter en entier, ffre cette particularité d'une requête d'appel reçue et ppointée par le juge d'appel lui-même, en dépit de 'usage qui voulait que ce fut le juge, dont on critiquait a décision, qui statuât sur la recevabilité de l'appel. ette règle de procédure me paraît hors de discussion, n présence de la requête que j'ai citée ci-dessus, et de elle dont je m'occupe maintenant.

216. Non seulement le juge supérieur reçut l'appel, ais il ordonna au juge inférieur de délivrer des lettres missoires. *Mandans de jure fieri super hoc litteras pportunas*. Il est vrai qu'il ne dit pas, dans son ordonance, par qui ces lettres seront délivrées ; mais cette mission est suppléée par l'appelant, qui requiert expresément qu'on écrive au juge de Sisteron pour qu'il ait à es expédier : *et requiro scribi dicto judici quod ppostoli mihi tradantur*. La décision du juge inférieur, ur la recevabilité de l'appel était donc préjugée.

Il paraît que c'était par exception que l'appelant 'adressa tout d'abord à la juridiction supérieure, et que a manière de procéder était inusitée. Il en convient, en quelque sorte lui-même, puisqu'il dit qu'il aurait ppelé devant le juge de Sisteron, s'il avait pu avoir opie de son jugement : *et si haberem, coram eo præentem appellationem offerre*.

217. J'ai donné des exemples de requête d'appel en atière civile ; en voici une qui conclut à l'infirmation 'une sentence rendue par la juridiction ecclésiastique.

Les termes en sont à peu près les mêmes. Je la rapporte néanmoins à cause de son antiquité, car je doute qu'on en trouve beaucoup de pareilles.

« In nomine domini amen anno incarnationis ejusdem millesimo CCC° L°XXIIII^to, die XV mensis Octobris, notum sit omnibus, tam presentibus quam futuris, quod, cum oppressis, et contra jus et justiciam agravatis, per appellationis remedium provisum sit, idcirco, ego Guillemus Barbani, presbiter et prior beate Marie de Costa, Aptensis dyocesis, sentiens et reputans me agravatum et suspicans in posterum potius agravari per reverendum in Christo patrem dominum. R.[1] qui se dicit episcopum Aptensem, ex eo quia in cognite et ex ocupté[2] et, salva sua reverentia, in debite et in juste, precepit et injunxit Raymundo Bruni, de Bonilis, firmario ecclesie Beate Marie de Costa, ut dictam firmam dimitet et de cetero non vocetur, declarando dictum contractum arrendamenti fore nullum et nullius valoris, non obstante quod dictus dominus. R. mihi dedisset licenciam arrendandi prefato Raymundo Bruni et plenariam potestatem et autoritatem ; qua de causa, et aliis suo loco et tempore opportunis, dico ego prefatus Guillemus, prior, dictam sententiam et déclarationem fore et fuisse nullam et nullas, et si que sint, quod non credo, in hiis scriptis presentibus et infra tempus debitum et a jure statutum, ad dominum nostrum Gregorium, Papam XI, sacro sancte Romane ecclésie et ad ejus sanctam sedem, provoco et appello. Petens instanter, instantius et cum multiplicata instantia apostolos et litteras dimissorias concedi et tradi ; protestans in

[1] Sic.
[2] Occulté.

quantum possum, quod per me non stat nec stabit quominus eos et eas recipiam, si mihi tradantur, sollempniter protestor.

Inhibens in quantum possum de jure, ne presenti appellatione pendente, contra me nec bona mea aliquid novi fiat.

Summitens me et omnia bona mea sub protectione et tintione domini nostri Pape ad quem appello.

De quibus omnibus peto mihi fieri publicum instrumentum.

Et dictus dominus episcopus dictam appellationnem non admitit, nisi si et in quantum de jure esset astrictus, sed ob reverentiam sancte sedis apostolice, ad quam appellat ipsum, et ad presentandum se coram judice competenti xx^{ti} dierum spatium pro termino assignavit.

Actum Manuasce in domo dicti domini episcopi, testes fuerunt ad hoc vocati, Raymundus Gasqui, filius quondam Isnardi Gasqui, de Manuasca, et Jorgius Alloyni, de Sesarista, habitator Manuasce, et ego Bertrandus Raynaudi notarius[1]. »

218. Un point de droit important ressort de cette requête. A la vérité le juge du premier ressort prononçait sur la recevabilité de l'appel, mais il était obligé de l'admettre. Il y était contraint de droit. Il devait, en conséquence, délivrer immédiatement les lettres dimissoires. De plus c'était lui qui fixait le jour auquel l'appel devait être jugé. C'était déjà beaucoup.

219. Le ton de la requête paraît extraordinaire lorsqu'on pense que c'est un ecclésiastique qui l'a rédigée. Le prieur Barbani ose mettre en doute la qualité de l'évêque;

[1] Notaire Mille, à Manosque.

qui se dicit episcopum aptemsem. Il devait y avoir à cette époque un grand esprit de liberté dans le clergé, en même temps qu'une réelle indépendance, pour qu'un simple prêtre eût l'audace de s'exprimer ainsi.

220. Je trouve que rien n'est plus intéressant et plus instructif que de comparer entre eux les usages suivis à diverses époques, surtout quand elles sont séparées par plusieurs siècles. Les variations dans le mode d'administration de la justice, l'un des principaux besoins de la société, sont plus utiles à connaître, pour l'histoire de l'homme en général, et pour celle de notre caste en particulier, que les actes des guerriers ou des souverains les plus illustres, ou que le récit de cent batailles. Nous en sommes plus particulièrement touchés, parce que, de tout temps, quoi qu'on dise, quoi qu'on fasse, les États n'ont pu être gouvernés qu'avec le concours de la bourgeoisie. Que ferait un gouvernement sans elle, et où prendrait-il ses magistrats, ses administrateurs, ses officiers? Il en était de même autrefois, car tous les gentilhommes n'étaient pas de la race des francs.

A une époque qui n'est pas éloignée de nous, on entreprit une sorte de croisade contre la bourgeoisie, gouvernée alors par des niais et des pédants [1]. Le peuple, trompé par des intrigants, conduit par des aigrefins, pour ne rien dire de plus, la renversa du pouvoir. Il n'y a rien gagné. Elle l'avait convié au banquet de la liberté. Que lui at-il donné en échange ? L'égalité politique, qu'il dédaigne maintenant et dont il n'use pas. Quant à l'égalité absolue, dont on l'a tant leurré, c'est une mons-

---

[1] Je ne parle pas du roi Louis-Philippe. Je ne sais pas insulter au malheur. D'ailleurs je n'oublierai jamais que je lui dois dix-huit ans de bonne et vraie liberté.

trueuse absurdité. Elle n'est pas dans la nature, parce qu'elle n'est pas dans les desseins de Dieu[1]. Mais, quoi qu'on ait pu faire, détracteurs et ennemis de la bourgeoisie, personne n'a pu la priver de la part d'influence qui lui revient légitimement. C'est elle qui toujours commandera les armées, administrera nos départements, et rendra la justice. Son concours est une nécessité. Le corps social ne peut s'en passer, pas plus que le corps humain ne peut se passer du secours de ses membres.

Ainsi, l'acte le plus insignifiant, en apparence, a son mérite, indépendamment de l'intérêt de curiosité qui s'y rattache. J'en tiens un qui ne doit pas être passé sous silence.

221. Le *compulsoire* existait dans le XIVe siècle, tout comme il existe aujourd'hui, parce qu'il répondait à un besoin toujours actuel. A ceux qui ne sauraient pas ce que ce mot signifie, je dirai que par *compulsoire*, on entend l'ordonnance d'un magistrat enjoignant à un dépositaire public, tel qu'un notaire, de délivrer à un citoyen expédition d'un acte dans lequel il n'a pas été partie, mais qu'il lui importe de connaître et de produire. La forme de cette ordonnance était la suivante :

222. « Spiritus Isoardi, jurisperitus, judex curie temporalis de Lurio[2], discreto viro magistro Antonio

---

[1] Dieu est aristocrate dans ses œuvres. En ce monde, il a créé des semblables, mais point d'égaux. C'est peut-être, la plus haute preuve de sa puissance infinie. Démocrates ! ne perdons jamais cette vérité de vue, et sachons respecter les inégalités naturelles !

[2] L'évêque de Sisteron portait le titre de prince de Lurs, dont il était en même temps seigneur. Il y avait dans ce village un tribunal ecclésiastique, *curia spiritualis*.

Petri, notario curie dicti loci, salutem, sua ad nos veniens Franciscus Antonii, de Manuasca, maritus et conjuncta persona Porcelle, ejus uxor, neptis que et coheredis Ludovici Raymberti, quondam de Lurio, expositione mostravit ; ut cum seriem ultimi testamenti seu ordinationis dicti quondam Ludovici, nec non examinationem testium super mente dicte seriey auditorum qui in illa fuerint presentes in notam recepis, una cum decreti nostri interpositione, de qua nota pro conservatione juris dicte sue uxorie publicum indiget habere instrumentum, tu que formidaveris, pro ut coram nobis, presente dicto Francisco, asseruisti, de ipsa nota dicte Porcelle publicum extrahere instrumentum absque meo jussu et mandato : ecce quod propterea, tenore presencium, tibi comitendo, precipimus et mandamus quatenus, dictam notam in tuis cartulariis perquirens, de illa, cum eam inveneris, dicte Porcelle, per te vel alium tibi fidelem substitutum, publicum extrahas instrumentum, cum anno die et consule et aliis ad perfectionem incumbentem necessariis : quod instrumentum sic, ut pretangitur, in publicam formam redactum, dicte Porcelle, seu ipsi Francisco, pro ea, tradas et assignes, retento tibi justo salario pro labore. Datum Lurii sub sigillo dicte curie, in deffectu nostri, anno domini MCCCLXXXXVI° die xx mensis Februarii [1]. » — Sigilletur. — Au dos se remarque l'empreinte du cachet en cire rouge, que le temps a emportée.

Autre compulsoire :

Anno incarnationis domini millesimo quadringentesimo nonagesimo tertio et die vicesima prima mensis Februarii, veneris intitulata, in curia sacri hospitalis

---

[1] Notaire Mille, à Manosque.

sancti Johannis Hierosolymitani villa Manuascæ et coram honorabili viro magistro Petro Delarecio, notario, vice judice, in curia eadem, ad causas audiendas et jura unicuique reddendi, more majorum suorum, pro tribunale sedente, hora terciarum ipsius diei vel circa, venit et comparuit probus vir magister Bartodus de Bayès, Faber, habitans Castri sancti Michaellis, dicens et reverenter exponens, honorabilem virum magister Ludovicum Fabri, notarium dictæ villæ, quamdam debili notam dicti exponentis contra Jacobum Picheti, dictæ villæ Manuascæ, florenorum cum dimidio, vel circa, sumpsisse, et cum alias extractum fuerit instrumentum in publicam formam, et deinde perdictum exponentem fuerit perditum, petit protanto eidem magistro Ludovico Fabri præcipi quatenus ex dicta nota, sive extenso, unum aliud instrumentum retrahere habeat, et sibi consignare, paratum se offerente sibi de suo condecenti labore satisfacere ; de quaquidem requisitione petiit sibi fieri publicum mandamentum, officium venerabilis domini vice judicis humiliter implorando : et dictus dominus vice judex, ubi supra judicialiter sedens, audita expositione præmissis, exacto prius juramento ab eodem si illud petat dolo nec fraude, qui respondit quod non, cum dictum instrumentum perdiderit, sed ad consequendam satisfactionem dicti debiti solum et duntaxat; ordinavit propterea præcipi dicto magistro Ludovico Fabri, ad penam *librarum coronatarum* decem, quatenus dictum instrumentum retrahere habeat in forma publica, ita quod eidem adhibeatur plenaria fides in omni judicio atque parte, et dicto exponenti consignare, sibi satisfacto de suo condecenti labore, infra quinque dies proximos ; mandamentum postulatum cum interpositione decreti dicti domini vice judicis concedendo. Quod scripsi ego Antonius Alardi, notarius publicus et dicti magistri scriba et signo illius signavi. — P. de Larecio. V. G [1]. — L'obligation est du 19 avril 1488, elle porte 9 florins et 6 gros. — Notaire Louis Fabri, f° 19 [2].

223. Voilà pour le compulsoire. La pièce suivante contient le procès-verbal d'une vente aux enchères publiques. Plus de cinq cents ans ayant passé dessus, elle est devenue assez difficile à lire, cependant j'ai pu la copier en entier :

« Anno domini millesimo CCC^{mo} XLVII°, die nona mensis Julii, XV indictione, instante Bonaco Salamonis in judicio, nomine Gaye, ejus uxoris, habitante Antravenarum [3]; ego Guillelmus Autrici, Baiulus et notarius [4] curie Reginalis Vallis Antravenarum et Castelleti, precipi in mandato Vincencio Carnasii, nuncio et incantatori puplico de Castelleti presente curie supradicte, presenti, et intelligenti, quod si quedam domus sita in territorio de Castelleto, juxta domum magistri Hugonis Boerii, notarii, et quedam vineam in territorio dicti Castelleti, juxta vineam Giraudi Alesendi et juxta vineam Raymundi Bachellarii, Guillelmi textoris et Isnarde, conjugium dicti loci, incantate fuerint legitime et subastate, ipsam plus offerenti, liorare[5], assignare debeat incontinenti plus offerenti, et de precio eorumdem supradicto Bonaco rationem faciat, nomine supradicto; qui quidem nuncius, yens et eadem die rediens, suo pro-

[1] Notaire Mille, à Manosque.
[2]   Ibid.
[3] Entrevennes, arrondissement de Digne.
[4] Toujours ce même Autric qui passait sa vie à courir la Provence.
[5] Livrer.

prio mihi dicto Baiulo et notario retulit juramento, predictas domum et vineam, mandato discreti viri magistri Anthonii Moysoni, vice Baiuli et notarii curie supradicte, per tempus legitimum et [1]...... consueta ac debita per dictum castrum incantasse et subastasse absque [2]..... cujusquam.. et nemine alium invenisse, qui plus obtulerit se daturum in dictis domo et vinea quam Bonacus Salamonis, Judeus, habitans Antravenarum, qui in dicta domo quinquaginta solidorum provincialium nunc currencium, et in ipsa vinea vigintiquinque solidorum, monete predicte obtulit se daturum : cui Bonaco, tanquam plus offerenti, facta tribus subastationibus, ut est moris, predictas domum et vineam, tanquam plus offerenti, in presentia mei dicti Baiuli et notarii, et in absentia dictorum conjugium, licet per Raymundum Florencii, nuncium curie supra dicte ; legitime citatorum, pro predictis preciis lioravit ac etc. Ut moris est, investivit. Que scripsi ego dictus Baiulus et notarius ad requisitionem dicti Judei et signo ejusdem curie signavi [3]. »

224. Il est à remarquer que le rédacteur de cette pièce, agit en qualité de magistrat, et non comme notaire, et qu'il intervient afin de donner la sanction de l'autorité à la vente faite par l'huissier. Car c'est le nom que l'on doit donner à l'individu qualifié *nuncius*. C'est, en d'autres termes, l'ordonnance par laquelle le magistrat chargé, de nos jours, de présider aux enchères publiques, prononce l'adjudication de l'immeuble mis en vente au plus offrant et dernier enchérisseur. Il y a cette seule différence, qu'autrefois la

[1] [2] Mots qui manquent, le papier étant usé à la marge.
[3] Notaire Mille, à Manosque.

vente se faisait par huissier, en l'absence du juge, et que maintenant elle a lieu en sa présence. Mais, d'une manière ou d'autre, son intervention a toujours été nécessaire.

L'huissier avait été chargé de la vente par mandat exprès du bailli. Cependant il atteste qu'il y a procédé par ordre du vice-bailli. Je ne comprends pas trop l'intervention de ce dernier, à moins qu'il n'eût suppléé le bailli absent ou empêché.

225. Le bailli dit qu'il a signé l'acte du signe du Tribunal. Cette juridiction avait donc adopté un signe qui se transmettait d'âge en âge. Pareil usage est au moins singulier et mérite qu'on y insiste. Il fallait qu'il en fût ainsi, car la pièce ne porte aucune empreinte ni aucune trace du sceau. J'imagine que la justice d'Entrevennes avait adopté une marque particulière pour éviter la dépense d'un cachet. Au reste, la justice d'Entrevennes n'était pas seule à agir de cette façon. Partout, soit dans les justices royales, soit dans les justices seigneuriales, les tribunaux se servaient d'un signe particulier, qui ne variait pas. Cela s'explique, quant on sait que les greffiers des tribunaux étaient toujours des notaires. Or, comme ceux-ci avaient adopté un signe pour leur usage personnel, de même ils en adoptèrent un pour signer les actes des tribunaux.

226. Il est une circonstance qui paraît inexplicable. Guillaume Autric, ce notaire qui ne pouvait rester en place, se qualifie de bailli de la cour royale de la vallée d'Entrevennes et du Castellet. Comment cela se faisait-il? Cela prouve que le tribunal ainsi qualifié, était d'institution royale, c'est-à-dire que le comte en avait

nommé les officiers, parce que, à cette époque, ces deux villages étaient dans son domaine.

227. Cette pièce, malgré son apparente insignifiance, met hors de doute un fait historique, dont j'admettais difficilement l'existence, bien que j'en eusse rencontré d'autres preuves. J'ai toujours ouï dire qu'en Provence, avant 1789, les juifs ne pouvaient posséder d'immeubles ruraux. Quant aux maisons, rien ne les empêchait d'en acquérir. Il en était tellement ainsi, qu'en 1475, un de mes ancêtres acheta une maison sise à Manosque, laquelle était la propriété d'un juif.

Mais quant aux propriétés rurales, la prohibition n'existait pas davantage ; la preuve en est que le procès-verbal d'adjudication de 1347 est fait au profit d'un juif, quoique une vigne se trouvât au nombre des propriétés adjugées. A cette époque, la prohibition dont j'ai ouï parler n'existait pas. Elle n'existait pas encore, plus de cent ans après, si j'en crois des actes à la date de 1478 [1].

Un acte à la date du 11 juin 1377, atteste également que les juifs avaient la faculté de posséder des immeubles ruraux. Par cet acte, Jaucep, médecin à Manosque, et juif de religion, lègue une vigne à sa femme Narbone [2].

« Ne transitum suum faceret cum gentibus nec animalibus suis per quoddam *valatum* [3] *fuistentem* [4] inter quamdam vineam ipsius Rostagni et vineam dicti Judei [5].

---

[1] Notaire Louis Fabri, fos 69 vo.— Notaire F. Pourcin, à Manosque.
[2] Notaire Jean Autric. — Notaire Mille, à Manosque.
[3] Fossé, du provençal *vallat*.
[4] Existant.
[5] Acte sans date. Notaire Isn. Hospiti.—Notaire Mille, à Manosque.

228. C'était une singulière époque que celle-là, et elle avait de singuliers usages. On a quelquefois de la peine à s'en rendre compte. J'ai dit que les offices de greffiers des justices seigneuriales et comtales étaient tenus par des notaires, presque toujours étrangers au siège du tribunal, et qu'ordinairement la charge était annuelle. Il résultait de cet usage plusieurs inconvénients, mais le plus grave était, qu'en réalité, il n'y avait de greffe nulle part. Chaque notaire, à la fin de son exercice de greffier, se retirait dans sa résidence, et emportait avec lui les minutes des jugements rendus dans le courant de l'année précédente. Il se considérait comme étant propriétaire de ces minutes, au même titre qu'il possédait celles qui concernaient plus particulièrement sa profession de notaire. Cela explique comment j'ai pu trouver à Manosque des minutes de jugements rendus par le viguier de Forcalquier et par le bailli d'Entrevennes. C'est que Guillame Autric, cumulant, dans les deux cas, les fonctions de notaire avec celles de vice-viguier et de bailli, dont il fut successivement revêtu, emporta les minutes à Manosque, qui parait avoir été sa résidence habituelle, quand il suspendait le cours de ses pérégrinations.

Cet abus avait été porté à un tel point que, dans le courant du XIVe siècle, le conseil municipal de Forcalquier, adressa une requête à la cour suprême, et demanda, entre autres choses, que les notaires des tribunaux de la viguerie fussent tenus, à leur entrée en fonctions, de recevoir, sous inventaire, de leurs prédécesseurs les cartulaires civils, et de les transmettre de la même manière à leurs successeurs afin d'éviter les fraudes qui se commettaient dans ces cartulaires, car quelques-uns les cachaient, et d'autres les emportaient par haine des tribunaux et des particuliers qu'ils intéressaient [1].

La réponse de la cour n'est pas parvenue jusqu'à nous, l'original ayant été lacéré, ainsi qu'il est attesté par la copie. Mais quelle qu'elle fut, et bien qu'on doive présumer que la requête fut répondue favorablement, l'abus ne continua pas moins de persister.

229. Les notaires étaient assez enclins à exagérer leurs honoraires. Ainsi, quand, sur la demande de l'accusé, ils délivraient expédition de l'acte de cautionnement, ils y joignaient la copie du procès criminel en entier, ce qui ne servait à rien, si ce n'est à extorquer de l'argent aux parties dénoncées.

Sur une requête présentée par le conseil municipal de Forcalquier, à Jean Cosa, lieutenant général en Provence, intervint une ordonnance de ce fonctionnaire, en date du 20 octobre 1465, prescrivant aux notaires de ne délivrer qu'une *brève note*, qui sera comptée pour une feuille, *uno foleo*, quoiqu'elle en contienne davantage [2].

Le conseil demandait en outre que les parties pussent voir et consulter, sans frais, les actes des notaires, tant de la cour d'appel, que des autres tribunaux, *ratione visionis et apertionis*. Il fut répondu à cela que l'on devait observer l'édit royal fait autrefois sur ce sujet, lequel ordonnait que la partie appelante payât seulement, pour la vue des minutes, la moitié du prix de la confection de l'acte ; la partie intimée devant payer deux parts de ce même prix [3]. J'avoue que je ne com-

---

[1] Registres des privilèges de Forcalquier, f° 229 v°.
[2] Ibid. f° 248.
[3] Ibid. f° 251 v°.

prends pas la dernière disposition, qui est pourtant littéralement écrite. Il faut qu'il y ait quelque erreur de copiste.

230. Dans ces temps reculés, peut-être parce que peu de gens savaient écrire, on passait acte de toutes les conventions, même des plus minimes. La pièce suivante, dans laquelle Pierre Arnaud est témoin, constate la vente d'une ânesse. C'était bien peu, quant à la chose; mais c'était beaucoup, quant au prix ; car il n'y a pas longtemps qu'une ânesse ne coûtait pas davantage.

« Anno et die quibus supra (8 janvier 1421.) Antonius Spige, per suos, confessus fuit debere nobili Isnardo Amalrici florenos auri sex, et hoc causa emptionis cujusdam *saume* [1] pili albi, quam *saumam* dictus nobilis Isnardus Amalrici vendidit dicto Antonio Spige pro *male bibentem* et *male comedentem*, et cum omnibus morbis et viciis in ipsa occultis vel manifestis [2]. »

231. L'acte n'est pas daté, comme on voit, car la date qui s'y trouve entre parenthèses a été ajoutée par moi, il m'a fallu pour cela recourir aux actes antérieurs. Telle était au reste la coutume de la plupart des notaires. Il faut bien souvent, pour trouver la date d'un acte, feuilleter rétrospectivement tout le registre ; et si les premières feuilles manquent, ce qui arrive quelquefois, on ne sait plus où on en est. Ce vice se remarque principalement dans les *sumptums;* on le rencontre moins fréquemment dans les extensoires.

232. La singularité d'une expression de cet acte frappera sans doute le lecteur, mais il ne faut pas qu'il s'en étonne. Les notaires, peu versés dans la connais-

---

[1] Anesse, du provençal *saoumo*.
[2] Notaire Raymond Gautier. — Notaire Mille, à Manosque.

sance de la langue latine, se donnaient d'étranges libertés avec elle. Quand le mot propre leur manquait, ils prenaient, sans se gêner, le synonyme existant dans la langue vulgaire, en ayant soin d'y ajuster une désinence latine. C'étaient de grands créateurs en fait de langage. Je crois que c'est à eux qu'il faut faire remonter l'invention du latin macaronique.

233. Pour qui sait voir, toute chose a son côté plaisant. Quant à moi je ne trouve rien de plus burlesque que l'énumération des vices rédhibitoires contenus dans l'acte, elle est brève mais complète. Non seulement le vendeur se décharge de la garantie des vices patents et occultes, mais il déclare que la bourrique boit et mange mal. Cela n'était pas étonnant, étant fort vieille, car la pauvre bête avait le poil blanc, *pili albi*. Cependant elle fut vendue pour bonne.

234. Veut-on un autre exemple de transformation du provençal en latin ? le voici :

« Anno millesimo quadringentesimo tercio et die XXIII mensis Julii, in die festi beate Marie Magdalene, ex hujus publici instrumenti pateat evidenter et sit manifestum quod, cum honoratus Symeonis et Bertrandus, ejus filius, anno proxime preterito, *mondassent*[1] et removissent *boyssonos*[2] cujusdam heremi pleni diversorum *boyssonatarum*[3] sive ad instar unius magne *iscle*[4] scite infra territorium de Laincello, loco dicto a la Molleria, etc. — Pro labore et magna *manganha*,[5]

---

[1] Nettoyer, monder.
[2] Buisson, du provençal *bouissoun*.
[3] Genitif de boysonnus.
[4] Ile, du provençal *isclo*.
[5] Perte, du provençal *magagno*.

quam dicti honoratus Symeonis et Bertrandus ejus filius fecerunt in dicto hermo, gratis et sponte voluerunt, etc [1]. »

Tel était, à quelques différences près, le style de tous les notaires. Aussi, pour un provençal, leur latin est-il d'une grande transparence, mais il devient quelquefois lettre close pour ceux qui ne sont pas versés dans la connaissance de notre langue. Encore y trouvons-nous des difficultés insolubles. Ils dénomment souvent dans leurs actes des instruments ou des ustensiles de ménage, dont les noms sont perdus, et dont on ne sait plus que faire. Il y a de quoi lasser la patience la plus robuste.

235. Lorsqu'un citoyen changeait sa résidence, avec l'intention de fixer définitivement son domicile dans le lieu qu'il venait habiter, il obtenait des lettres de bourgeoisie, qui lui étaient délivrées par l'autorité locale. Dès cet instant, il était apte à jouir des droits et avantages attachés à ce titre, en même temps qu'il participait aux charges. Le transfert du domicile était constaté par acte notarié, afin que l'intention du nouvel arrivant fut bien manifeste.

« Anno ab incarnatione domini nostri Jesu Christi millesimo quadringentesimo xxiii° et die vii Februarii notum, etc. quod nobilis Petrus Chausagrossi, habitator castri de Sancto Michaele, venit ad presentiam nobilis Raybaudi de Rellania, baiuli castri de Sancto Michaele, nec non et ad presentiam proborum virorum Pascalis Bermondi et Antonii Boni Amici, pro comodo et utilitate universitatis castri de Sancto Michaele intendens conditionem communitatis castri de sancto

[1] Notaire Raymond Gauthier. — Notaire Mille, à Manosque.

Michaele facere meliorem, attento quod dictus Petrus Chaussagrossi est habitator castri de Sancto Michaele, ideo dictus dominus baiulus, pro domina vice comitissa, et sapientes viri Pascalis Bermondi et Antonii Boni Amici, nomine communitatis dicti castri, nobilis Isnardus Amalrici, baiulus terre sancti Martini, in partida, pro dominia heredum nobilis Georgii de Laincello, et Antonius Dolney dederunt quod, de cetero, dictus Petrus Chausagrossi, in omnibus et per omnia, ab inde in antea gaudeat in castro et territorio de Sancto Michaele et territorio Sancti Martini de Renacas, modo et forma quibus gaudent homines de Sancto Michaele.

Et ad cautelam dicti Petri Chausagrossi ego Raymundus Gauterii, notarius, presentem scripturam scripsi de mandato supradictorum dominorum baiuli et syndicorum; et dictus Petrus Chausagrossi instrumentum peciit. Actum in castro de Sancto Michaele, juxta hospicium Bertrandi Bernardi, testes nobilis Boniffacius de Rellania et Johannes de Rellania[1]. »

236. Le transfert du domicile s'opérait dans un lieu relevant du vicomte de Reillanne, c'est pourquoi son bailli intervint dans l'acte. Bien que Pierre Chaussegros fut libre de sa personne[2], ainsi que l'indique la qualification de *nobilis* qui lui est donnée, il paraît que l'autorisation du seigneur était nécessaire pour lui permettre de s'établir à Saint-Michel. Sans doute les habitants de ce village jouissaient de certains droits utiles sur les biens que le vicomte de Reillanne y

[1] Notaire Mille, à Manosque.
[2] Je dois dire que je n'ai rencontré nulle trace de servage personnel dans mon pays.

possédait, et les règles du droit et de la justice voulaient qu'un nouvel arrivant ne fut admis à y prendre part qu'avec l'assentiment du propriétaire foncier. C'est par la même raison que le bailli du seigneur, en partie, de Saint-Martin-de-Renacas intervint dans l'acte.

La commune, de son côté, devait y être représentée. Dans les principes de l'époque, nul ne pouvait être admis à partager les bénéfices dérivant du titre de bourgeois d'une commune, sans le consentement de ses habitants. Ce consentement fut fourni par les syndics, représentants de la commune.

237. Les choses se passaient à peu près de la même manière dans les villes libres, qui ne relevaient que de nos comtes. Mais elles avaient souvent de singulières exigences envers leurs citoyens.

Il existe des lettres patentes du roi Réné, données à Tarascon, le 1er mai 1452, en réponse à une requête qui lui avait été présentée par la ville de Forcalquier. Elle suppliait le roi d'ordonner que, tout habitant de Forcalquier, présent ou futur, fut obligé d'avoir la majeure partie de ses biens dans la ville, et d'y passer les jours de fête ; et que ceux qui ne se conformeraient pas à ces conditions, ne jouiraient pas des pâturages et privilèges de la ville.

Ce chef de la requête fut accordé, afin, dit le roi, d'écarter les citoyens factices [1].

238. Les formes exigées pour obtenir des lettres de bourgeoisie à Forcalquier, avaient une certaine solennité. Le récipiendaire jurait, à genoux, devant les syndics, de demeurer continuellement à Forcalquier; *continuam moram et larem faciendi divina audiendi ecclesiastica sacramenta recipiendi ;* d'y transporter

---

[1] Registre des privilèges, fo 242.

les deux tiers de ses biens ; de contribuer aux tailles et autres impôts. Les syndics le recevaient alors citoyen et l'admettaient à jouir et à user des privilèges de la ville, ainsi que les autres citoyens. Acte en forme en était dressé par le notaire, greffier du conseil municipal, en présence de témoins, et couché sur le registre des délibérations du conseil [1].

La réception se faisait par les syndics et en présence du viguier, car il fallait que le représentant de l'autorité souveraine intervint. En voici un exemple :

Ciotadenagium [2] pro magistro Lanuloto Ebrardi *Sarralherio* [3] loci de Cesana, Thaurinensis diocesis.

Anno et die predictis (15 mai 1499) notum sit, etc. quod honorabilis vir Albanus de Laventura, locumtenens discreti viri Eliazrii Proxini, cosindici moderni universitatis hominum ville Forcalquerii, cum licentia autoritate et decreto nobilis et generosi viri Johannis Taloni, ville ejusdem Forcalquerii, condomini castrorum de Limasio et de Segreriis, locumtenens nobilis et circumspecti viri domini Raymundi Melhe, jurium bacallerii, viguerii et judicis curie regie ville predicte Forcalquerii, etiamque cosindici presentis universitatis, presentis, sedentis que ad hunc actum super quodam scano fusterio in loco infra scripto, recipit in civem incolam et habitatorem Forcalquerii predictum magistrum Lancelotum, presentem, etc.— recepto ab eo juramento in manibus dicti domini vice vicarii prestito, etc.

[1] Registre des délibérations du conseil municipal de 1474 à 1496, fo 240 vo, fos 28 et 36 vo.
[2] Droit de cité.
[3] Serrurier.

— quod erit obediens christianissimo domino nostro Regi, etc. — de quibus, etc.[1].

Suit un autre acte à la même date par lequel Lancelot Ebrard s'oblige à établir sa demeure à Forcalquier, pendant sa vie, avec sa famille, pour y exercer l'art de serrurier. De son côté, la ville lui fournit pendant trois ans, une maison et une boutique, et l'exempte pendant six ans de toute participation aux charges tant locales, que générales.

239. Le droit de bourgeoisie s'acquérait à Aix de la manière suivante :

« Anno M° CCC^mo XLIIII°, die xxv mensis Junii, XII indictione, per hoc presens publicum instrumentum sit notum, etc. QuodHugo Jordani, filius quondam Jacobi, Raymundus Iterii et Guillelmus David, filius quondam Dalmacii, de Acculea, omnes tres simul suum cupientes incolatum trasfferre cum hominibus civitatis Aquensis et cum eis inhabitare in eadem civitate, presertim conditionis ejusdem subire occurentia honera, et gaudere privilegia eorumdem, et successive domine nostre domine Regine illustrissime Jerusalem et Sicilie, ac comitisse et domine comitatuum provincie et Forcalquerii subjicique *dictioni*[2], ex certa eorum scientia, nullo ducti, ut asserunt, jure vel facti errore, personaliter constituti in presentia nobilis viri domini Bertrandi baiuli, militis, Aquensis vicarii, nomine dicte Regine recipientis ac heredum et successorum suorum, existentes, flexis genibus, junctis manibus, se homines ligios dicte domine nostre domine Regine constitue-

---

[1] Notaire Antoine Garcin, f° 52 v°. Notaire Descosse, à Forcalquier.

[2] Pour ditioni.

runt, et per se et suos que, perpetuo successores, ligium homagium fecerunt, ac corporalem prestiterunt fidelitatis debita ad sancta Dei evangelia juramentum; promittentes que eidem domine nostre Regine, ejus curie et successoribus suis, ab hac hora in antea erunt perpetuo devoti et obedientes pariter et fideles, et non erunt in facto, dicto vel concilio, quod idem domina Regina aut successores ipsius membrum, vitam aut hominem suum vel suorum amittant, seu mala captione alia teneantur contumeliam seu lesionem in persona seu rebus modo quolibet pascientur, et si ad eorum noticiam, scientiam vel audientiam pervenerit aliquem vel aliquos aliquid procurare, vel velle facere aliquid contra eamdem dominam nostram dominam Reginam, vel successores suos, statum vel honorem ipsorum, illa pro posse suo impedient, et si impedire nequierint, eidem domine nostre Regine, successoribus que suis, seu eorum officialibus, quam cito poterunt, illud nunciabunt, *seterum*[1] si quod eis revelatum fuerit per quos pandeatur facere, sine eorum licencia et consciencia, concilium et auxilium, si quod ab eis vel eorum altero postularunt ipsis fideles, secumdum a Deo eis datam prudentiam ac potestatem impendere, regnum atque terram ipsarum, juxta possibilitatem ipsorum, deffendere contra quoscunque et juvare, et ad subscripta rectum habentes intuitum incolumo, tutum, honestum, utile, facile, possibile que sub eis intelliguntur, et servire perpetuo promiserunt; et demum omnia facere que sub fidelitatis sacremento continentur, secundum quod pacietur eorum possibilitas et honestas, promiserunt, etc. Dicto domino vicario, nomine reginali curie stipu-

[1] Cæterum.

lanti, ac discretis viris Bertrando de malo concilio, domicello, Petro Raymbaudi et Johanni Ferreris, sindicis universitatis Aquensis, nomine universitatis ejusdem, ac mihi notario infra scripto, ut publice persone, presentibus et recipientibus, et solemniter stipulantibus, tertiam partem omnium bonorum suorum mobilium, infra unius anni spacium numeraudo-a-die presenti, inducere et afferre ad civitatem eamdem, aut alio tempore quo poterunt breviori : domum que propriam emere infra civitatem predictam, bona que et res, ac libertates, ipsius civitatis Aquensis, sive franquesias et immunitates salvare, custodire, et contra quoscunque pro posse eorum deffendere, nec se civis dicte civitatis tempore successu negare ; et se incolas unquam deneguare esse sub pena quinquaginta librarum, cujus pene medietas, curie reginali et reliqua civitati predicte, sive hominibus universitatis applicetur : non ad alias partes preterquam in civitate predicta continuum facere incolatum, jure et honore curie semper salvo ; ac in talhiis quistarum honeribus ac factionibus ipsius civitatis Aquensis quibuscunque, pro modo facultatum suarum solvere et contribuere. Predictus vero dominus vicarius dictum recipiens homagium et fidelitatis sacramentum, ab hominibus ante dictis, presentibus, sindicis memoratis, ac requirentibus, quantum de jure possunt et debent, dictis Hugoni Raymundo et Guillelmo concessit ex nunc eis tanquam hominibus reginalibus civitatis Aquensis, quorum consorcium elegisse dinoscitur, gaudeant privilegiis, eorum que libertatibus et immunitatibus in futurum letentur : et de predictis, tam ipse dominus vicarius, nomine curie reginali, quam dicti sindici , nomine et pro parte universitatis predicte, quam etc. Ipsi Hugo Jordani, filius quondam Jacobi, Raymundus Iterii et Guillelmus David, filius quondam Dalmacii, pecierunt sibi fieri puplicum instrumentum et puplica instrumenta, et tot quot quilibet petencium habere voluerit predictorum, unum unicuique dictorum petencium unius que ejusdem tenoris, per me notarium infra scriptum, actum Aquis in curia reginali Aquense, presentibus, domino Laydeto de Urso, jurisperito, Guillelmo Neble, notario et Francisco Faysoli, testibus ad hec specialiter vocatis et rogatis, et me Guillelmo Autrici, notario, etc. [1]. »

L'autorité souveraine intervient dans cet acte par le vicaire, son représentant local et direct ; ce qui est rationel. Les formes et les conditions sont semblables à celles que nous avons vues suivies à Forcalquier, et imposées aux récipiendaires.

240. L'hommage-lige fait par les nouveaux citoyens d'Aix ne constituait qu'un acte de vasselage, et n'impliquait nullement une servitude personnelle. Ils déclaraient ne vouloir relever directement que de la Reine, comtesse de Provence, et s'ils reconnaissaient lui appartenir corps et biens, ce n'était pas à dire qu'ils se liassent dans l'avenir, eux et leurs descendants, d'une manière irrévocable. Ils pouvaient toujours changer de résidence. Ce qui le prouve, c'est que le cas était prévu, et qu'on le punissait d'une peine de cinquante livres d'amende. Or, au pis aller, et moyennant le paiement de cette somme, ils étaient libres de demeurer partout ailleurs. Dans tout le cours de mes recherches, je n'ai trouvé nulle trace de servages. En Provence la féodalité n'af-

---

[1] Notaire G. Autric. — Notaire Mille, à Manosque.

fectait que les biens. L'homme était libre de sa personne. Nous n'avons jamais porté le joug ; et si, dans des temps plus reculés, nous l'avons subi, les marques en sont complètement effacées.

241. Puisque je suis sur ce sujet, je vais donner copie d'un acte d'hommage-lige et de reconnaissance fait à un seigneur par son sujet. On verra qu'il n'implique pas une idée de servage. La pièce est de vieille date ; il doit en exister peu de plus anciennes ;

« Anno domini M° CCC° XXXVI die XXVIII mensis Julii, notum sit omnibus quod Raymundus Lambosii, de Argenssio confessus fuit, cum juramento, nobili Bertrando *Feraudi*[1], de Aloncio, domino in parte de Argenssio, presenti et recipienti, se esse hominem ligium et fidelem dicti nobilis, et pro eo esse et habitare in dicto castro de Argenssio, et tenere sub ejus dominio et sennoria, et sub servitio infra scripto, res et possessiones infra scriptas ; et primo unum hospitium, juxta hospitium Guillelmi Aycardi, et juxta hospicium Isnardi Andree : Item, unam terram sitam en Cordualh, juxta terram dicti nobilis et juxta terram Berthoni Alsiardi: Item, unam terram sitam in dicto loco, juxta terram Isnardi Andree et juxta terram Vincencii Columbi: Iterum, unam aliam terram sitam al clot *dan*[2] Maurin, juxta terram Guillelmi Columbi : Item, unam aliam terram sitam in eodem loco, juxta terram Guillelmi Columbi, et juxta terram Vincencii Columbi : Item, unam aliam terram sitam in eodem loco, juxta terram Isnardi Andree et juxta terram Guillelmi Tassili ; Item, unam terram sitam in loco dicto in Comba, juxta terram

[1] Bertrand Féraud était de la famille de Niozelles Glandeves.
[2] Abréviation de dominus.

dicti nobilis et juxta terram Raymundi Lioncii : Item, unam aliam terram sitam en la Comba, juxta terram Hugonis Columbi et juxta Petrum Andree quondam : Item, unam aliam terram sitam supra fontem, juxta pratum Isnardi Andree et juxta pratum Raymundi Chavallerii : Item, unam terram sitam a la font del Fau, juxta terram Vincencii Columbi et juxta terram Bezone : Item, unam terram sitam en lo Serre de la font del Fau, juxta terram Bertrandi Bonafidey et juxta terram Hugonis Columbi, etc. etc. : — Sub servicio trium solidorum refforciatorum : Item, unum sesterium annone : Item, unum sesterium ordey sensualia : Item, unam eminam civate *chavalar*[1] : Item, tenetur in cal cavalcatis calcare cum equabus dicti nobilis, si equas non haberet dictus Raymundus Lamboysii : Item, *deterctare*[2] suo molandino : Item, unam galinam quando domina *jaceret*[3] : Item, in quinque casibus generalibus. Actum Argensio in presentia et testimonio domini Petri Sennareti, presbiteri, et nobilis Johannis de Pelafol, de Argensio; quod quidem presens puplicum instrumentum ego Aymericus Hospitalerii, notarius publicus, Regiali auctoritate Jerusalem et Sicilie constitutus, qui requisitus et rogatus, hanc cartam de cartulariis seu prothocallis magistri Petri Hospitalerii, notarii publici, quondam de sancto Benedicto, mihi comissis et concessis per virum magnificum et potentem dominum Johannem de Sanguieto, militem, comitem Altimontis, ac comitatuum provincie et Forcalquerii senescallum, extraxsi prout in eisdem jacebat, nihil addito vel remoto

[1] Sorte d'avoine.
[2] Pour detergere.
[3] Serait en couche.

quod senssum variet vel viciet aliqualiter intellectum, meo que signo consueto signavi[1]. »

242. Homagium ligium et fidelitatis sacramentum domini Raymundi Taloni, bacalarius in legibus, et Johannis Taloni, fratrum, de Forcalquerio, condominorum de Limansio et de Segreriis.

Anno domini M° CCCC° LXVIII° et die XI mensis Junii noverint, etc. Quod Jordanus Carelli, civitatis Astensis, gratis et sponte, per se et suos, fecit homagium et fidelitatis sacramentum dictis fratribus, presentibus et ut condominiis de Limansio et de Segreriis.

In cujusquidem homagii contemplatione, idem domini fratres gratis, per se et suos, dederunt et donaverunt dicto Johanni, presenti, videlicet duas cannas eorum curtis eorum castri seu fortalicii dicti castri de Limansio, juxta carreriam[2] publicam et juxta domum Bertrandi Reynaudi, ad causam in ea faciendi et edifficandi apothecam et domum in quibus moram trahat in anthea ipse Johannes, quem edifficare promisit idem Johannes hinc ad festum nativitatis Domini proxime futurum; salvo et retento ipsis fratribus et suis in perpetuo successoribus, in et super dictis duabus *cannis*[3] curtis, servicio annuali unius grossi currentis, solvendi singulis annis, in dicto festo nativitatis Domini, et jure prelationis et directi dominii. Actum Forcalquerio[4].

Dans ce cas, le changement de domicile est accompagné d'une concession de terrain faite par le seigneur,

[1] Tiré des archives de M. le marquis de Bonneval.
[2] Rue.
[3] Canne, ancienne mesure de longueur.
[4] Notaire Barnabé Garcin, f° 167 v°. — Notaire Esmieu, à Forcalquier.

à charge d'une redevance, mais on n'y trouve pas de trace de servitude personnelle.

Voici un autre exemple d'hommage-lige renfermant toutes les obligations morales que le vassal contractait :

Flexis genibus, junctis manibus et capite discoperto, pure et absolute, intra manus predicti domini Anthonii Lascaris, ex comitibus Ventimilii, locumtenentis et procurator magnifici domini vice comitis Relhanie, pro omnibus et singulis terris, etc. Fecit homagium et ligium, et interveniente horis hosculo ipsius, ad evangelia Dei sancta, corporaliter manu tacta, prestitit fidelitatis debite sacramentum ; promittens et jurans, dictus magister Martinus Charpini, predicto domino Anthonio Lascaris nomine, etc. Quod nunquam erit ab inde in antea in consilio, contractu, vel opere quo ipse prescriptis magnifico domino vice comite, aut heredes vel successores sui, in dicta villa Relhanie, possent personam, membrum, aut aliquam terram admictere, vel eorum honorem, aut etiam dignitatem ; quinymo si sciverit, seu etiam ad ejus notitiam pervenerit, id toto posse disturbabit, et si id disturbare non posset, notifficabit, ita, eum et quando citius poterit, dicto domino vice comite aut heredibus vel successoribus suis, aut alii vel aliis per quos possit ab eo notitiam pervenire ; eis que dabit consilium bonum et utile, dum requisitus fuerit, prout ei altissimus ministrabit; eorum que secreta et consilia tenebit et nemini revelabit, sine ejus vel eorum expressa licencia[1] : etc.

243. L'un des traits caractéristiques du changement de domicile était le déplacement de la crémaillère et son

[1] Acte du 26 mars 1451. Notaire Guill. de Bouliers, fo 88 vo. — Notaire Esmieu, à Forcalquier.

transport dans un autre lieu. Voici ce qu'on lit dans une cédule présentée, en mars 1543, par Honorat Porcellet, seigneur pour la moitié de Fos :

« Art. 26. — Item, dit que, quant aucun des dits sujets avait fait quelque crime, et que le bailli du dit seigneur le voulait punir et faire venir en justice, pour échapper la punition d'icelui mal fait, il changeait le *cumascle*[1] de sa maison, et se disait être, par ce moyen, sous la juridiction du dit Porcellet ; et, on semblable faisaient quand le Baille et officiers du dit Porcellet les voulaient punir ; tellement que, par les dits moyens, les dits sujets n'étaient jamais punis, et les seigneurs n'avaient aucuns profits ni émoluments de la juridiction[2]. »

Ce mécanisme ingénieux privait effectivement les deux seigneurs de Fos d'une partie essentielle de leurs revenus, laquelle consistait dans le produit des amendes et condamnations. Mais on y mit bon ordre, et le transfert de la crémaillère perdit tout crédit.

244. On ne plaisantait pas autrefois avec les nouveaux citoyens qui transportaient leur domicile d'un lieu dans un autre, après avoir fait les déclarations imposées par la coutume. L'incolat avait ses charges comme ses avantages. Il fallait que le transfert du domicile fut sérieux, réel, sinon le nouvel arrivant courait risque d'être poursuivi criminellement.

Un cahier d'information, dont je parlerai plus au long par la suite, prouve que le transfert de domicile, fait frauduleusement, dans l'intention de s'exonérer des

---

[1] Cremaillère.
[2] Archives des Bouches-du-Rhône. Cour des comptes, armoire D, n° 21, f° 375.

droits payés par les étrangers à la localité, n'était pas sans danger. La municipalité de chaque commune veillait soigneusement, et avec raison, à ce que tout habitant supportât sa part des charges locales.

Trois habitants des environs de Forcalquier, ayant obtenu l'incolat dans cette ville, persistèrent néanmoins à habiter les villages dans lesquels ils étaient auparavant domiciliés, et usant de leur qualité de citoyens, ils se refusèrent à payer les impôts établis dans le lieu de leur nouveau domicile. Le conseil municipal de Forcalquier s'en émut justement. De son côté, le viguier, chef de l'administration, car il réunissait dans sa main les pouvoirs administratifs et judiciaires, ne demeura pas indifférent. Il ordonna des poursuites, dont je ne connais pas le résultat, mais qui aboutirent positivement à la comparution des iuculpés devant son tribunal. Il importe de donner quelques extraits de cette procédure :

« Anno a nativitate Domini M° CCCCVIII die secunda mensis Junii. Inquiritur per curiam Regiam Forcalquerii, et presens inquisitio fit et formatur, tam ex ipso curie officio, fama publica aures officialium dicte curie propulsante, quam equidem jussu et mandato nobilis et circumspecti viri domini Ludovici Gaufridi, vicarii et judicis dicte curie, et per me Johannem Fornerii, notarium dicte curie locumtenentem, contra pretitulatos Anthonium Tornatoris, Johannem Barlo de Montelaura, Jacobum Olivarii de Roca Volsii, et omnes alios qui de infra scriptis potuerunt ope, opere, tractatu, auxilio, consillo vel favore, modo aliquo, culpabiles reponiri; super eo, videlicet, quod dicti delati, ad male agendum totaliter dediti, non verentes quam grave sit et penale. Jus seu jura Regia deffraudare, et per falsas astucias seu machinationes occupare, cum curia Regia Forcalquerii consueverit locare certas terras, tam montaneas quam planas ; maxime montaneam de claposa pro depascendis averibus, tam grossis quam menutis; nec non consueverit recipere *Cossias*[1] de bladis et *Leydam*[2] certam de aliis rebus que venduntur in presenti villa Forcalquerii, et pro comodo et utilitate curie Regie memorate ; dicti inquam delati dicta *loqueria*[3], cossias et leydas volentes sustrahere et defraudare per falsas astucias utrius, homagia fecerunt egregiis et nobilibus viris dominis vicariis et judicibus loci Forcalquerii preteritis, recipientibus nomine serenissimi et ineliti principis domini nostri Regis Ludovici, Regis Hierusalem et Sicilie, afferentes fictitie et colorate, se velle esse homines Regios et cives seu incolas dicte Regie ville Forcalquerii, ut sic dictas montaneas, sive erbagia Regia, cossias et leydas occuparent. Licet vero ex post dicta homagia, non fecerunt eorum mansionem seu incolatum in jam dicto loco Forcalquerii, nec alia fecerunt que quilibet facium homagium noviter alicui dicto facere tenetur, ipsi in quam delati sine custu, sine sive aliqua solutione, dictas montaneas et terras sive erbagia, cum eorum averibus, tam grossis quam menutis, depascere fecerunt, et de bladis per eos venditis in presenti villa cossias non solverunt, nec de rebus aliis per eos venditis, de quibus debebatur leyda, ipsa leydam non solverunt, sicut ceteri cives dicte ville Forcalquerii, qui cum parentibus, uxoribus, liberis et familia

[1] Impôts sur le blé, établis par la municipalité.
[2] Impôts sur les autres denrées.
[3] Loyer. Chose louée.

moram continuam faciunt in loco eodem : sic in premissis jus seu juridictionem Regiam deffraudantes et graviter delinquentes, ac in penis legum contra taliter comissores temere incidentes. »

Les inculpés furent ensuite interrogés. Ils avouèrent le fait qui leur était imputé, et s'excusèrent sur ce qu'ils étaient dans l'intention de se fixer bientôt à Forcalquier. Il suffira de rapporter un seul des interrogatoires :

« Die xv mensis Junii, Anthonius, Tornatoris dixit verum esse se fecisse homagium in manibus domini vicarii et judicis olim presentis curie et presentibus ac volentibus syndicii dicte ville, curia sistente, et fuit receptus per dictos sindicos tanquam civis, et propterea cum suis animalibus lanutis et caprinis depassus est in territoriis de Forcalquerio et montanea de claposa, prout cives de Forcalquerio facere possunt, propter quod delatur ipse averia sua tenuit et depasci fecit in supradictis territoriis de Forcalquerio et montanea de claposa et in aliis locis in quibus cives dicte ville Forcalquerii sunt depasci facere eorum averia assueti. Interrogatus si posuit dictum suum avere ad *libram* [1] presenti loco Forcalquerii: dixit quod ipse reddimit ad talhiam et *quistam* [2] in presenti loco de Forcalquerio. Interrogatus ubi tenet familiam suam, uxorem et facit domicilium suum, dixit quod in castro de Montelauro tenet suam uxorem et liberos et moratur presentialiter, videlicet, cum uxore et sua familia : tamen promisit mutare dictas uxorem et familiam in presenti villa Forcalquerii, et hoc intendit facere hoc anno presenti ; alia noluit confitheri. »

[1] Allivrement.
[2] Espèce d'impôt.

Un autre des inculpés convint qu'il n'habitait Forcalquier qu'en temps de guerre, parce que le *Revest-en-Fangat*, lieu de son domicile, n'avait pas de fort et n'était pas clos de murs, ce qui en faisait un refuge peu sûr. Le troisième dit qu'il avait acquis une maison à Forcalquier, et qu'il avait l'intention d'y transférer sa demeure.

Ces excuses ne prévalurent pas, ainsi que l'atteste l'ordonnance du juge. *Non obstantibus deffencionibus colligetur juxta confessa, quia non habitat cum sua familia vel sine sua familia in presenti villa, nec alia fecit que quilibet civis facere tenetur. Ludovicus Gaufridi vicarius et judex.* Et plus bas : *collecta per me Johannen Fomarii in secundo parlamento imo cancellata.*

245. Les trois inculpés furent relâchés sur caution. L'un d'eux dut être cautionné par un habitant de Forcalquier. Les deux autres furent admis à se cautionner eux-mêmes. *Fuit reputatus sufficiens per dictum dominum vicarium et judicem.* Il était rare qu'on fît garder prison à un accusé, à moins qu'il ne fut accusé d'un crime.

246. Les inculpés se défendirent de leur mieux. Ils produisirent un mémoire en défense dans lequel sont indiqués les témoins qu'ils proposaient de faire entendre. On y remarque, entre autres, nobles Talonus Talon et Guillaume Chabaud, syndics de Forcalquier, alors que les prévenus obtinrent l'incolat. Ces deux témoins affirmèrent avoir été présents en leur qualité, à l'hommage prêté par les nouveaux citoyens, entre les mains de Jacques Barralier, viguier, quand ils furent admis au droit de cité, *cientanagium*. Ils déclarèrent de plus

qu'ils possédaient des propriétés à Forcalquier, ou dans son terroir. Mais cela ne pouvait détruire le fait par eux avoué, à savoir, qu'ils n'y faisaient pas leur résidence habituelle.

247. Quelquefois, ainsi qu'on l'a vu plus haut, les nouveaux citoyens étaient exemptés, pendant un certain temps, du paiement des charges locales. Ce fait résulte d'un second interrogatoire fourni par Antoine Tournatoris. Interrogé s'il avait payé la taille, il répondit négativement, parce que les syndics l'en avaient exonéré pendant cinq ans. *Quia sindici debebant eum tenere francum spacio quinque annorum.* On lui avait donc promis de le faire jouir de cette immunité.

Cela se pratiquait ainsi, quand il s'agissait d'attirer dans la ville des citoyens utiles. On trouve plusieurs exemples de pareilles exemptions dans les registres des délibérations du conseil municipal. Une franchise absolue était accordée, pour plusieurs années, aux médecins, pharmaciens, charpentiers et autres, qui se fixaient à Forcalquier.

248. Le mémoire dont je viens de parler nous donne la preuve d'un fait que l'on croira sans peine. Talon Talon et Guillaume Chabaud, syndics de Forcalquier, hommes distingués par leur position et par leur fortune, ne savaient pas le latin. Lors de leur audition, on leur donna lecture des pièces *in vulgari sermone*, c'est-à-dire, en provençal. Tout le monde alors n'était pas clerc.

249. L'autorité municipale, essentiellement amie de la paix par tous pays, avait pris à Forcalquier un arrêté par lequel, tout voyageur, entrant dans la ville, devait avoir *ensem legatum* ; ce qui signifie j'imagine, que

l'épée ne devait être tirée du fourreau que dans le cas d'absolue nécessité et pour la défense personnelle. Nos pères, en gens prudents, n'aimaient pas qu'on mît flamberge au vent à tout propos.

250. Mais cet arrêté pacifique fut réformé par ordonnance de Foulque d'Agout, lieutenant d'Hugues des Baux, *Baucii*, comte Avelini, sénéchal, du 15 avril 1345. Ce personnage, d'un tempéramment plus batailleur, permit aux voyageurs de se servir de l'épée à leur guise. Je présume que la paix publique n'y gagna rien.

251. Le conseil municipal de Forcalquier ne se précautionnait pas seulement contre l'avidité des notaires, il guerroyait aussi contre les procureurs. Il trouvait que le nombre en était exagéré. Il présenta à ce sujet une requête au roi Réné qui mérite d'être citée à cause de son originalité :

« Princeps illustrissime, a paucis annis citra, tauta, a quatuor partibus mundi, copia procuratorum supervenit in villa vestra Forcalquerii, quod nescientes alteri officio vacare, lites ex nihilo producunt et processus magnos et prolixos exordiunt, in grande jactura litigantium, et protanto[1], etc. »

Il ne faudrait pas prendre à la lettre les mots *a quatuor partibus mundi*, pour attribuer à nos ancêtres des connaissances géographiques qu'ils ne pouvaient avoir, car alors le monde ne se composait que de trois parties. Ils entendaient par ces expressions les quatre points cardinaux, desquels partaient les procureurs, pour s'abattre sur Forcalquier et en faire leur curée. Mais n'admirez-vous pas leur pittoresque langage, surtout lorsqu'ils disent que les procureurs, ne sachant qu

---

[1] Registre des privilèges de Forcalquier, f° 297.

faire, tiraient les procès du néant, *ex nihilo lites producunt*. Quelle puissance créatrice[1] !

Le bon roi Réné répondit à cette requête par lettres patentes, rendues à Aix, le 12 novembre 1448. Il ordonna certaines mesures protectrices des intérêts de ses sujets. Mais, malgré son bon vouloir et sa puissance, il ne put empêcher l'essor des procureurs. Ils continuèrent à arriver des quatre vents.

252. Voici un singulier contrat, dont on rencontre rarement le semblable. Il s'agit d'un individu qui donne pouvoir à un autre de gérer sa fortune, à condition qu'il sera logé, nourri et entretenu :

« Anno, ab incarnatione domini nostri Jesu-Christi, millesimo quadringentesimo vicesimo quinto et die sexta mensis Augusti, notum sit, etc. Quod Monetus Linendi, castri de Laincello, gratis et sponte et sua certa sciencia, omni meliori modo, via, jure et forma quibus melius, tucius et securius intelligi potest, fecit pactum cum honesto viro domino Poncio Coperii, cappellano, nomine suo proprio et nomine Jacobi Coperii, fratris sui, quod ipse dominus Poncius Coperii et Jacobus Coperii, licet sit absens, promiserunt eidem Moneto Linendi et Finam, ejus uxorem, conjuges, ibidem presentes, nutrire alimentare, calciare et ipsum Monetum Linendi et Finam ejus uxorem tenere, modo et forma ac si erunt pater et mater ipsorum, et ipse Monetus Linendi, ex adverso, recipit in filium suum dictum dominum Poncium et Jacobum ejus fratrem, cum pactis et conditionibus sub scriptis ; primo, quod dictus dominus Poncius et Jacobus, ejus frater, teneantur regere et gubernare omnia dicti Moneti Linendi bona mobilia et

---

[1] Dixit que deus : fiat lux. Et facta est lux. Gen. cap. 1, 2, 3.

immobilia, et solvere debita dicti Moneti Linendi, tanquam eorum propria bona, specialiter et expresse XII trentenarios, pro quibus XII trentenariis voluit quod, pro quolibet trentenario, solvantur duo florenos auri, et primum trentenarium anno primo dicaturum in ecclesia ecclesie sancti Michaelis, et in secundo anno post ejus obitum dicatur unum aliud trentenarium in ecclesia fratrum minorum de Rellania[1] »

253. Ce contrat est du genre de ceux que les notaires appelaient *affiliatio* et *affrayramientum*[2]. Mais il en diffère en ce que, ordinairement, dans le cas de l'*affiliatio*, il y avait donation totale ou partielle des biens de l'affiliant, sauf pour l'affiliation d'un gendre ; tandis que l'acte que je rapporte ne contient de donation d'aucune sorte. Quant à l'affrayramientum, il constituait une espèce de société.

254. La dernière clause de ce contrat a besoin d'explication. Le lecteur aurait, peut-être, quelque peine à deviner ce qu'entendait Linendi par deux trentenaires. Il faut savoir qu'à cette époque, chacun avait soin de faire son testament, et qu'on ne manquait jamais de destiner une certaine somme pour faire dire un ou plusieurs *trentenaires*, c'est-à-dire des messes au nombre de trente. C'est ce que les notaires désignaient par le mot *trentenarium*. Quelquefois on ordonnait des neuvaines, mais c'était plus rare. Ainsi, dans l'espèce, Linendi veut qu'il soit dit deux *trentenaires*, l'un après son décès, et l'autre l'année suivante. Nous verrons des exemples de pareilles dispositions, quand nous parlerons des testaments.

[1] Notaire Mille, à Manosque.
[2] Rendre frères. Du provençal *frayré*.

255. Une autre espèce de contrat fort rare est celle par laquelle on mettait en commun deux animaux de labour, pour mieux en utiliser les services.

« Notum sit, etc. — quod nobilis Isnardus Amalrici, castri de Santo Michaele, ex una parte, et Antonius Gihosii, castri de Limancia, ex parte altera, fecerunt unionem de duobus bobus, hinc ad festum sancti Johannis Baptiste, per medium qui infra sequitur, videlicet, primo, quod dicti boves sint per medium et nullus sciat suum ; item, fuit de pacto quod de medietate dicti bovilli dictus Antonius Gihosii det de uno anno septem sestaria annone dicto nobili Isnardo Amalrici, ad mensuram castri de Sancto Michaele, aportatam ad castrum de Sancto Michaele, expensis dicti Antonii Gihosii ; fuit etiam de pacto quod si dicti boves per culpam seu negligenciam dicti Antonii Gihosii, deperdebantur, quod tota perdicio sit dicti Antonii Gilhosii ; si vero dictum avere [1] deperdebatur, seu moriabatur divino judicio, vel casu fortuito, quod perdicio sit communis dictarum parcium : etc. — actum ante forgiam Petri Salomonis [2].

256. Au bas de l'acte on lit : habui tres patacos et non extraham nisi requisitus : c'est-à-dire, que les honoraires du notaire furent de trois patacs, petite monnaie valant deux deniers, et qu'il ne porterait l'acte sur *l'extensoire* et n'en délivrerait expédition, qu'autant qu'il en serait requis. Car, tout acte couché sur l'extensoire était expédié.

257. On sait qu'une personne laïque pouvait avoir

[1] Troupeau, du provençal *ave*.
[2] Acte du 6 août 1425. Notaire Raymond Gauthier. — Notaire Mille, à Manosque.

droit de patronage sur certaines fondations religieuses; en d'autres termes, qu'à elle seule appartenait le droit de présentation, à l'autorité ecclésiastique, en cas de vacance. Cette présentation se faisait par acte notarié; et le propriétaire de la fondation pouvait déléguer son droit à un tiers. L'acte suivant contient un exemple de pareille délégation :

« Anno, etc. — Notum sit, etc. — Quod cum nobilis Provincialis de Volatoria, dominus dicti castri, ibidem presens, in presencia mei notarii et testium subscriptorum, dicat et asserat habere jus patronatum in et super quadam cappellania, olim per quondam bone memorie nobilem Dulciam Audebertam, uxorem nobilis que fuit Petri Audeberti, in ecclesia perochiali castri sancti Michaelis.

« Hinc fuit quod, hac die presenti, in mei notarii et testium subscriptorum presencia, dictus nobilis Provincialis de Volatoria, omni meliori modo, via, jure et forma quibus potest et debet, *coras*[1] et quantum quod supra cappellania vaccaret, virtute dicti juris patronatus, fecit, constituit et ordinavit nobilem Isnardum Amalrici, ibidem presentem, ad presentandum coram dicto domino Episcopo Sistaricense, in forma in talibus consueta, vel ejus locumtenentem, ponendo in presenti presentatione et acceptatione dictum nobilem Isnardum Amalrici in locum suum, approbando conffirmando et amologando omnia acta et fienda per ipsum nobilem Isnardum Amalrici, et in premissis constituit dictum nobilem Isnardum Amalrici ad agendum, deffendendum et comparendum coram supra dicto Sistaricense Episcopo, vel ejus locumtenenti, testes, instrumenta, et

[1] Alors, du provençal *quouro*.

libellos producere, appellare et appellationes prosequi;

« Et generaliter omnia alia dicere et facere que dici et fieri possunt et possent per dictum nobilem Provincialem de Volatoria, et generaliter promisit dictus nobilis Provincialis habere ratum, gratum et firmum omne id et quicquid actum, dictum fuerit per dictum nobilem Isnardum Amalrici, et relevat eum de omni onere satisdationis :

« Obligando pro premissis, dictus nobilis Provincialis, omnia bona sua presentia et futura[1]. »

Pour montrer jusqu'où allait la négligence des notaires, il me suffira de dire qu'il n'est pas dit en quel lieu l'acte fut passé, et qu'il ne mentionne la présence d'aucuns témoins.

258. Puisque je suis sur ce sujet, je ne puis résister au désir de rapporter un acte d'immission en possession d'un bénéfice, fait il y a près de trois cents ans. Les formalités que cet acte relate sont assez curieuses pour qu'on s'y arrête un instant. Pour éviter les longueurs, j'omets le préambule de l'acte :

« Et le dit messire Rousset, ayant le dit Jean Arnaud, procureur susdit, vêtu une robe large et un bonnet carré, l'a pris par sa main droite et l'a fait agenouiller au devant de la porte de l'église du dit prieuré, et là lui a fait faire oraison, et en après baisé la dite porte et ouvri icelle, et ce fait, l'a fait entrer et sortir dans la dite église, fermer et ouvrir les portes par trois fois, et en après, l'est allé faire agenouiller, comme dessus, à deux genoux, au-devant du rétable d'icelle église, lui ayant fait faire oraison, et, en après, baisé le dit rétable,

[1] Acte du 8 mai 1425. Notaire Raymond Gauthier — Notaire Mille, à Manosque.

et sur icelui mettre sa main droite, et, causant ce dessus, a mis en possession réelle, actuelle et corporelle le dit messire Toussaint Arnaud, prieur, par le moyen de son procureur, du dit prieuré, ses membres et dépendances fruits pendants à icelui, et encore pour plus ample signe de possession, le dit messire Rousset a fait sonner par trois et diverses fois la cloche qu'est à la dite église et au clocher au dit Arnaud, procureur susdit, par la corde que lui a mise entre ses mains, et fait en après fermer la dite église avec la clé, et en après ouvrir icelle, et ce fait, de la dite église, les dits messires Rousset et Arnaud, avec moi dit notaire et témoins, se sont transportés au devant de la maison claustrale du dit prieuré, où arrivé, le dit Arnaud, procureur, a requis, pour plus ample validité de la dite immission de possession, de le mettre en possession de la maison claustrale, ses membres et dépendances, ce que le dit Rousset s'est offert d'abondant faire ; et en exécution de ce, incontinent le dit messire Rousset a pris le dit Jean Arnaud, procureur susdit, par sa main droite, et lui a fait baiser la seraille de la porte de la dite maison claustrale, et après fait frapper la dite porte avec une pierre que a pris à sa main droite, et ce par trois fois, en signe de vraie possession, et, suivant ce, l'a mis d'abondant en possession de la dite maison claustrale, ainsi qu'est dit ci-dessus ; et de laquelle susdite immission de possession le dit Jean Arnaud, procureur susdit, a requis et demandé à moi notaire acte : fait, etc[1]. »

Il est à noter ici que Toussaint Arnaud, au nom duquel on prend possession du prieuré, était le descendant

[1] Acte du 1er février 1586. Notaire Antoine Ardent, à Mane, f° 8. — Notaire Esmieu, à Forcalquier.

en ligne directe de Pierre Arnaud, dont il est parlé au commencement de ce chapitre. Il avait porté la soutane dans sa jeunesse, en sa qualité de cadet de famille. Mais il la quitta pour se marier. Sa descendance subsiste encore par les femmes.

259. La pièce suivante donnera une idée de la manière dont on procédait en justice dans ces temps reculés. Ce n'est rien moins qu'un arrêt du maître rational à la Cour des comptes, juge-mage et des secondes appellations d'Aix, rendu à l'occasion d'un procès civil entre particuliers. L'acte n'est pas en très-bon état, cependant on peut en tirer parti :

« Jolans Dei gratia Regina Hierusalemi et Sicilie, Ducatus Apulie Ducessa Andagavie, comittatuum provincie, Forcalquerii, Cenomanie hac Pedemonte Comitissa, Baiula, tutrix et administratrix illustris, preclarissimi, primogeniti Ludovici, tercii, eadem gratia regnorum Regis, Ducatuum Ducis, et Comitis comitatuum predictorum, officialibus curie nostre civitatis Apte et loci de Manuasca, presentibus scilicet et futuris, et eorum cuilibet, prout ad unum quemquem spectare poterit et fuerint requisiti, vel locotenentibus eorumdem, fidelibus nostris dilectis, gratiam et bonam voluntatem : humiliter et devote Magestati nostre exposuit *querelus*[1] Raymundus Gauterii, notarius dicti loci de Manuasca, quod nuper quidem Antonius de Cambrasiis, olim clavarius curie nostre et Regis civitatis Apte, in curia Manuasce pro quibusdam actis que asseruit per eum confecta, prelibato Raymundo exponenti, virtute certarum nostrarum litterarum quibus mandabatur ejus creditores compelli ad sibi solvendum ut pro de-

[1] Sic.

bitis fiscalibus est fieri consuetum, obtinuit capi in pignus et illico vendi et distrahi quemdam equum aratri ipsius exponentis, valentem decem florenos auri vel circa, pro 4 florenos, licet dicta acta non assendant nisi tresdecim grossos et essent facta quinque annis jam lapsis, ad que fuit processum nulla cause cognitione premissa, et cum hec facta fuerint in maximum prejudicium, gravamine et interesse dicti exponentis, ut asserit, potissime quia intervenit deceptio ultra dimidiam justi precii, hac eciam animalia aratri capi non debuerint, cum alia multa mobilia super essent, et dicta distractio sit immoderata, et dictus Raymundus paratus sit solvere tacxam actorum cum legitimis expensis, ea propter Magestati nostre, pro parte ipsius exponentis, humiliter extitit supplicatum, quatenus eidem super premissis de opportuno remedio benignius tenore expresse precipimus et mandamus, vestrum officium excitando, quatenus si premissa vera sint, prout exponuntur, et non sit aliud rationabile in contrarium, quod *abscitat*[1], preffato exponenti dictum equum suum reddi restitui et liberari faciatis *indilate*[2], excusationibus quibuscunque rejectis, solutis per eumdem exponentem precio dictorum actorum condescentem et expensis legitimis propterea passis ; ipsius equi detentores ad ipsum daudum, restituendum et liberandum eidem exponenti viriliter et rigide compellendo ; cauti ne in premissis negligentes reperiamini vel remissi, in quantum indignationem nostram et penam quinquaginta marcharum argenti fini iremisibiliter incurere formidatis, quoniam sic fieri placet et volumus, dictoque

[1] Sic.
[2] Sic.

suplicanti concessimus et concedimus per presentes literas, ut premititur. Concessis dicto de Cambrasiis, captione, venditione, et distraccione dicti equi, et inde sequtis quibuscunque opposicionibus et appellationibus inanibus et frivolis diffugiis quibuspiam, aliis que litteris subrepticie obtentis vel obtinendis, usibus stillis et statutis in adversum nullathenus obstituris, presentes, debite exequtas, presentanti restitui jubentes. Datum in palatio nostro Aquiense per magnificum militem Jordanum Bricii, utriusque juris professorem, magne nostre curie magistrum rationalem, conciliarium et fidelem nostrum dilectum, majorem que et secundarum appellationem judicem comitatuum nostrorum predictorum ; die III^a mensis Augusti, anno domini millesimo quadringentesimo vicesimo II°, quinte decime indictionis. Per Reginam in suo concilio [1] »

260. Voilà bien du bruit pour un cheval : il s'en fit encore davantage. Tout le monde croirait que les choses en restèrent là, et que le clavaire défendeur n'eût plus qu'à exécuter l'arrêt. Il n'en fût rien. La chicane avait de telles ressources, que, en dépit de la décision du juge-mage, dont les termes n'étaient pourtant pas ambigus, le procès suivit son cours. La difficulté qui restait à trancher consistait à savoir, si le cheval dont il s'agissait était un animal de labour, cas où il n'eût pas été saisissable. Le juge de Manosque eut à juger cette question, et, pour cela, il ouvrit une enquête, dont le procès-verbal s'est conservé à peu près intact :

« Super probationem quam facere intendit magister Raymundus Gauterii, notarius de Manuasca, coram nobili et circonspecto viro domino Raymundo Eynardi,

---

[1] Notaire Raymond Gautier. — Notaire Mille, à Manosque.

judice ville Manuasce, super quibusdam litteris Reginalibus per dominam nostram Reginam et suum concilium emanatis et dicto domino judici productis, in presencia..... Grani, alias Cogordoni, ibidem presentis, qui confessus fuit emisse precio quatuor florenorum, vel circa, roncinum in dictis litteris Reginalibus contentum, citati que ad actum hujusmodi per Antonium de Banono, ut retulit ipse nuncius, ad instanciam que, ut dicit dictus..... Grani, cujusdam nuncii curie Apte qui portabat litteras Reginales, mandato quippe magistri Antonii Durandi, tunc temporis judicis Manuasce, in quanta vim fuit et liberatum per Antonium de Banono, et quia in dictis litteris Reginalibus per dictum Raymundum Gauterii productis continetur et precipitur quod, casu quod dictus roncinus sit animal aratri nisi in deffectu aliorum bonorum, non debeat vendi, et ad probandum quod dictus roncinus est animal aratri ipse magister Raymundus producit in testes Bertholomeum Brezi Jacobum Eyrosi et Poncium Brezi citatos per dictum Antonium de Banono ut retulit mihi notario subscripto, quam examinationem dictorum testium supra dictus dominus judex mihi..... Bruneti, notario dicte curie Manuasce comisit, inde que post *paulative*[1] ego dictus..... Bruneti, juxta mandatum mihi factum per dictum dominum judicem, ad examinationem dictorum testium processi, in presencia dicti..... Grani qui emit dictum roncinum, et in ejus dicti..... Grani presentia, juraverunt super sancta Dei evangelia dicere veritatem super hiis quibus fuerint interrogati; et primo interogavi, suo juramento, supra dictum Bertholomeum Brezi, unum ex dictis testibus,

[1] Sic.

in presentia dicti..... Grani, si scit quod dictus roncinus, de quo est questio et qui fuit magistri Raymundi Gauterii, si est animal aratri ; deposuit, suo juramento, quod sic ; interrogatus per me dictum notarium quo modo hoc scit, deposuit quia ipse de dicto roncino pluribus diebus aravit ; interogatus cujus pili est, deposuit quod pili bay ; item, et ex post illico fuit auditus et interogatus per me dictum notarium Jacobus Eyrosii, in presentia dicti..... Grani, si scit quod dictus roncinus, de quo est questio et qui fuit magistri Raymundi Gauterii, si est animal aratri ; deposuit, suo juramento, quod sic, interogatus per me dictum notarium quo modo hoc scit ; deposuit quia ipse de dicto roncino pluribus diebus aravit ; interogatus cujus pili est, deposuit quod pili bay ; item, et ex post illico fuit auditus et interogatus per me dictum notarium Poncius Brezi, in presentia dicti..... Grani, si scit quod dictus roncinus, de quo est questio et qui fuit magistri Raymundi Gauterii, si est animal aratri ; deposuit, suo juramento, quod sic ; interogatus per me dictum notarium quo modo hoc scit, deposuit quia ipse de dicto roncino pluribus diebus aravit ; interogatus cujus pili est, deposuit quod pili bay. De quibus dictus Raymundus peciit mandatum [1]. »

Et voilà tout. Nulle mention de lieu et de date. Cependant l'enquête a dû être faite de 1422 à 1425, puisqu'elle est insérée, ainsi que l'expédition de l'arrêt, dans le *sumptum* du notaire Gautier, poursuivant, lequel *sumptum* contient des actes de 1425.

261. Je présume que le procès dut être terminé par la sentence rendue après l'enquête, sauf toutefois l'appel

[1] Notaire Raymond Gautier. — Notaire Mille, à Manosque.

au premier et au second degré. Mais je ne jurerais pas qu'il ne se soit renouvellé et qu'il ne soit entré dans une autre phase. Par exemple, on n'était reçu à saisir les animaux de labour qu'à défaut d'autres biens meubles. Il est fort possible que le saisissant ait soutenu que le cheval dont il était question, était le seul objet mobilier saisissable que possédât Gautier. Il y aurait eu alors une seconde question de fait, qui aurait nécessité nouvelle enquête, nouveau jugement et nouvel appel. Le tout pour un cheval qui a dû donner bien du souci, au pauvre Raymond Gautier, et lui prouver que les procès ne sont bons que pour les gens d'affaires.

262. Ce procès qui nous rappelle assez celui du plaideur de Racine, dans lequel on enquêta pour savoir *le foin qu'aurait mangé une poule en un jour,* a cela de bon qu'il nous fait connaître un usage tombé en désuétude, mais qui a persisté longtemps.

En matière d'enquête, tant civile que criminelle, le juge ne procédait pas par lui-même. Il déléguait un notaire de son ressort qui instrumentait à sa place. J'ignore si le procès-verbal lui était transmis en minute, ou s'il prononçait sur le vu d'une expédition. Je croirais plutôt qu'il était expédié, car celui dont je viens de rapporter la teneur se termine par ces mots : *de quibus dictus Ragmundus peciit mandatum;* ce qui fait supposer que le notaire enquêteur était dans l'usage de délivrer expédition de son procès-verbal.

263. Mais comment se fait-il que le procès-verbal dressé par le notaire Brunet ait été inséré dans les minutes du notaire Gautier, demandeur en enquête? Car c'est évidemment l'original, et non point une copie qui s'y trouve. Je ne vois que deux réponses possibles à

cette question. Peut-être le notaire commis pour recevoir l'enquête a-t-il voulu faire une galanterie à son confrère, en lui remettant l'original, après en avoir délivré une expédition revêtue du mandat. Peut-être aussi l'enquête appartenait-elle à celui qui l'avait provoquée. Si j'avais à me prononcer, j'opterais pour la seconde explication qui me semble la plus naturelle.

264. Le notaire Brunet n'est pas très-explicite sur les questions préliminaires qu'il dut adresser aux témoins. Il se contente de dire que chacun a déposé *suo juramento*. Mais il ne nous apprend pas s'il a interrogé le témoin sur le point de savoir s'il était parent ou allié des parties. Voici un procès-verbal d'enquête qui date à peu près de la même époque, étant de 1427 ; il est très-détaillé :

« Testis generaliter fuit interrogatus si prece, pretio, amore, timore, favore, ira, odio vel rancore, amicitia vel inimicitia, aut si fuit aliquid sibi datum, promissum, remissum, quitatum, aut desamparatum, vel si sperat aliquid sibi dari, promitti, remitti, quitari vel desamparari, dixit quod non : interrogatus si actinet producenti in affinitate vel consanguinitate, dixit quod non : interrogatus qui malet ipsum Anthonium[1] obtinere causam vel non, dixit quod quis jus suum dabit, super aliis autem bene deposuit[2]. »

Cette formule d'interrogation était fort explicite. Il aurait été impossible au témoin, après avoir répondu négativement sur toutes ces questions, d'entrer en accommodement avec sa conscience, à moins qu'il ne fût décidé à se parjurer, ce qui devait se voir alors comme aujourd'hui.

[1] Antoine était le défendeur à la requête duquel le témoin fut cité.
[2] Registre des privilèges de Forcalquier, f° 270.

265. Quant à la forme du serment, elle était toujours la même. Le témoin jurait sur l'évangile, en touchant le livre. *Juravit super sancta Dei evangelia manu corporaliter tacta.*

266. Mais cette forme était seule usitée par les laïques. Les prêtres et les évêques juraient en mettant la main sur la poitrine. Ils ne touchaient pas les évangiles [1].

267. Il y avait, en fait de serment, de singuliers usages. Nous avons vu qu'habituellement les parties contractantes dans un acte, juraient d'en observer le contenu. Je ne connais à cela qu'une exception. On la faisait pour les femmes grosses que leur état dispensait du serment. J'ai rencontré cette singularité dans un seul acte de 1458 [2]. Si je ne puis en donner d'autre exemple, c'est parce que, à cette époque, les femmes contractaient rarement, quand elles étaient en puissance de mari. Les exigences du régime dotal en donnent la raison.

268. Les choses allaient d'elles-mêmes lorsque les contractants appartenaient à la religion catholique; mais l'embarras du notaire était grand quand ils étaient, non pas d'un culte dissident, il n'y en avait pas alors chez nous, mais d'une autre religion ; les juifs, par exemple, qui étaient fort nombreux, car il y en avait partout, et qui contractaient très-souvent, soit pour

---

[1] Actes des 9 novembre 1458, f° 188, — 16 août 1478, f° 62 v°. — Cet acte porte, *ponendo manum ad pectus, more prelatorum;* il s'agissait d'un évêque, — 13 juillet 1496, f° 67 v°, *ponendo manum ad pectus more religiosorum.* — Notaire Fortuné Pourcin, à Manosque.

[2] Acte du 9 novembre 1458. Notaire Louis Fabri, f° 188 v°. — Notaire Fortuné Pourcin, à Manosque.— *Obmisso juramento eidem Anthonete quia recusavit, cum sit pregnans.*

prêt d'argent, soit pour acquisition d'immeubles. Il fallait pourtant qu'ils prêtassent serment. Comment faire ? Et sur quoi devaient-ils le prêter ? Il ne pouvait être question des évangiles ; c'eut été une profanation à laquelle nul ne se fut prêté, surtout à cette époque où le sentiment religieux était dans toute sa ferveur. Le notaire ne pouvait faire prêter le serment que sur les livres de la religion hébraïque.

C'était ce que l'on pratiquait ordinairement. Ainsi dans un acte du 11 juin 1377, l'un des contractants, juif de religion, jure *super litteris ebraysis, libro tacto*, d'observer la convention qu'il a consentie [1]. Cet exemple n'est pas isolé ; j'en connais plusieurs autres. C'était d'ailleurs le mode le plus raisonnable.

269. Il était cependant un notaire qui avait imaginé un bizarre expédient pour satisfaire à l'une des exigences les plus impérieuses de la coutume. Cet expédient mérite d'être cité à cause de son originalité. Je dois dire que la singularité du serment m'a d'abord embarrassé grandement, et qu'il m'a fallu rencontrer plusieurs exemples de cet extravagant usage pour arriver à ne plus douter. Mais la chose est écrite littéralement.

Le notaire Louis Fabri de Manosque, tira de son imagination l'expédient que voici : Il faisait prêter serment aux juifs sur sa robe ; *super raupam mei notarii*. C'est écrit en toutes lettres. Ici, comme partout, je prie le lecteur de croire que je ne fais pas de mauvaise plaisanterie. Le sujet que je traite est sérieux, et ce n'est pas ma faute si quelques-uns des usages de ces temps reculés prêtent à rire. En historien fidèle, je rapporte

---

[1] Notaire Jean Autric. — Notaire Mille, à Manosque.

tous ceux qui sont venus à ma connaissance et qui peuvent nous renseigner sur les habitudes de nos ancêtres. Ainsi, j'affirme que j'ai rencontré, jusqu'à trois fois, dans les minutes du notaire Fabri, le serment prêté par un juif *super raupam notarii* ; et probablement il n'était pas seul à suivre cet usage, car il ajoute : *more judeorum*. C'est singulier, bizarre, extravagant même ; ce sera tout ce que l'on voudra ; mais cela est. Quelle en est la raison ? la voici : C'est que le notaire Louis Fabri, ainsi que plusieurs de ses pareils, était un homme timoré ; qu'il s'attachait scrupuleusement à remplir toutes les formalités exigées par la coutume pour la validité des actes, sans rechercher si l'accomplissement de certaines d'entre elles était possible ; et que ne pouvant évidemment faire prêter serment à un juif *more christiano* ; tenant pour une impiété de lui faire prêter *more judaico*, c'est-à-dire sur les livres de sa religion ; il croyait se conformer au prescrit de la loi au moyen d'un équivalent. Le choix en fut-il heureux ? C'est une autre question [1].

270. A côté de la juridiction ordinaire, c'est-à-dire, celle des justices seigneuriales et comtales, et au-dessous, se trouvait une autre institution, celle des *cominaux*, dont on a fait l'histoire pour le chef-lieu du département des Basses-Alpes [2]. Cette institution qui dégénéra par la suite en la simple mission d'estimateurs publics et jurés des dommages faits aux champs et récoltes, avait

[1] Actes des 11 décembre 1458, f° 214 v°. 13 décembre 1458, f° 217 v°. 19 juillet 1496, f° 72. Notaire Pourcin, à Manosque.
Dans le dernier acte le juif jure *super alquiam*. J'ignore la signification de ce mot.

[2] Guichard, hist. du cominalat, à Digne.

juridiction, ainsi qu'on va le voir, puisque les cominaux mandaient et ordonnaient. Ces expressions ayant toujours été le signe caractéristique de la puissance publique;

« In nomine domini amen anno incarnationis ejusdem M° CCC° XXXV°, die V mensis, Novembris, notum sit omnibus tam presentibus quam futuris quod, cum questio seu questiones verterentur et diu ventilare fuissent inter Blanquam, uxorem quondam Jocobi Raynaudi de Manuasca, ex un a parte agentem, et Torcatum Romani, dicti loci, deffendentem, ex altera, super eo videlicet quod dicta Blanqua dicebat quod quamdam anglariam, que est sitam inter domum dicte Blanque et domum dicti Torcati, est omnimo distructa et devastata propter aquarum inundationem que provenit ex lapidina dicti Torcatini, et etiam paries situs inter domos dictarum parcium omnino distructus propter dictarum aquarum decursum, quare petebat dicta Blanca dictam anglariam reedifficari debere et fortifficari, et etiam dictum parietem, ne omnino destruatur; dictus que Torcatus, in contrarium respondendo, dicebat se minime teneri ad predicta petita per Blancam eamdem, cum quia si anglaria et paries reperiatur destruere, non culpa dicti Torcati sit, culpa dicte Blanque destructe sunt; tandem dicte questiones pervenerunt ad audienciam fratris Jacobi Cofre, Andree Davit, Johannis Garcini et Raymundi Albennacii, cominialium ville Manuase, qui dicti cominales, visis diligenter oculis subjectis dictis questionibus et diligenter examinatis, ad requisicionem parcium earumdem, volunter cognoverunt et per mandamentum dederunt quod dicta anglaria reedifficatur de novo de bonis anglaribus et de latitudine plus quam erat de versus domum dicte Blanche, expensis dictarum parcium, sic et taliter quod de dictis expensis dicta Blanqua solvere teneatur duas partes et dictus Torcatus terciam : guorgie vero que sunt in pariete communi dictarum parcium remaneant ut site sunt; et quod basle lapidinarum dictarum parcium per utramque parcium jam dictarum debeant ita aptare quod aque pluviales provenientes ex dictis lapidinis possint diffluere et cadere in medio dictarum guorgiarum, sic quod nullum dampnum propter decursu aquarum ipsarum in dicto pariete dari possit : item et quod predicta facta sint et completa per partes ipsas hinc ad xv dies proxime venturos, in pena et sub pena quinque solidorum. De quibus omnibus et singulis utraque pars preciit sibi fieri publicum instrumentum. Actum Manuasce, in carreria de Conchetis, ante dictas domos. Testes fuerunt ad hoc vocati Bertrandus Guigonis, Raymundus Guigonis, Jacobus Domigrionis et Johannes Laugerii, de Manuasca, et ego Bertrandus Raynaudi notarius [1]. »

La juridiction des cominaux est là en plein exercice. En effet, ils prononcent en qualité de juges. Ils disent quelles sont les réparations qui doivent être faites au mur mitoyen, et par qui elles seront faites. Ils vont plus loin. Sortant du rôle d'arbitres, ils ordonnent : *per mandamentum dederunt*. Il n'y a que ceux auxquels une portion de l'autorité publique est déléguée qui puissent parler ainsi.

271. Il est, dans l'acte du 5 novembre 1335, certaines expressions techniques dont la signification est perdue. Par exemple, je ne sais que faire des mots *basle* et *lapidina*. Notez qu'ils sont écrits de manière à ne pas

[1] Notaire Mille, à Manosque.

permettre une autre lecture ; circonstance qui fait le désespoir d'un paléographe.

Je crois, d'après la contexture de l'acte, qu'il s'agissait de réparations à faire au couvert d'une maison qui, par son mauvais état, avait occasionné des dommages au mur mitoyen ; et, par conséquent, que les mots *basle* et *lapidina* se rapportent à certaines parties du toit. Mais quelles étaient-elles ? C'est-là ce qu'il importerait de connaître. Nous le saurions, si les anciennes dénominations s'étaient conservées, car il ne doit pas y avoir une grande différence entre la manière de construire il y a cinq cents ans et celle d'aujourd'hui. Malheureusement les anciens noms ont été abandonnés, et il n'en reste pas de traces, même dans notre langue maternelle ; de telle sorte qu'une foule de questions de de détail ne seront jamais éclaircies. On peut faire des conjectures, mais cela n'avance guère et ne sert de rien.

Il en est autrement du mot *anglaria*. Des textes latins du Moyen-Age ont employé ce terme, et nous permettent d'en découvrir le sens. D'après ces textes, *anglaria* signifierait *angle, coin.* « murus IIIJ palmarum, procedens de directo à muro portalis de Arenis versus murum canalis, taliter quod à dicta pacte canalis faciat *anglarium* ad modum turris[1]. » De là on aura fait *anglaria*, en substituant le genre féminin au masculin ou au neutre. Les cominaux auraient donc entendu parler de l'angle du toit de l'une des maisons à l'occasion desquelles on plaidait.

Cependant les termes de la sentence se refusent à cette explication. Il y est dit que *l'anglaria*, qui était

---

[1] Ducange. Gloss. sup. v° anglarium.

entre la maison de Blanche et celle de Torcati, était détruite, à cause de l'affluence des eaux pluviales : « *quod quamdam anglariam que est sitam inter domum dicte Blanque et domum dicti Torcati est omnino distructa et devastata propter aquarum inundationem* ». Or il n'est guère d'usage que deux maisons se touchent par le coin.

Une autre explication plus plausible est celle-ci : « Belgis nostris *angar,* est locus, seu adificium quodpiam desuper tectum, cætera pervium [1] ». Ce mot aurait été ensuite défiguré, et serait devenu *anglaria,* c'est-à-dire, une terrasse ouverte à tous les vents et placée sur le toit. C'est cette terrasse que les eaux pluviales, qui découlent de la maison voisine, avaient endommagée. Je crois qu'ici je suis dans le vrai.

Quant au mot *guorgia,* le sens en est clair pour un provençal, puisqu'il existe encore dans notre langue. C'est tout simplement le conduit ou chenal réunissant les eaux pluviales, et les rejetant en dehors du toit. Nous nommons ainsi aujourd'hui les tuyaux de descente.

272. Deux ans après, c'est-à-dire, en 1337, fut rendu une autre sentence des cominaux dans l'espèce suivante :

« Anno quo supra die penultina mensis Augusti notum sit, etc. Quod cum questiones diu ventilate fuissent inter Bertrandum Bononic, habitatorum Manuasce, agentem, ex una parte, et Guillelmum Berengarii, notarium et Guillelmum Berengarii ejusdem Guillelmi consobrinum, de Castro Manuasce, deffendentes, ex altera; super eo videlicet quod dictus Bertrandus Bononic petebat exitum et introitum cujusdam sue terre, site in

---

[1] Ducange Gloss. v⁰ angarium.

territorio Manuasce subtus colomberium Simonis Ricavi quondam, inter terras dictorum Guillelmi Berengarii notarii et dicti Guillelmus Berengarii sitas ibidem, cum per alium locum non possit bene transire vel exire; que predicta dicti Guillelmus Berengarii et alter Guillelmus eidem Bertrando Bononic contradicebant expresse, maxime cum nunquam consuevit habere dictum exitum et introitum : Tandem dicte questiones pervenerunt ad audienciam fratris Jacobi Coste, de ordine hospitis, Raymundi Giraudi, Bertrandi Montanerii et Petri Garcini, cominalium Manuasce, in talibus expertorum : qui si quidem dicti cominales, visis dictis questionibus ad occulum et diligenter examinatis et responcionibus partium ipsarum, habito que tractatu et colloquio cum partibus ipsis, presentibus partibus jam dictis et mandamenta sua fieri postulantibus, voluerunt, cognoverunt et per sua mandamenta dederunt dicti cominales quod terra dicti Bertrandi Bononic habeat et habere debeat exitum et introitum inter terras dictorum Guillelmi Berengarii, notarii, et alterius Guillelmi, ad minus dampnum quod poterit, ita tamen quod dum dicte terre fuerint seminate a carnisprivio in antea quousque fuerint dicte terre *mesute*[1], idem Bertrandus Bononic vel sui non possint immitere per dictum exitum finium cum animalibus vel alias res : propterea voluerunt, cagnoverunt et per mandamentum dederunt quod dictus Bertrandus Bononic, pro dicto exitu, cuilibet dictorum Guillelmorum dare et solvere teneatur confestim duos soludos reforciatos, et quod dicta mandamenta debeant incontinenti approbare, ratifficare pariter et amologare : et incontinenti dicte partes predicta mandamenta approbaverunt,

[1] Moissonnées.

ratifficaverunt et pariter amologaverunt. De quibus omnibus et singulis dictus Bertrandus Bononic peciit sibi fieri publicum instrumentum. Actum Manuasce : testa fuerunt ad hoc vocati Jacobus Bernardi, de Petraviridi, et Johannes Garcini, de Castro Manuasce, et ego Bertrandus Raynaudi notarius [1]. »

Cet acte ne présente qu'une particularité remarquable. Je veux parler de la présence d'un frère de l'ordre de Saint-Jean de Jérusalem parmi les cominaux. J'aurais cru que les laïques seuls pouvaient faire partie de cette institution. Mais le contraire est positif.

Il est également certain que les cominaux ne minutaient pas leurs décisions. Ils les dictaient à un notaire, qui les portait sur le *sumptum*, et en délivrait ensuite expédition aux parties, sur leur requis. L'acte de 1337 fut expédié, puisqu'on lit en tête *factum est*.

L'établissement de la servitude de passage coûta quatre sous reforciats à Bertrand Bononic. Il paya en effet deux sous à chacune des parties adverses. Il me semble que c'était peu de chose, même pour ce temps là.

Je rencontre dans les minutes du notaire Isnard Hospiti, ou Hospitaleri, un acte sans date, antérieur à 1380, qui mentionne, parmi les cominaux, un moine du même ordre. « Que quidem questio devenit ad aures providorum virorum fratris Stephani Fossati, ordinis Hospiti, Raymundi Juliani, Petri Rufferii et Petri Berengarii, cominalium ville et vale Manuasce [2] ».

273. Le 16 mai 1361, noble Raybaud de Villemus, co-seigneur de Volx, vendit à Pierre Barduchi, florentin, habitant Manosque, soixante setiers d'amandes douces,

---

[1] Notaire Mille, à Manosque.
[2] Ibid.

et s'engagea à les livrer de là à la Saint-Michel. Ayant touché le prix d'avance, il donna des gages à l'acheteur, ce furent : « *duas campanas fractas et unam campanam integram cum boto*[1] : *et duo vestimenta sacerdotalia completa : et unum missale : et fuit de pacto inter eos quod, nisi idem nobilis Raybaudus dicta quantitas amygdalarum non solvevit termino predicto, quod liceat eidem Petro, de voluntate dicti Raybaudi, predicta omnia sibi depositata vendere precio quo invenerit*[2] ».

Ce Raybaud de Villemus ressemble un peu à Panurge, qui mangeait son blé en herbe et abattait ses bois pour en vendre les cendres.

Je dois dire cependant qu'il satisfit à son obligation et retira ses gages, par autre acte du 22 mars 1363, même notaire. Mais je me demande ce que pouvait faire l'acheteur des amandes de trois cloches, dont deux cassées. Quant aux vêtements sacerdotaux, ils devaient avoir une certaine valeur. Le missel surtout offrait une bonne garantie, en supposant qu'il pût s'en défaire avec facilité. Pour les cloches cassées, je crois que c'était rien qui vaille.

274. Il est un acte que je ne dois pas passer sous silence, parce qu'il nous donne la raison de l'état misérable dans lequel devait se trouver l'agriculture. La rareté des instruments qu'elle employait les rendait extrêmement chers. Ne fut-ce que cela, et sans parler des exigences des seigneurs et des gens d'église, de l'état de guerre presque permanent, des pestes et des famines sans cesse renaissantes, il y avait de quoi laisser la moitié de la Provence en friche. Une faulx, en 1361,

[1] Battant de cloche. Du Cange. — Gloss. sup. v° battum.
[2] Notaire Bertrand Reynaud. — Notaire Mille, à Manosque.

coûtait vingt-quatre sous, c'est-à-dire, au moins vintg-cinq francs de notre monnaie. C'était exhorbitant.

« Mº CCCº LXº primo, die octava mensi Junii, Jacobus Robaudi, de Bastida Jordanorum, confessus fuit debere Aventurino Salomoni, fabro de Manuasca, stipulanti nomine Jacobi Cranerii, de Ripolis, habitator Manuasce videlicet, XXIIII solidos, monete nunc currentis, quos confessus fuit debere causa emptionis unius *falxis* que dictus Aventurinus eidem tradidit, coram me notario, et solvere promisit ad festum beate Marie Magdalene proxime venturum[1]. »

Il y a de quoi faire de tristes réflexions sur l'état où devait alors se trouver notre pays ; et en comparant ce qui fut avec ce qui est, nous devons nous estimer bien heureux, même lorsque tout ne va pas au gré de nos désirs.

Quelques années après, la faulx avaient encore renchéri. Je vois en effet que dans un acte à la date du 28 mai 1377, Barthélemy Saunier, de Saint-Michel, se reconnut débiteur de trente-quatre sous envers Jacob Symeonis, de Manosque, qui lui avait vendu une faulx. La somme était assez importante pour que l'acte fut accompagné de toutes les clauses de style ; ni plus ni moins que s'il s'était agi de la vente d'une terre ou d'une maison. L'acheteur se soumit, pour une méchante faulx, à la juridiction de tous les tribunaux de Provence, et entre autres, *viribus, juridictionibus, cohertionibus atque compultionibus et carceribus, carcerum que detentionibus, curiarum camere rationis civitatis Aquensis, Forcalquerii, Manuasce et cuilibet earum, ita quod una dictarum curiarum electa, illam possit dimitere et*

---

[2] Notaire Bertrand Reynaud. — Notaire Mille, à Manosque

ad aliam et alias redire semel et pluries, exceptione cepti judicii in aliquo non obstante[1].

J'insiste sur ce dernier point : la chose jugée n'avait donc aucun empire à cette époque ?

275. Le bail à cheptel était extrêmement usité dans le XIVe siècle ; il portait sur tous les animaux domestiques, et même sur les abeilles. Ainsi, le 1er janvier 1377, Etienne Pellicier, prêtre, de Manosque, remet à Jean Dalmas, du même lieu, une truie et trois pourceaux, à cheptel, pour trois ans : *unam troyam cum tribus porsellis*. Le bailleur s'oblige tout d'abord à remettre au preneur une émine d'orge pour la nourriture des trois pourceaux, et à lui en délivrer une pareille quantité à chaque portée de la truie. Il est convenu enfin, qu'au bout des trois années, le croît sera partagé entre eux : *et de totum acrementum quod Deus dabit in fine dictorum annorum bene et legaliter dividant*[2].

Par un autre acte en date du 7 novembre 1378, Vuga, veuve de Nicolas Gaeti, et ses deux fils, donnèrent à cheptel, à Roustan Alberti, de Manosque, huit brebis, *octo fedas*, pour trois ans ; à condition de partager le croît, *ad medium creys seu incrementum*, et que le preneur donnera un bailleur deux livres de fromage par chaque brebis ; ce qui s'élevait à quarante-huit livres pour les trois ans[3].

Le 7 janvier 1377, le même Etienne Pellicier, prêtre, remit à Jean Raybaud, de Manosque, et à cheptel, *ad medium creys*, deux ruches, *duos alveos sive Bruscos*[4],

---

[1] Notaire Jean Autric. — Notaire Mille, à Manosque.
[2] Ibid. ibid.
[3] Ibid. ibid.
[4] Ruche, du provençal *Brusc*.

pour le terme de quatre ans. Il fut convenu, qu'après ce terme, Etienne Pellicier prélèverait deux ruches ou dix sous, à son choix, et que le restant serait partagé. Pour l'exécution du tout, le preneur obligea tous ses biens[1].

276. Dans les minutes du même notaire se trouve un acte qui met en scène les parties, et leur fait tenir le dialogue suivant. A proprement parler, ce n'est pas un contrat, mais une simple protestation. Les exemples d'un pareil acte sont assez rares pour qu'on rapporte celui-ci en entier. Il nous initiera encore mieux aux habitudes de nos ancêtres :

« Anno domini millesimo tricentesimo septuagesimo octavo, die penultima mensis Junii, per hujus publici documenti serie pateat universis et singulis, tam presentibus quam futuris, manifeste, quod Jordanus Duci, existens in presencia nobilis Mathei Johnnis, de Forcalquerio, et portans in manibus suis quodam instrumentum in quo contineri dicibat quod quidam homo de Ebreduno erat obligatus cuidam mulieri vocate Aynesine, et inde dictus Jordanus dicto nobili Matheo talia verba dixit, scilicet, ubi est Aynesina? Dicto nobili Matheo respondente ad quid volebat eam, quod si quidem Jordanus tunc respondit et dixit ego volebam sibi tradere istam cartam; ad quem dictus nobilis respondit et dixit, trade mihi dictam cartam : quod et dictus Jordanus fecit demum. Cum dictus nobilis dictam cartam in parte legisset, dictus Jordanus ipsi nobili Matheo dixit quantum dictam cartam restitueret sibi, et dictus nobilis dicto Jordano dixit quod non haberet eam, pro eo quia erat de illa paupere muliere et quod

[1] Notaire Jean Autric. — Notaire Mille, à Manosque.

portaret eam sibi ; et illico tunc dictus Jordanus dicto nobili Matheo dixit in hunc modum, Aynesina debebat mihi dare unum francum et quod ipse Matheus illum daret sibi ; qui Matheus respondit et dixit quod ipsa eumdem francum sibi non dimisserat et quod non daret illum sibi ; et predictis verbis habitis inter eos, dictus Jordanus dicto Matheo dixit quod magnam injuriam faciebat sibi quia non restituebat ei dictam cartam, et quod de premissis ad judicem appellationum Aquensem se appellabat : et de predictis omnibus, dictus Jordanus, per me notarium, peciit fieri puplicum instrumentum. Actum Manuasce, in domo nobilis Guillelmi Johannis ; presentibus testibus Jacobo Petri, joculatore, Bertrando Boerii, habitatoribus Manuasce, ad premissa vocatis et rogatis, et me Johanne Autrici de Manuasca, qui in predictis omnibus, una cum dictis testibus, presens fui et hoc presens instrumentum puplicum propria manu scripsi[1]. »

277. Ce Mathieu Jean, malgré sa noblesse, fit là un assez vilain tour ; mais ce n'est pas de cela qu'il s'agit. Outre l'étrangeté du document, il est assez remarquable que Jourdan eût appelé de prime abord devant le juge des appels d'Aix. Il me semble qu'il y avait violation de toutes les règles, car on ne peut appeler que d'une sentence, et le refus de restituer la lettre, n'avait pas ce caractère. Mais nous avons déjà tant vu d'irrégularités que celle là ne doit pas nous étonner. Peut-être que cet appel n'était qu'une simple menace.

278. Ce qu'il est bon de constater, c'est la mention du franc, qu'on rencontre si rarement dans les actes du XIVe siècle. Il en est expressément parlé, puisque

[1] Notaire Mille, à Manosque.

Jourdan dit que la femme Aynésine devait lui donner son franc. Cela était à noter. Nous verrons plus tard quelle était la valeur de cette monnaie. Je crois néanmoins que, dans l'acte du 29 juin 1378, il s'agissait d'un franc d'argent, ou gros, car le service rendu par Jourdan était bien loin de valoir un franc d'or[1].

279. Notons encore la singulière qualification que le notaire donne à l'un des témoins. *Jacobus Petri, joculator*. La bouffonnerie était donc une profession, et il y avait alors des bouffons pour amuser le public, comme nous avons aujourd'hui des saltimbanques. Au reste, en cela, comme en bien d'autres choses, il n'y a que le nom de changé.

280. Lorsque Molière faisait dire à Tartuffe qu'il est avec le ciel des accommodements, il énonçait une vérité aussi vieille que le monde. J'en trouve un exemple, fort innocent, à la vérité, dans les minutes du notaire Isnard Hospiti, ou Hôte, dont j'ai parlé ci-dessus.

Les frères Mineurs de Manosque, ayant eu besoin de construire un nouveau couvent, celui qu'ils avaient hors de la ville ayant été abandonné par crainte de la guerre et détruit, ils achetèrent dans ce but diverses maisons dans l'enceinte fortifiée. Leur gardien, frère Ricard Raymond, agissant au nom de son ordre, fut partie au contrat dans lequel intervint Guillaume Textor, lequel, de l'argent des aumônes appartenant au couvent, paya trente florins, prix de l'une de ces mai-

---

[1] Le franc est encore mentionné dans d'autres actes. Par exemple, dans deux actes, dont je n'ai pas la date, mais qui sont à peu près de la même époque, il est dit que le paiement eut lieu en francs d'or; in *franquis auri*. — Notaire Hospiti. — Notaire Mille, à Manosque.

sons : *precio trigenta florenarum auri, valoris pro quolibet soludorum sexdecim ;* et l'acte ajoute : *eo quod non licebat dicto gardiano pecuniam tangere*[1].

281. Sans doute, il ne touchait pas l'argent, mais il le faisait toucher par un autre et l'appliquait aux besoins de son couvent. Cela revenait au même. Mais ce n'est pas dans le but de faire ressortir une contradiction, parfaitement indifférente sous le rapport moral et religieux, que j'ai cité cet acte. Mon principal objet a été de m'en servir pour faire connaître le chiffre des honoraires que percevaient les notaires.

Il résulte de cet acte, qui contient le compte rendu par Guillaume Textor, de l'argent qu'il avait reçu, qu'une maison ayant été vendue quarante-neuf florins, plus quatre florins de droit de lod, le notaire perçut onze sous 77 centièmes de la somme principale.

Il perçut encore onze sous pour la vente d'une autre maison, au prix, lod. compris, de quarante-cinq florins. De plus, l'acquéreur paya pour courtage, *pro coratagio*, de cette maison et de celle qui suit neuf sous quatre deniers.

Enfin, ses honoraires furent de dix sous pour la vente d'une autre maison, dont le prix s'éleva à quarante-cinq florins. La différence entre ces diverses perceptions est légère.

282. Les redevances imposées sur les immeubles étaient rachetables. Le même acte contient une clause qui confirme cette assertion. « Item et solvit dictus Guillelmus Textoris, prout ipse et fratres Ricardus et Jacobus asserebant, pro *amortimento* serviciorum que dicta hospicia, cum *sertis* [2] aliis, serviebant dicto hospitali,

[1] Acte du 5 mai, 1377. Notaire Mille, à Manosque.
[2] Certis.

domino preceptori Manuasce florenos xl. » L'acte contient une disposition semblable dans une autre de ses parties.

Ce rachat était forcé. S'il avait été facultatif, l'acte s'en serait expliqué, en mentionnant le consentement du seigneur foncier. Il serait curieux de connaître le taux du rachat. Malheureusement l'acte ne nous apprend pas quelle était la quotité des redevances, et nous ne pouvons, par conséquent, savoir quel est le rapport entre ces redevances, et le prix du rachat. Toujours est-il que l'amortissement s'éleva, en total, à la somme de cent florins, ce qui était considérable pour ce temps là.

283. Il y avait chez nos ancêtres une simplicité d'esprit, une disposition à la crédulité, qui paraissent aujourd'hui dépasser toute mesure. Je suis persuadé que beaucoup de personnes voudront voir avant de croire, et je les en excuse très-fort, tellement ce que je vais raconter est extraordinaire. On croyait, ou, peut-être, on affectait de croire qu'une pierre précieuse pouvait se trouver dans la tête d'un *âne*. Le lecteur va se récrier ; je réponds par une preuve authentique :

« Anno et die quibus supra[1], die xii mensis Madii, notum sit, etc. Quod, cum quidam asinus, pili bruni, Guillelmi et Dominici Rostagni, fratrum, de Sancto Paulo, fuerit, infra palatium Manuasce vulneratus in maxilla, prout fertur, per dominum Johannem Pascalis, presbiterum et fratrem hospitis sancti Johannis Jerosolomitani, et per Georgium Mathei curatum ; et dicitur ex dicto vulnere extraxisse quemdam lappidem preciosum ; quod dictus dominus Johannes negabat se

[1] Notaire Jean Roche. — Notaire Mille, à Manosque. Le commencement du registre manque ; mais l'acte est de 1350.

dictum lappidem habuisse seu extraxisse ex dicto vulnere dicti asini, sed solummodo quandam *luppiam*[1] seu carnem.

« Tandem, tractante religioso viro domino Guillelmo Giraudo, milite dicti hospitis, et Baiulo Manuasce, ac dominus Johannes Pascalis, pro omni dampno dato per ipsum dominum Johannem et Georgium predictum, et pro extimatione dicti asini et dampno dato ac expensis per ipsos fratres factis, occasione dictis dampnis, et donavit ac tradidit in pagam, seu in solutionem, prefatis fratribus, presentibus et recipientibus, quemdam alium asinum, pili albi, et duos florenos auri, in presentia mei notarii et testium subscriptorum, et sex sesteiratas annone confessi fuerunt et recognoverunt ab ipso domino Johanne, quibus supra nominibus, habuisse et recepisse, exceptioni dictarum sex sesteiratarum annone, ex causa predicta, non habituri et non recepturi et non menssuraturi, omnino renunciantes, et de ipso asino, florenis et annona se bene contenti et bene pagati habuerunt :

« Ac solventes, liberantes et perpetuo aquitianti fratres ipsi, et eorum quilibet, per se et suos successores, prefatum dominum Johannem, presentem et recipientem, nomine suo et nomine Georgii predicti, ac omnes alios et singulos qui in predicto vulnere presentes vel concenssientes fueruut, de ipso dampno dato, ac expensis inde factis occasione predicta, penitus absolverunt, liberaverunt et perpetuo acquitaverunt per sollempnem et aquilianam stipulationem, et pascem et finem eadem fecerunt, et pactum, sollempni stipulatione vallatum, reale atque perpetuum, de ulterius aliquid non petendo

[1] Loupe.

et de non movendo eidem de cetero aliquam questionem :

« Cassantes, irritantes et penitus anullantes fratres ipsi, et eorum quilibet, omnes litteras et processum a domino senescallo provincie, seu Curia regia Forcalquerii, impetratas, et eas cassas et vanas haberi voluerunt pariter et concesserunt :

« Renunciantes eidem domino Johanni dictum asinum vulneratum.

« Quas absolutiones, et omnia universa et singula supra scripta, promiserunt dicti fratres, por sollempnem stipulationem, prefato domino Johanni, presenti et solempniter stipulanti, nominibus quibus supra, omni tempore firma, grata et rata habere, tenere et tenaciter observare, et contra in aliquo non facere seu venire, per se seu per alium, de jure vel de facto, sub ypotheca et expressa obligatione omnium bonorum suorum presentium et futurorum, et omni dampno et interesse, et cum omni remedio juris pariter et cautela, et supra sancta Dei evangelia corporaliter juraverunt :

« De quibus dictus dominus Johannes, quibus supra nominibus, peciit fieri ei per me notarium publicum instrumentum.

« Actum Manuasce, in curia ubi jus redditur ; testes fuerunt ad hoc dominus P. Folcherii, jurisperitus, Fulco Pellicerii, Guillelmus Croce et P. Cavallerii de Manuasca ».

J'ai copié l'acte en entier afin qu'on ne fût pas obligé de me croire sur parole. J'espère qu'on ne doutera plus. Il serait, en effet, difficile à l'esprit le plus inventif d'imaginer une pareille pièce qui, d'ailleurs, porte en elle le cachet de la vérité.

Il en résulte que l'imagination biscornue des frères

Roustan avait transformé la tête de leur âne en mine de Golconde, et que, sous le prétexte de récupérer une pierre précieuse que personne ne se serait avisé de chercher en pareil endroit, ils intentèrent un procès à Jean Pascalis, moine de l'ordre de Saint-Jean de Jérusalem, et au vétérinaire qui avait soigné leur âne. Il y a mieux, c'est qu'il paraît, d'après la teneur de l'acte, qu'ils avaient obtenu des lettres du sénéchal de Provence, et que le procès était pendant devant le tribunal de Forcalquier. C'est à ne pas y croire. Comment des gens sérieux pouvaient-il s'arrêter à une pareille chicane? Il ne fallut rien moins, pour terminer cette affaire, que l'intervention d'un haut dignitaire de l'ordre de Saint-Jean de Jérusalem, du Bailli de Manosque, chevalier ; encore Jean Pascalis n'en sortit-il pas indemne. Il lui fallut, non pas restituer le diamant, c'eut été trop fort, mais payer deux florins d'or aux frères Roustan, leur donner un âne en remplacement du leur qui, apparemment était mort des suites de l'opération, et leur remettre, par dessus le marché, six setiers de froment. Voilà un baudet grandement payé.

Je ne puis croire que les frères Roustan eussent émis sérieusement leur prétention extravagante. Ces frères étaient sans doute des chicaneurs, mauvais plaisants, qui, ayant trouvé l'occasion de faire un procès à un homme en état de payer et qui, par sa position était ami de la paix, la saisirent aux cheveux. Mais encore une fois, comment se fait-il que des hommes sensés aient consenti à les écouter ?

284. Cependant, en fait de crédulité et de superstition, il ne faut s'étonner de rien. Les gens qui, par leur position, devaient être le plus éclairés, se laissaient prendre

aussi bien que le vulgaire. Environ cent cinquante ans après, c'est-à-dire, en 1495, le conseil municipal de Forcalquier, Pierre Sanale, jurisconsulte, et Alban de Laventure, étant syndics, Jean Bandoli, notaire, étant greffier, prit la délibération dont je donne le résumé.

Il fut exposé au Conseil que Jean Aulagnier et Chafred Allemand, avaient l'art de guérir par des paroles ceux qui étaient atteints de l'infirmité contagieuse, dite vulgairement le mal de saint Christol, et qu'ils n'osaient le pratiquer sans permission, craignant d'être réprimandés. Le Conseil, agissant dans l'intérêt public, chargea les syndics, avec une commission par eux nommée, de demander au viguier, pour les prétendus docteurs, la faculté d'exercer leur art, ainsi que son lieutenant les y avait autorisés l'an passé [1].

Il n'est pas dit quelle fut la réponse du viguier : cela est fâcheux. J'aurais aimé savoir comment il accueillit la demande du Conseil. Mais il est à parier qu'il y fit droit. On ne pourrait raisonnablement exiger qu'il fût plus avancé que ses contemporains.

Je dois dire cependant, à la décharge du Conseil municipal de Forcalquier, que depuis lors les choses n'ont pas tant changé que l'on croit. Dans le siècle des lumières, il est encore des gens qui guérissent au moyen de paroles. Il faudrait donc bien se garder de rire de nos ancêtres, car le règne du charlatanisme n'est pas fini. Quel dommage que Molière n'ait pas pu entreprendre certains docteurs dans l'art de guérir ! ceux auxquels je fais allusion ont trouvé la panacée universelle. Méfions-nous en. Il y a longtemps qu'on

---

[1] Délib. du Conseil municipal de Forcalquier, f° 393.

l'a dit : *medici indocti uno collyrio omnes morbos curant*[1].

285. Le contrat de prêt, qui est le plus usuel de tous les contrats, était rédigé en termes fort simples. Il emportait ordinairement hypothèque générale sur tous les biens de l'emprunteur. Quelquefois une hypothèque spéciale s'y joignait :

« In nomine domini amen, anno incarnationis ejusdem M° CCC° LVII, die XII mensis Aprilis, notum sit, etc. qued Raymundus Imberti, alias dac, et Guillelma, ejus uxor, habitatores Manuasce, confessi fuerint ambo simul et uterque eorum in solidum, et ex certa scientia publice recognoverunt Conradino Centoris, de Ripolis, habitatore Manuasce, presenti, stipulanti et contrahenti nomine suo proprio et nomine Johannis Centoris, fratris sui, se ab eodem Conradino, nomine quo supra, habuisse et recepisse integraliter et perfecte, causa veri mutui et amoris et gratie specialis, videlicet, duos florenos auri de Florencia, boni ponderis et legalis; qui renunciaverunt exceptioni dictorum duorum florenorum sibi ex causa predicta non habitorum, numeratorum, traditorum et non receptorum ; et actioni et exceptioni doli in futurum, et spey future habitionis numerationis, traditionis et receptionis ; et omni alii exceptioni; de quibus se tenuerunt per bene pagatis et contentis, et de eis dictum Conradinum, nomine quo supra, aquitiaverunt : quos duos florenos auri dicti conjuges solvere promiserunt hinc ad festum Sancti Johannis Baptiste proxime venientem, cum omnibus dampnis, etc. Pro quibus obligaverunt eidem Conradino, presenti et et recipienti, nomine quo supra, omnia

[1] Quæstiones. De mutatione monetarum. Quoss. 4, n° 33, p. 258.

eorum bona presentia et futura, et specialiter quamdam eorum vineam, sitam in territorio Manuasce, loco dicto ad Savellum, confrontatem cum vinea G. Monachi et cum vinea..... et cum via publica : que quidem bona et specialiter vineam supra dictam dicti conjuges, se jure precario nomine dicti Conradini, nomine quo supra, constituerunt possidere, ita quod ea non possint vendere, etc. Tali pacto habito inter eos quod, in eo casu quo solvere cessarunt debitum supra dictum termino supra dicto, in eo casu, transacto dicto termino, eidem Conradino dicti conjuges de dicta vinea venditionem fecerunt precio supra debiti supra dicti, et dictam vineam laudari facere possit per dominum sub cujus tenetur, et promiserunt dictam vineam salvare et de omni evictione teneri, sub obligatione omnium bonorum suorum; aliter submiserunt se dicti conjuges omnibus locis et curiis ecclesiasticis et secularibus in comitatibus provincie et Forcalquerii ac Venaysini constitutis, quarum jurisdictionibus, viribus, et cohertionibus se ipsa re submiserunt, cum hostagiis tenendis, etc. actum Manuasce, etc[1]. »

286. Cet acte est porté sur l'*extensoire*, et cependant le notaire omet certaines formules qu'il représente par des et cætera. Cela est fort rare. Il faut croire qu'il répara cette omission dans l'expédition, car l'acte fut expédié, ainsi qu'il conste de la note écrite en marge, *factum est*, c'est-à-dire, *factum est instrumentum*.

287. Je dois faire remarquer le soin que mit le prêteur à attirer les emprunteurs devant les tribunaux de sa contrée. Il était du Comtat, et il les obligeait à se soumettre à la juridiction des tribunaux de ce pays, tant séculiers qu'ecclésiastiques.

[1] Notaire Bertrand Raynaudi. — Notaire Mille, à Manosque.

288. Les époux Imbert, en affectant spécialement une vigne au paiement de leur emprunt, déclarent vouloir à l'avenir la posséder à titre de précaire et renoncer à la faculté de la vendre avant qu'ils se fussent libérés. Cette convention était imaginée pour donner plus de force à l'hypothèque, puisque celui qui possède en nom précaire, n'étant pas le véritable maître ne peut aliéner la chose ainsi possédée.

289. De plus, cet acte est mélangé de vente. En effet, il y est dit qu'en cas de non paiement, au terme fixé, de la somme prêtée, les époux Imbert vendent leur vigne à Centoris, et l'autorisent à faire reconnaître la possession par celui sous la directe duquel elle était. Cette convention, qui n'est plus en harmonie avec nos usages actuels, sortait alors à effet.

290. L'acte de prêt se compliquait quelquefois d'un contrat de cautionnement. Comme ce dernier contrat prenait une forme qu'on ne rencontre dans aucun autre acte, je vais en transcrire un textuellement ; d'autant qu'il contient une quittance partielle de la dette :

« In nomine domini amen, anno incarnationis ejusdem millesimo CCC° XLIIII°, die XXᵃ, mensis Octobris, XIIIᵉ indictionis, ex serie hujus puplici documenti sit notum cunctis, tam presentibus quam futuris, quod Durandus Besaudini, de Scala nunc habitator Sistaricis, teneatur et sit efficaciter obligatus nobili et circonspecto viro domino Stephano de Mayronis, legum doctori, de Barcilonia, in decem florenos auri de Florencia, ut constat quodam puplico instrumento scripto, ut in eo legitur, manu Jordani Philippi, notarii puplici, sub anno domini M° CCC° XLIIII°, die XVIII° mensis Aprilis, quod incipit in secunda linea *notarius* et finit in eadem et, hinc ut quod dictus Durandus Besaudini, Petro Rodulfi, notario de Sistarici, procuratore domini Stephani ante dicti, in mei notarii et testium infra scriptorum presencia, in et pro extenuatione debiti prelibati, tradidit manualiter quatuor florenos auri de Florencia; qui Petrus ut procurator et procuratorio nomine domini Stephani prenotati habens potestatem quitiandi, ut constat per instrumentum procurationis, scriptum, ut in eo legitur manu, Giraudi Vetuli, notarii puplici, quod incipit in secunda linea, *domina* et finit in eadem *sicilie*, eumdem Durandum, et omnes alios quibus interest vel intererit, quitiavit, liberavit penitus et absolvit usque ad quantitatem predictorum quatuor florenorum auri, et, facto computo inter ipsum Durandum et dictum Petrum, remanebant ad solvendum de dicto debito dictorum decem florenorum, sex florenos auri, quos sex florenos dictus Durandus dare et solvere promisit dicto domino Stephano, seu ejus procuratori, per terminos infra scriptos, videlicet, in festo Penthecostis proxime venturo, tres florenos, et alios tres, in festo Sancti Michaelis proxime subsequenti, et hoc in puris denariis et non indenariatis seu aliis rebus extimatis aut extimandis, cum omnibus dampnis, expensis et interesse, quod et quas dictus dominus faceret in et pro dicto debito recuperando : volens dictus Durandus, quod instrumentum confectum manu Jodani Philippi in sua remaneat roboris firmitate, donec de dictis sex florenis fuerit sepe dicto nobili plnorie satisfactum ; juravit que dictus Durandus, ad sancta Dei evangelia per ipsum corporaliter manu tacta, omnia supra dicta attendere et complere, et non contra facere, dicere vel venire, per se nec per aliam interpositam personam, sub omnium bonorum suorum presentium et futurorum obligatione ; et si forte contigeret prefatum dominum Stephanum, seu aliquem alium ejus nomine, expensas aliquas pro dictis sex florenis recuperandis facere, solo ejus simplici verbo sine alicujus juramenti prestatione ; que bona et se ipsum propterea dictus Durandus Curie reginalis Sistarici et omnibus aliis Curiis ecclesiasticis et secularibus infra comitatuum provincie et Forcalquerii obligavit et specialiter Curie camere domini nostri Pape ; renuncians dictus Durandus, omni juri canonico et civili per quod posset contra predicta facere, dicere vel venire, et aliis renunciationibus juris pariter et cautelis. Pro quibus omnibus et singulis supra dictis complendis pariter que et observandis, Mamonus et Petrus Ermiaudi, fratres, de Sistarico, presentibus, dicti, Durandi constituerunt se fidejussores et principales pagatores et quilibet eorum in solidum, obligantes propterea quoddam eorum hospicium situm in civitate Sistarici, in careria de prato, contiguum cum hospicio heredum Johannis Martini quondam, ab una parte, et cum hospicio capellanie domini Raymundi Bursoti, quondam, ab alia, renunciantes propterea dicti fratres legi de principali prius fore conveniendum principalem quam fidejussorem, et epistole divi Adriani, et juri dividendarum seu sedendarum actionum, et dilationi de representando principalem, et omni alii juri quo possent de aliquatenus se tueri, corporali ab uno quoque ipsorum fidejussorum ad sancta Dei evangelia prestito juramento ; de quibus omnibus et singulis supra dictis dictus Petrus Rodulphi, nomine quo supra, voluit sibi fieri pupliuum instrumentum. Actum Sistarici in careria puplica, ante domum Jacobi Autrici.

Presentibus Poncio Rollandi, Raymundo Pauleti et Guidone Bosii. de Sistarico, testibus ad premissa vocatis et me Guillelmo Autrici, etc[1]. »

291. Dans cet acte, Etienne de Meyronnes qui, en sa qualité de docteur en droit avait des affinités avec le clergé, avait eu soin de faire soumettre son débiteur à la juridiction des tribunaux ecclésiastiques. Il fallait qu'il y trouvât des avantages, car, sans cela, il se fut contenté des tribunaux ordinaires. Mais quels étaient ces avantages ?

Je crois qu'ils étaient de plusieurs sortes. D'abord, les tribunaux ecclésiastiques devaient, sous le rapport de l'instruction, offrir plus de garanties que les tribunaux civils, car on sait qu'à cette époque le clergé était le seul corps véritablement instruit qu'il y eût dans la chrétienté. Il n'était pas rare d'en trouver qui étaient docteurs *in utraque*. Au XIVe siècle, tout homme savant se rapprochait plus ou moins de cet ordre.

Ensuite, je ne sais pas si les tribunaux ecclésiastiques avaient à leur disposition les moyens coërcitifs employés par les tribunaux ordinaires, c'est-à-dire la contrainte par corps, bien qu'on puisse soutenir l'affirmative d'après certains actes que j'ai cités[2] ; mais ils possédaient une arme bien autrement redoutable, je veux parler de l'excommunication qu'ils lançaient contre les récalcitrants. Ceux-ci étaient ensuite obligés de s'en faire relever, et ce n'était pas toujours chose facile.

[1] Notaire Guillaume Autric, fo 14 vo. — Notaire Mille, à Manosque.
[2] Se submiserunt omnibus locis et Curiis ecclesiasticis et secularibus quarum jurisdictionibus *viribus* et *cohercionibus* se ipsa re submiserunt. Acte du 12 avril 1357. Ci-dessus rapporté. — Notaire Mille, à Manosque.

292. Ce qu'il y avait de plus extraordinaire, c'est que les juifs attiraient de préférence leurs débiteurs devant les tribunaux ecclésiastiques, pour profiter de l'excommunication. Ils se servaient d'une arme qui, en bonne justice, aurait dû être réservée aux seuls catholiques, puisque ceux qui professaient le culte israëlite étaient insensibles à ses coups.

L'abus fut poussé si loin que, vers le milieu du XVe siècle, le conseil municipal de Forcalquier s'efforça de le faire réformer. Il adressa à cet effet, à l'autorité supérieure, une requête dans laquelle, parmi plusieurs autres, on trouve le chef suivant :

« Attendu, dit-il, que les juifs attirent leurs débiteurs devant le tribunal spirituel, où ils les font excommunier, de telle sorte que plusieurs meurent en cet état; il demande que cela leur soit défendu, et qu'ils aient à se pourvoir devant les juges ordinaires [1]. »

Ce chef de la requête fut accordé par lettres-patentes du 23 mars 1468, rendues par Jean Cossa, comte de Troyes, lieutenant général en Provence pour le roi.

Il paraît, d'après cela, que l'excommunication n'était levée qu'autant que le débiteur satisfaisait à son obligation. La raison voulait qu'il en fût ainsi. Mais n'est-il pas extraordinaire de voir des juifs faire excommunier des chrétiens ?

293. A cette époque, l'excommunication était d'un usage fréquent. Elle frappait indistinctement toute personne. Ainsi, je ne sais à quelle occasion, le clavaire et le notaire de la viguerie de Forcalquier, en furent atteints. Il en résulta une perturbation telle, que le conseil municipal s'en émut, et s'en plaignit en ces termes :

[1] Registre des privilèges de Forcalquier, f° 254 v°.

Il supplia humblement le viguier de faire en sorte que certains de ses officiers, tels que le clavaire et le notaire, ainsi que Guillaume Ruffi, obtinssent le bénéfice de l'absolution, attendu qu'ils étaient excommuniés depuis longtemps, et que chaque jour les cloches sonnaient, selon le nombre des participants, qui était fort grand; de telle sorte que la majeure partie des habitants y était comprise, et il craignait que, sous ce prétexte, on mît la ville en interdit. Autrement, il demandait qu'on expulsât les excommuniés, jusqu'à ce qu'ils eussent été absous; et il délibéra, en outre, que, si le viguier ne pouvait ou ne voulait rien faire, on eût recours au conseil royal.

Le viguier répondit qu'il ne croyait pas que ses officiers fussent sous les liens de l'excommunication; *legati*; mais que s'ils l'ont été, ç'a été pour la défense de la juridiction royale et à cause du zèle apporté par les officiers de l'évêque de Sisteron, qui avaient lancé l'interdit : qu'en cet état on a recouru au conseil royal, qui connaissait de l'affaire, envers l'évêque et ses officiers: que le conseil avait statué, mais que les dits officiers n'avaient pas obtempéré à sa décision : qu'on s'était adressé de nouveau au conseil royal qui, on l'espère, prononcera et avisera à faire exécuter sa sentence. Le viguier termine en demandant qu'on lui donne, à ce sujet, un mandat spécial [1].

Cela se passait en 1485. Je n'ai pu savoir comment l'affaire se termina, car elle n'a pas laissé d'autres traces. Mais elle nous apprend combien l'excommunication était redoutable, puisqu'il ne s'agissait rien moins

---

[1] Registre des délibérations du conseil municipal de Forcalquier, f° 182 v°.

que de bannir de la ville ceux qui en avaient été atteints. S'ils avaient été chassés, je ne sais où ils auraient pu reposer leurs têtes.

294. La pièce qui suit nous apprend quelle était la quotité de la dot constituée à une femme à son entrée en religion.

« Anno MCCCLVII et die III mensis Aprilis, notum sit, etc. Quod cum nobilis et circumspectus vir dominus Raymundus de Appulia, jurisperitus, de Relania, habitator Manuasce, tenetur et esset efficaciter obligatus monasterio beate Clare de Manuasca, seu couventui ejusdem, pro resta et complemento dotis quatuor viginti florenorum auri de Florencia, boni ponderis, Alasaciete filie dicti domini Raymundi, et per dictum dominum Raymumdum dicto monasterio promisse, videlicet, in novem florenis auri de Florencia, boni ponderis, prout hec omnia et singula supra dicta venerabilis et religiosa domina Rixcendis de Albanhano, abbatissa dicti monasterii, et dictus dominus Raymundus revera esse confitebantur ; ecce nunc die presenti dictus dominus Raymundus de Appulia, de dictis novem florenis restantibus ad solvendum de dote supra dicta, solvit, numeravit et realiter tradidit eidem nobili domino Rixcendi de Albanhano, abbatisse supra dicte, et sorori Rixcende Raynaude, monialis dicti monasterii, presentibus et recipientibus, sex florenos auri de Florencia, boni ponderis et legalis, coram me notario et testibus infra scriptis, de quibus, etc. — Actum Manuasce, infra dictum monasterium, in porticu ante secundam magnam Januam ; testes fuerunt ad hoc vocati etc[1]. »

295. J'arrive maintenant aux baux à ferme. Mais je

[1] Notaire Bertrand Raynaud. — Notaire Mille, à Manosque.

dois dire auparavant que je n'ai pas encore rencontré de baux à loyer. Peut-être m'auront-ils échappés, ou peut-être n'en passait-on jamais, attendu la facilité qu'on avait d'acquérir une maison sous une redevance perpétuelle. Jusqu'à présent je n'en connais qu'un exemple, encore vient-il à la suite d'un bail à ferme. Il en sera question bientôt.

296. Parmi les baux à ferme que j'ai vus, je choisis le plus compliqué. Je retranche la formule introductive :

« Anno M CCC LVII et die I mensis Aprilis, notum sit, etc. Quod nobilis domicellus Antonius Barbe, de Cavallione, habitator Manuasce, nomine suo proprio et ut procurator et procuratorio nomine Secilie, uxoris sue, prout de dicta procuratione constare asseritur quodam publico instrumento scripto manu Anthonii Delliens, notarii, ut dictur de Apta, nomine suo et quo supra dedit et concessit ad firmam sive ad rendam, Johanni Centoris et Conradino Centoris, fratribus, de Ripolis, habitatoribus Manuasce, presentibus et recipientibus, omnia bona et jura sua et dicte uxoris sue mobilia et immobilia, sicut sunt, domos, viridaria, curtes, *granitas*[1], servicia omnia tam bladi quam denariorum, tasche, sinquini[2], cartoni, seyseni, septeni, ucheni, vel dezeni, tam bladi quam racemorum, et omnes *facharias*[3] terre culte vel non non culte, vineas, prata, orti et alia quecunque bona mobilia vel immobilia que reperirentur per eos habere in loco et territorio de Manuasca, et specialiter et expresse dominium et senho-

---

[1] Granitas ou granicas, car on peut lire l'un et l'autre. Granges.
[2] Cinquain. Quartain. Sizain, etc.
[3] Culture, facture des terres. Ici ce mot signifie *produit*.

riam et jus percipiendi et habendi in possessionibus que pro ejus dominio tenentur, exceptis comissionibus possessionum si reperirentur esse comisse, que comissiones idem Antonius penes se retinuit; item, pacto habito inter eos quod dicti fratres possint accipere trezena omnia et laudare, sed de pacto habito inter eos dicti fratres, in dicto laudimio quolibet faciendo, retineant nomine ipsius Antonii tempus a jure sibi prefixum retinendi possessiones, si ipse Antonnius vellet eas retinere precio quo venditas essent; et specialiter et expresse omnes possessiones vel servicia omnia que reperirentur esse extra territorium ville Manuasce, expectantes seu expectantia ad domum dictorum conjugium de Manuasca, videlicet, ab hoc die que est prima dies mensis Aprilis, in quinque annos continuos et completos et per quinque *sazones*[1] continuas, integras et completas, precio et nomine precii ad totum octo viginti florenorum auri de Florencia, boni ponderis et legalis, solvendos per solutiones infra scriptas, et primo, videlicet, ad carnemprivium proxime venturum triginta et duos florenos auri de Florencia, boni ponderis et legalis, et postea a dicto carneprivio anno revoluto alios triginta et duos florenos auri de Florencia, ut supra dictum est, et subsequenter anno quolibet in dicto carneprivio triginta et duos florenos, donec et quousque dicti octo viginti floreni fuerint eidem nobili Antonio integre et plenarie per tempus supra dictum dictorum quinque annorum, satisfactum; pacto expresso habito inter eos quo dictus nobilis Antonius omnia honera et servicia et talhas *quistarum*[2] spectancia seu pertinencia

[1] *Saisons*, perceptions des fruits.
[2] *Impositions* perçues par le comte dans certains cas.

ad domum dicti Antonii de Manuasce, seu ejus uxoris, solvere teneatur et sit astrictus : item et dictus Antonius dedit ad dictam firmam dictis fratribus ad terminum supra dictum, omnia penora dictorum domorum, cum novem vasis tam magnis quam parvis, et unum vas alium plantatum ad oppus tine : item, et unam tinam magnam vinariam super cellarium : item, aliam tinam *desgagatoriam* [1] capax circa sex viginti cuparum : item, duas *pilas* [2] lapidis ad oppus oley et unam aliam terre magnam ad oppus oley, et unum *tinellum* [3] ulerium. Promittens dictus Antonius, nomine suo et quo supra, eisdem fratribus stipulantibus, quod de serviciis supra dictis, tam de blado quam de denariis, sunt, videlicet, de denariis, sexaginta solidos reforciatos, et de blado novem sestaria annone, et ista omnia servicia dictus nobilis affirmat esse vera et pro veris serviciis eisdem ad dictam firmam dedit et promisit eis facere vera servicia : item, promiserunt dicti fratres eidem Antonio, in fine dicti termini dimitere quadraginta et unam sestariatas terre cohopertas condecenter annone, ita quod de dictis XLI sestariatis dictus Antonius recipere teneatur pro facharia sua tertiam partem : item, et viginti sestariatas terre cohopertas *civate* [4], ad mensuram parvam : item, et septem sestariatas terre cohopertas de *consiligine* [5], de eis, etc. recipere teneatur pro facheria sua tertiam partem : item, dicti fratres omnes funes et *paleas* quas pertinent modo de pre-

[1] Ce mot n'existe plus dans notre langue. Peut-être, signifie-t-il le tonneau où l'on mettait le raisin après l'avoir foulé.
[2] Jarre.
[3] Petit tonneau.
[4] Avoine, du provençal *sivado*.
[5] Seigle.

senti et habet hospicium dicti Antonii ponere teneantur et convertere in possessionem ipsius Antonii et non aliter: item dictus Antonius dedit eis ad dictam firmam quinque carteriatas vinee *fosse* [1], et in fine termini eas sic dimitere debent; et sex carteriatas vinee *potate* [2] tantummodo, et dictas vineas infra dictum tempus debeant *potare* [3] et fodere et in fine termini eas dimitere, sicut acceperunt.

Et hec omnia et singula dictus Antonius promisit ratificari facere per nobilem Seciliam, uxorem suam, ad requisitionem ipsorum fratrum : et promitit et jurabit omnia et singula supra dicta atendere et complere et contra non venire, promitens dictus nobilis Antonius omnia et singula supra dicta per totum tempus supra dictum salvare et deffendere ab omni persona et personis et de omni evictione teneri promisit :

Preterea dicte partes promiserunt sibi ad invicem omnia et singula pacta supra dicta, videlicet, una pars alteri, et altera alteri, vicissim et ad invicem atendere et complere et contra in aliquo non venire ; alias promiserunt restituere et emendare omnia et singula dampna, expensas et interesse que et quas una pars ob culpam alterius et altera alterius faceret et sustineret.

De quibus utraque pars peciit sibi fieri publicum instrumentum et publica instrumenta que, pacto habito inter dictas partes, possint dictari, corrigi, reffici et emendari semel et pluries, producta in judicio vel non producta, addendo clausulas novas vel mutando, consilio peritorum, sive per me Bertrandum Raynaudi,

[1] Bêchées, de *fodere*.
[2] Taillées.
[3] Tailler, du provençal *poudar*.

notarium, ad majorem profictum, comodum et utilitatem dictarum parcium, donec omnia et singula predicta obtineant plenum robur, substantia facti tamen non mutata.

Actum Manuasce, in domo dictorum conjugium, in viridario in quo est putens, testes fuerunt ad hoc vocati, Petrus Boerii et Guillelmus Boerii, fratres, de Manuasca, et Raymundus et Guillelmus de Cavallione, et juraverunt ambe dicte partes, et ego Bertrandus Raynaudi notarius[1]. »

297. Cet acte donne lieu à plusieurs observations. D'abord, il parait que, d'après les principes de l'époque, le mari, quoique administrateur des biens de sa femme, ne pouvait affermer les biens propres à celle-ci sans son consentement. Il n'y a pas de doute que, dans l'espèce, il s'agissait de biens dotaux, et cependant le mari contracte tant en son nom qu'en celui de sa femme. Il finit même par s'engager à obtenir sa ratification. Il pourrait néanmoins se faire que ces biens eussent été paraphernaux ; alors cela expliquerait, et l'intervention de la femme, et sa ratification, en supposant qu'il en fût alors comme aujourd'hui, où la femme a l'administration et la jouissance de ses paraphernaux. Mais l'examen de cette question ne serait pas à sa place.

298. Par une clause expresse de l'acte, le bailleur afferme ses propriétés avec tous les droits utiles qui y sont attachés, sauf et reservé le droit de commise que j'examinerai tout à l'heure. Il confère aussi aux preneurs le droit de lod ou de trézain, et leur donne, par conséquent, la faculté d'approuver et de ratifier les mutations de propriétés soumises à sa directe. C'est ainsi, d'ail-

[1] Notaire Mille, à Manosque.

leurs, que cela se pratiquait ; un bail à ferme comprenant tous les droits utiles attachés, non-seulement à la chose louée, mais encore à la personne du propriétaire. Sous ces deux rapports, le fermier était son représentant, son *alter ego*. Il percevait les rentes emphytéotiques. *Servicia omnia, tam bladi quam denariorum*, porte notre acte.

299. Aux droits et revenus existant à son profit dans la ville de Manosque, le bailleur ajoutait tous ceux qu'il possédait hors du territoire de cette ville, et qui se rapportaient à la maison des époux Barbe, *expectantes seu expectantia ad domum dictorum conjugium de Manuasca*. Tel me paraît être le sens de la phrase dont je viens d'extraire les mots soulignés. S'il en était ainsi, le bail se serait étendu à tous les revenus que possédait la femme Barbe, en quelques lieux qu'ils fussent ; ce qui est difficile à admettre.

D'un autre côté, on pourrait soutenir que les époux Barbe s'étaient réservés les droits existant hors du terroir de Manosque, puisque cette clause vient immédiatement après celle où ils se réservent le droit de retrait, et semblerait, au besoin, n'en être qu'une dépendance. Je trouverais cette explication plus naturelle ; la raison l'indique, et les termes de l'acte ne s'y refusent pas.

300. Quoiqu'il en soit, il est une chose qui m'embarrasse davantage. Que veut dire le preneur quand il parle des redevances se rapportant à la maison de Manosque ? *expectantes seu expectantia ad domum*. En ce qui concernait le débiteur, les redevances étaient des services fonciers, puisqu'elles étaient le prix d'une cession d'immeuble. Il en était de même pour le créancier. Mais je n'ai jamais vu qu'une redevance quelcon-

que fut due à un immeuble ou à une chose, à l'exception des fondations pieuses faites à une église ; encore celle-ci était-elle représentée par les prêtres qui la desservaient et qui jouissaient du bénéfice.

J'ai beau me torturer l'esprit, j'avoue que je ne comprends pas quels étaient ces services, situés hors Manosque, et relatifs à la maison, que les époux Barbe affermaient, ou se réservaient, comme l'on voudra, car on peut adopter l'une où l'autre version. Entendaient-ils par *domum*, la maison ou la famille, ainsi que nous disons aujourd'hui, en parlant des gens qualifiés ? ou bien s'agissait-il réellement de redevances dues à la maison ? *Quien sabe?* Comme dit l'espagnol. Quant à moi, je l'ignore, et je laisse au lecteur le soin de se former une opinion là dessus.

301. Le bailleur, en donnant aux preneurs le droit de percevoir le trézain, c'est-à-dire le droit de lod échu par mutation, lui impose l'obligation de lui conserver le droit de rétention, pendant le temps déterminé par ce droit. Ce droit ne pouvait donc être exercé que pendant un certain temps. Mais quel était ce délai ?

Il paraît qu'il n'était pas fixé d'une manière positive, puisque le notaire se sert d'une formule évasive : *tempus a jure sibi prefixum*. Nous trouvons cependant dans l'acte un renseignement à ce sujet. Cette formule est écrite en interligne, au-dessus de plusieurs mots biffés, mais pourtant encore lisibles. Ces mots sont ceux-ci : *annum unum et unum mensem*. Il résulterait de là que, dans l'usage, le retrayant pouvait exercer son droit dans l'an et mois, à partir du jour de la vente, mais que cependant cet usage n'était pas généralement suivi, et que la durée du temps fixé pour le retrait faisait matière à controverse. N'osant pas trancher la question, le notaire s'est tiré d'embarras au moyen d'un faux fuyant. Les formules élastiques ont toujours été grandement chères aux esprits timorés ou aux gens peu instruits et paresseux. Il est plus aisé de passer à côté d'une difficulté que de la résoudre.

Je dois néanmoins faire observer qu'il est dit, dans un acte que j'ai rapporté ci-dessus, que le délai, pour exercer le retrait, était de quarante jours. Il y a loin de là l'an et mois [1].

302. Il est à noter que le prix du bail était de trente-deux florins par an. Cependant le notaire ne le dit pas. Procédant d'une autre manière, il commence par additioner le prix de toutes les années de fermage, et il en fait un total de cent-soixante florins, dont il répartit ensuite le paiement à chacune des années du bail. C'était la même chose, dite en termes plus compliqués. Il paraît qu'il se complaisait dans les voies obliques.

303. Le bailleur se chargeait de payer les redevances et tailles qui grévaient sa maison, c'est-à-dire, ses biens, car je ne puis entendre le mot *domum* autrement. Il livrait à la jouissance des preneurs les meubles qui garnissaient la maison ; le mot *penora* devant être pris ici pour *meubles*, et non pour provisions de bouche, qui est sa vraie signification ; n'étant pas d'usage d'affermer un corps de domaine avec les provisions qu'il contient. De plus il leur déclarait le chiffre des redevances, tant en blé qu'en argent, qu'il leur abandonnait, et affirmait qu'elles existaient réellement.

De leur côté les preneurs s'obligeaient à lui remettre, en fin de bail, une certaine étendue de terre ensemencée

---

[1] Voir n° 130.

soit en froment, soit en avoine, soit en méteil, et l'autorisaient à prélever le tiers de la récolte, à titre de canon, *pro facheria sua*, car tel est le sens de cette expression. Le texte porte : *quod dictus Antonius recipere teneatur pro facheria sua tertiam partem*. Il semble que le notaire entend parler d'une obligation contractée par le bailleur. Mais cela ne signifie autre chose, si ce n'est que le bailleur ne pourrait prétendre rien de plus, que le tiers de la récolte, pour tous droits sur les fruits des terres que les preneurs s'obligeaient à laisser ensemensées.

304. Parmi les réserves qu'il se faisait, le bailleur avait compris le droit de commise ; *exceptis comissionibus possessionum si reperirentnr esse comisse.*

305. « La commise, dit Pocquet de Livonière, en son traité des fiefs, est une dévolution du fief servant au profit du seigneur dominant. Elle arrive ordinairement pour deux causes : pour désaveu ou pour félonie [1].

« Le vassal qui désavoue son seigneur perd son fief, qui est dévolu et consolidé au fief dominant. C'est une espèce de déloyauté et d'ingratitude, et un délit féodal, qui prive le vassal du fief qu'il tenait de la concession de son seigneur [2]. »

« Le désaveu, pour entraîner la commise, doit être de la mouvance, et non seulement de la qualité et condition de cette mouvance. Ainsi celui qui avoue relever du seigneur, mais prétend ne relever que censivement ce qui se trouve néanmoins hommagé, ou soutient ne devoir que la foi simple, quoiqu'il la doive lige, est exempt de la commise [3]. »

[1] [2] Traité des fiefs, p. 120.
[3] Ibid. p. 122.

« Il faut que le désaveu, pour emporter perte de fief, soit de la chose et de la personne en même temps, c'est-à-dire, que le vassal dénie relever d'un tel fief et d'un tel seigneur ; car s'il reconnait relever d'un tel fief, mais non pas d'un tel seigneur, ce qui est proprement soutenir que le fief dont on se reconnait mouvant, n'appartient pas au seigneur qu'on désavoue, et est un désaveu de la personne seulement, ou s'il reconnait relever d'un tel seigneur, mais non pas à raison d'un tel fief, ce qui est un désaveu de la chose. En ces deux cas, il n'y a point lieu à la commise[1]. »

« Félonie signifie *déloyauté*, *perfidie*, et cette espèce de crime féodal du vassal qui a outragé son seigneur par voie de fait, ou par injures dans sa personne, ou dans celles qui le touchent de près, et qui est punie par la perte du fief servant dévolu et réuni au fief dominant[2]. »

« Quelques feudistes rapportent jusqu'à quarante-une causes de félonie. Mais nous aimons mieux dire, avec Dumoulin, qu'il faut réduire les cas de félonie aux cinq causes, pour lesquelles la donation peut-être révoquée : car les fiefs sont tous à présent présumés de concession, et procéder de la libéralité du seigneur ; en sorte que le vassal qui commet une ingratitude considérable envers son seigneur, mérite d'être puni par la révocation du bienfait qu'il aura reçu et par la perte de son fief[3]. »

306. Ces notions générales suffisent pour faire comprendre ce qu'on entendait autre fois par la commise. Ainsi Antoine Barbe en se réservant la commise des possessions qui se trouveraient l'avoir encourue, *exceptis*

[1] Traité des fiefs, page 122.
[2,3] Ibid. page 127.

comissionibus possessionum si reperirentur esse comisse, nous prouve qu'il n'était pas nécessaire d'être seigneur féodal pour avoir le droit de l'exercer. Elle appartenait, par conséquent, à tous ceux qui avaient aliéné leurs propriétés à charge de redevance.

307. La commise dont je parle ici produisait le même effet que la commise féodale, c'est-à-dire, qu'elle faisait rentrer le propriétaire ayant la directe dans le domaine et jouissance de la chose aliénée. A cela se joignait souvent une condamnation pécuniaire prononcée par le juge, contre celui qui avait encouru la commise, en faveur de celui qui en profitait.

308. Les exemples de cette commise se rencontrent très-rarement dans les minutes des notaires au XIVe siècle, c'est pourquoi il est impossible de savoir si elle était encourue indifféremment pour désaveu et pour félonie, ou bien si elle était limitée au désaveu seulement. Cependant comme elle prenait sa source dans les principes du droit féodal, on pourrait penser qu'elle devait être soumise aux mêmes règles, et que, par conséquent, la félonie devait l'entraîner après elle, aussi bien que le désaveu. Mais, d'un autre côté, félonie suppose sujétion, or, l'emphytéote n'était attaché par aucun lien personnel au seigneur dominant d'où résulterait que, dans le cas d'emphytéose entre simples particuliers, le désaveu seul pouvait entraîner la commise. Il est évident que le désaveu ne résultait alors que du refus de payer le cens.

309. Ordinairement la commise était précédée d'une interpellation que le seigneur dominant adressait au propriétaire servant. C'était une sorte de mise en demeure qui, je présume, devait avertir le censitaire en retard

de payer sa redevance, ou, s'il désavouait le droit du seigneur dominant, qu'il allait encourir la commise. Voici comment les choses se passaient. Je laisse parler les actes, afin qu'on puisse m'approuver ou me contredire :

« Anno MCCC XLIIII°, die xª mensis Marcii XIII indictione, per hoc presens puplicum instrumentum sit notum, etc. Quod constitutus Guillelmus Raybaudi, junior, de Aquis, in presentia nobilis et egregii viri domini Jacobi Arduyni, domini Castri diruti sancti Marchi de Roveria, ac territorii ejusdem, qui quidem dominus Jacobus supra dictus, et dicto Guillelmo peciit, ipsum que interrogavit si quoddam *devensum*[1] quod idem Guillelmus habet, tenet et possidet in territorio castri diruti sancti Marchi de Roveria, tenet nec tenere vult sub dominio et senhoria ipsius domini Jacobi Arduyni, domini dicti castri ; qua petitione et interrogatione diligenter audita et ascultata per ipsum Guillelmum ante dictum, ipse inquam Guillelmus dixit et respondit, quod dictum deffensum supra contentum non tenet pro dicto domino Jacobo Arduyni seu sub ejus dominio ; qui dictus Jacobus audita responsione per dictum Guillelmum Raybaudi facta, tam de sua interrogatione quam de dicti Guillelmi responsio per me subsscriptum notarium instrumentum puplicum sibi fieri postulavit. Actum Aquis, etc.[2] »

310. Il y avait ici désaveu de la personne et de la chose, puisque l'interpellé, en soutenant que la propriété, pour laquelle on l'interrogeait, ne relevait pas de l'interpellant, affirmait implicitement qu'elle rele-

[1] Défens, du provençal *deven*.
[2] Notaire Guillaume Autric, f° 26 v°.— Notaire Mille, à Manosque.

vait de nul autre. Si le contraire avait eu lieu, il l'aurait déclaré, ainsi que firent, dans une occasion semblable, les habitants de Sparron et de la Bastide, qui soutenaient, à l'encontre du même Jacques Ardouin, être hommes-liges de l'évêque de Gap et non les siens[1]. Par conséquent Guillaume Raybaud avait encouru la commise.

311. Mais le même jour et au même instant, Guillaume Raybaud, sur son réavisé, fit la déclaration suivante :

« Dicens eciam dictus Guillelmus quod ipse ex *arupto*[2] respondit eidem domino Jacobo quod dictum deffensum non tenebat pro eo seu sub ejus dominio, dicens equidem dictus Guillelmus quod ipse est novus possessor dicti deffensi et a pauco tempore citra dictum deffensum possidet, propter quod dicit se ignorare si dictum deffensum tenebat seu tenet pro dicto domino Jacobo, seu sub ejus dominio, et per ignorancia sua respondisse quod deffensum predictum pro dicto domino Jacobo non tenebat, et ideo, etc. Requisivit idem Guillelmus Raybaudi, prefatum dominum Jacobum, presentem et audientem, ut predictum est, sit ut asserit novus possessor predicti deffensi et ignoret ut dicit si dictum deffensum tenetur sub dominio ejusdem domini Jacobi, ut fidem sibi Guillelmo legitimam faciat si dictum deffensum sub dominio ipsius domini Jacobi ; offerens idem Guillelmus Raybaudi se dicto domino Jacobo paratum recognoscere eidem et pro eo dictum deffensum tenere, si fidem legitimam faciat eidem Guillelmo quod dictum

---

[1] Acte du 18 février 1344. Notaire G. Autric. — Notaire Mille, à Manosque.
[2] Abrupto.

deffensum sub dominio ipsius Jacobi teneatur : et dictus dominus Jacobus auditis et intellectis propositis et requisitis et oblatis per dictum Guillelmum, dixit et respondit ad ea, quod ipse fidem faciet de jure suo loco et tempore opportunis ; nec intendit recipere recognitionem dicti Guillelmi de deffenso predicto, si racionabiliter dictum deffensum reperiatur commissum, quare cum res ipsa teneat dictum deffensum de facto sibi provideat quod sibi incumbit agendum, de quibus, etc. Tam dictus dominus Jacobus quam dictus Guillelmus pecierunt utrique ipsorum fieri puplicum instrumentum ; videlicet, dictus dominus Jacobus per me Guillelmum Autrici, notarium puplicum, et dictus Guillelmus Raybaudi per Bartholomeum Tornaquinchi, notarium puplicum. Actum Aquis, etc.[1] »

312. Voilà le premier acte. La mouvance est déniée, et la commise est encourue. Mais avant d'aller plus loin, notons cette bizarrerie de deux notaires instrumentant en même temps et pour la même cause dans le même acte. L'un Guillaume Autric, notaire habituel de Jacques Ardouin, *notarius familiaris suus*[2], ainsi qu'il se qualifie, reçoit l'acte des réserves faites par son client ; l'autre, Barthélemy Tornaquinchi[3], agit dans l'intérêt de Guillaume Raybaud, et constate ses dires et prétentions. Il me semble que l'un ou l'autre était de trop.

313. Il paraît que la commise avait besoin d'être déclarée par jugement, et que, ainsi que je l'ai déjà dit, elle était suivie d'une condamnation pécuniaire, en

---

[1] Notaire G. Autric, fº 27. — Notaire Mille, à Manosque.
[2] Acte du 10 mars 1344. Notaire G. Autric, fº 26, à Manosque.
[3] Voilà un nom baroque pour un notaire.

guise de peine, et prononcée, à ce que je présume, pour obliger à l'exécution de la sentence.

314. Dans une autre affaire entre le même Jacques Ardouin et quelques uns de ses vassaux, ceux-ci avaient, à ce qu'il paraît, désavoué la mouvance, et encouru la commise. Jugement avait été rendu contre eux par le juge d'Aix, qui les avait condamnés à cinquante livres au profit de leur seigneur. Sur ces entrefaites, les parties se rapprochèrent, et compromis fut passé par lequel elles s'en remirent à la décision d'arbitres convenus. L'acte est à la date du 20 mai 1345[1]. Plus tard, et le 18 septembre de la même année, les arbitres rendirent leur sentence, laquelle est précédée d'un exposé des faits qui explique parfaitement la situation :

« Anno MCCC° XLV et die XVIII mensis Septembris, noverint universi, etc. Quod cum questio, seu questionis materia, esset diucius ventilata, et ventilari ac oriri speraretur etiam in futurum inter nobilem et circumspectum virum dominum Jacobum Arduyni, jurisperitum Curie Aquensis, ex parte una, petentem, et dicentem ac pretendentem quoddam deffensum, muncupatum vulgariter Arneorum situm etc. Esse et fuisse in et de territorio et infra territorium castri diruti, sancti Marchi ipsius domini Jacobi Arduyni, teneri que et debere teneri sub dominio et ejus senhoria et, per consequens, sibi fuisse comissum et cecidisse totaliter in comissum, eo quia datum fuerat ipsis Arneis, seu predessessoribus suis, in parte per dominun Guillelmum de Affunello, quondam militem, et in parte per dominam Alasasciam de Valleveranica, uxorem domini Raymundi Guillelmi, quondam, absque eo quod fuisset eis

[1] Notaire G. Autric, f° 38. — Notaire Mille, à Manosque.

laudatum per tunc dominum dicti castri diruti sancti Marchi : nec non et dicentem se fuisse inductum seu immissum in possessione ipsius deffensi auctoritate judiciaria, vigore cujusdam sentencie late olim per dominum Audebertum de Aramone, tunc Aquensem judicem, qui Raymundum Arney, quondam, tunc viventem, tunc que deffensum hujusmodi possidentem, sententialiter condempnaverat in quinquaginta libris dendis et solvendis per eumdem Raymundum dicto domino Jacobo Arduyni, *pro pena et pene nomine* in quam inciderat idem Raymundus Arney, quondam, ut asserebat idem dominus Jacobus ; eo quia idem dominus Jacobus Arduyni dicebat dictum quondam Raymundum indebite recurrisse ad arbitrium boni viri a quadam sententia lata per dominos Jacobum Jusberti, juris civilis professorem, et Johannem Muncii, jurisperitum, de Aquis, quondam, arbitros, etc. In et super questione tunc vertenti inter ipsum dominum Jacobum, dicentem tunc scienter et nunc, dictum deffensum esse et fuisse infra territorium dicti castri sancti Marchi ex una parte, et dictum Raymundum Arney asserentem ipsum deffensum esse infra territorium civitatis Aquensis, et negantem illud esse seu fuisse infra territorium sancti Marchi, ex alia, contra mentem et seriem compromissi super hoc facti et penam quinquaginta librarum in ipso compromisso appositam et contentam, a pacte parti stipulatam eciam et promissam ; et Guillelmum Arney et Rixendem, ejus sororem, heredes domini Petri Arney, capellani et clerici beneficiati ecclesie sancti Salvatoris Aquensis, ac Alberium Arney, ipsorum avunculum seu patruum, fratrem que dicti quondam domini Petri, ex alia, negantes dictum deffensum cecidisse, prout pro parte dicti domini Jacobi ponitur, in comissum, dictam que penam fuisse comissam, ut ipse dominus Jacobus asserebat, et dicentes per consequens indebite fuisse inductum ipsum dominum Jacobum in possessione dicti deffensi ; ac nobilem et egregium virum dominum Berengarium Audeberti, militem, sub cujus dominio dictum totum tamen deffensum teneri asseritur, ad servicium duarum eminarum annone solvendarum, etc. Et negantem eciam dictum deffensum esse seu fuisse infra territorium sancti Marchi et teneri sub dominio et senhoria ipsius domini Jacobi Arduyni ex alia, etc.[1] »

315. En voilà assez pour savoir ce qu'était le droit de commise. A ceux qui seraient curieux de connaître comment se termina le procès entre les trois parties contendantes je dirai, que la sentence arbitrale remit à la famille Arney la peine de cinquante livres prononcée contre son auteur par un précédent jugement arbitral, mais qu'elle l'obligea à reconnaître que le défens dont s'agissait était sous la directe et seigneurie de Jacques Ardoin, sieur de Saint Marc. Quant à Berenger Audibert, son compétiteur, il fut obligé de reconnaître les droits de son adversaire, bien qu'il perçût un cens à l'occasion du défens ; et les arbitres décidèrent que, si, par suite, il acquérait ce défens et venait à l'aliéner, il serait tenu de faire approuver la vente par Jacques Ardouin, et de lui payer le trézain. Il fut soumis en outre à reconnaître que son domaine était sous la mouvance du dit Jacques Ardouin. Telles sont les principales dispositions de cet acte, sur lequel je reviendrai peut-être, quand je parlerai du compromis et de la sentence arbitrale qui le suit.

[1] Notaire G. Autric, f° 47. — Notaire Mille, à Manosque.

316. Avant de quitter ce sujet, je dois faire une seule et dernière remarque. On a vu que les arbitres soumirent le propriétaire du droit foncier, qui n'était autre qu'un bourgeois un peu plus qualifié que ses pareils, à la directe et seigneurie du seigneur du lieu, à l'occasion de la redevance qu'il percevait. Il résulte de là la confirmation de la proposition que j'ai émise plus haut, à savoir que tout propriétaire pouvait aliéner ses biens, à charge de redevance. Il en résulte encore que le débiteur du cens relevait de deux personnes à la fois. D'abord, du seigneur sous la directe duquel se trouvait le fonds qu'il avait pris à cens, et ensuite du propriétaire dont il avait acquis l'immeuble. Mais en réalité il n'y avait de rapport féodal quant à lui, qu'entre le seigneur ayant la directe et lui-même. Les mêmes rapports existaient entre le seigneur et la personne qui percevait le cens. Voilà quelle était en définitive la situation de la bourgeoisie relativement aux biens-fonds ou aux services fonciers qu'elle possédait, à moins que les biens qu'elle avait aliénés n'eussent été tenus en franc-alleu.

317. Les propriétaires affermaient leurs biens-fonds, et les ecclésiastiques affermaient les revenus de leurs bénéfices. Les baux de la dernière espèce contenaient des clauses qu'il est bon de connaître :

« Anno M° CCC° XLIIII°, die XXIIII^a mensis Februarii, XIIIe indictionis, per hoc presens puplicum instrumentum cunctis intervenentibus, tam presentibus quam futuris, liqueat evidenter, quod Tassilus de podio Luzino, de Forcalquerio, procurator et procuratorio nomine venerabilis viri domini Bernardi Arduyni, prioris sancti Petri de Rocabruna, forojuliensis diocesis, et rectoris ecclesiarum Beate Marie de Borzeto, prope Relhania, nec non et Beate Marie de Tuscis, territorii de Vinono, Aquensis diocesis, habens dictus Tassilus, speciale mandatum et potestatem a domino Bernardo predicto, supra dictarum ecclesiarum rector, vendendi, locandi, seu ad firmam dandi fructus redditus et proventus quoscunque, quoquomodo in dictis ecclesiis provenentibus, prout de potestate sua constat, etc. Gerens prefatus Tassilus utiliter negotia domini rectoris ante dicti, et non habeat nec inveniat aliquem magis idoneum qui possit regere nec gubernare ecclesiam Beate Marie de Tuscis, territorii de Vinono, quam religiosus vir frater Raymundus Flayosqui, ordinis sancti Johannis Jerosolomitani ; pro evidenti utilitate ecclesie supra dicte, omnes fructus et alios quoscunque redditus et proventus in dicta ecclesia pervenientes, prefato fratri Raymundo, presenti et nomine suo proprio, ac fratris Petri Pellegrini, ejusdem ordinis, recipienti, locavit, seu ad firmam dedit, cum omnibus juribus et pertinenciis suis, ad tres annos ; in quibus tribus annis, prefati fratres Raymundus et Petrus percipiant et percipere debeant tres fructus, sive saszones, precio anni cujuslibet viginti duorum florenorum auri de Florencia boni et justi ponderis, ac legalis, solvendorum per terminos et solutiones subscriptas, videlicet, a Pascali festo proxime veniente in unum annum continuum et completum XXII florenorum auri prefato domino Bernardo, rectori ejusdem ecclesie, seu alii nomine ipsius ; dictus frater Raymundus, solvere teneatur et efficaciter sit astrictus deinde de anno in annum XXII florenos, donec dicti tres anni finiti fuerint et completi seu transacti ; omni licencia et bene placito domini Aquensis Archiepiscopi reservatis ; et fuit actum inter dictas partes, et sollemni stipulatione vallatum, quod idem frater Raymundus nec frater Petrus ejus socius, non teneantur, nec efficaciter sint astricti, ad aliqua ipsius ecclesie honera ratione visitationis, sive procurationis alicujus, sive expensas facte per ipso domino rectore, scilicet serviendo eidem si ipsum contingeret venire ibidem in dicto prioratu, nisi de voluntatibus procederet eorumdem ; et, eo casu, que solverent aliquid seu aliquod sumptus facerent pro ecclesia supradicta de dicti domini rectoris vel procuratoris ejusdem mandato, ratione visitationis per dominum Aquensem Archiepiscopum faciende, vel per quamcunque aliam causam, quod computetur in sorte in ipsis XXII florenis, per annum, et acceptetur in solutionibus per jam dictos fratres Raymundum et Petrum faciendis prescripto domino rectori seu alii nomine ejusdem: et predicta omnia et singula fuerunt sollemniter acta et solemni stipulatione vallata et jurata per ipsum fratrem Raymundum, nomine suo proprio et nomine dicti fratris Petri, socii ipsius; et ea bene et legaliter facere et complere et contra in aliquo non facere, duire vel venire ; nec non predictas pecunie quantitates, in terminis predistinctis solvere, pre narrato domino rectori seu alii nomine ipsius; cum omnibus dampnis expensis et interesse per eum faciendis vel alium seu alios nomine ipsius, pro exigendis solutionibus antetactis : obligans inde dictus frater Raymundus omnia bona sua, et dicti fratris Petri, ejus socii, presentia et futura, sub omnibus renunciationibus juris et facti pariter et cautelis ; pro quibus omnibus et singulis supra dictis complendis pariter que servandis, ad preces memorati fratris Raymundi, ibidem presentis, venerabilis et religiosus frater Jacobus de Clerio, prior sancti Johannis

Jerosolomitani de Aquis, et Bertrandus Robioni, de Monteforte, constituerunt se fidejussores et principales pagatores ; renunciantes inde legi de principali dicenti quod prius debet conveniri principalis quam fidejussor, et omni juri canonico et civili per quem possent contra presentem fidejussionem in aliquo contra facere, dicere vel venire ; et ex inde obligaverunt omnia eorum bona presentia et futura, et juraverunt predicta atendere et observare, tactis per eos evangeliis sacro sanctis ; promisit que bona fide predictus Tassilus quod fassit et curabit cum effectus, quod dominus Bernardus Arduyni, rector ecclesie ante dicte, qui presens non est, approbabit et ratifficabit presentem venditionem seu locationem, et jurabit illa observare, cum omnibus opportunis renunciationibus pariter et cautelis. Insuper promissit dictus Tassilus, nomine dicti domini rectoris, dictos fructus proventus et redditus quemcunque sunt ad dictam ecclesiam de Tuscis pertinentia, pretacto fratri Raymundo, ac ejus socio deffendere et salvare, et pro hoc et observantia omnium predictorum dictus procurator obligavit omnia bona presentia et futura, prefati domini Bernardi, rectoris ecclesiarum predictarum. De quibus, etc. Actum Aquis, etc. [1]. »

Il ressort de cet acte, ainsi que de plusieurs autres que j'ai déjà rapportés, que les ecclésiastiques se mêlaient assez activement aux affaires de ce monde, puisqu'on les voit, en même temps, devenir cominaux et fermiers. Cependant je dois dire, qu'en général, ils n'affermaient guère que des biens d'église. Les choses se passaient en famille.

318. On voit que, dans l'acte, le fermier se donne

---

[1] Notaire G. Autric f° 33 v°. — Notaire Mille, à Manosque.

un associé. Bien que celui-ci fut absent, il stipule pour lui, oblige ses biens, et jure même en son nom. Cette espèce de serment n'avait alors rien d'extraordinaire ; elle s'est même conservée longtemps, car deux siècles après il était encore d'usage que le mandant donnât à son mandataire pouvoir de jurer en l'âme et conscience de lui constituant.

319. Il paraît que les baux à ferme des biens d'église avaient besoin d'être approuvés par l'évêque diocésain. L'acte s'en explique formellement, en réservant *licentia et beneplacito Aquensis Archiepiscopi*. Je ne sais jusqu'à quel point l'évêque usait de ce droit. Au reste, cela importe peu.

320. Parmi les fidéjusseurs se trouve un ecclésiastique qui jure en touchant l'évangile. Il s'écarte en cela de la pratique du clergé qui, en prêtant serment, mettait la main sur la poitrine. Il faut conclure de là que ce dernier usage n'était pas généralement suivi.

321. Il est à noter que dans l'acte le notaire confond le louage avec la vente. Il ne s'écartait guère du vrai, car en réalité le bail à ferme n'est autre chose que la vente de fruits à venir. Chaque année de location étant représentée par un prix correspondant à la valeur de la jouissance.

322. Le bail à colonage partiaire se montre plus rarement. Cependant il a existé de tout temps en Provence. D'où cela provient-il ? Je crois qu'il faut s'en prendre à la constitution de la propriété. Elle se trouvait, en grande partie, concentrée entre les mains des seigneurs, lesquels ne passaient guère que des baux à ferme, et le bourgeois, que son industrie avait rendu propriétaire, exploitait par lui-même. Cependant on

16

rencontre des exemples de cette espèce de bail, dont les conditions étaient les mêmes que celles d'aujourd'hui. Voici un acte où, bien que le mot ne soit pas prononcé, il est évident qu'il s'agit d'un bail à mégerie:

323. « Anno M° CCC° XLI°, die penultima mensis Junii, notum sit, etc,— quod Guigo Petri, de Manuasca, ex una parte ; et Honoratus Obrerii et Jacobus Obrerii, fratres, dicti loci de Manuasca, ex parte altera ; de pactis et conventionibus infra scriptis inter se faciendis convenerunt, ut infra sequitur ; videlicet, quod dictus Guigo Petri promisit, per sollempnem stipulationem, eisdem honorato et Jacobo Obrerii, fratribus, presentibus et stipulantibus, tradere et assignare, videlicet, incontinenti unum bovem bonum et ydoneum, pili bay rubey, quem apreciatum fuit inter eos ad septem florenos auri; item, et unum alium bovem pili albi non sufficientem, sine precio, de gratia speciali eisdem fratribus concesso, videlicet, hinc ad festum sancti Michaelis proxime venturum, et isto interim dictus Guigo Petri promisit eisdem fratribus, presentibus et stipulantibus, emere et tradere unum bonum bovem, sufficientem et ydoneum, junctum cum dicto alio bono bove pili rubey, et cum dictis duobus bonis bobus dicti fractres Obrerii promiserunt, per sollempnem stipulationem, eidem Guigoni Petri, presenti et stipulanti, bene et legaliter laborare et cultivare et cohoperire hinc ad duos annos proxime venturos continuos et completos, cum tali pacto habito inter eos quod, dicti fratres teneantur et sint astricti laborare et cultivare viginti et sex sestariatas aratri et dare in eis teneantur tres *regas*[1], cum semine de bono blado : item et decem sestariatas terrarum, videlicet,

---

[1] Sillons de charrue — Trois labours

prima rega cum semine *transalharum*[1], videlicet, in isto primo anno omnia supradicta facienda : item, in secundo anno dicti fratres teneantur et sint astricti totidem facere videlicet laborare et cultivare de dictis terris viginti sex sestariatas de bono blado, quatuor cum semine, et decem sestariatas transalharum supra *restobla*[2] ; cum tali pacto habito inter eos quod, dictus Guigo Petri dictos boves per supra dictum tempus dictarum duorum annorum providere teneatur et sit astrictus de bona pastura : item, fuit actum et in pactum deductum inter eos, sollempni stipulatione vallatum, quod si dicti boves, vel aliquem ex eis, divino Dei judicio, vel casu fortuito, perderuntur, quod totum dampnum pertineat dicto Guigono Petri ; si vero per malum regimen vel male custodia dictorum fratrum dicti boves perderentur vel devastarentur, vel aliquem ex eis, in eum casum totum dampnum pertineat fratribus supradictis : item, fuit actum et in pactum deductum inter eos quod dictus Guigo teneatur et promisit tradere eisdem fratribus aratrum *garnitum*[3] cum *relha*[4], et dicti fratres dictam relham recipere teneantur ponderatam et in fine termini dictorum duorum annorum dicti fratres dictam relham reddere teneantur ponderatam, prout et sicut eam receperint ; et fuit actum et in pactum deductum inter eos quod in eo casu quo opporteret fabricari dictam relham, vel aptare dictum aratrum, quod communibus expensis dictarum par-

[1] Semailles du printemps.
[2] Chaume — restoblar, semer sur le chaume, surcharger, du provençal *restouble*.
[3] Muni, garni.
[4] Soc de charrue, du provençal *reillo*.

tium aptentur et fabricentur : item, promisit dictus Guigo Petri de omni banno dictorum bovum dictos fratres penitus indempnem servare, sub obligatione omnium bonorum suorum presentium et futurorum : item fuit actum et in pactum deductum inter eos, sollempni stipulatione vallatum, quod si inter dictas partes moveretur aliqua questio de omnibus et singulis supra dictis, quod de dicta questione dicte partes stare debeant diffinitioni et sentenie Guillelmi Rucune et Bertrandi Pelicerii, amicorum eorum communium :

Et hec omnia et singula supradicta dicte partes promiserunt sibi ad invicem et vicissim, videlicet, una pars alteri et altera alteri, atendere et complere et contra in aliquo non venire; alioquin dicte partes promiserunt sibi ad invicem, videlicet, una pars alteri et altera alteri, resarcire et emendare omnia et singula dampna, expensas et interesse que et quas et quod una pars, ob culpam alterius, faceret et sustinet in judicio et extra judicium, occasione pactorum supra dictorum uni alteri non observatorum, et quocunque alio modo : de quibus dampnis, expensis et interesse una pars alteri et altera alteri credere promisit in suo simplici verbo, sine juramento, testibus et alia probatione; pro quibus, etc. Obligaverunt dicte partes, sibi ad invicem, omnia bona sua, etc. Que bona jure precario et ypothecario nomine una pars nomine alterius constituit se possidere usque ad observationem omnium predictorum, renunciantes dicte partes omni juri sibi competenti et competituro civili et canonino, etc. De quibus utraque pars peciit, etc. Actum Manuasce, etc[1]. »

324. Il n'y a qu'une seule observation à faire sur cet

[1] Notaire Bertrand Reynaudi. — Notaire Mille, à Manosque

acte. Elle porte sur la clause par laquelle le bailleur prend à sa charge tout ban encouru par les bœufs, *de omni banno dictorum bovum indemnem servare*. Il faut savoir qu'autrefois on entendait par le mot *bannium*, les infractions aux ordonnances de police qui régissaient le territoire de chaque cité. Ces ordonnances faites par l'autorité municipale étaient ensuite ordinairement soumises à l'approbation de l'autorité supérieure, c'est-à-dire, du sénéchal résidant à Aix. Néanmoins je n'affirmerais pas qu'il en fût toujours ainsi, et je crois que l'on se passait quelquefois de cette approbation. En d'autres circonstances, le mot *bannum* signifiait la contravention ou délit commis dans les propriétés privées.

Dans ce système le bailleur, qui n'avait plus les animaux sous sa garde, aurait en réalité répondu du fait d'un tiers, puisqu'il se serait soumis à payer le dommage ou l'infraction au ban faits par ses bœufs, alors qu'ils étaient confiés à un autre. Cela me paraît difficile à admettre. J'aimerais mieux dire qu'il s'était chargé de tout impôt mis sur les bœufs, à raison de la dépaissance qu'ils pouvaient faire dans les pâturages communs ; car ces impôts établis par les muuicipalités sous le nom provençal de *reves*, étaient quelquefois désignés par le mot de *bans*. Cette explication me semble plus naturelle.

325. Je tiens un autre acte de bail à colonage partiaire passé entre simples particuliers, sur lequel il n'y a pas à se tromper. Le nom y est aussi bien que la chose :

« Anno M° CCC° XXIII° et die IX^a mensis Februarii, notum, etc. Quod nobilis Boniffacius de Rellania, gratis et sponte et ex sua certa scientia, dedit et concessit nobili Petro Chaussagrossi, dicti castri, omnes et quascunque terras suas quas ipse habet in territorio castri de Sancto Michaele, de hac die presenti in octo annis proxime sequentibus, cum pactis et conditionibus subscriptis, videlicet, quod dictus nobilis Petrus Chaussagrossi, pro cultivatione dictarum terrarum, debeat recipere quartam partem dictorum bladorum ex dictis terris provenencium, et dictus nobilis Boniffacius debeat recipere quintam partem : item, fuit de pacto inter dictos contrahentes quod, in adjutorio et pro subventione dicti laboragii, dictus nobilis Boniffacius, durantibus dictis octo annis, dedit et tradidit dicto nobili Petro Chaussagrossi herbam cujusdan prati appellati Chardonet :

« Item, fuit de pacto quod, durantibus ipsis octo annis, dictus nobilis Petrus Chaussagrossi teneat ad *logerium* [1] quoddam suum hospicium dicti nobilis Boniffacii de subtu et de supra, videlicet, *socaveam* [2] et *crotam* [3], et unum vas de quatuor viginti cupis, pro logerio cujuslibet anni duorum florenorum auri : item, fuit de pacto quod de ipse nobilis Petrus Chaussagrossi teneatur aptare dictam socaveam et crotam et vas expensis dictorum duorum florenorum auri : item, fuit de pacto quod si, durantibus dictis octo annis, guera vigebat, propter quam gueram dictus nobilis Petrus Chaussagrossi non posset cultivare dictas terras, quod eo tunc dictus nobilis Boniffacius nullum regressum habere possit contra nobilem Petrum Chaussagrossi : item, fuit de pacto quod, durantibus dictis VIII° annis,

[1] Loyer.
[2] Rez-de-chaussée.
[3] Cave.

tenente dictum logerium ipse Petrus Chaussagrossi teneatur facere aptari dictum hospicium usque ad quantitatem unius jornalis tantum et dumtaxat : item, fuit de pacto, retentis conditionibus supra scriptis, dictus Boniffacius de Rellania non possit nec valeat dictum *affare*[1] nullo modo per se nec per aliam interpositam personam infringere nec auffere seu removere dicto nobili Petro Chaussagrossi :

« Et predicta dicti contrahentes promisserunt tenere et observare cum omnibus dampnis expensis, etc. Sub obligatione omnium bonorum suorum, etc. Et propterea compelli voluerunt per Curias vice comitatus Rellanie.

« Actum ante botigam Jacobi Ahoni testes, etc. [2] »

326. Cet acte est extrait du *sumptum* tenu par un notaire fort négligent. Il est, par conséquent, mal rédigé, et je crois qu'il y manque une partie des conventions passées entre les parties. On pouvait les suppléer dans l'*extensoire*, mais leur ommission sur le *sumptum* est irréparable. Par exemple, il ne s'explique pas clairement sur le partage des fruits. Le fermier devait avoir le quart du blé ; le propriétaire le cinquième. A qui appartenait le restant ? Si nous n'avions que de pareils actes, notre instruction ne gagnerait guère.

327. Il existe dans l'acte une stipulation barrée et nulle, par conséquent, faite, selon toutes les apparences, au profit du bailleur, et qui nous apprend le sens que l'on doit attacher au mot *affare*. Elle porte : *item quod si durantibus dictis octo annis propter necessitatem opporteret venire ad dictum suum affare specialiter si*

[1] Maison.
[2] Notaire Raymond Gautier. — Notaire Mille, à Manosque.

uxor sua descederet quod hoc facere possit ». Ce passage prouve que, par le mot affare, le notaire entendait la maison que Boniface de Reillanne avait louée à Chaussegros. Ainsi notre acte contient à la fois un contrat de bail à ferme, et un contrat de bail à loyer.

328. Nous avons aussi des exemples de contrats de louage d'ouvrage. Cette sorte de contrat était même assez usitée, mais elle ne s'appliquait guère qu'aux domestiques.

« Anno M° CCCC° XXIIII° et die IIII ª mensis Februarii, notum, etc. Quod Autricus Chamossi, civitatis genere, ibidem presens, fecit pactum gratis et sponte et ex sua certa scientia de morando et stando cum sapiente viro magistro Gauffrido Gosii, habitatoris ville Manuasce, de hac die presenti in tribus annis proxime sequentibus, cum pactis et conditionibus subscriptis ; videlicet, quod dictus Autricus Chamosii promisit eidem magistro Gauffrido Gossii, durantibus dictis tribus annis, bene et legaliter servire in omnibus bonis moribus et honestis et nullo modo facere alium magistrum durantibus dictis tribus annis :

Et fuit pactum quod dictus magister Gauffridus Gossii eumdem Autricum Chamossii docere et instruere in legendo scribendo et cantando in ecclesia, et ipsum nutriri, induere, calciare sicut decet :

« Et fuit actum inter dictos contrahentes quod, pro tenendis dictis pactis, dictus Autricus Chamossii, casu quo nollet tenere supra dicta pacta, quod ipse se subnisit et compelli voluit per omnes Curias ecclesiasticas et seculares ubi ipse Autricus fuerit compulsus :

« Et predicta omnia et singula melius et firmius atendere dicti contrahentes promiserunt et juraverunt super sancta Dei evangelia et dicte partes pecierunt instrumentum. Actum Manuasce, etc[1] ».

329. Ici le contrat de louage d'ouvrage se trouve mêlé au contrat d'apprentissage, puisque le maître se charge d'apprendre à son domestique à lire, écrire et chanter à l'église, et qu'il ne lui donne pas de gages. Ceci, indépendamment de la qualification de *sapiens* que le notaire donne à Gossi, nous fait connaître sa profession. Sans aucun doute, il était instituteur.

330. A ce sujet, j'ai lu beaucoup de déclamations sur la misérable condition des classes inférieures dans ces temps reculés. Il y a du vrai et du faux dans ces déclamations. Sous le rapport matériel, le peuple n'était pas heureux ; comment n'en aurait-il pas été ainsi ? Les impôts étaient lourds, la guerre presque permanente, l'agriculture dans l'enfance, et il ne possédait presque rien. La bourgeoisie partageait son sort, car les causes de cette misère pesaient également sur elle. Mais sous le rapport moral, on avait plus de soins de lui. Cette bourgeoisie, contre laquelle il est devenu de mode de tant crier, que certains docteurs modernes déclarent n'être bonne à rien, que d'autres disent vivre aux dépens du peuple ; insigne fausseté, lâche calomnie ! Cette même bourgeoisie l'a tiré des langes de la barbarie. Partout où elle a existé en corps, elle s'est occupé du sort du peuple. Elle ne se dépouillait pas pour le vêtir, c'est vrai ; car donner est une vertu surhumaine que les prôneurs de philantropie pratiquent moins que personne. Mais elle cherchait à cultiver son intelligence. On l'en a récompensée par la plus noire ingratitude. Timides bourgeois, pauvres agneaux, qui ne savez que

[1] Notaire Raymond Gautier. — Notaire Mille, à Manosque.

tendre la gorge, en 1848 on fit de vous des loups cerviers !

331. Il faut avoir pénétré dans les arcanes des siècles passés pour avoir la preuve de la sollicitude de la bourgeoisie envers le peuple. Partout où cette classe a été prépondérante et a saisi l'administration, la diffusion des lumières a marché avec elle. Il n'était pas une commune de quelque importance qui n'eût un ou plusieurs instituteurs publics et gratuits. On n'a qu'à consulter sur ce point les registres des délibérations du conseil municipal de la ville de Forcalquier. On y verra qu'annuellement un des premiers soins du conseil était de s'assurer d'un maître d'école. Il était logé et bien payé. Il est curieux de voir l'insistance que mettait le conseil à engager les syndics à se pourvoir d'un magister capable, *idoneus*.

En 1493, un prêtre se présenta pour remplir l'emploi de maître d'école à Forcalquier. Il demandait quarante-cinq florins de gages. Le conseil chargea les syndics de traiter avec lui, et exigea qu'il eût un sous-maître, *baccalarius*, qu'il désigna [1].

On dira peut-être que la bourgeoisie profitait de ces établissements. Cela est vrai. Mais les écoles étaient publiques et gratuites, sauf pour les étrangers. Tous les enfants pouvaient les fréquenter ; et, en définitive, c'était la bourgeoisie qui payait, parce que les impositions municipales ne pèsent que sur ceux qui possèdent. On ne connaissait pas alors la gracieuse institution des octrois, que je ne me hasarderai pas de mettre au nombre des bienfaits de notre révolution.

332. Le contrat que j'ai rapporté contient deux con-

---

[1] Registre des délibérations, f° 346.

ventions distinctes. Le suivant est pur de tout aliage, seulement le maître contracte une obligation exceptionnelle à raison de la position exceptionnelle aussi de son serviteur :

« Anno M° CCCC° XXIII° et die IIII[a] mensis Februarii, notum, etc. Quod Petrus Hayhoni, castri de sancto Michaele, convenit et posuit pro pastore Antonium, ejus filium, de hac die presenti in unum annum continuum et completum, cum nobili Jacobo Cornuti, condomino dicti castri[1], cum pactis et conditionibus subscriptis ; videlicet, quod dictus nobilis Jacobus teneatur dare pro suis mercedibus quatuor florenos auri et induere et calciare unam camisiam et *famulerias*[2], et idem custodire durante dicto anno suis expensis viginti capras ; et fuit de pacto quod actento quod dictus Antonius pastor, est *rascassus*[3], quod ipse nobilis Jacobus Cornuti faciat ipsum sanare, expensis sui salarii dictorum quatuor florenorum auri ; item, fuit de pacto quod dictus nobilis Jacobus Cornuti teneatur dare pro salario dicti pastoris unum florenum in *denaratis*[4] dicti nobilis Jacobi : et supra dicta pacta tenere et observare dicte partes, unus alteri et alter alteri, obligaverunt omnia eorum bona presentia et futura et juraverunt :

« Et dicte partes pecierunt quilibet unum instrumentum, dictandum, etc. Actum in sancto Michaele, etc[5]. »

333. Il résulte d'un acte postérieur à celui de 1424,

---

[1] Le notaire se trompe. Jacques Cornuti était co-seigneur de Laincel.
[2] Sorte de vêtement. Peut-être une espèce de chemise, plutôt des souliers. Du Cange. sup. v° famulare.
[3] Teigneux, du provençal *rasquo*, signifiant teigne.
[4] En denrées. Du Cange. Gloss. v° denariata.
[5] Notaire Raymond Gauthier. — Notaire Mille, à Manosque.

que Geoffroi Gossi cumulait la profession de tuilier ou briquetier, avec celle d'instituteur. Il reçoit en effet un apprenti pour l'instruire dans la pratique de son art :

« Anno M° CCCC° XXV° et die XXVª mensis Februarii, notum, etc. Quod Petrus Denays, castri de Regussia, ibidem presens, promisit stare cum sapiente viro magistro Gauffrido Gossi, de Manuasca *teulerio*[1], hinc ad unum annum continuum et completum, cum pactis infra scriptis ; videlicet, quod dictus magister Gauffridus eumdem Petrum promisit bene et legaliter docere et instruere in arte theulerie, et dictus Petrus Denays promisit servire bene et legaliter per spacium unius anni dicto magistro Gauffrido, et ipse magister Gauffridus, promisit eumdem Petrum nutrire et providere in victu et vestitu secundum statum dicti Petri Denays; nec nonetiam dictus promisit durante dicto anno facere et cultivare terras et vineas et quemque alia opera honesta et licita :

« Et promiserunt, unus alteri et alteri, tenere et servare, etc. Et compelli voluerunt quilibet pro Curiis Manuasce, Apte, Sistarici, Forcalquerii et per Curiam camere rationum Aquis, et per quantumque aliam Curiam ecclesiasticam et secularem comitatuum, etc. Et ita quilibet juravit super, etc. De quibus, etc. Actum Manuasce, etc.[2] »

334. La transaction, acte fort important, auquel on avait très-souvent recours, était entouré de toutes les formalités possibles. Le commencement en était solennel:

« In nomine domini nostri Jesu-Christi amen. Anno incarnationis ejusdem millesimo tricentesimo quatri-

[1] Tuilier.
[2] Notaire Raymond Gautier. — Notaire Mille, à Manosque.

gesimo quarto; die decima octava mensis Februarii, decime tercie indictionis. Explorate fidei decrevit antiquitas, gestarum rerum seriem in munimienta conferre, ne lapsu preteriti temporis, memoriam preteritorum, edax consumat oblivio, sed fulta pocius scripture, testimoniis immortalis permaneat probatio veritatis. Hinc est quod, dudum orta controversia inter venerabile capitulum Vapinis, procuratores seu gestores dicti capituli, ex una parte ; et nobilem dominum Jacobum Arduyni, dominum castri de Esparrono et Bastide prope Raynerium, pro tribus partibus, et nepotes ejus, heredes quondam domine Bertrande Arduyne, dominos pro quarta parte, procuratores seu Baiulos eorumdem, ex altera ; ex eo et pro eo quod Hugo Maurini, Johannes Rostagni, Johannes Barbarini, Petrus Rostagni et Petrus Barbarini, homines et incole de Bastida predicta, dicentes et asserentes se esse homines dicti capituli, et propterea volentes effugere dominium et jurisdictionem dictorum dominorum d'Esparrono et Bastide predicte, recusantes parere Baiulis dominorum ipsorum, et ideo condempnati fuerunt per judicem ipsorum dominorum Esparroni. Super qua condempnatione diu extitit alterquatum in Curia Archiepiscopali Aquense, nam Baiuli dictorum dominorum moniti fuerunt quod revocarent condempnationes et pignorationes inde secutas, quia asserebatur jus capituli usurpatum, nam ipsi homines homagium fecerant dicto capitulo seu alii recipienti nomine ejusdem, et asserebatur quod jurisdictio dictorum hominum ad dictum capitulum pertinebat ; et contra fuit allegatum pro parte dominorum Esparroni et Bastide, quod dicta homagii prestatio infideliter facta fuit et ignorantibus dominis, et super jurisdictione temporali nullum jus contulit capitulo, nam homines non sunt domini membrorum suorum, nec habent aliquam jurisdictionem sui ipsius, et quod non habebant non potuerunt trasferre in alium ; et predicti domini de Esparano, de dominio et jurisdictione eorum, tam in locis predictis et territorio, quam in hominibus ibidem delinquentibus et contrahentibus, clarissime hostenderunt et possunt hostendere, et de possessione et quasi possessione in qua sunt et longissimis temporibus stéterunt. Quapropter officcialis Curie Archiépiscopalis Aquensis, Baiulos et homines dominorum Esparroni qui ad instantiam dicti capituli excomunicati denunciabantur, ad cautelam absoluit, et condempnavit procuratorem dicti capituli in expensis, et licet procurator dicti capituli appellaverit, appellationem suam prosecutus non fuit ; et nihilhominus ratione exercicii jurisdictionis post modum facti per Baiulos dominorum Esparroni et Bastide, ad instanciam dicti *capituli*, in Curia Episcopali Vapineensi fuerunt renovati processus, et monitiones, a quibus fuit eciam iterum appellatum et super illis dyucius alterquatum. Tandem ordinatione et mandato reverendi patris et domini D., Dei gratia Vapineensis Episcopi, fuit actum et tractatum quod dicta controversia per transactionem et concordiam amicabiliter finiretur, et daretur potestas transigendi et concordia faciendi, quondam venerabili viro domino Raymundo Baboti, Archidiacono Ebredunens et canonico Vapineensis ecclesie, et nobili Chabaudo, domino Ventayrolii, qui erant amabiles dictarum parcium, et pacis et concordie zelatores ; quibus per partes ipsas fuit data potestas, plena et libera, transigendi et concordiam faciendi ; et inde debuerunt fieri puplica instrumenta.

Qui pacis tractationes diversa colloquia inter se habuerunt. Et volentes evitare anfractus et dispendia litium, et odia et pericula que ex litibus consueverunt oriri, meliora prospicientes, pro ecclesia, que semper debet velle quod est justum et equum ; et considerantes eciam, quod probationes dicti pro parte capituli super jurisdictione temporali dictorum hominum erant frivole et intentio dominorum Esparroni erat fundata de jure communi et probabatur, etc. Per puplica instrumenta, et eciam predicti homines de Bastida de quibus erat contencio confessi fuerunt, quod semper banna fracta, per eos vel eorum familiam, consueverunt solvere, dominis dictorum locorum seu eorum Baiulis, et ex aliis rationibus que eos juste moverunt, ordinaverunt et voluerunt quod dictum capitulum remitteret omne jus dominii et jurisdictionis temporalis, quod habebat vel habere visus erat, in dictis hominibus vel aliis in dictis locis habitantibus, dominis de Esparrono seu eorum procuratori, et quod nullum jus jurisdictionis, vel dominii in dictis hominibus seu aliis, seu in loco de Bastida, et territorlo Esparroni habere pretendat, nec de dominio et jurisdictione, temporali aliquam controversiam faciat in futurum, nec in illis locis aliquam temporalem jurisdictionem aquirat per se vel alium, sine voluntate, dominorum predictorum et successorum ipsorum ; salvo remanente, jure capitulo super possessionibus serviciorum, sensuum, laredimiorum et dominio dictarum possessionum, et investituris earumdem, et aliis juribus de quibus non fuit controversia facta, quibus procuratores infra scripti non intendunt prejudicare dicto capitulo nec in aliquo derogare. Voluerunt, etc. Et ordinaverunt, pro bono pacis et concordie, quod dicti domini de Esparrono dent et tradant et assignent dicto capitulo, seu sindico et procuratori ejusdem, quandam vineam quam habent in territorio dicti castri, loco dicto al Lengon, quam habuerunt a preposito Chardaonis : nec non dent et assignent dicto capitulo decem eminas quinque annone, et quinque bladi, ad mensuram dicti castri, sensuales, perpetuas, super certis possessionibus solvendis in festo omnium sanctorum : directo dominio dicte vinee et possecionum assignandarum, dominis dicti castri reservato, ita quod si dicte possessiones alienarentur, salvo dicto sensu ecclesie, domini Esparroni, qui sunt vel pro tempore fuerunt, habeant jus laudandi et trezenum recipiendi. Qua transactione ordinata per dictos electos, dictus quondam dominus Raymondus Baboti, antequam recitaretur et firmaretur per partes, fuit ab hac luce substractus. Sane dictus dominus Jacobus Arduyni, cupiens cum dicto capitulo, et cum omnibus hominibus pacem habere, scripsit dicto domino Vapineense Episcopo quod ob reverenciam ejus, ordinationem tractatam per predictos electos paratus erat observare, licet injuste fuerit agravatus in ea. Ad quod pro parte dicti capituli nullum fuit datum responsum ; et ideo dictus dominus Jacobus, habita delliberatione consulta cum peritis, volens omnino quod dicta controversia finiretur et determinaretur per judicem competentem, impetravit judicem, a domino senescallo provincie ad quem pertinet cognitio dicte controversie realis et temporalis, sub cujus jurisdictione dicta loca et territoria tenentur et possidentur. Coram quo judice, libellum obtulit, et dictum capitulum semel et iterum citatum fuit, certo die ; quo die venerabilis vir dominus Guillelmus Pellegrini, canonicus ecclesie Vapineensis et discretus vir dominus Jacobus Martha, jurisperitus, procuratores generales et speciales ad dictam causam, ut apparet per instrumentum scriptum, ut in eo legitur manu Jacobi Sancti, notarii puplici, anno Mº CCCº XLIIIIº die IXº mensis Februarii; procuratorio nomine dicti capituli competentes, in die assignata, coram nobili viro domino Andrea de Crota, milite et juris civilis professore, magne que Reginalis Curie magistro rationali, judice comissario in causa predicta, ex una parte; et Raymundo Lhautardi, procuratorio nomine domini Jacobi Arduyni, ex altera; presente eciam ibi dicto domino Jacobo Arduyni. Suadente et ordinante dicto domino Andrea, judice comissario ordinanto per dominum senescallum ressumpserunt et eciam pervenerunt ad tractatum concordie dudum ordinatum, per dictum quondam Raymundum Baboti et Chabaudum dominum Ventayrolii. Super quo tractatu dictus dominus Guillelmus Pellegrini et eciam dominus Jacobus Martha habuerunt diversa colloquia cum dicto domino Jacobo Arduyni, qui propter reverenciam dicti domini Vapineensis Episcopi, cui scripserat se velle servare predictam concordiam ordinatam per dictos tractatores, licet post modum pro parte dicti capituli fuerit vexatus in debite laboribus et expensis; timens plus scandalum quam futurum judicium et peccata et odia, que comuniter in litigiis comituntur, et quia jam consenserat in dicta concordia ad suasionem et preces dicti domini Ventayrolii; ad redimendam vexationem, assensum prebuit quod dicte concordie prout supra est scripta consentiret, si tamen dicti procuratores nomine capituli facerent illud idem. Et ideo ambe partes predicte, videlicet dictus dominus Guillelmus Pellegrini, canonicus, et dictus

Jacobus Martha, procuratores ut supra, nomine dicti capituli, ex una parte ; et dictus dominus Jacobus Arduyni, nomine suo et nomine nepotum suorum, ex altera ; concorditer voluerunt et ad invicem per solemnem stipulationem promiserunt stare supra scripte concordie, sub pena centum librarum hinc et inde solemniter stipulata, et dictus dominus Jacobus Arduyni pro se et nepotibus suis faciet et procurabit quod dicta ordinatio cum effectu servetur, et possecio dicte vinee tradatur ; et quod eciam assignentur possessiones in quibus dictum capitulum recipiat dictum sensum ; et predicti procuratores, versa vice facient et procurabunt cum effectu, quod dominus Episcopus et capitulum approbabunt et ratifficabunt predicta, et ex nunc ipse partes hoc facient. Cedentes alter alteri omnia jura, actiones, et rationes, que habent et habere visi sunt in rebus que debent in transactione venire, et quod non facient nec venient contra ordinata predicta, per se vel alios, sub pena predicta, que comitatur et applicetur parti observanti, quocienscunque contra ventum esset per quenquam : et nihilominus presens transactio in suo robore perseveret, et pro observancia predictorum dicti procuratores obligaverunt omnia bona dicti capituli presentia et futura ; et dictus dominus Jacobus obligavit omnia bona sua, et nepotum suorum presencia et futura; et ambe partes, juraverunt, presentem transactionem servare, tactis evangeliis sacro sanctis ; predicta omnia et singula fuerunt inter dictas partes solemniter acta, et solemni stipulatione vallata; et fuit renunciatum per ambas partes, exceptioni doli et in factum ; et exceptioni sine causa; privilegiis et rescriptis impetratis et impetrandis; et omni juri et rationi per que possent contra venire de jure vel de facto : fuit tamen protestatum per dictum dominum Jacobum Arduyni, ante et post, quod si aliqua vel subtilitate allegata, presens transactio non sortiretur effectum, per aliqua supra dicta vel scripta non intendit renunciari liti nec alicui juri suo, nec confiteri quod dictum capitulum in dictis hominibus jurisdictionem habeat temporalem, et quod omnia jura sibi competencia et competitura sint salva ; et dicti domini Guillelmus et Jacobus similem protestationem fecerunt pro utilitate dicti capituli ; et quod presens instrumentum possit dictari semel et plurius, cum additione et diminutione clausularum, facti substancia non mutata ; et petitum fuit per ambas partes, per me notarium infra scriptum eis fieri puplicum instrumentum vel instrumenta. Actum Aquis, in claustro monasterii Beate Marie de Nazaret, presentibus, etc [1]. »

335. Plusieurs enseignements importants découlent de cette pièce, que j'ai cru devoir rapporter tout au long.

Il paraît que le clergé traitait ses vassaux avec plus d'indulgence que ne faisaient les gentilhommes, puisque les habitants d'Esparron et de la Bastide s'efforçaient de passer sous le domaine du chapitre de Gap. Ils avaient si bien agi pour cela, qu'ils avaient fait excommunier les officiers du seigneur par les tribunaux ecclesiastiques, au point qu'il fallût une sentence de l'officiat d'Aix, pour les en relever.

336. La transaction contient un passage qui semble contredire ce que j'ai avancé à plusieurs reprises, relativement à la liberté personnelle des vassaux. Elle porte en effet les expressions suivantes, qui paraissent significatives : *nam homines non sunt domini membrorum*

---

[1] Notaire Guillaume Autric, f° 18 v°. — Notaire Mille, à Manosque.

suorum, nec habent aliquam jurisdictionem sui ipsius, et quod non habebant non potuerunt transferre. Bien que cela semble fort clair, je persiste néanmoins à penser qu'il ne faut pas en induire une idée de servage, c'est-à-dire, que les vassaux ne fussent pas maîtres de leur personne. Ce passage ne doit pas être pris littéralement, mais dans un sens figuré. Il signifie que les roturiers, soumis à un seigneur, ne pouvaient se créer une juridiction, et sortir à leur gré du domaine de leur seigneur, quant à leurs rapports judiciaires et féodaux. Cela était vrai alors, et c'est encore vrai en partie aujourd'hui, où nul ne peut, sans le consentement de la partie adverse, abandonner la juridiction des tribunaux compétents, pour recourir à d'autres juges. Nous ne pouvons encore, quoique plus libres que nos ancêtres, transférer brusquement notre domicile d'un lieu à un autre. Il faut, pour que ce transfert produise quelque effet, remplir certaines formalités, et observer un certain délai.

Je crois, par conséquent, qu'on ne doit pas conclure de ce passage que les vassaux fussent attachés à la glèbe. J'ai donné la preuve du contraire, quand j'ai rapporté des actes de changement de domicile. A coup sûr, les individus qui venaient habiter Aix et Forcalquier, avaient déserté la mouvance de leur seigneur ; car dans ce temps florissait l'axiome, nulle terre sans seigneur. Cela leur eut été impossible, s'ils avaient été serfs. Je le répète, en Provence on ne rencontre nulle trace de servage. C'est peut-être ce qui avait donné naissance à ce sentiment d'égalité, qui n'avait pas attendu la mémorable année de 1789 pour se manifester.

337. Nous trouvons dans cette transaction la preuve de l'existence d'un usage singulier, dont nous avons

peine à nous rendre compte. Les gens d'Esparron et de la Bastide, ayant décliné la mouvance de Jacques Ardouin, furent condamnés pas les officiers de celui-ci. Le chapitre ne trouvant pas cette condamnation à son gré, ce qui se conçoit, les fit avertir de révoquer leur sentence et d'annuler les saisies qu'ils avaient faites, car alors on mettait lestement la main sur les biens : *nam Baiuli dictorum dominorum moniti fuerunt quod revocarent condempnationes et pignorationes*. Il ne s'agissait rien moins, ainsi qu'on le voit, que de faire renverser une sentence par le juge même qui l'avait rendue. Aujourd'hui, que nous avons d'autres idées, cela nous paraît extraordinaire. En 1344 c'était tout simple.

338. Le compromis passé entre les parties ayant été annulé par le décès de l'un des arbitres, le procès reprit son cours. Des officiers du seigneur, il avait passé à la Cour archiépiscopale d'Aix, par le motif, sans doute, qu'un corps religieux y était intéressé. Là, le chapitre de Gap perdit son procès. Il émit appel du jugement et ne le suivit pas. Peu après, et je ne sais par quelle involution de procédure, le tribunal ecclésiastique de Gap s'en trouva saisi. C'est alors que le seigneur d'Esparron, se méfiant à bon droit de la juridiction devant laquelle ou voulait l'amener, se pourvut, non pas en règlement de juges, car il n'y avait pas conflit, mais demanda qu'il lui fût donné un juge, par le sénéchal de Provence, parce qu'il s'agissait d'une cause réelle et temporelle, qui était essentiellement de la compétence des juges ordinaires. Il fut fait droit à cette demande, et le sénéchal désigna l'un des maîtres rationaux de la cour des comptes.

La procédure, à cette époque, était un vrai dédale dont il est impossible de trouver le fil. Chacun prenait le juge qui lui convenait, et l'abandonnait ensuite. On appellait d'un jugement et, laissant là cet appel, on revenait devant une autre juridiction. C'est à n'y rien comprendre, mais ce qu'il y a de plus extraordinaire pour nous, habitués que nous sommes à voir, d'un coup d'œil, quel tribunal nous devons saisir, c'est que la compétence des juges n'était pas déterminée ; c'est qu'il paraît qu'aucun d'eux n'avait d'attributions bien fixes. Il fallait que le seigneur d'Esparron ne sût à qui s'adresser, puisqu'il recourut au sénéchal afin d'en obtenir un juge. Il serait bon de savoir si ce magistrat, détourné de ses occupations habituelles, car c'était un des maîtres rationaux, jugeait en première instance, ou souverainement ; et, dans le premier cas, de qui il ressortissait. Il faudrait, pour répondre à ces questions, et pour comprendre toutes ces énormités, connaître l'organisation judiciaire dans le temps dont nous parlons. Mais, en supposant qu'il existe encore des documents propres à éclaircir ce mystère, quel sera celui qui aura le temps et la patience de les consulter !

339. Il était d'usage, quand une transaction était passée, de la rendre obligatoire au moyen d'une clause pénale y attachée. Ainsi, dans celle dont il s'agit, les parties stipulèrent que celui qui n'observerait pas la transaction payerait cent livres à sa partie adverse. La même stipulation se remarque dans les compromis. Quant aux arbitres, ils attachaient toujours une peine pécuniaire à l'exécution de leur sentence.

340. La transaction du 18 février 1344 ne satisfit pas le chapitre de Gap. On a vu que ses mandataires s'étaient engagés à rapporter sa ratification, en même temps que Jacques Ardouin s'obligeait à obtenir celle de ses

neveux. Quand le chapitre fut sommé d'approuver ce que ses mandataires avaient fait, il refusa net.

« Anno Mº CCCº XLVº, die VIIª mensis Maii, XIII indictione, hora *completorii* [1], etc. Sit notum quod, cum nobilis Jacobus Arduyni, dominus pro tribus partibus Sparroni et Bastide prope Raynerium, Baiulie Sistarici et Vapineensis diocesis, volens adimplere promissa et jurata per eum in transactione facta inter eum, nomine suo et nomine heredum quondam domine Bertrande Arduyne, nepotum suorum, ex una parte ; et venerabilem virum dominum Guillelmum Pellegrini, canonicum Vapineensem et dominum Jacobum Marta, jurisperitum, procuratores capituli Vapineensis, ex altera ; in qua actum fuit quod idem dominus Jacobus Arduyni curaret et faceret quod heredes dicte quondam domine Bertrande approbarent et ratifficarent transactionem predictam juratam et penali stipulatione vallatam, misit apud Vapineum nobilem Bernardum Arduyni, filium et heredem dicte quondam domine Bertrande, pro dicta transactione ratifficanda, nec non et magistrum Bertrandum Richelmi, procuratorem suum ; qui existentes, in capitulo Vapineense ubi erant congregati domini Gaucherius de Monte Albano, decanus, Guillelmus de Sparrono, archidiaconus, Guilelmus Pellegrini, Guillelmus de Villamuris, canonici ecclesie Vapineensis, more solito congregati, legerunt tenorem dicte transactionis, in presentia dominorum Rostagni Guigonis, Raymundi Chassanhe, cappellanorum, et requisierunt prenominatos canonicos congregatos in capitulo, quod aprobarent et ratifficarent transactionem predictam, cum predicti dominus Guillelmus Pellegrini et dominus

[1] Complies

Jacobus Martha, promiserunt et juraverunt hoc se acturos et curatoros; qui omnes canonici et singuli unanimiter responderunt, quod non facerent nisi emine bladi et auctione darentur, cum pleno dominio, et jure laudandi et trezena percipiendi, quia nil tenebat sub jurisdictione dictorum dominorum, nec tenere volebat; et cum fuisset eis replicatum per dominum magistrum Bertrandum, quod procuratores dicti capituli hoc facerant et juraverant ; responderunt dicti canonici quod quamvis essent procuratores dicti capituli, non potuerunt facere dampnum ecclesie. Qui predicti Bernardus, et magister Bertrandus, audita responsione dictorum canonicorum, eodem die apud Sistaricum redierunt, et predictam responsionem et gesta in dicto capitulo refferentes dicto domino Jacobo Arduyni, idem dominus Jacobus Arduyni sibi peciit fieri publicum instrumentum de predicta responsione et omnibus supra contentis. Actum Sistarico presentibus, etc. Et me Guillelmo Autrici, de Sistarico, notario puplico, etc. Qui in dicto capitulo apud Vapineum personaliter interfui et in mei presentia et dictorum testium predicti canonici predictam responsionem fecerunt, et requisitus et rogatus per dictum dominum Jacobum Arduyni hoc instrumentum scripsi propria manu signo que meo consueto signavi[1]. »

En l'état de ce refus, le procès dut recommencer. Combien de temps dura-t-il, et comment finit-il? Je n'en sais rien. Mais il me semble que les chanoines de Gap eussent mieux fait de dire leurs complies et d'accepter la transaction. Je n'ai cité cet acte que pour montrer jusqu'où allait l'outrecuidance des notaires. En

[1] Notaire G. Autric, f° 37 v°. — Notaire Mille, à Manosque.

voilà un qui, non content d'instrumenter dans toute la Provence, sort de son ressort, va interpeller le chapitre de Gap, et dresse acte de ses réponses. Notez que, pendant cette opération, il était flanqué des quatre témoins de Sisteron qui l'avaient assisté lors du rapport fait par les mandataires de Jacques Ardouin. En vérité, c'était par trop de licence.

341. Le compromis était un acte très-usité. Il l'était bien plus qu'aujourd'hui, par la raison que, dans le XIVe siècle, un procès était autrement long et dispendieux. Cet acte comportait une phraséologie sacramentelle, dont les notaires ne s'écartaient guère.

« Anno M° CCC° XLV°, die xx mensis Maii, notum sit, etc. Quod cum questionis materia vita esset seu oriri speraretur inter nobilem virum Jacobum Arduyni, ex una parte ; et nobilem virum dominum Berengarium Audeberti, militem, Guillelmum Arney, Rixendam, ejus sororem, heredes domini Petri Arney, quondam, et Albaricum Arney, de Aquis, ex altera ; super dominio et proprietate cujusdam devensi vocati Arneyorum, situm ad Pronhonum : hinc est quod predicti dominus Jacobus et dominus Berengarius Audeberti, et magister Johannes Ferrerii, notarius, procurator et procuratorio nomine dictorum Guillelmi Arney, Rixendis ejus sororis, et Albarici Arney, habens potestatem compromittendi, ut constat instrumento facto manu Johannis Ferrerii, notarii publici, de predictis questionibus et omnibus dependentibus ex eisdem, compromiserunt alte et basse in nobiles viros dominos Albertum Curaterii, Bulgarinum de Thiboldis, jurisperitos, tanquam in arbitrios et arbitratores et amicabiles compositores per ipsas partes electos, quibus dederunt plenam et liberam et omnimodam potestatem jura ipsarum parcium videndi, examinandi, et causam ipsam fine debito terminandi summarie et de plano, sine strepitu, forma et figura judicii, diebus feriatis vel non feriatis, sedendo vel stando, partibus presentibus vel absentibus, vel una presente et altera absente, citatis vel non citatis; et promiserunt predicte partes, omnia et singula que ipsi dominus Albertus et dominus Bulgarinus, arbitri et arbitratores et amicabiles compositores, duxerint judicanda et ordinanda super predictis, tenere et observare, et contra non facere vel venire per se vel per alium, ymo statim cum prolata seu ordinata, fuerint per eosdem ipsa amologare, et confirmare et non apellare, reclamare, seu recurrere ad arbitrium boni viri, sub pena centum librarum, a, parte parti stipulata et promissa, que tociens comittatur quociens contra ordinationem ipsarum dominorum Alberti et Bulgarini ventum fuerit per aliquam parcium predictarum; qua comissa et soluta nihilominus omnia ordinata per ipsos dominos arbitratores plenam habeant roboris firmitatem; renunciantes ipse partes, ex pacto, omni apellationi, reclamationi, recursui, doli exceptioni et omni alii juri; et ita atendere juraverunt, sub obligatione et ypotheca omnium bonorum suorum presencium et futurorum; et voluerunt quod presens compromissum duret usque per totum instantem mensem Junii et interuit quandocunque: et fuit actum quod presens compromissum possit dictari, reffici, corrigi et meliorari per dictos dominos Albertum et Bulgarinum et per quemlibet ipsorum ad omnimodam eorum voluntatem, sic quod omnia per eos ordinata, plenam obtineant roboris firmitatem ; et fuit actum et de voluntate dicti domini Jacobi Arduyni quod tempora fatalia non possint incurrere pro dicto magistro Johanni Ferrerii procuratorio, nomine quo supra, in causis appellationum interpositarum per eum que in appellationum auditorio presentialiter ventilantur, nec tempus possit ei incurrere supradictis nominibus quoquomodo ; de quibus, etc. Ambe partes pecierunt eis fieri unum vel plura puplica instrumenta, dictus dominus Jacobus Arduyni per me notarium infra scriptum et dicti dominus Berengarius Audeberti et magister Johannes Ferrerii, nominibus quibus supra, per magistrum Bartholomeum Tornaquenchi, notarium publicum. Actum Aquis, in prato fratrum predicatorum. Testibus, etc. » Suit la mention de la présence de quatre témoins [1].

342. Aux termes de ce compromis, ainsi que de tous les compromis du monde, les arbitres avaient le droit de juger comme ils l'entendaient ; *alte et basse*, du haut en bas ; absolument comme s'il s'était agi de ramoner une cheminée. De plus, leurs pouvoirs expiraient aux terme fixé. De leur côté, les parties se trouvaient engagées à l'exécution de la sentence arbitrale par une clause pénale de cent livres, laquelle devait être encourue par la partie récalcitrante, au profit de celle qui voulait exécuter la sentence. Indépendamment de cette clause pénale, les parties renonçaient réciproquement à tout appel ou recours. Il paraissait donc difficile de se soustraire à l'exécution du jugement arbitral ; cependant le contraire arrivait souvent, malgré toutes les renonciations précédemment faites.

[1] Notaire G. Autric, f° 38. — Notaire Mille, à Manosque.

343. Au nombre des recours ouverts contre les décisions de cette nature, s'en trouvait un qui était singulier, quant à la juridiction devant laquelle il était porté, si je puis me servir de ce nom. Ainsi les parties renoncent expressément à recourir contre le jugement arbitral devant un *prudent, ad arbitrium boni viri*. Il y avait donc une autre voie que celle de l'appel pour faire réformer un pareil jugement, et ce que le juge supérieur ne pouvait ou ne voulait pas faire, on l'obtenait d'une personne privée que la partie réclamante investissait d'un pouvoir dictatorial. Cela est vraiment extraordinaire.

Cependant cet usage existait. J'en ai déjà donné la preuve. Il est bon de la répéter, pour qu'il ne reste aucun doute.

Dans un acte déjà cité, lequel est à la date du 18 septembre 1345, on lit ce qui suit :

« Eo quia idem dominus Jacobus Arduyni dicebat dictum quondam Raymundum indebite recurrisse ad arbitrium boni viri, a quadam sentencia lata per dominos Jacobum Jusberti, juris civilis professorem et Johannem Muncii, jurisperitum, de Aquis, quondam arbitros et arbitratores et amicabiles compositores, tunc viventes electos, per dictum dominum Jacobum Arduyni, ex parte una, et dictum Raymundum Arney quondam, tunc viventem, ex alia, etc[1]. »

Par suite, le juge d'Aix condamna Raymond Arney à payer à Jacques Ardouin, la somme de cinquante livres montant de la clause pénale insérée dans le compromis. Voilà donc un point constant, mais non pas élucidé, car je ne m'explique pas ce recours *arbitrio boni viri* lorsque déjà des arbitres avaient statué.

[1] Notaire G. Autrie, f° 47. — Notaire Mille, à Manosque.

344. Jacques Ardouin consentit à ce que le compromis n'influât pas sur les instances pendantes, en appel, entre les parties ; *quod tempora fatalia non possint incurrere in causis que in appellationum auditorio presencialiter ventilantur.* Il paraît que, en présence du compromis et malgré lui, les adversaires plaidaient encore en appel. Encore un fait que je ne comprends pas, car, si le compromis terminait tout, l'instance d'appel n'avait pas besoin d'être maintenue.

345. Il ressort de ce passage que l'appel devait être vidé dans un délai de rigueur : *tempora fatalia*. Le consentement donné par Jacques Ardouin avait pour objet de l'empêcher de courir : *quod non possint incurrere*. Mais quel était ce délai ? Je n'ai pas pu le savoir.

346. Ici nous trouvons encore l'intervention de deux notaires. Mais cette fois c'est pour la délivrance des expéditions. Jacques Ardouin recourra à Guillaume Autric, qui est son notaire affidé ; et les parties adverses à Barthélemy Tornaquenchi. De telle sorte que l'officier qui n'avait pas reçu l'acte, était admis à l'expédier. Celui-là aussi devait le corriger et le remanier dans l'intérêt de ses clients. (Voir n° 320.)

347. L'un des arbitres portait un prénom qui est aujourd'hui tombé en désuétude, parce qu'il est devenu un qualificatif injurieux, au point que nul homme bien élevé n'ose se permettre de le prononcer : *Bulgarinus* ; ce nom aujourd'hui plein d'opprobre, que quelques uns mitigent avant de le mettre en circulation, sur lequel *Voltaire*[1] a exercé sa verve railleuse, dont *du Cange*[2] recherche plus gravement l'origine, était

[1] Esprit de l'encyclopédie. V° B.....
[2] Glossaire. V° Bulgari.

jadis très-innocent, puisqu'il fut porté par des hommes honorables. Par quel concours de circonstances est-il devenu le synonyme d'un vice honteux ou d'hérésie ?

348. Le compromis dont je viens de parler n'ayant pas ramené la paix entre les parties, puisque Raymond Arney recourut de la sentence arbitrale *ad arbitrium boni viri,* il en fut passé un autre à la date des 18 septembre 1345. Les termes en sont les mêmes que ceux des compromis précédents, sauf quelques variantes dans le style. Seulement il est plus détaillé, et au lieu de deux arbitres on en nomma trois.

« Compromiserunt in, etc. Ad examinandum, audiendum, firmendum, sententie que calculo terminandum questiones predictas et omnes alias et singulas dependentes, seu emergentes ex eis, prout ipsis dominis arbitris de jure vel de facto videbitur expedire, ad eorum libitum, voluntatem summarie et de plano, etc. Dantes, etc. Plenam liberam et omnimodam potestatem predictas questiones et controversias, et omnia ex eis dependencia, audiendi, videndi, examinandi, declarandi, determinandi, diffiniendo et sentenciandi ac dandi de jure, unius parcium alteri, de jure vel de facto, summarie et de plano, sine strepitu, forma et figura judicii, diebus feriatis et non feriatis, sedendo vel stando, presentibus ipsis partibus vel etc. Et alias prout eisdem dominis arbitris melius et utilius et congruencius de jure vel de facto videbitur expedire, tempore feriato vel non feriato, in omni et quocunque loco quem ipsi domini arbitri maluerunt ordinare seu eligere : promittentes dicte partes bona fide et sub ypotheca, etc. Et sub pena quinquaginta librarum, a parte parti, stipulata, etc. Quod ipse partes omnia et singula per ipsos dominos arbitros, etc. Dicenda, facienda, ordinanda, mandanda, precipienda, arbitranda et judicanda, rata et firma habebunt perpetuo et tenebunt, et nullo unquam tempore contravenient vel contra facient per se vel aliam personam interpositam, verbo vel facto, vel alio quovis modo, tacite vel expresse, in judicio vel extra; nec recurrent ad boni viri arbitrium, nec eciam appellabunt : quinymo omnia et singula per ipsos dominos arbitros agenda, facienda, ordinanda, mandanda, precipienda, et judicanda firmiter obtinebunt et totaliter eis obedient et obtemperabunt ; et contra ipsa seu eorum aliquod non facient aut venient modo aliquo ut est dictum, sub ypotheca, etc. Et sub pena predicta tociens comittenda, parti obedienti, per partem inobedientem, quociens contra ordinationem ipsorum dominorum arbitrorum, arbitratorum et amicabilium compositorum ventum fuerit seu in aliquo contradictum per aliquam parcium : qua pena comissa et soluta, nihilominus omnia universa et singula, que ordinata, facta, acta, mandata, precepta, arbitrata et judicata fuerint per eosdem dominos arbitros etc. Plenam habeant perpetuo et obtineant roboris firmatatem : renunciantes ipse partes, ex pacto, omni appellationi, recursui, reclamationi, doli exceptioni, et omni alii juri canonico et civili, quo possent contra predicta venire, vel aliquid infringere de eisdem ; et predicta omnia universa et singula attendere et complere, et contra in aliquo non venire vel facere per se vel per alium, tacite vel expresse, promiserunt ipse partes : dictus scilicet magister Johannis Ferrerii, procuratorio nomine quo supra, sub ypotheca et obligatione omnium bonorum dicte Rixendis, et prescripti alii superius nominati bonornm suorum presencium et futurorum ; et supra sancta Dei evangelia, corporaliter manu tacta per quemlibet eorumdem, eciam juraverunt ; et dictus magister Johannes Ferrerii in animam dicte Rixendis : et fuit actum quod presens compromissum possit dictari, corrigi et meliorari per dominos arbitros ad eorum omnimodam voluntatem, taliter quod plenam roboris obtineat firmitatem. De quibus etc. Prefatus dominus Berengarius unum per me, et aliud per magistrum Rostagnum Ferrerii, notarium, de Aquis, ibidem presentem, nec non et idem dominus Jacobus per me dictum Guillelmum Autrici, instrumenta publica sibi fieri postularunt ejusdem continencie et tenoris. Actum Aquis, in palacio Reginali, in magna aula, in presencia [1]. » Suivent les noms de quatre témoins.

349. Dans ce compromis, plus complet que le premier, le notaire a pourtant oublié une chose essentielle Il n'y est pas dit dans quel délai les arbitres devront statuer. Peut-être y avait-il, en ce temps là, quelque disposition soit légale, soit de coutume, analogue à celle de l'article 1012 de notre Code de procédure civile, fixant un délai dans le cas où il n'aurait pas été réglé par le compromis. Mais il m'a été impossible de le savoir. Quoi qu'il en soit, les arbitres ainsi nommés rendirent leur sentence le même jour, dans le même lieu, et en présence des mêmes témoins. Ce qui me fait conjecturer que le compromis et la sentence avaient été convenus et préparés d'avance.

350. Mais avant de rapporter la teneur du jugement arbitral, je dois insister sur une singulière coutume dont j'ai déjà parlé. Il était d'usage que les mandataires

[1] Notaire G. Autric, f° 47 v°. — Notaire Mille, à Manosque.

jurassent sur l'âme de leurs constituants. Cela se remarque dans le compromis ci-dessus où Jean Ferrier, mandataire, jure sur l'âme de Rixende Arney, sa constituante : *in animam dicte Rixendis*. Cette faculté était de style dans tous les contrats de mandat. Voici maintenant la sentence arbitrale. Elle terminera l'article *compromis*. On se souviendra que ces deux actes sont à la même date, c'est-à-dire, du 18 septembre 1345 :

351. « Postque, anno et die predictis, dicti domini arbitri arbitratores, et amicabiles compositores, ut supra electi, in presencia mei dicti notarii et testium prescriptorum sedentes pro tribunali in aula magna Aquensis fortelicii Reginalis, quem locum ad hanc sentenciam cognitionem seu arbitrationem proferendam sibi elegerunt, ad ipsam proferendam cognitionem, sentenciam seu arbitrationem dictis partibus presentibus processerunt, ut sequitur infra, videlicet : tandem nos prefati arbitri, arbitratores et amicabiles compositores, inter ipsas partes electi ; cupientes tocius questionis matériam inter partes ipsas sopire : visis, et cum matura deliberatione examinatis, juribus earundem, et *collatione*[1] cum eis frequenter habita, ad veritatem habendam et concordiam inducendam, pro bono pacis et concordie inducende ; Christi nomine invocato ; ex virtute et vigore potestatis nobis atribute, in compromisso prefato concorditer ordinamus, laudamus, arbitramus, diffinimus, mandamus, dicimus atque precipimus, quod licet de jure vel juris rigore attacto, dictum deffensum videautur in comissum cecidisse dicto domino Jacobo Arduyni, quod nihilominus, pro bono pacis et concordie, ipsa comissione non

[1] Pour colloquio.

obstante, deffensum ipsum ejus que possessionem naturalem ipse dominus Jacobus reddat et restituat dictis Albarico, et Guillelmo Arney, ac dicto magistro Johanni Ferrerii, procurator dicte Rixendis, et per eum ipsi Rixendi tenendum et possidendum per eos, cum solito et consueto jure *bannnerandi*[1], et venandi in ipso, et comitentes in eo *banna pignorandi*[2] ; et omne jus comissi hucusque incursi per eos vel predecessores eorum de dicto deffenso, eis omnino remittat pro se et successoribus suis : arbitrantes, mandantes, atque precipientes, virtute potestatis premisse, quod dicto jure comissi aliquatenus non obstante, dictum deffensum et ipsius naturalis possessio restituatur eisdem cum solito et consueto jure eorum bannerandi et venandi in eo ut supra ; quod jus comissi ex nunc declaramus et volumus esse remissum eisdem ; eidem domino Jacobo et suis successoribus super hiis perpetuum silencium imponentes. Arbitramus et laudamus, precipimus, diffinimus, et mandamus, quod quandam penam quinquaginta librarum, quam per judicialem sentenciam declaratam extitit dictum quondam Raymundum Arney incurrisse, quia parere recusavit cuidam arbitrali sentencie late pro dicto domino Jacobo et contra dictum Raymundum, per dominos Jacobum Jusberti, juris civilis professorem, et Johannem Muncii, jurisperitum, quondam, arbitros et arbitratores, ab olim inter ipsos electos, et in quam dictus Raymundus eidem domino Jacobo extitit condempnatus, et omnes expensas propterea factas et passas per ipsum dominum Jacobum,

[1] Droit de verbaliser pour contraventions.
[2] Saisie des troupeaux pris en délit.

idem dominus Jacobus pro se et suis successoribus, dictis Albarico et Guillelmo Arney, ac magistro Johanni Ferrerii, procuratori dicte Rixendis, et per eum dicte Rixendi remittat, et ad cautelam declaramus et volumus, ex nunc, eis et omne jus quo peti possent eis esse remissas et remissum et eciam eis remittimus ad cautelam ; super hoc eidem domini Jacobo et successoribus perpetuum silencium imponentes. Et ipsum presentem ad premissa omnia adimplenda, dictis Albarico et Guillelmo Arney, et magistro Johanni Ferrerii, procuratori dicte Rixendis, et per eum dicte Rixendi, presentibus condempnamus : et versa vice, ordinamus, arbitramus, mandamus, diffinimus, atque precipimus, virtute potestatis premisse, quod prefati Albaricus et Guillelmus Arney, ac magister Johannes Ferrerii, nomine quo supra, et per eum dicta Rixendis, recognoscant et recognoscere teneantur, eidem domino Jacobo, pro se et suis successoribus, recipienti, dictum deffensum esse in territorio et de territorio dicti castri dirruti sancti Marchi, et sub esse juridictioni et cohercioni dicti domini Jacobi, dominum dicti castri et ejus territorii, et successorum suorum, et se ipsum deffensum, seu jus et dominium quod in ipso habere noscuntur, tenere et debere tenere, sub juridictione et cohertione dicti domini Jacobi et successorum suorum : et ad cautelam declaramus et agnoscimus deffensum ipsum esse et esse debere in territorio et de territorio dicti castri, et sub esse et sub esse debere juridictioni et cohertioni domini Jacobi supra dicti et successorum suorum ; salvo eisdem Albarico et Guillelmo Arney et Rixendi successoribus suis, consueto et solito jure bannerandi et venandi in ipso et comittentes banna pignorandi ut supra. Item ordinamus, arbitramus, mandamus, diffinimus, atque precipimus, virtute potestatis premisse, quod nobilis vir Berengarius Audeberti. Miles, pro se suisque successoribus, recognoscat se tenere et tenere debere sub dominio et juridictione prefati domini Jacobi et successorum suorum, illud dominium et jus percipiendi duas eminas annone sensuales, quod habet et habere visus est in dicto deffenso et pro dicto deffenso ; et eciam deffensum ipsum, si contingeret quod illud aquireret pro tempore in solidum vel in parte, et quod in alienatione dicti dominii seu juris prefati ac eciam dicti deffensi, si et quando per eum fieri contingeret, ipsius domini Jacobi et successorum suorum consensum requiret, et laudimium seu trezenum prestabit eidem pro alienatione predicta, nisi ipse dominus Jacobus vel successores ejus vellent sibi pocius retinere, quod eis licere determinamus ac eciam declaramus. Cognoscentes et declarantes, virtute potestatis premisse dictum dominum Berengarium debere tenere et recognoscere se tenere dictum dominium et jus percipiendi dictum sensum in ipso seu pro ipso deffenso, et eciam dictum deffensum si per eum contingeret ipsum aquiri pro tempore, sub juridictioni et dominio domini Jacobi supra dicti et successorum suorum, et ad ipsius requirendum consensum et prestandum laudimium seu trezenum, si contingeret quod ipsum dominium vel jus prefatum, vel deffensum ipsum alienaret in solidum, vel in parte, nisi vellent sibi pocius retinere ut superius declaratur ; et ad premissa omnia et singula adimplenda, et inviolabiliter observanda, dictos dominum Berengorium, Albaricum et Guillelmum Arney, ac magistrum Johannem Ferrerii, dicto nomine, et per ipsum dictam

Rixendem, presentes condempnamus ; declarantes tamen quod si contingerit predictos Albaricum Guillelmum et Rixendem Arney, vel aliquem ipsorum vel successorum suorum, alienare dictum deffensum, in solidum vel in parte, in aliam vel alias personas, quam in ipsum dominum Berengarium vel ejus successores, quod ad ipsum dominum Berengarium et successores suos pertineat jus laudandi dictam alienationem et percipiendi laudimium seu trezenum, vel retinendi id quod alienaretur ex ipso, et ipsius domini Berengarii et successorum suorum eo casu sit requirendus consensus, et non ipsius domini Jacobi Arduyni, seu successorum suorum. Declaramus eciam eodem modo quod si emphiteote predictorum Albarici, Guillelmi et Rixendis, vel alicujus ipsorum, quos habent infra limites dicti deffensi, eorum meliorationes et possessiones alienarent, quod ad ipsos ipsorum que successores pertineat jus laudandi vel retinendi et trezenum seu laudimium percipiendi ; nec non quod novos emphyteotas possint ibi facere et ad acapita dare, infra limites dicti deffensi, absque requisitione, consensu domini Jacobi, supra dicti, et successores suorum, pro ipsorum libito voluntatis. Et premissa omnia ordinamus, laudamus, arbitramus, diffinimus, precipimus et mandamus, fieri, adimpleri et inviolabiliter observari vicicim per partes ipsas, sub pena in ipso compromisso contenta et apposita in singulis capitulis *laudi*[1] ipsius et compromissi, si contra factum fuerit comittenda per partem inobedientem, parti obedienti et observari volenti ; ipso laudo in singulis suis capitulis rato nihilominus permanente. Reservato nobis arbitrio et potestate declarandi, inter-

---

[1] La sentence arbitrale se nommait *Laudum*.

pretandi, et corrigendi super predictis ubicumque et quandocunque visum nobis fuerit expedire, et super predictis et quemlibet predictorum iterum semel et pluries pronunciandi et laudandi. Item precipimus et mandamus, predictis partibus in nostra presencia constitutis, quod sub pena in dicto compromisso contenta, hanc nostram pronunciatiationem et omnia et singula contenta, et expressata in ea, amologent, approbent et ratifficent incontinenti antequam a nostra discedant presencia, et cum juramenti interpositione. Et incontinenti partes ipse, videlicet dictus dominus Jacobus, ex una parte ; et dictus dominus Berengarius, Albaricus et Guillelmus Arney, et magister Johannes Ferrerii, procuratorio nomine dicte Rixendis, amologaverunt, ratifficaverunt et approbaverunt, pronunciationem, arbitrationem et mandamenta predicta per ipsos dominos arbitros, arbitratores et amicabiles compositores prolatas et prolata, et omnia et singula in eis contenta, sub virtute per eos prestati juramenti et sub dicta pena. De quibus omnibus et singulis supra scriptis dictus dominus Berengarius, unum per me Guillelmum Autrici, notarium infra scriptum, et aliud per magistrum Rostagnum Ferrerii notarium de Aquis supra dictum, et dictus dominus Jacobus aliud per me dictum Guillelmum instrumenta puplica sibi fieri postularunt ejusdem continencie et tenoris. Actum Aquis[1], etc. ».

352. Nous avons dans cet acte un exemple remarquable de la manière dont la propriété était tenue au XIVe siècle. Il pouvait y avoir jusqu'à trois personnes, et même davantage, ayant le domaine direct sur le defens dont s'agit, sans compter le propriétaire qui le

---

[1] Notaire G. Autric, f° 48. — Notaire Mille, à Manosque.

cultivait. D'abord, le seigneur du lieu, ayant faculté de rétention et droit de percevoir le trézain, au vis-à-vis de Bérenger Audibert, qui représentait le premier emphytéote. Celui-ci ensuite qui avait les mêmes droits à l'encontre des membres de la famille Arney, seconds emphytéotes. Enfin les acquéreurs futurs de ceux-ci, dont la sentence arbitrale s'occupe de régler le sort, le cas de nouvelle aliénation échéant. *Nec non quod novos emphyteotas possint ibi facere et ad acapito dare.* Notez que le droit d'aliéner ne s'arrêtait pas là, et que les derniers acquéreurs pouvaient à leur tour et successivement passer de nouvelles emphytéoses, jusqu'à ce que la propriété fût réduite en lambeaux, Or, comme chaque cession se faisait au moyen d'une redevance annuelle et perpétuelle, et que cette redevance devait se diviser à mesure que la terre se morcelait, cela ne pouvait manquer de produire quelque confusion dans les rapports entre le possesseur du sol et le seigneur dominant. Ensuite, et ceci n'est pas le point de vue le moins défavorable, le propriétaire foncier, étreint et accablé sous le poids de ces exigences diverses qui, en définitive, retombaient sur lui, devait succomber sous le faix, car il portait à d'autres presque tout le produit de ses travaux. Je n'hésite pas à dire que c'est à ce genre de tenure que l'on doit attribuer, en grande partie, la misère de nos campagnes avant 1789. Voyez comme elles ont progressé depuis que le mode de possession a changé.

353. Cette sentence arbitrale met en évidence un usage que j'ai déjà fait pressentir. C'est que les arbitres ne rédigeaient pas leur procès-verbal, mais le dictaient au notaire, qui en dressait acte, en présence de quatre

témoins, et conservait la minute dans ses registres. Dans ce temps là, un acte du pouvoir judiciaire était toujours constaté par acte notarié.

Je ne sais s'il était nécessaire que quatre témoins assistassent à la rédaction de l'acte, mais il est positif que ce nombre se retrouve dans tous les compromis et sentences arbitrales que Guillaume Autric nous a conservés. Il en est de même pour l'approbation des sentences de cette espèce. Ainsi, dans un acte en date du 10 novembre 1344, quatre témoins instrumentaires interviennent et assistent à la ratification, donnée par une des parties intéressées, à un jugement arbitral rendu en son absence :

« Notum sit, etc. Quod cum esset contentio inter Garcendem, uxorem quondam magistri Johannis de sancto Marcho, dicente nomine Guillelmi filii sui, quod quedam foramina, per que defluebat aqua pluvialis super domo et curte Jacobi et Raymundi Lhauthardi, fratrum, de Aquis, contigua domui filii dicte Garcendis, que foramina consueverunt esse ibi, et magno tempore steterunt, ita quod hospicio dicti filii sui erat aquisita servitus stillicidii recipiendi in domo dictorum fratrorum ; dictis fratribus hoc negantibus, et dicentibus, quod eorum domus et curtis erant libera a servitute predicta, et non tenebatur recipere stillicidia ; pro bono pacis et concordie, nobilis Rogerius de Relhania, affinis dictorum fratrum, et Hugo de Alesto, parter dicte Garcendis, quibus fuit data potestas per dictos fratres, et fuit juratum ad sancta Dei evangelia et sub pena decem librarum promissum per dictos fratres, et eciam dictus Hugo juravit ad sancta Dei evangelia et sub eadem pena promisit, quod curabit, et faciet, quod dicta filia sua et

Guillelmus ejus filius rata habebunt ordinationem predictorum Rogerii et Hugonis, qui ordinaverunt quod foramina seu stillicidia defluencia super domo, hedifficata, seu tecto ipsorum fratrum claudantur, ita quod non noceant domui dictorum fratrum seu tecto, item foramina, que defluunt in curte non hedifficata, similiter claudantur, excepto uno minus nouvio ; dictam ordinationem approbaverunt dicti fratres, dummodo dicta Garcendis et filius suus hoc approbent et atendant. De quibus, etc. Actum Aquis, etc[1]. ».

354. Je dois faire remarquer que cet acte, ainsi que plusieurs autres que j'ai déjà rapportés, mentionnent la livre, valeur monétaire, dans la fixation de la quotité de la clause pénale. *Sub pena dicem librarum*. Déjà les dénominations françaises avaient pénétré en Provence, et nous avons vu qu'il est question d'un franc dans des actes postérieurs de quelques années. Nous verrons qu'elle était la valeur de la livre à cette époque ; mais on ne doit pas la confondre avec le marc, unité de poids, également usitée chez nous, dont la valeur est connue.

355. L'acte du 18 septembre 1345 contient un détail topographique pouvant intéresser la ville d'Aix. Il nous apprend que le palais de justice était situé dans l'enceinte de la forteresse. Les arbitres disent, en effet, qu'ils statuent dans l'enceinte de la forteresse : *sedentes pro tribunali in aula magna aquensis* FORTELICII *Reginalis*. Il est présumable que le tribunal était dans le palais même des Comtes, lequel était fortifié.

356. La donation entre vifs prenait la forme suivante :

« Anno M⁰ CCC⁰ XLV⁰, die sexta mensis Decembris, XIIII indictione, ex hujus puplicii, etc. Notum sit, etc.

---

[1] Notaire G. Autric, f⁰ 15. — Notaire Mille, à Manosque.

Quod Guillelma Belseria, de *Mosteriis*[1], nunc habitatorix civitatis Aquensis, nulla in dolo vi inducta, nec in aliquo circumventa, ut ipsa fatebatur, propria ipsius voluntate mota, dedit, cessit, concessit penitus et desamparavit, donatione mera, simplici atque irrevocabili, habita inter vivos, et ea donatione qua melius intelligi potest per aliquem sapientem, per se et suos heredes et successores quoscunque, perpetuo, magistro Jacobo Rayrolini, notario de Mosteriis, presenti et pro se et suis heredibus et successoribus universis quibuscunque solemniter stipulanti et recipienti perpetuo valere, tanquam bene merito et condigno, et predicte Guillelme grato, pro serviciis que dicta Guillelma a predicto magistro Jacobo se asserit retroactis temporibus recepisse et spectat recipere in posterum domino concedente, omnia bona sua mobilia et immobilia, vel se moventia, qualiacunque sint, et ubicunque, nomine nuncupentur, et designentur seu reperiantur, exceptis illis bonis que habere visa ut vel habere posset in civitate Aquense, et ejus territorio : exuens inde se dicta Guillelma, donatrix, de bonis predictis ex causa prefate donationis, et suos heredes et successores quoscunque perpetuo, et investiens dictum magistrum Jacobum, donatorium, presentem et solemniter stipulantem et recipientem in se dictam donationem, ut supra : cedens et transferens predicta Guillelma, ex causa donationis predicte, ipsi magistro Jacobo, omnia jura, omnesque actiones, reales et personales, mixtas, directas, utiles et rei persecutorias, preceptorias, civiles et *enormalas*[2], que sibi competunt et competere incidentur in bonis

[1] Moustiers, village des Basses-Alpes.
[2] Sic. Sans doute pour anomalas.

predictis ; et de ipsis bonis donationem facit eadem Guillelma prefato magistro Jacobo presenti et stipulanti ut supra, donatione simplici habita inter vivos : quamquidem donationem dicta Guillelma valere vult omni tempore et pro in perpetuum, rationibus supra dictis. Revocans dicta Guillelma, ex nunc prout ex tunc, et ex tunc prout ex nunc, omnem aliam donationem, si quam, de bonis ipsis, eamdem Guillelmam qualitercunque reperiretur fecisse. Renuncians propterea ipsa Guillelma juri dicenti donationem factam, propter ingratitudinem posse revocari nisi in actis coram judice vel pretore prius fuerit insinuata, et juri dicenti si donator vergat ad inopiam possit rem datam repetere, et demum omni alii juri canonico et civili generali et speciali et consuetudinario, per quem contra predicta venire posset vel aliquid infringere de eisdem seu eciam revocare. Et predicta omnia universa et singula rata et firma habere et tenere et contra non facere dicere vel venire, per se, vel per aliam interpositam personam, aliqua juris vel facti subtilitate, eadem Guillelma, dicto magistro Jacobo, presenti et recipienti ut supra, bona fide promisit et super sancta Dei evangelia, corporaliter manu tacta, sponte juravit, ad majorem firmitatem et certitudinem omnium premissorum : constituens se possidere dicta Guillelma bona predicta, nomine et vice dicti magistri Jacobi, retento sibi usumfructum per unam diem, qua die transacta, ususfructus cum sua proprietate consolidetur, ad ipsum donatarium pertineant pleno jure ; nec non ipsa Guillelma, donatrix, constituit se possidere, dicta supra per eam donata ipsi magistro Jacobo, nomine precario, et nomine precarii a dicto magistro Jacobo possidere, ita quod ipse magister Jacobus possit et valeat adipissere possessionem dictorum bonorum ad sui libitum voluntatis, licentia ipsius Guillelme vel cujuslibet judicis seu pretoris minime requisita. Et inde ipsa Guillelma si contra premissa, vel aliquorum premissorum, aliquo tempore veniret per se vel per aliam interpositam personam, omnia bona sua presencia et futura, expresse eidem magistro Jacobo obligavit et ypothecavit. Et post premissa, fuit actum et in pactum solemne deductum ac solemni stipulatione vallatum inter predictos magistrum Jacobum et Guillelmam, quod idem magister Jacobus, dicte Guillelme, presenti stipulanti et recipienti, dare, tradere et assignare debeat, et efficaciter sit astrictus quamdiu ipsa Guillelme vixerit annuatim, seu anno quolibet, in festo natalis domini, suis propriis sumptibus, in civitate Aquense, pro alimentis suis, duos florenos auri de Florencia, boni, justi ponderis et legalis, seu valorem: et predicta omnia prefatus magister Jacobus attendere et complere et inviolabiliter observare, ad sancta Dei evangelia, corporaliter manu tacta, promisit per se et suos heredes et successores, et inde se et omnia bona sua presencia et futura obligavit et ypothecavit expresse, et omnia dampna, expensas et interesse que et quas seu quod eamdem Guillelmam facere vel pati contingeret in judicio vel extra pro predictis duobus florenis exigendis seu recuperandis, transacto termino predistincto, idem magister Jacobus restituere promisit, obligatione qua supra et sub virtute per eum prestiti juramenti, vi quibus eidem Guillelme credere promisit suo et suorum, simplici verbo solo, sine testibus et juramento et alia probatione quacunque : renuncians propterea prefatus magister Jacobus omnibus juribus et exceptionibus quibus posset venire contra predicta, vel aliquid predictorum infringere seu eciam revocare ; de quibus omnibus et singulis supra dictis, quelibet parcium peciit sibi fieri puplicum instrumentum. Actum Aquis, in domo nobilis et egregii viri domini Jacobi Arduyni, presente dicto domino Jacobo Arduyni, Georgio Arduyni et Tassilo de podio Euzino, de Forcalquerio, Scutiffero dicti domini Jacobi, testibus ad premissa vocatis et rogatis, et me Guillelmo Autrici, de Sistarico, notario puplico [1]. »

357. Cet acte comporte quelques observations. La première est relative à la révocation des donations antérieures faites par la donatrice. La clause est expresse : *revocans omnem aliam donationem, si quam de bonis ipsis eamdem Guillelmam qualitercunque reperiretur fecisse.* Elle n'est pas là sans raison. Il fallait qu'alors une donation entre vifs pût être révoquée par une donation postérieure. Dans ce cas où devait-on s'arrêter ? Il n'y avait plus rien de certain, car le donateur eut été toujours le maître d'annuler sa donation par une donation subséquente. Cela est tellement contraire à nos idées, que je ne sais trop qu'en dire. Cependant le danger existait, puisqu'on se précautionnait contre lui. Il est impossible que le notaire ait inséré une pareille clause dans son acte, pour parer à une chance imaginaire.

358. Il est bon de noter qu'à cette époque l'insinuation des actes de donation était obligatoire, et que la libéralité n'était définitive, qu'autant que l'acte qui la constituait était insinué : *renuncians juridicenti donationem factam, propter ingratitudinem posse revocari,*

[1] Notaire G. Autric fo 52 vo. — Notaire Mille, à Manosque.

nisi in actis coram judice vel pretore prius fuerit insinuata. Il paraît que l'insinuation se faisait devant le juge, mais j'ignore quelle en était la forme, n'ayant pas été assez heureux pour en rencontrer une seule.

359. La donatrice renonce à se prévaloir de toute disposition du droit civil et du droit canonique, général et spécial, et coutumier, au moyen duquel elle pourrait revenir sur sa donation : *renuncians omni alii juri canonico et civile, generali et speciali, et consuetudinario*. Il y avait donc un droit coutumier, non pas celui qu'on oppose au droit écrit, mais quelque chose d'analogue. Je présume que le notaire entendait par là certains usages qui avaient dérogé au droit romain qui, jusque à une époque récente, a régi notre pays.

360. Notre acte atteste la puissance des métaux précieux au XIVe siècle. Il fallait qu'elle fut bien grande, puisque deux florins suffisaient pour l'alimentation d'une personne. J'avoue que j'ai quelque peine à le croire, et je serais enclin à penser que la donatrice s'était réservé quelques ressources. Quoi qu'il en soit, par une clause expresse et très-explicite, le donataire s'engage à fournir à la femme Guillaume une rente annuelle et viagère de deux florins pour ses aliments : *pro alimentis suis*. Pouvait-elle avec cela s'alimenter, ou n'était-ce qu'une sorte de réserve qu'elle s'était ménagée ? L'acte n'en dit rien, et il est impossible d'en savoir davantage. Mais, je le répète, il me paraît fort douteux qu'elle pût vivre avec une si faible somme, car tout est relatif ; et si l'or était rare, les objets nécessaires à la vie étaient chers à proportion.

361. Voici une donation conçue en termes plus explicites. Je crois que rien n'y manque :

« Anno Mº CCCº XLIIIIº, die xi mensis Madii, xiiᵃ indictione, ex hujus puplici instrumenti liqueat evidenter omnibus tam presentibus quam futuris, quod Petrus et Anthonius Bartholomei, fratres, de Massilia, ambo simul et quilibet eorum in solidum, non decepti, non coacti seducti vel circumventi, non vi vel dolo vel aliqua machinatione circumventi, prout dicunt, considerantes et attendentes, grandia, varia, et innumerabilia et diversa servicia eis, ut asserunt, impensa per Raymundam, sororem ipsorum, uxorem que Aymerici de Tilio, de Aquis, et ea que sperant recipere in futurum, domino concedente; pro se et eorum heredibus et successoribus, dederunt, cesserunt, concesserunt, finiverunt, remisserunt, desamparaverunt et habere voluerunt jure proprio, et in perpetuum, prefate Raymunde, presenti et per se et suos heredes recipienti, donatione mera simplici et irrevocabili, que dicitur inter vivos, nulla causa ingratitudinis revocanda, videlicet, quadam medietatem cujusdam hospicii pro indiviso dictorum fratrum, siti in civitate Massilie in carreria blancarie, quod confrontatur cum hospicio Jacobis Vincencii, ab una parte, et cum hospicio Guillemi Bounini, ab alia. Exuentes se dicti donatarii de dicta donatione seu medietate dicti hospicii et ejus juribus et pertinenciis suis et suos perpetuo; dictam vero Raymundam donatariam presentem in signum realis traditionis, dicte donationis, et omnium premissorum per policem investiendo; constituentes eciam dicti donatarii, dicte donationis titulo in predicta donatione et ejus juribus et pertinenciis, dictam Raymundam donatariam presentem et recipientem pro se et suis, dominam et procuratricem ut in rem suam propriam justo titulo aquisitam, ita quod deinceps dicte Raymunde et suis pro predicta donatione et ejus juribus contra quascunque personas liceat et expediat inde agere utiliter et directe, experiri, replicare, protestari et objicere, componere, compromitere, transigere et pacisci, innovare, delegare, vendere, donare et alienare, de *calumpnia*[1], jurare, et omnia demum alia universa et singula in judicio et extra facere, dicere, et exercere, omni hora loco et tempore que..... de re sua propria facere potest et quod dicti donatores, ante hanc donationem, facere potuissent et que merita causarum desiderant et requirent. Nihil inde retinendo dicti donatores in predicta medietate dicti hospicii et ejus juribus, tacite vel expresse, nisi duntaxat detentione ususfructus unius hore tantum, qua lapsa dictus ususfructus sue proprietati consolidetur et ad dictam donatariam ipsa donatio in usufructu, et proprietate pleno jure devolvatur ; constituentes, etc. Dicti donatores, se medietatem dicti hospicii, cum omnibus juribus et pertinenciis suis supra dati cessi et concessi, tenere et possidere nomine precario dicte donatarie et suorum, donec et quousque idem donataria premissorum per se vel persona interposita realiter et corporaliter adepta fuerit possessione, quam adipissendi et aprehendendi sibi que et suis retinendo, dicti donatores dicte Raymunde, donatarie, presenti et recipienti, auctoritatem et licentiam contulerunt, nulla judicis vel pretoris licentia spectata, obtenta vel requisita, ymo totaliter pretermissa. Et insuper promiserunt dicti Petrus et Anthonius, fratres, et premissis omnibus dolum malum

[1] Celui qui était entrepris en justice jurait que son adversaire l'attaquait à tort. C'est ce qu'on appellait *de calumpnia jurare*.

abesse, ab futurum que esse, et quod non dixerunt nec fecerunt, dicent nec facient in futurum, cum aliquibus personis aliquem contractum seu aliqua alia propter que presens donatio minus valeat, vel aliqua sui parte infringuatur; que si forte per ipsos fierent illa, ex nunc prout ex tunc, et ex tunc prout ex nunc, revocant penitus et anullant; renunciantes dicti donatores, exceptioni doli mali, vis, metus, in factum, et juri dicenti donationem factam, propter ingratitudinem vel superventionem liberorum, vel si penituerit donantem eam fecisse resindi et revocari posse, et juri dicenti quod si donator vergat ad inopiam quod rem datam repetere possit vel alatur a donatorio, et demum omni alii juri canonico et civili quibus contra predicta vel aliqua premissorum de jure vel de facto venire possent. Quamquidem donationem, sepedicti Petrus et Anthonius donatores et quilibet ipsorum, in solidum per se et eorum heredes et successores, eidem Raymunde donatarie, presenti per se suis que heredibus stipulanti et recipienti solemniter, salvare, custodire et deffendere totis eorum viribus promiserunt. Et omnia dampna expensas et interesse quas et quos causa pati vel suos heredes contingeret pro deffensa dicte donationis, in judicio vel extra, si questio aliqualis sibi vel suis moveretur, restituere et resarcire eidem Raymunde vel suis promiserunt, et de ipsis dampnis eidem Raymunde vel suis, suo vel suorum simplici verbo credere, sine testibus, juramento et alia probatione quacunque. Renunciantes inde dicti fratres donatores, omnibus juribus canonicis et civilibus per que contra predicta vel aliquod premissorum de jure vel de facto vel consuetudine venire possent; que omnia universa et singula supradicta dicti donatores, pro se et heredibus eorum, et sub ypotheca et obligatione expressa omnium bonorum suorum presencium et futurorum, sponte bona fide promiserunt et convenerunt dicte Raymunde, donatarie, presenti et pro se et suis stipulanti, atendere et complere, rata, grata et firma habere et tenere perpetuo et inviolabiliter observare, et non contra facere, dicere vel venire verbo, vel opere, in judicio vel extra, per se vel per interpositam personam, nec contra facienti dicenti vel venienti tacite vel expresse; quinymo voluerunt, jusserunt, concesserunt, mandaverunt quod hoc instrumentum possit dictari, reffici, corrigi et emendari quociens fuit necesse ad utilitatem dicte Raymunde, donatarie, donec obtineat ubilibet roboris firmitatem, cum consilio peritorum, facti substantia remanente illesa. De quibus omnibus et singulis supradictis, dicta Raymunde donataria instrumentum puplicum sibi fieri postulavit. Actum Massilie in hospicio dictorum fratrum Petri et Anthonii. Presentibus Stephano Repelini, Jacobo Repelini, de Massilia, Guillelmo Mayrani, de Rocanaria, testibus ad premissa vocatis et rogatis ; et me Guillelmo Autrici de Sistarico, notario puplico, in comitatibus provincie et Forcalquerii, etc. [1]. »

362. Cet acte, peu différent du premier, a cela de bon, qu'il nous apprend ce que c'était que l'investiture par le pouce. C'était un mode symbolique de tradition, remplaçant la tradition romaine *per æs et libram*. On sait l'importance que les anciens attachaient à l'appréhension fictive de la chose dans tous les contrats translatifs de propriété. Il en reste plus d'une trace

---

[1] Notaire G. Autric, f° 11. — Notaire Mille, à Manosque.

dans notre code. L'acte s'exprime à ce sujet d'une manière positive : *in signum réalis traditionis, per pollicem investiendo*.

363. On aura remarqué que, dans les deux actes de donation que je viens de transcrire en entier, le notaire est assisté de trois témoins. Il paraît que ce nombre était exigé par la coutume, dans les actes de cette espèce, d'autant que je le retrouve encore dans un autre contrat à la date du 22 octobre 1364.

364. Cet acte est curieux et instructif. Il commence par expliquer l'origine des biens donnés ; il s'agissait d'une maison et de deux propriétés rurales. Il expose que ces biens furent donnés en paiement à noble Bienvenu Vanhoni, de *Renfarello*[1], par les époux Maurel, de Volx, ses débiteurs de diverses sommes. Ensuite, intervient dans l'acte Dominique Roylhasco, procureur fondé de Bienvenu Vanhoni, lequel, au nom de son constituant, donne les mêmes biens à la femme Maurel, devenue veuve et domestique de Vanhoni. L'acte s'exprime ainsi :

« Ecce nunc die presenti, in presencia mei notarii puplici subscripti et testium subscriptorum ad hec specialiter vocatorum et rogatorum, personaliter constitutus dominicus de Roylhasco, habitator Manuasce, procurator et procuratorio nomine dicti nobilis Benvenuti Vanhoni, habens in dicta procuratione plenariam potestatem omnia bona dicti nobilis Benvenuti Vanhoni vendendi, donandi, remitendi et alienandi, prout dicto dominico possibile fuerit et videbitur expedire, prout de dicta procuratione sua constat

[1] Je ne sais où se trouve ce pays. Les noms de lieux et les noms propres sont les grands écueils du paléographe.

quodam publico instrumento sumpto et scripto manu magistri Jacobi dicti Bozoni et *domini*[1] Rovilhasci, Taurinensis dyocesis, publici auctoritate imperiale notarii, sub anno domini M° CCC° LX°III, indictione prima, die decima mensis Madii, quod incipit in secunda linea *dimiti* et finit in eadem *et*, procuratorio nomine quo supra : bona fide et sine dolo et fraude aliqua, non cohactus nec admonitus, non verbis blanditus vel machinationibus ad hec inductus, sed puro corde et bono animo ac motu proprio, sed certus et bene provisus ut dicebat de facto et de jure, consultus plenius et instructus de omnibus et singulis in hoc instrumento contentis, non deceptus nullis blanditus seu verborum persuationibus ad hec seductus, sed ex sua certa scientia et suo proprio motu, sui que animi et sua pura liberalitate et ob Dei honorem et propter affectionem quam habebat et habere debet, ut dicebat, erga Galianam, uxorem quondam supra dicti Maurelli, dicti castri de Volsio, considerans, etc. Multa et varia servicia que dicta Galiana dicto nobili Benvenuto Vanhoni, domino suo, fecerat et liberaliter contulit tanquam vera amica, bona fide et boni animo, omni dolo et fraude remotis penitus et exclusis; objectis que omnibus universis et singulis quibus presens seu infra scripta donatio et remissio possit in totum vel in parte infringi, recindi, revocari seu, etc. anullari; cum testimonio hujus publici instrumenti et autentici et in perpetuum firmiter valituri, donatione vera pura et simplici, habita inter vivos, et amore Dei, nulla cujus vis ingratitudinis seu alia qualibet revocanda, per se procuratorio nomine

---

[1] Il paraît que ce notaire était seigneur de Rovilhasco, diocèse de Turin.

quo supra et heredes et successores dicti nobili Benvenuti Vanhoni cessit, remisit, per in perpetuum dedit, donavit et concessit, tradidit, seu quasi, et mandavit, et titulo pure simplicis ac semper valiture donationis inter vivos et amore Dei in perpetuum, prout melius et firmius dici et intelligi potest, ob renumerationem servitiorum per dictam Galianam eidem nobili Benvenuto imensorum, ad omnem voluntatem dicte Galiane perpetuo plenarie faciendam dando, vendendo, in pignorando et quocunque alio modo ipsa Galiana vel alii qui habituri sunt causam ab eis voluerint alienare quibuscunque personis, videlicet, res et possessiones supradictas et confrontatas, ut supra, prout et sicut in presenti instrumento exprimitur et nominatur. Quamquidem donationem et remissionem possessionum supradictarum dictus dominicus de Roylhasco, procuratorio nomine quo supra, fecit ut supra de omnibus et per omnia, salvo et retento sibi usufructu dictorum bonorum supra donatorum et remissorum per unam diem tantum; qua die lapsa dictus usufructus sue proprietati consolidetur; quam diem sibi elegit primam diem venientem post ipsam presentem donationem et remissionem. Transferens dictus procurator, nomine quo supra, in supra dictam Galianam omnia jura et actiones reales et personales, mixstas, utiles et directas, ypothecarias, pretorias, civiles et naturales, juris et facti persecutorias, et quascunque alias que et quas habet, habere potest et sibi] competunt et competere possunt quomodolibet in et de et super bonis ac juribus predonatis et remissis : se dictus procurator, nomine quo supra, omnino exuens dictam que, Galianam ejus donatatariam investiens de eisdem, ita quid quod ex nunc predicta Galiana donataria possit et valeat ejus nomine pro predictis omnibus bonis, rationibus, actionibus et juribus eidem donatis, cessis et remissis utiliter agere, experiri, se deffendere et tueri, libellum et libellos dare, oblatos recipere, de calumpnia jurare et veritate dicenda, et quod libet aliud juramentum subire, ponere, articulare, probare testes et instrumenta et quilibet documenta producere, exipere et replicare in causis concludere, quascunque sententias petere et audire et ab eis si expedient appellare, recurrere et provocare appellationum et quorumcunque recursuum causas prosequi, et finire, componere, compromitere, transigere atque pacisci, et demum omnia alia facere, dicere, procurare et agere que causarum seu judiciorum merita desiderant et exposcunt, et quecunque ipse procurator quo supra nomine facere, dicere, agere que poterat ante donationem, remissionem et cessionem presentes, vel verus cujuslibet dominus dicere, agere et facere potest de et pro re sua propria : procuratricem, veram voluit que dominam dictus donator in predictis omnibus dictam Galianam faciens atque constituens ut in rem suam eam que ponens in locum suum : sane dictus procurator, nomine quo supra, predicte Galiane, presenti et recipienti, auctoritatem et licentiam dedit donatorum et remissorum bonorum omnium predictorum corporalem possessionem vel quasi aprehendendi et adhipiscendi, auctoritate propria ejusdem donatoris ac cujuslibet alterius persone presidentis sive private auctoritate vel licentia nullatenus requisita aut aliquatenus expectata : se ejus nomine predicta donata et remissa omnia possidere vel quasi precario constituens, donec illorum omnium ipsa Galiana possessionem adepta fuerit corporalem : promitens dictus donator, nomine quo supra, quod presentem donationem seu remissionem, vel alia de contentis in ea, causa ingratitudinis vel casu alio nullatenus revocabit, seu faciet revocari : renuncians dictus donator juri dicenti causa ingratitudinis donationem revocari posse, et juri dicenti donationem exedentem summam quingentorum aureorum sine insinuatione judicis non valere ; et omni alii juri canonico et civili, scripto et non scripto, novo et veteri, speciali et generali, promulgato, promulgando, confecto, conficiendo, et omni actioni et exceptioni doli mali, fraudis, lesionis et deceptioni et erroris ; et omnibus allegationibus deffentionibus juris vel facti, rey vel persone coherentibus per quod seu quas presens instrumentum cassari, irritari possit seu in aliqua sui parte infringi vel, etc. anullari : et juri dicenti generalem renunciationem non valere nisi precesserit specialis. Quinymo predicta omnia et singula bona fide atendere, custodire et observare promisit dictus procurator, et ad sancta Dei evangelia per eum corporaliter manu tacta in animam dicti domini sui juravit, etc.. Actum Manuasce, in domo mei notarii infra scripti, in aula, testes fuerunt ad hec vocati, videlicet, Petrus Jarjaye, de Manuasca, Bertinus Centoris, de Ripolis, habitator Manuasce, et Petrus Poloyne, de Volsio, et ego Bertrandus Raynaudi notarius [1]. »

365. A la fin de l'acte se trouve l'approbation de la donation par Raybaud de Villemus, co-seigneur de Volx, qui ratifie et homologue la donation faite *ob Dei reverentiam et amore Dei quia pauper mulier*, ce qui

[1] Notaire Bertrand Raynaud. — Notaire Mille, à Manosque.

ne l'empêche pas de percevoir son trézain dont il donne quittance, en se réservant son domaine direct.

366. L'acte se termine par la formule sacrementelle : *instrumenta que voluit posse dictari, corrigi, reffici et emendari semel et pluries, producta in judicio vel non producta, addendo clausulas novas vel mutando consilio peritorum, sive per me notarium infra scriptum, ad majorem pro fectum, comodum et utilitatem dicte Galiane, donec predicta omnia et singula obtineant plenam roboris firmitatem, substantia facti tamen in aliquo non mutata.*

Ainsi, lorsque, dans le cours d'un procès, il arrivait qu'une pièce produite manquait de quelque formalité essentielle, ou qu'une clause qui aurait dû se trouver dans l'original n'y figurait pas, il était permis de délivrer une nouvelle expédition, avec les rectifications et les additions nécessaires, jusqu'à ce que l'acte produisit son effet. *Donec obtineat plenam roboris firmitatem.* C'était commode pour le notaire. Cela se faisait, soit par le rédacteur de l'acte, soit par des gens versés dans la connaissance des affaires, *peritorum*.

367. J'ai copié cet acte avec son orthographe mais en corrigeant sa ponctuation. C'est le seul changement que je me permette, car je crois qu'une pièce ancienne doit être présentée dans sa forme originale et primitive, et qu'il n'est pas permis d'y ajouter ou d'y retrancher. Toucher à un vieil acte serait une stupidité; il vaut mieux le transcrire avec toutes ses imperfections. Quant à la ponctuation, qui est si nécessaire pour l'intelligence de l'écriture, je ferai remarquer que, en général les actes notariés sont rarement ponctués, et que, lorsque la ponctuation existe, elle est souvent mise de travers.

[1] Notaire Bertrand Raynaud. — Notaire Mille, à Manosque.

Pour cela les notaires emploient indifféremment le point ou la virgule, de telle sorte que les signes, inventés pour faire saisir plus facilement le sens d'un écrit, le rendent maintes fois obscur. Il faut alors lire avec réflexion et construire incessamment la phrase, ce qui est très-fatiguant, bien que le latin des notaires soit ordinairement assez compréhensible.

368. La donation dont s'agit fut faite sur le vu d'une procuration du donateur délivrée par un notaire du diocèse de Turin, se disant exercer son ministère en vertu de l'autorité impériale. Ceci s'explique par la raison que le Piémont, ainsi que la Provence, étaient alors des fiefs de l'empire dont ils relevaient. Il paraît que l'Empereur s'était réservé le droit de donner l'institution à quelques-uns de ces officiers. Quoi qu'il en soit, il est positif que, longtemps après 1364, on trouve plusieurs notaires de Provence instrumentant en vertu du pouvoir dont ils avaient été investis par l'autorité impériale. Il fallait bien que cette investiture fût régulière.

Si l'acte expédié par le notaire de Turin ne fut pas accompagné d'un *pareatis*, c'est qu'alors le Piémont et la Provence étaient gouvernés par le même souverain. Nos Comtes, en effet, portèrent longtemps après le titre de Comtes de Piémont.

369. La cause de la donation est bien et dûment exprimée. C'est ce qu'on appelle une donation rémunératoire pour services rendus. *Considerans multa et varia servitia que dicta Galiana domino suo fecerat et liberaliter contulit et renumerationem servitiorum immensorum.* Il fallait que ces services fussent grands, car la récompense n'était pas petite.

370. J'ai déjà parlé de l'habitude qu'avaient ceux qui se dépouillaient de leurs biens par un contrat translatif de propriété, d'en retenir l'usufruit pour une heure, ou pour un jour, seulement. Cet usage, dont je ne puis m'expliquer l'origine et le motif, se rencontre dans l'acte dont s'agit. Mais, en s'y conformant, le contrat contient une clause que je n'ai rencontrée nulle autre part. Il laisse au vendeur le droit et le soin de choisir le jour pendant lequel durera cet usufruit, après lequel il sera réuni à la propriété : *quam diem sibi elegit primam diem venientem.* Il aurait donc pu prendre un autre jour. A quoi cela servait-il ?

371. Cet acte nous initie un peu dans les secrets de la procédure suivie devant les tribunaux. Le demandeur jurait qu'il disait la vérité, *de veritate dicenda.* Le défendeur jurait que son adversaire était dans son tort, de *calumpnia.* Enfin, il paraît qu'il y avait d'autres serments à prêter, car l'acte est formel, *et quod libet aliud juramentum.* Quant au reste, on procédait de même qu'aujourd'hui. On posait des conclusions; on exhibait des pièces; on proposait des témoins; on provoquait le jugement; on assistait à sa prononciation; on appelait et on suivait l'instance d'appel jusqu'à sa terminaison. Mais ce que l'acte ne dit pas, ce sont les obstacles innombrables que les plaideurs rencontraient avant d'arriver à une fin quelconque. Ils étaient tels, qu'il y avait de quoi faire reculer le chicaneur le plus intrépide. Nous en avons déjà vu quelque chose à l'occasion du procès suivi par Jacques Ardouin contre le chapitre de Gap; nous en trouverons d'autres exemples, même longtemps après.

372. Le donateur se dépouille des biens donnés et

en investit la donataire, mais il ne le fait pas d'une manière complète ; *dedit, donavit et concessit, tradidit seu quasi.* Plus loin il déclare posséder ces mêmes biens, jusqu'à la tradition réelle et à l'appréhension effective par le donataire, à titre de précaire, *seu quasi.* Pourquoi ce *seu quasi* se trouve-t-il apposé à ces deux stipulations ? Je le comprends, jusqu'à un certain point, pour le dernier cas, mais je ne le conçois pas pour le premier. Il me semble qu'il atténue l'effet du désinvestissement, en lui donnant une apparence d'incertitude. C'est un mystère que je ne puis pénétrer.

373. L'acte énumère une foule de moyens à l'aide desquels on aurait pu faire annuler la donation. Le donateur y renonce expressément. Ainsi il déclare qu'il n'excipera d'aucune disposition du droit canonique ou civil, écrit et non écrit, nouveau et ancien, spécial et général, actuel ou futur, et à toute autre exception quelconque. La plupart de ces renonciations étaient de style et n'ont, par conséquent, aucune importance. Mais il en est une sur laquelle je dois m'arrêter. Le donateur renonce à tout droit écrit ou non écrit, nouveau ou ancien, qui lui aurait permis d'attaquer la donation. A côté du droit Romain, il y avait donc un droit qui ne constait que de l'usage, une sorte de droit coutumier, ainsi que nous l'avons dit plus haut, modifiant le droit écrit, à peu près de la même manière qu'à Rome le droit prétorien avait modifié le droit civil. Si ce droit a existé, il était important d'en prendre note.

374. Parmi toutes ces renonciations, il en est une sur laquelle je dois m'arrêter plus spécialement, car elle prouvera que la connaissance du droit Romain était fort répandue à cette époque, ou que, du moins,

les traditions s'en étaient perpétuées jusques alors. Le donateur renonce à attaquer la donation, pour défaut d'insinuation, dans le cas où elle excéderait la somme de cinq cent pièces d'or, *quingentorum aureorum*.

Il faut savoir que, d'après une disposition précise du Code de Justinien, toute donation, de quelque valeur qu'elle fût, devait être insinuée : *in hac sacratissima urbe conscriptæ donationes ubicumque positarum rerum, apud magistratum census insinuentur*[1]. Ainsi, en principe, l'insinuation était exigée, qu'elle que fût l'importance de la donation.

Mais il paraît que le droit nouveau, ou coutumier, dont parle le notaire, que l'usage, en un mot, avait dérogé à cette disposition précise, et qu'il fut convenu et mis en pratique que l'insinuation ne deviendrait obligatoire, qu'autant que la donation dépasserait une certaine somme. On détourna de son véritable sens une autre disposition du Code, et on l'appliqua à un cas pour lequel elle n'était pas faite.

En effet, dans une disposition suivante on lit : *alias vero, quæ ad pietatem respiciunt, usque ad quingentorum solidorum summam et sine monumentis esse validas censemus*[2]. Cette loi, comme on voit, ne parle point de l'insinuation qui, d'ailleurs, devait avoir lieu en tout état de cause ; elle dit seulement qu'une donation pieuse n'a pas besoin de conster par un acte pour être valable, en tant qu'elle n'excède pas cinq cents sous. La même loi étend cette immunité aux donations pour cause de noces, mais seulement jusqu'à trois cents sous.

[1] L. 30, Code de donationibus. V. L. 32 ibid.
[2] L. 34. § I. Ibid.

Ainsi, par une fausse entente du Code de Justinien, ou peut-être par la connivence des tribunaux qui s'appliquèrent à diminuer les droits du fisc, ou par toute autre cause, on arriva à ne soumettre à l'insinuation que les donations ayant une grande importance, et on s'arrêta à la limite de cinq cents pièces d'or. C'est l'exception tirée de cette cause que le donateur renonce à faire valoir par la stipulation insérée dans l'acte du 22 octobre 1364. Mais il n'en est pas moins vrai, que la limite dont s'agit ne repose pas sur une base légale, et qu'on ne peut la justifier qu'en disant que l'usage le voulait ainsi. Cela démontre surabondamment l'existence du droit coutumier dont j'ai parlé.

De plus la disposition de la loi 34 du code fut exagérée quant à la valeur des choses données. Cette loi ne parle que de cinq cents sous, ce qui doit s'entendre, j'imagine, de cinq cents sous d'argent, somme alors assez ronde ; tandis que notre acte parle de cinq cents sous d'or, *aureorum*. Il y a là une différence notable, car, en supposant qu'il s'agît de florins, la dernière somme représenterait une valeur effective et actuelle d'au moins cinq mille francs de notre monnaie. Cependant je ne donne cette observation que sous toutes réserves, car je ne sais pas au juste de quelle nature était la monnaie que mentionne la loi Romaine, si elle était d'or, d'argent ou de cuivre. Mais il est une considération qui vient à mon appui ; c'est que s'il se fût agi de cinq cents sous d'or, somme fort importante pour l'époque, la loi 34 n'eût pas exempté le donataire de faire conster de la donation par écrit.

Quoi qu'il en soit, il est acquis, par un témoignage authentique et irrécusable, qu'au XIVe siècle, une donation n'excédant pas cinq cents pièces d'or, soit en nature, soit en valeur, était valable, nonobstant le défaut d'insinuation. Je dis valable, non point que le défaut d'insinuation put altérer en rien l'efficacité de l'acte, mais en ce sens, que l'exception tirée de l'omission de cette formalité n'était pas proposable.

Ceci nous fait pénétrer un peu plus avant dans les habitudes chicanières de cette époque. Il est vraiment remarquable que l'omission d'une formalité qui n'intéressait, en définitive, que le fisc, ou des tiers, pût habiliter le donateur à revenir sur ce qu'il avait fait, et à demander la révocation de son bienfait. Aujourd'hui nous avons d'autres principes, et si, en certains cas, la transcription de la donation, formalité qui n'est qu'une sorte d'insinuation, est nécessaire, et si les intéressés, c'est-à-dire les tiers qui auraient contracté avec le donateur, peuvent en opposer le défaut, le donateur n'y est jamais admis. Cela n'est que justice, quant à lui, il ne risque pas d'être induit en erreur, puisqu'il ne peut ignorer ce qu'il a fait[1].

375. La renonciation faite par le donateur s'étendait à l'avenir comme au passé. Il renonce : *omni alii juri promulgato, promulgando, confecto, conficiendo*. C'était le temps des précautions. Il est vrai qu'on avait quelque raison de les prendre, car on ne connaissait pas alors le principe de la non rétroactivité des lois. Dans ce bon temps il n'y avait rien de certain. Biens et personnes étaient toujours en péril.

376. Il n'est pas rare de voir le donataire stipuler la garantie des choses données, en cas d'éviction. Je rencontre cette stipulation dans un acte du 19 avril 1357.

---

[1] Articles 939 et 941, C. N.

Et de omni evictione universali et generali eidem ex pacto teneri promisit[1]. Ce n'était pas à tort qu'on la faisait, car aujourd'hui même je crois que la question de savoir si le donateur est tenu de garantir au donataire la possession de la chose donnée est fort controversée. Que devait-ce être en 1357 ?

377. La procuration était quelques fois un acte fort simple ; d'autres fois elle prenait une forme plus compliquée. Je crois que cela dépendait et de la qualité du mandant, et de l'importance de l'affaire. La procuration suivante fut faite dans l'intérêt d'une pauvre femme, et pour une somme bien minime.

« Anno quo supra (1388), die quinta mensis Junii, notum sit, etc. Quod Rixcendis, filia Anthonii Maurelli, de sancto Vincentio diocesis et Baiulie Sistarici, habitatrix Manuasce, eo modo et forma quibus melius, tutius et validius de jure dici, fieri et inteligi potest, fecit, constituit et sollempniter ordinavit suos certos et indubitatos procuratores, actores, factores et nuncios speciales et generales, ita quod specialitas generalitati non deroget nec e converso, ad agendum et deffendendum in forma ad omnes suas causas, lites prosequendas, et specialiter ad petendum, exigendum et recuperandum, quoddam debitum in quo Hugo de Caiarco, habitator Manuasce, eidem tenetur, ut ipsa asserit, ratione sui salarii de *baylagio*[2] per eam in nutriendo et alactando quemdam filium ipsius Hugonis de Caiarco, vocatum, ut ipsa asserit, Esmericonum, et generaliter, etc. Videlicet, Petrum Passeroni, magistros Johan-

---

[1] Notaire Bertrand Reynaudi. — Notaire Mille, à Manosque.
[2] Expression provençale qui s'est conservée et qui signifie l'action de mettre un enfant en nourrice : *Baylagi*.

nem Burle et Raymundum Gasqui, notarios, absentes tanquam presentes, et Ludovicum Raymberti, Raymundum Medicis, de Lurio, eciam absentes tanquam presentes, et quilibet eorum in solidum rellevans fide jubens obligans, etc.

« De quibus ipsa Rixendis peciit intrumentum. Actum Manuasce, in curte hospicii mei notarii, testes Jacobus de Charentesio et Raymundus Gili, bocherius, de Manuasca, et ego Isnardus Hospiti, notarius [1]. »

378. De compte fait, voilà cinq procureurs fondés pour reclamer des mois de nourrice. C'est beaucoup, c'est même trop. Il est vrai qu'on sous entend le cas où l'un d'eux ne pourra ou ne voudra se charger de la mission qui lui est confiée, cas dans lequel il est remplacé par un de ceux qui ont été nommés avec lui ; car ils sont tous subtitués les uns aux autres, et ils ont les mêmes pouvoirs. Cela n'est pas dit dans l'acte, parce qu'il est porté sur le *sumptum*, mais cela y est sous-entendu. Au reste c'était de style dans toutes les procurations.

379. Une autre procuration reçue par le même notaire à la date du 26 juin 1388, prouve, ce dont je ne doutais pas, que la Cour des comptes d'Aix exerçait une juridiction civile. Par cet acte le mandant donne pouvoir à onze personnes, dont quatre de Manosque, et sept d'Aix, de suivre un procès qu'il avait à la Cour des comptes, *in curia camere rationum*. Ce plaideur ne risquait pas d'être pris au dépourvu [2].

380. La procuration, revêtue de tous ses accessoires, prenait la forme suivante :

[1] Notaire Mille, à Manosque.
[2] Notaire Isnard Hospiti. — Notaire Mille, à Manosque.

« In nomine domini nostri Jesu-Christi, amen. Anno ab incarnatione ejusdem M° CCCC XV° et die XXVIIa mensis Novembris, notum sit, etc. Quod nobilis Catherina, filia nobilis Johannis Valencie et Caterine, filie, quondam Guillelmi Giraudi de Manuasca, nunc ipsa Catarina Valencia, uxor nobilis Anthonii de Fontiana, de Manuasca, cum licencia et voluntate ipsius nobilis Anthonii, mariti sui, ibidem presentis, citra tamen revocationem aliorum procuratorum suorum per eam constitutorum, fecit, constituit et sollempniter ordinavit suos certos, veros et indubitatos procuratores, actores, factores et negociorum gestores speciales et generales, ita quod specialitas generalitati non deroget, videlicet, dictum nobilem Anthonium de Fontiana, maritum suum, magistros Jacobum Olone, Stefanum Ragoni, notarium, de Manuasca, magistros Johannem Gavaudani, Honoratum Gavaudani, fratres, Johannem Pyole, Gregorium Maynerii et Stefanum de Pinhano, notarios civitatis Aquensis, licet absentes tanquam presentes, et quemlibet ipsorum in solidum, ita quod non sit melior conditio occupantis seu occupancium, sed quod per unum vel alterum ipsorum inseptum seu incohactum fuerit per alium seu aliorum eorum possit et valeat prossequi, mediari et finiri, in omnibus et singulis dicte constituentis causis, litibus quibuscunque, querimoniis et controverciis motis et movendis, tam in agendo quam defendendo contra quascumque personas ecclesiasticas vel seculares, et in quocunque foro et coram quocunque judice ecclesiastico vel seculari, delegato vel supdelegato, arbitro et arbitratore et amicabili compositore : dans et concedens prefata nobilis constituens, dictis procuratoribus suis, licet absentibus, et cuilibet ipsorum in solidum, plenam, liberam et omnimodam potestatem et largum ac liberale mandatum et *posse*[1] in judicio existendi et comparendi pro ea et ejus nomine agendi et defendendi, libellum et libellos et alias peticiones quascunque in scriptis et sine scriptis oferendi, dandi et recipiendi, litem et lites contestandi, de calumpnia et veritate dicenda in animam dicte nobilis constituentis jurandi, ponendi et posicionibus respondendi, paciscendi, transigendi, proponendi, protestandi, ponendi, componendi et articulandi, jura cedendi, judices eligendi, suspectos recusandi, testes et instrumenta et quelibet alia probationum genera producendi in causa et causis, concludendi, debita sua quecunque fuit vel fuerint petendi, exigendi et recuperandi, et de abitis et receptis quitiandi, beneficium absolutionis et restitutionis in integrum petendi et optinendi ; procuratores unum vel plures substituendi ; sententiam et sententias et mandamenta quecunque, tam interlocutorias quam difinitivas, et tam judiciarias quam voluntarias, petendi, et audiendi et ab eis, si expediens fuerit, appellandi, et appellatione causas prossequendi, et demum omnia et singula alia faciendi, dicendi, tractandi et procurandi in predictis et circa predicta que causarum et negociorum merita desiderant, postulant et requirunt, et quod dicta constituens facere, duire, tractare et procurare posset si personaliter presens esset et essiam fuerint talia quod de jure mandatum exigant speciale : promitens nobilis constituens ante dicta, mihi notario infra scripto ut persona publica stipulanti et recipienti, vice et nomine omnium et singulorum illorum quorum interest intererit seu in futurum interesse poterit, rem ratam gratam et firmam habere et tenere. . . . . . .

[1] Pouvoir.

gerandam, dicendam, tractandam seu procurandam per dictos procuratores suos et substituendos ab eis in predictis et e causa predicta ; nec non ipsos, et ipsorum quemlibet, relevare ab omni et colibet onere satisdandi, et solvere judicatum cum suis clausulis universis, et tempore sententie seu sententiarum recitande seu recitandarum ; in judicio adesse si comode fieri poterit, et omnia dare et solvere que in condennationibus continebuntur, nisi fuerit provocatum aut in integrum restitutio postulata ; et pro predictis omnibus et universis et singulis actendendi, complendi, solvendi et inviolabiliter observandi, dicta nobilis constituens se, in omnem causam et eventum pro predictis suis procuratoribus et substituendis ab eis et quollibet eorum, penes me notarium infra scriptum stipulantem et recipientem nomine ante dicto, fidejussorem se constituit et principalem debitricem, ac pagatricem ; renunciatem super hoc juri de principali prius conveniendo, et penitus omni alii juri per quod contra venire possent, aprobando, ratificando et confirmando omnia facta et actita per dictos nobilem Anthonium de Fontiana, maritum suum, magistros Johannem Gavaudani, Honoratum Gavaudani, fratres, notarios, ac si per ipsam constituentem facta, dicta et actita fuisent. De quibus omnibus universis et singulis supra dictis dicta nobilis constituens pesiit sibi fieri puplicum instrumentum. Actum Manuasce, in domo dotali dicte constituentis, presentibus ibidem, venerabili et religioso viro domino Bertrando Valencie, monaco sancti Victoris Macilie, et nobili Abriasio de Vilamuris, de Manuasca, testibus ad premissa vocatis, et me Johanni Autrici, de Manuasca, notario publico; etc. [1]. »

[1] Notaire Mille, à Manosque.

381. Il est à remarquer qu'à mesure que nous avançons vers nous, les notaires savaient moins bien le latin et employaient une orthographe plus défectueuse. En effet, celui-ci, qui est probablement le fils de Guillaume Autric, dont il a été si souvent question, écrit beaucoup moins bien que son père. Son style n'est point clair et limpide comme celui des actes que j'ai rapportés. Sous ce rapport, les choses ne feront qu'empirer.

382. Parmi les pouvoirs étendus et variés que la procuration donne aux mandataires, il en est un qui est tout à fait exceptionnel. Les procureurs fondés ont le droit d'élire des juges, *judices eligendi*. Il paraît qu'il n'y avait pas d'ordre de juridiction déterminé, ou, peut-être, ce pouvoir se rapporte-t-il à la faculté qu'avaient les contractants de choisir le tribunal auquel ils voulaient se soumettre. C'est, à mon avis, la seule explication plausible de cette clause singulière.

383. Bien que cet acte soit tiré d'un extensoire, il y manque plusieurs clauses de style que le notaire a laissées en blanc, et que, sans doute, il porta sur l'expédition, car je lis en tête : *factum est instrumentum*.

Nouvel exemple des étranges libertés que ces officiers publics prenaient avec leurs minutes.

384. Quelquefois ils commençaient leurs actes par des phrases ronflantes, mode qui n'était pas particulier aux transactions. Je ne puis résister au désir d'en donner quelques exemples :

« Transactio facta inter magnificum dominum vice Comitem Rellanie.

« Et universatem castri de sancto Michaele.

« In nomine domini nostri Jesu-Christi amen. Anno incarnationis ejusdem M° CCCC° LXXVIIII° et die XVI^a

mensis Junii, regnante serenissimo et inclito principe ac domino nostro domino Renato, Dei gratia Hierusalemi et Sicilie Rege, Ducatum Andegavie Barri et Lotharingie Duce, comitatum que provincie et Forcalquerii, Cenomane ac Pedemontis Comite feliciter amen.

« Quoniam ad eterne rei memoriam et ut madernis et posteris memoria relinquatur rerum gestarum, seriem fidei explorata discerint anctoritas puplica conferri documenta, cum preteritorum memoria edax consumat oblivio, quod sufulta potius scripture testimonii immortalis permaneat probatio veritatis, sane noscat modernorum presentia et futurorum posteritas non ignoret quod cum, etc. [1]. »

Le préambule suivant est fort ancien. Il date du 7 juin 1206 :

« In apicibus litterarum memoria comendatur ne res gesta penitus oblivioni tradatur, presentibus igitur et futuris hoc presenti scripto cunctis notificetur quod, etc. [2]. »

Celui-ci est également très-ancien, puisqu'il est du 2 mars 1390 :

« Notum sit quod adversus oblivionis dispendium de scripturis remedio providencium cautela providit injuriatis, nam que memorie frequens oblivio et longinquintate sepe sit quod res clara presentibus reddatur obscura futuris et sic interdum desisa reppullulant, suscitantur sopita et sepulta resurgunt et ideo, etc. [3]. »

Enfin, en voici un autre dont l'âge est encore fort respectable Il est extrait d'un acte du 6 mai 1437.

[1] Notaire Conrad Cardon, à Reillanne, f° 58. — Notaire Devoulx, à Céreste.
[2] Registre des privilèges de Forcalquier, f° 10
[3] Ibid. Ibid. f° 8 v°.

« Injuriatur memorie frequenter oblivio et sic interdum plerumque sit lapsu temporis quod res clara presentibus redditur obscura, et sic sepius sopita sucitantur et sepulta resurgunt, unde adversus tante oblivionis dispendium sapientium cauthela de scriptura fellici providit remedio ut per eam gestorum memoria sit perhempnis, sane, etc. [1]. »

385. Je passe maintenant à une procuration donnée, dans toutes les formes, par l'évêque de Sisteron :

« In nomine domini, amen. Anno incarnationis ejusdem, M° CCCC° XLVIII°, die lune intitulata quinta mensis Augusti, universis et singulis, tam presentibus quam futuris, tenore hujus publici instrumenti sit notum, quod reverendus in Christo pater et dominus dominus H. [2]. Dei gratia Sistarensis episcopus, ex sua certa scientia, citra tamen quorumcumque procuratorum per ipsum alias seu hactenus constitutorum revocatione, fecit, creavit, constituit et solemniter ordinavit suos veros, legitimos et indubitatos procuratores actores..... et negotiorum suorum infra scriptorum gestores speciales et generales, ita tamen quod specialitas generalitati non deroget nec e contra, videlicet, egregios dominos Philippum de Costeria, Jacobum de Orelianis, legum doctores, nobiles et circumspectos viros dominos Johannem Langueti, Johannem Malceti, Christophorum Botrini, Dragonetum Meruli, tam in legibus quam in *decretis*[3] licentiatos, Avenione residentes, dominos que Jacobum Boissoni, etiam in legibus licentiatum, Johannem Bartheti, Johannem de Donis, Honoratum de Lauda, Julia-

---

[1] Registre des privilèges de Forcalquier, f° 127.
[2] Sic.
[3] Licencié en droit canonique.

num Palayssani, Julianum Margariti, Petrum Gauteri et Johannem Ruffi, jurisconsultos, Aquis residentes, et dominum Jacobum Lombardi, nobilem Philibertum de Neve, Nicolay Milanum, *archerii* [1], et magistrum Johannem de Vans, in Curia Romana residentes, dominum Bartholomeum Palatani, ordinis sanctis Victoris, priorem de Grauleriis, nec non dominum Bernardum de Roquaforti, in decretis licentiatos, et eorum quemlibet in solidum, omnes absentes tanquam presentes, ita tamen quod non sit melior conditio primitus occupantis nec deterior subsequentis, sed quod per unum ipsorum inceptum fuit per alium seu alios eorumdem prosequi, mediari valeat et finiri, scilicet ad comparendum, agendum et defendendum, pro ipso reverendo domino constituente et ejus nomine specialiter et expresse, coram reverendissimo domino domino P. [2], miseratione divina, Albanensi episcopo, cardinali de Fuxo vulgariter nuncupato in civitate Avenionis, etc. Per domino nostro Papa legato a Latere, ac coram egregio viro domino Andrea Sancii, Valanciense, Lombatiense et Carpentoracte canonico, decretorum doctore eximio, et ejusdem cause, coram dicto reverendo domino domini nostri Pape legato per dominum Bertrandum Guirani, presbiterum de Sistarico, contra dictum reverendissimum dominum Sistaricensem episcopum et nonnullos suos officiarios introducte, commissario specialiter ut fertur deputato in et pro dicta causa, et nihilominus in aliis omnibus et singulis suis causis motis et movendis, tam per ipsum seu pro ejus parte quam contra, ac in quibuscunque Curiis et coram quibuscumque aliis

[1] Archer.
[2] Sic.

judicibus ecclesiasticis vel secularibus, ordinariis et extraordinariis, delegatis vel subdelegatis, arbitris, arbitratoribus aut amicabilibus compositoribus, commissariis deputatis vel deputandis, et alis quibuscunque, quacunque fungentur potestate seu auctoritate; libellum quoque et libellos, et alias quascunque petitiones simplices et solemnes, supplicationes que et requestas dandi, faciendi et offerendi, et ex a diverso dari et offerri petendo et obtinendo, eis que respondendi et suis responderi petendo et obtinendo, litem que et lites contestandi, de calumnia evitanda et veritate dicenda in animam ipsius reverendi domini constituentis jurandi, ac prestandi et subendi cujuslibet alterius generis licitum juramentum quod in causis exigitur et postulat ordo juris; ponendi, proponendi et articulandi positionibus et articulis extra redditis in quantum positiones esse censentur, et respondendi petendo in quantum vero articuli forent, se illos ad probandum admitti petendo et obtinendo, testes, instrumenta ac alia quecunque jura et munimenta producendi contra testes, et jura ex adverso productos et producendos dicendi et objiciendi, curiam et defectus opponendi, judices que et notarios recusandi et suspectos habendi, et non suspectos eligendi, expensas petendi et taxatas retinendi et super eis intrandi; declarationes quascunque tam verbo quam scriptis dandi et producendi, de jure et interesse suis ostendendi, atestationes quascunque aperiri et publicari, petendi et obtinendi beneficium absolutionis simpliciter et ad cautelam ac restitutionis in integrum semel et pluries petendi et obtinendi; litteras quascunque tam gratiam quam justitiam continentes et quecunque rescripta impetrandi et obtinendi et eis utendi; replicandi, duplicandi, triplicandi et protestandi; testes jurare videndi ac interrogari dandi; in causa et causis renunciandi et concludendi ac renunciari et concludi petendi; sententiam et sententias tam interlocutorias quam definitivas ferri et promulgari petendi et audiendi, et ab ea seu eis et alio quocunque gravamine sibi illato vel inferendo semel et pluries provocandi et appellandi; appellationem que et appellationes prosequendi, intimandi et notificandi; unum quoque procuratorem vel plures procuratores loco sui substituendi, et eum vel eos revocandi et destituendi semel et pluries; presenti procuratione et contentis in eo in suo robore nihilominus permanente; et demum et generaliter omnia universa et singula alia faciendi, dicendi, gerendi, procurandi et exercendi in promissis et circa ea que neccessaria fuerint, seu alias quomodolibet opportuna, et que ipse memoratus reverendus dominus constituens faceret et facere posset, si in premissis omnibus et singulis presens personaliter interesset, etiam si talia essent que mandatum exhigerent magis speciale; promittens dictus reverendus dominus constituens mihi notario publico infra scripto, tanquam commmuni et publice persone solemniter stipulanti et recipienti, vice et nomine omnium et singulorum quorum interest, intererit aut interesse poterit in futurum, se ratum, gratum et firmum perpetuo habiturum omne id et quidquid per dictos procuratores suos et eorum quemlibet in solidum actum, gestum, factum ve fuerit, seu alias quomodolibet procuratum, ex nunc prout ex tunc, et e converso; eosdem procuratores suos et substitutos et substituendos ab eisdem, seu eorum altero et quolibet ipsorum in solidum, ab omni et quolibet onere satisdandi penitus relevans et relevatos esse volens ; promisit ut supra judicium sisti et judicatum solvi cum suis clausulis universis..... et principalem in solidum pagatorem et actensorem se constituentem penes me dictum notarium, stipulantem et recipientem ut supra, sub expressis hypotheca et obligatione omnium bonorum suorum presentium et futurorum, legi que de..... et omnis alterius juris et facti renunciatio ad hec necessaria cautela. De quibus dictus reverendus dominus constituens petiit sibi et dictis procuratoribus suis, substituenda que et substituendis ab eis seu eorum altero ex ipsorum cuilibet, fieri unum et plura instrumenta, per me notarium publicum infra scriptum. Acta fuerunt hec Manuasce, in domo habitationis prudentis viri magistri Elzini Hospitalerii, mercatoris, in *comesterio* [1], juxta *penus* [2], presentibus venerabili domino Jacobo Elziari, priore de Piro, regensis diocesis, ac domino Laurentio Textoris, presbitero de Audeganense diocesi, nunc incola Manuasce, testibus ad premissa vocatis, et me Nicolao Fabri notario publico, etc. [3]. »

386. Il n'y a pas moins de vingt procureurs fondés constitués par cet acte. Un pareil luxe paraît exhorbitant. Mais on agissait ainsi dans la prévision du refus de quelques-uns des mandataires d'accepter le mandat, ou de l'impossibilité où ils pourraient être de le remplir. En général, on ne se bornait pas à désigner une seule personne, et les exemples de cas où l'on ne constitue qu'un procureur fondé sont rares.

387. Il paraît que le procès, à l'occasion duquel cette

[1] Salle à manger.
[2] Cuisine, dépense.
[3] Notaire Fortuné Pourcin, à Manosque, f⁰ 203.

procuration fut donnée, était de nature à être porté à Avignon, à Aix et à Rome, puisque l'évêque de Sisteron nomme des mandataires dans chacune de ces villes. Je ne suis pas surpris, qu'en dernière analyse, la partie succombante appelât à l'autorité du Pape, mais il m'est plus difficile de comprendre comment il aurait pu se faire qu'elle appelât à la juridiction ecclésiastique d'Aix, alors que le légat à *Latere* était juge du premier ressort. Or, le légat à *Latere* était le représentant le plus direct de l'autorité papale, et il me semble que l'appel de ses sentences devait ressortir des tribunaux Romains. Cependant, il y avait dans ce temps de telles circonvolutions de procédure, que cette dévolution pouvait se présenter.

388. La procédure, dans les XIVe et XVe siècles, comportait des serments multipliés ; c'était, en quelque sorte, une mesure introductive d'instance. On s'en aperçoit en lisant la procuration de l'évêque de Sisteron. Il donne à ses mandataires la faculté de jurer, en son nom et sur son âme, que son adversaire le calomnie, *de calumnia evitanda* ; que lui évêque dit la vérité, *de veritate dicenda* ; et enfin de prêter, toujours de la même manière, tous autres serments que la nature de l'affaire et le droit exigeraient : *et subendi cujuslibet alterius generis licitum juramentum quod in causis exigitur et postulat ordo juris.* Il y avait donc, non pas des serments de plusieurs sortes, car c'est toujours Dieu que l'on prend à témoin, bien que les termes employés soient différents, mais il y avait plusieurs serments que l'on prêtait, suivant l'exigence des cas et de la coutume.

389. Il est, dans cette procuration, une restriction

qui étonne. Elle donne aux mandataires le droit de prêter tous serments licites, *licitum juramentum.* Ceci fait supposer qu'il pouvait se présenter des cas où l'on exigeait d'eux un serment illicite, autrement la précaution eut été inutile. Par serment illicite on n'entendait, sans doute, et l'on ne pouvait évidemment entendre, que celui qui aurait été arbitrairement imposé par le juge, au mépris de la loi et de l'usage, tel que serait aujourd'hui le serment exigé d'un témoin âgé de moins de quinze ans. Mais il me semble qu'il était au moins inutile de dire que les mandataires n'étaient pas autorisés à se prêter à une exigence de cette nature. Car la chose allait d'elle même. Peut-être trouvera-t-on que ces observations ont peu d'importance. Je réponds qu'il n'y a rien d'indifférent quand il s'agit de rechercher de quelle manière nos ancêtres pratiquaient les devoirs de la vie civile. En pareille matière, il vaut mieux être minutieux qu'incomplet.

390. La procuration autorise les mandataires à remplir certaines formalités de procédure qui ont besoin de quelques explications. Ainsi, ils ont le pouvoir : *ponendi, proponendi et articulandi positionibus et articulis extra redditis, in quantum positiones esse censentur, et respondendi petendo in quantum vero articuli forent, se illos ad probandum admitti petendo et obtinendo.*

Cela n'est pas très-clair ; cependant je présume qu'il s'agissait de la faculté de répondre à des actes extrajudiciaires, *extra redditis*, et au pouvoir d'en poser de pareils dans le cours de l'instance. Il ne peut être question d'autre chose, car un peu plus haut l'acte s'explique formellement sur le droit concédé de faire notifier toutes demandes, suppliques et requêtes, ce qui implique nécessairement la faculté de conclure, acte qui fut toujours le couronnement d'une procédure.

391. Ici revient la faculté d'élire des juges, après avoir récusé ceux qui étaient suspects ; ce qui s'applique également aux notaires, soit en leur qualité, soit comme assistant le juge à titre de greffier. Il semble dès lors que je n'ai rien à ajouter à ce que j'ai dit plus haut, en parlant d'une autre procuration. Mais il faut remarquer que les termes des deux actes ne sont pas les mêmes. Le premier donne aux mandataires la faculté pure et simple d'élire des juges ; ce que j'ai pu, sans crainte d'être taxé d'inexactitude, rapporter à l'élection, que les parties faisaient ordinairement dans les contrats d'obligation, du tribunal qui devait les contraindre à leur exécution. En effet, on a vu que, presque toujours les contractants se soumettaient à la juridiction de tel ou tel tribunal, spécialement dénommé. C'est la faculté de faire cette désignation que la procuration dont s'agit contenait peut-être.

Mais la procuration dont j'interprète les termes ne s'arrête pas à cette limite. Elle va plus loin. Elle permet aux madataires de récuser les juges ordinaires qui leur paraîtraient suspects, et d'en choisir de nouveaux : *judices recusandi et suspectos habendi, et non suspectos eligendi.* Ici il ne s'agit plus de l'attribution de juridiction faite *ab initio* ; il s'agit de dépouiller, en sa qualité de suspect, le juge ordinaire et saisi de la connaissance du litige, et d'investir à nouveau un autre juge qui réunisse les conditions d'impartialité requises. Hé bien ! je dis que, dans les idées actuelles, ce pouvoir est tout simplement une monstruosité, car une dévolution de juridiction ne peut être le fait d'une partie. Que les plaideurs confient à des arbitres le soin de terminer leurs différents, rien de mieux : mais que l'un d'eux puisse se choisir des juges, c'est ce que l'on ne comprend pas. Cependant cela était ; les termes de la procuration en font foi.

392. Une autre clause bizarre se remarque dans cette procuration : elle porte : *petendi et obtinendi beneficium absolutionis et ad cautelam*. C'est-à-dire, que les procureurs fondés pouvaient demander le soulèvement de l'excommunication prononcée, mais encore, stipulant à futur, *ad cautelam*, requérir que, si leur mandant encourait une excommunication, elle demeurerait sans résultat. Ce sens est le seul que l'on puisse raisonnablement attacher aux expressions que j'ai rapportées, autrement les mots *ad cautelam* ne signifieraient rien, car on n'a pas de précautions à prendre contre un fait accompli. Ainsi on pouvait parer à l'avance à l'excommunication. Cela est tellement extraordinaire, que j'ai peine à y croire, et n'était l'acte, qui ne souffre guère d'autre interprétation, je renverrais bien loin celle que je propose.

393. A cette époque, le prince intervenait dans les affaires entre particuliers. Il paraît qu'il n'avait pas complètement délégué à la magistrature le pouvoir judiciaire, et que plus d'une fois son autorité tranchait un différent. La transaction du 5 août 1448 est formelle sur ce point. *Litteras quascunque, tam gratiam quam justiciam continentes, et quæcunque rescripta, impetrandi et obtinendi*. Ces termes sont positifs. Le prince rendait donc la justice sur la demande des citoyens. Cela valait mieux que l'élection des juges.

394. Il résulte de cet acte que le fléau des répliques

affligeait aussi nos devanciers, et qu'on les portait même à un luxe heureusement devenu inusité. *Replicandi, duplicandi, triplicandi.* De compte fait, c'étaient quatre plaidoyers pour un. Je plains de tout mon cœur les malheureux juges qui étaient obligés de supporter le feu de cette formidable rangée de batteries : je plains aussi très-fort les avocats qui *quadruplaient* : mais je plains encore plus les plaideurs qui faisaient les frais de la guerre.

395. Dans le courant de l'année 1458, la ville de Manosque emprunta de noble François Perussi, florentin, marchand à Avignon, la somme de trois cent trente-huit florins, de la valeur chacun de vingt-quatre sous du Pape, remboursable dans un an. Les syndics et conseillers de Manosque présents, la majeure et la plus sage partie du conseil, *majorem et saviorem partem ipsius consilii,* ainsi que plusieurs autres personnes ne faisant pas partie du conseil, *de extra consilium prenominati,* ratifièrent l'emprunt fait par leur mandataire, et s'obligèrent à le rembourser au terme préfix, quels que fussent les évènements qui pourraient survenir : *nonobstante quibuscumque merchis*[1]*, commerchis*[2]*, guerris, represalhiis, arrestis, saysis*[3]*, et impedimentis aliis quibuscumque, que forsitam evenire possunt inter quosvis dominos, quod Deus advertat.* Ils s'obligèrent de plus sur tous leurs biens, meubles et immeubles, qu'ils hypothéquèrent et déclarèrent vouloir posséder à

[1] Clarigatio, compensatio; Gallice, marque, représailles. (Du Cange. Gloss. v° Mercha.)

[2] Tributum quod a mercatoribus pensitatur. (Ibid. Sup. v° Commerchium.)

[3] Invasio (Ibid. Gloss. v° Saisia.) mieux, *saisies*.

titre précaire jusqu'au paiement intégral, et ils se soumirent en outre à toutes les juridictions possibles : *se submiserunt viribus, jurisdictionibus, in Curie camere apostolice domini nostri Pape cameram, ejusque generales auditores, vice auditores ac locumtenentes, ejusdem prelibati que domini nostri Pape et romane Curie marescali, ejusque judici et locumtenenti, nec non Curiarum specialium et temporalium civitatum et diocesorum Avenionensis, Arelatensis, Aquensis, Sistaricensis, Aptensis, Digniensis, Curie que parvi sigilli Monspessulani, ac Curie camere Aquensis, et omnium aliarum Curiarum ubilibet constitutarum, in qua seu quibus hoc presens instrumentum ostendi contingerit; per quas quidem Curias et earum quamlibet in solidum, voluerunt posse et debere arestari, incarcerari, agravari, reagravari, etc. Cogi que et compelli usque ad integram observationem omnium et singulorum premissorum, nonobstante quibuscunque priviligiis, statutis, litteris, gratiis, etc. Impetratis seu impetrandis, concessis seu concedendis, sub quacunque gratia, prerogativa ac verborum serie sive forma; que quidem privilegia, statuta, litteras, gratias, dicti ratificantes, dictis nominibus, et eorum quemlibet in solidum, promiserunt non impetrare, et impetratis non uti, presentare, inducere nec se juvare vigore illorum; quinimo ipsis eisdem et eorum robori et efficacie renuntiaverunt et nullius roboris et efficacie esse voluerunt; illos illas que et illud cassaverunt verbo promissione et opere, ac si non essent impetrata; et non obstante quod si processus fuerit, in una Curia de predictis, nihilominus. Ad aliam et ad alias recurri possit, etc.*

Après l'obligation et la ratification, vient la nomination de mandataires à l'effet de représenter la ville de Manosque dans toutes les contestations auxquelles l'emprunt par elle fait donnerait lieu. En voici les termes :

« Porro ibidem et incontinenti ; ad majorem roboris firmitatem supradicti Perussii creditoris et suorum, ipsi ratificantes, dictis nominibus et eorum quolibet in solidum, fecerunt et cŏnstituerunt procuratores suos et dicte universitatis et singulorum ejusdem irrevocabiles, videlicet, in Avenione, venerabiles et sapientes viros dominos et magistros, N... N... jurisconsultos, nec non, N... N..., et inde communes procuratores, scribas et notarios in civitate Avenionensis predicta ; in Montepessulano vero dominos dominos, N... N..., etiam jurisconsultos, ac etiam omnes et singulos, dominos procuratores fiscales, clavarios, notarios, scribas et procuratores alios omnes et singulos curiarum predictarum et cujuslibet earum, modernos et futuros, absentes tanquam presentes et quemlibet ipsorum in solidum, ita tamen quod primitus occupantis potior conditio non existat; etc. videlicet, ad comparendum et se presentandum, pro dictis ratificantibus dicta que universitate et singulorum ejusdem et eorum quolibet in solidum, coram prenominatis dominis auditore, vice auditore et aliis dominis magistralibus, supra scriptis, et eorum quolibet ipsorun que et cujuslibet eorum locumtenentibus, dum et quando prelibato creditori aut suis predictis placuerit 'et per eum vel eos fuerint requisiti, vel alter ipsorum fuerit requisitus, dictum que debitum cccxxxviii florenorum, atque sumptus, damna, disturbia, expensas et interesse predictis, ac omnia et singula in presenti instrumento contenta, confitendi, averandi et recognoscendi semel et pluries et quoties opus fuerit, ipsis constituentibus citatis vel non citatis, nonobstante quibuscunque constitutionibus dominorum Urbani, Pape quinti, etc. in forma, etc. promittentes mihi notario publico supra et infra scripto ut publice persone stipulanti, vice et nomine omnium et singulorum quorum interest, etc. habere ratum, gratum et firmum, etc. relevantes, etc. fidejubentes, etc. et promiserunt dictos procuratores non revocare, donec, etc. et predicta tenere, attendere et inviolabiliter observare et non contravenire promiserunt dicti ratificantes, sub expressa hypotheca et obligatione omnium bonorum suorum dicte que universitatis et singularum ejusdem ; et ita juraverunt ; sub renunciatione legis de principali et omnis alterius juris et facti, etc. De quibus dicti ratificantes, nominibus predictis, dicto Perussi fieri concesserunt instrumentum, dictandum, etc. Acta fuerunt hec Manuasce, etc[1].

396. Le contrat de mariage était rédigé dans la forme qui suit. Elle est simple, car je la prends dans un *sumptum* où, comme l'on sait, la plupart des formules étaient omises. J'ajouterai que je n'ai pu connaître le nom du notaire qui a reçu l'acte, parce que les feuilles qui le contiennent se sont détachées du registre, lequel, très-probablement, ne portait le nom de l'officier rédacteur qu'à la première page. En outre le temps a tellement affaibli l'encre, que quelques mots sont devenus illisibles.

« Matrimonium Moneti Montanerii, de Dalfino, et Catarinete, filie quondam Moneti Bonefidi, de Manuasca.

[1] Acte du 27 novembre 1458. Notaire Louis Fabri. f° 202. — Notaire Mille, à Manosque.

Il nomine sancte et indivise trinitatis, etc. Anno ab incarnatione ejusdem M° CCCC° XII, die XXVIIII Decembris, quod ab initio..... Naturalis cunjunctio maris et femine, etc. Idcirco interveniente primitus amicorum et propinquorum partium infra scripta tractatu de matrimonio contrahendo in futuro, per verba de presenti, inter Monetum Montanerii, de Dalfino, ex una parte, et Catarinetam, filiam quondam Moneti Bonefidei, de Manuasca; tandem ut dictus contractus et collequium dicti matrimonii sorciatur effectum, prefatus Monetus Montanerii, gratis et sponte, promisit et super sancta Dei evangelia corporaliter tactis scripturis juravit dictam Catarinetam accipere in uxorem suam legitiman, etc.

Et vice versa, prefata Catarineta promisit et super sancta Dei evangelia juravit, cum licentia cile, matris ipsius Catarinete, Johannis Arnaudi, mariti ejusdem, Pontii Bonefidei et Johannis Bonefidei, fratrum, avunculorum ibidem presentium, eumdem Monetum accipere in virum seu maritum suum legitimum et eumdem disponsare in facie sancte matris ecclesie, ipsa ecclesia sic volente et fieri permittente, etc.

Et quia dos patrimonium est mulieorum propter onera que cotidie in matrimoniis occurunt et eveniunt, idcirco prefata Catarineta sibi ipsi et dicto marito suo futuro asserit in dotem omnia bona sua mobilia et immobilia, etc.

Item, Johannes Arnaudi predictus, constituit et assignavit, in augmentum dotis ejusdem, florenos quinque solvendos per solutiones annuales unius floreni. Item, et pro *auctorio*[1] *raupe*[2] nuptiali dicte

[1] Augmentation.
[2] Robe. Vêtements.

filie florenum unum. Item, etiam promisit ipse Johannes Arnaudi, nomine Anthonii Panaterii, fratris ipsius Catarinete, unum florenum auri pro auctorio dicte raupe nuptiali :

Item, Pontius Bonefidei et Johannes Bonefidei, avunculi dicte filie, quislibet ipsorum promisit et dare convenit, in augmentum dotis, florenos quinque, et florenum unum pro auctorio dicte raupe nuptiali, et sic sunt florenos duodecim inter ambos, quos solvere promiserunt per solutiones annuales unius floreni solvendi anno quolibet per ipsos Pontium et Johannem :

Item, Alriasius Borrelli dedit in auctorio dicte raupe florenum unum :

Item, dictus Monetus Montanerii, maritus futurus dicte Catarinete, dedit in augmentum dotis ejusdem decem *fedas*[1] : item, et pro auctorio dicte raupe florenos duos : item, Jacobus Faucherii, unum sestarium annone in messibus : item, Ayselena Garniera unum linteamen :

Pro quibus quidem florenis quindecim et prout ad quemlibet tangit pro parte sua ipsi se obligaverunt omnibus Curiis, etc. et juraverunt, etc. renunicaverunt, etc.

Item si casus restitutionis eveniet, quod Deus avertat, promisit restituere per similes restitutiones, etc. juravit, etc. renunciavit, etc.

De quibus petierunt instrumentum. Actum Manuasce, in domo sive curte Johannis Arnaudi. Testes, Matheus Gibosii, Petrus Salvati, teulerius, Anthonius serviens Bertrandi Maurelli, Franciscus Raynerii, de Dalfino[2]. »

[1] Brebis.
[2] Notaire Mille, à Manosque.

397. Le notaire perçut un gros d'honoraires pour cet acte qui concernait des gens de médiocre fortune. En voici un autre passé entre personnes d'une condition un peu plus relevée.

398. « Anno a nativitate domini M° CCCC° XXXII° et die secunda mensis Januarii, tenore presentis veri et publici instrumenti universis et singulis notum sit quod, cum tractatum fuerit de matrimonio contrahendo, per verba de presenti, inter providum virum Anthonium Lhautardi, de Manuasca, diocesis Sistaricensis, parte ex una, et honestam mulierem Ayselenam filiam Johannis Grossi, castri de Vinono, Aquensis diocesis, parte ex altera ;

Hinc si quidem fuit et est quod, anno et die predictis, tractantibus amicis communibus utriusque partis, dictus Anthonius Lhautardi, gratis, sponte, juravit et promisit dicte Ayselene presenti, etc. ipsam ducere in uxorem et sponssam suam legitimam, in facie sancte matris ecclesie, Deo et sancta matre ecclesia conscentiente, dum et quando per eumdem Anthonium, sive pro ejus parte, fuerit requisita ;

Et vice versa, dicta Ayselena, cum concenssu, voluntate et anctoritate dicti Johannis Grossi, ejus patris, presentis, licentiam et auctoritatem ad infra scripta peragenda dantis et prestantis, gratis, etc. juravit et promisit dicto Anthonio Lhautardi, presenti, etc., ipsum Anthonium Lhautardi ducere in maritum et sponssum suum, in facie sancta matris ecclesie, Deo et sancta matre ecclesia concensciente, dum et quando per ipsam Ayselenam, sive pro ejus parte, fuerit requisitus ;

Et quia dos est proprium patrimonium mulierorum, sine qua remanere non debent et ut facilius onera dicti matrimonii susportentur, idcirco dictus Johannes Grossi, pater dicte Ayselene, gratis, etc. constituit et assignavit in dotem, pro dote nomine et ex causa dotis ipsius Ayselene, et per eamdem dicto Anthonio, presenti, videlicet, omnem medietatem omnium bonorum suorum quorumcunque que reperirentur esse et habere post ejus mortem, cum pactis et conventionibus subscriptis :

Item, fuit pactum inter ipsas partes quod dictus Anthonius Lhautardi teneatur morari cum ejus uxore futura, perpetuis temporibus, cum dicto Johanne Grossi et honesta muliere Beatrisia, ejus uxore, et eorum domicilium facere, ipsos que Johannem Grossi et Beatrisiam, conjuges, habere et tenere in patrem et matrem, eisdem que parere et obedire ut bonus filius, fidelis et bonus esse; et simili bono modo dicti conjuges promiserunt dicto Anthonio ipsum habere et tractare ut bonus pater et facere tenentur de eorum legitimo filio :

Item, fuit pactum inter partes ipsas quod omnia bona utriusque partis ponantur per benefficium *investarii*[1]... ad salvum jus utriusque partis :

Item, fuit pactum inter partes ipsas quod dictus Anthonius teneatur omnia bona sua apportare, et adjungere cum bonis dictis dicti Johannis Grossi :

Item, fuit pactum inter ipsas partes quod dictus Anthonius Lautardi teneatur induere dictam Ayselenam, uxorem suam futuram, de uno vestimento nubciali condecenti, suis propriis sumptibus et expensis, quod vestimentum nunc pro tunc eidem donavit in augmentum dotis ad mortem et ad vitam :

Item, fuit pactum inter ipsas partes quod omnia bona

[1] Inventarii.

que acquirentur seu augmentarentur a die consomati matrimonii in antea sint communia inter dictum Johannem Grossi et Anthonium Lhautardi :

Item, fuit pactum inter ipsas partes quod casu quo dictus Anthonius ante dictam Ayselenam uxorem futuram a presenti vita descedet absque heredibus legitimis ab eorum corpore procreatis, quod omnia bona illa de quibus augmentavit sint penitus ipsius Ayselene et eidem pleno jure pertineant, et casu quo ipsa Ayselena descedet absque heredibus ante dictum Anthonium quod duas partes augmentationis bonorum suorum, sive dicti Johannis Grossi, sint ipsius Anthonii.

Item, fuit pactum qod idem Johannes Grossi possit testari pro libito voluntatis juxta facultates bonorum et legata fienda solvantur tam de bonis in dote constitutis quam dicti Johannis Grossi :

Et ibidem incontinenti honesta mulier Beatrisia, uxor dicti Johannis Grossi, gratis, etc. cum licentia ejusdem, dedit eidem Ayselene, post ejus mortem et Johannis Grossi mariti sui, in augmentum sue dotis, videlicet, quoddam hospicium suum scitum infra dictum locum de Vinono, confrontatum cum careria publica yendo apud ecclesiam, cum hospicio Guillelmi Drays et cum hospicio Petri Manenqui, et cum omnibus juribus et pertinenciis suis.

Item, unum lectum post ejus mortem videlicet unam *bassaquam*[1], unum *pulimar*[2] plume, duo linteamina de *duabus*[3] *thelis*, unam *flassatam*[4], item unam napam

---

[1] Sommier-paillasse.
[2] Traversin-oreiller.
[3] Draps faits avec deux largeurs de toile.
[4] Couverture en laine. Du provençal *flassado*.

encordatam[1], item unam tunicam de virido et de rubeo, et de ejus dote florenos quatuor quam habet infra domum dicti Johannis Grossi, ejus mariti : item, unum *coffretum*[2], quatuor *vellos*[3] *cothoni*[4] et tres *buessas*[5] sede et unam zonam de seda *mesclatam*[6] *quasu*[7] que non *gausisset*[8] [9].

399. Vient ensuite l'inventaire des biens apportés par Antoine Lhautard et de ceux possédés par Jean Gros :

« Sequuntur bona dicti Anthonii Lhautardi.

Primo quinque *trentenaria*[10] averis caprini, menuti sive lanuti, que appreciantur ad octuaginta florenos :

Item, unam *lanceam*[11] *gayam*[12] ;

Item, *cordas*[13] *meianas*[14] ;

Sequuntur bona dicti Johannis Grossi ;

Primo, quatuor mulas appreciatas ad octuaginta florenos, quarum sunt duo de tribus annis in mense Madii ;

Item, viginti octo sestaria annone seminata in *gara-*

---

[1] Nappe faite avec une toile nommée *cordat* en provençal.
[2] Petit coffre.
[3] Voiles.
[4] Coton.
[5] Vêtement de femme. Sac ou bourse.
[6] Mêlée. Du verbe provençal *mesclar*.
[7] Casu.
[8] User. Du verbe provençal *gaousir*. C'est-à-dire, en cas qu'elle ne l'usât pas.
[9] Notaire Reybaud Vesiani. — Notaire Mille, à Manosque.
[10] Trente bêtes. Du provençal *trentanier*. Nous comptons les bêtes ovines par trentaine.
[11] Lance.
[12] Ferrée. Du Cange. Gloss. v⁰ *gaid*.
[13] Cardes à carder la laine.
[14] Moyennes.

chiis[1] *temperilibus*[2], ad mensuram de Vinono ;

Item, quatuor *sestaria*[3] consiliginis de seminatis ;

Item, unum *sestarium* fabarum seminatarum ;

Item, octo *saumatas*[4] *speute*[5] ;

Item, duas saumatas *civate*[6] ;

Item, octo sestaria *ordey*[7] ;

Item, tres saumatas annone ;

Item, sex saumatas *consiliginis*[8] ;

In *intragio*[9] domus :

Item, unum *tinellum*[10] capacitatis sex saumatarum, cum una *plecha*[11] ;

Item, unam tinam capacitatis viginti octo saumatarum, vel circa, quator plechis ligatam ;

Item, unam *molam garnitam*[12] ;

Item, duas clitellas ad *cavalquandum*[13] ;

Item, unum vas de querquore capacitatis viginti *cuparum*[14], circulis ligatum, cum XVI cupis vini ;

Item, unum vas de querquore, circulis ligatum,

[1] Guérêts.
[2] Aptes à recevoir la semence. Du provençal *tempier*.
[3] Sétiers.
[4] Charges.
[5] Epeautre, sorte de blé.
[6] Avoine.
[7] Orge.
[8] Seigle.
[9] Entrée.
[10] Cuve contenant six charges de raisins.
[11] Cercle. Lorsque ce mot est employé seul, il signifie cercle en bois. Quand le cercle est en fer, on dit *plecha ferrea*. Ce mot est perdu.
[12] Garnie.
[13] Selle pour monter à cheval.
[14] Coupe, mesure de 20 litres.

capacitatis cupis xxv, plenum *trempe*[1] ;

Item, unum vas de *melze*[2], capacitatis cupis viginti quinque, IIII[or] plechis ligatum, plenum vini meri ;

Item, unum vas de *castanhier*[3], capacitatis octo cupis, plenum vini misti ;

Item, duas *dalhs*[4] ;

Item, duas *aychatas*[5] ;

Item, unam *laneam*[6] bonam ;

Item, unam serram ;

In camera subter :

Primo, unam laneam ;

Item, unam bassaquam ;

Item, duo linteamina ;

Item, unum pulimar ;

In *socavea*[7] :

Item, duo *cupendia*[8] ;

Item, unum *scrini*[9] cum clave et *serra*[10] ;

Item, unum *cecabrini*[11] capacitatis cum dimidio ;

Item, unum *cucupendium*[12] ejusdem capacitatis ;

Item, unum *scrinch*[13] cum serra sine clave ;

Item, unum porcum *salatum*[14] ;

[1] Piquette. Du provençal *trempo*.
[2] Mélèze.
[3] Châtaignier.
[4] Faux.
[5] Pioches.
[6] Couverture.
[7] Rez-de-chaussée.
[8] Chaudron.
[9] Coffret.
[10] Serrure.
[11] Sorte de vase.
[12] Chaudron.
[13] Coffret.
[14] Salé.

Item, unam *meianam*[1] porqui ;
Item, tria *saginia*[2] ;
Item, unum *patalphum*[3] stagni ;
Item, unam *ydriam*[4] cum *bronsono*[5] ;
Item, duas *paracides*[6] stagni ;
Item, duos *naus*[7] ;
Item, unum sesterium ad mensurandum ;
Item, duos *morterios*[8] lapidis ;
Item, quasdam *andessas*[9] ;
Item, unam *mastram*[10] ;
Item, IIII^{or} tabulas novas, capacitatis longitudinis sex palmorum ;
Item, IIII^{or} tabulas longitudinis novem palmorum ;
Item, duas *tendadoyras*[11] pro pane ;
Item, VIII^{to} *paracides*[12] de terra ;
Item, duos *platellos*[13] terre ;
Item, XII *pessias*[14] *cisseriorum*[15] ;
Item, sex platellos *fuste*[16] ;

[1] Moitié. Du provençal *mejan*, demi.
[2] Lard.
[3] Bouteille.
[4] Pour *hydriam*, cruche.
[5] A goulot.
[6] Plats d'étain. Du Cange Gloss. sup. v° *parassis*.
[7] Vases en bois où l'on sale le porc.
[8] Mortiers.
[9] Trépieds.
[10] Maie à pétrir.
[11] Tables pour mettre la pâte avant de la porter au four.
[12] Vases en terre.
[13] Plats.
[14] Pièces.
[15] Assiettes.
[16] De bois. Du provençal *fusto*. Fustis en latin.

Item, unam tabulam *frachiniam*[1] ;
Item, medium quintale *canapii* [2] ;
Item, xxiiii^{or} libras fili lini ;
Item, duo sestaria, *eymina*[3] de *canabos*[4] ;
Item, xii linteamina de duabus telis ;
Item, unam laneam ;
Item, duas napas encordadas ;
Item, quinque napas *planoias*[5] ;
Item, duo *manutergia*[6] francesos ;
Item, duo manutergia *planoges*[7],
Item, duo *tamis*[8] ;
Item, duos *vanetos*[9] ;
Item, duos *standes*[10] ;
Item, iiii^{or} *banastones*[11] ;
Item, unum *canastellum*[12] ;
Item, duos *cartals*[13] ;
Item, unum *broqum*[14] ;
Item, unam *ollam*[15] de *core*[16] ;

[1] Pliante, articulée.
[2] Chanvre.
[3] Deux sétiers et une émine.
[4] Graine de chanvre.
[5] Nappes unies.
[6] Essuie-mains français.
[7] Unis.
[8] Tamis pour bluter la farine.
[9] Vans pour cribler le blé.
[10] Vases. Du Cange. Gloss. v° *standa*. Dressoir-étagère.
[11] Grand panier en osier. Du provençal *banastoun*.
[12] Grande corbeille. Du provençal *canastello*.
[13] Panier. Du latin *cartallus*.
[14] Broc. Vase en bois pour contenir l'eau.
[15] Mesure. Du Cange. Gloss. v° *olla*. Vase.
[16] De cuir.

Item, tria *volamina* [1] ;
Item, unam *cotam* [2] de ferro ;
Item, tres *avanbrasses* [3] ;
Item, duos *gardabrasses* [4] ;
Item, duas lanceas ;
Item, quasdam *penches* [5] ad *penchinandum* [6] ;
Item, IIII^{or} sestaria de nucibus ;
Item, unum sestarium de amigdalis ;
Item, *jarram* [7] pro tenendo oleum ;
Item, octo *berirerios* [8] ;
Item, duos *aychedos* [9], unum parvum et unum magnum ;
Item, duas eyminas ad mensurandum ;
Item, duo *barralia* [10] ;
Item, unum *aste* [11] ferreum ;
Item, unam liman ;
Item, unam *raspam* [12] ;
Item, unam *claveriam* [13] minutam ad *ferrandum* ; [14]
Item, duodecim gallinas ;
Item, unum gallum ;

[1] Faucille. Du provençal *voulan* ou *oulamè*.
[2] Cotte. Probablement une armure.
[3] Avant-bras.
[4] Garde-bras.
[5] Peigne pour peigner le chanvre. Du provençal *penchè*.
[6] Pour peigner. Du provençal *penchinar*.
[7] Jarre.
[8] Sacs.
[9] Pioche.
[10] Cornue fermée pour porter des liquides. Du provençal *baral*.
[11] Broche. Du provençal *astè*. *Hasta* du latin.
[12] Râpe.
[13] Boîte pour renfermer les clous.
[14] Pour ferrer.

Item, duas *podadoyras* [1];
Item, duos *pestelos* [2] buxi ;
Item, unum *cloquear* [3] perforatum ;
Item, tria stagna sive bancs ;
Item, duas sellas ad sedendum ;
Item, plus *dos* [4] *standes* [5] ;
Item, una *tolocha* [6] ;
Item, unum *collar* [7] de *carreta* [8] ;
Item, duas *suas* [9] de tribus annis ;
Item, unum porcum de duobus annis ;
Item, tres porcos de uno anno ;
Item, unam suam de uno anno ;
Item, tres *calens* [10] ;
Item, duas *relhas* [11] ;
Item, unum caseum IIII^{or} librarum ;
Item, duos *barbos* [12] ;
Item, duas securim ;
Item, IIII^{or} *taravellas* [13] ;
Item, duas *berrias* [14] ad portandum fenum garnitas

[1] Serpe à tailler la vigne. En provençal *poudadouiro*.
[2] Pilons.
[3] Cuiller.
[4] Deux.
[5] Plats. Dressoir.
[6] Collier pour chien, ou muselière.
[7] Collier.
[8] Charrette.
[9] Truies.
[10] Lampe triangulaire dont on se sert en Provence.
[11] Socs de charrue.
[12] Teli genus. Du Cange. Gloss. Sup. v°. *Barbos*. Accessoires d'une charrue.
[13] Barre qui sert à mouvoir le tour d'une charrette.
[14] Du provençal *berri*. Filet servant à porter le foin.

de *tironis*[1] ;
Item, duas clitellas garnitas ;
Item, duas *benhas*[2] ad portandum *ollas*[3] ;
Item, duos *drays*[4], unum de annona, alium de *grosso*[5] *blado* ;
Item, unum *coffretum*[6] viridum parvum, filie ejus ;
Item, duos *scaupres*[7] ;
Item, duas aychetas ;
Item, *sarias*[8] *flaqui*[9] ;
Item, duos magnos *liames*[10] ;
Item, duos liames ;
Item, quinque *biassas*[11] ;
Testes, nobilis Andreas Dodoni, Antonius Bomparis, dominus Antonius Fabri, vicarius, dominus Bomparis seralherii, Johannes Ricossii. »

400. Tel était le mobilier d'une personne aisée au commencement du XVe siècle. Malheureusement nous ne pouvons pas nous en rendre un compte exact, parce que les noms de beaucoup d'ustensiles de ménage ou d'agriculture sont tombés en désuétude et perdus, de telle sorte qu'il est impossible de savoir à quel usage étaient destinés certains instruments mentionnés dans

---

[1] Petites cordes. Du provençal *tiroum*.
[2] Crocs en bois placés sur un bât.
[3] Vases.
[4] Van.
[5] Gros blé. Espèce de froment.
[6] Coffret.
[7] Ciseau de menuisier.
[8] Besaces qu'on met sur les bêtes de somme, nommées *insari*.
[9] Sparterie.
[10] Liens. Attaches. Du provençal *liamè*.
[11] Besace. Bissac. Du provençal *biasso*.

la nomenclature faite ci-dessus. On ne peut que faire des conjectures qui ne servent pas à grand chose. Si notre langue était demeurée dans toute sa pureté, nous n'en serions pas réduits à ignorer ce qu'il nous importerait pourtant un peu de savoir. Sans doute, il est heureux que toutes les provinces se fondent dans la grande unité française, mais cette fusion a aussi ses inconvénients. Il en résulte que nous ne connaissons que très-imparfaitement les usages de nos ancêtres. L'histoire des siècles futurs n'en sera que plus aisée à faire, mais celle des siècles passés n'y gagnera rien. Quant à moi, je regrette très-fort de ne pas savoir ce qu'étaient tels ou tels ustensiles dont j'ai donné les noms. J'aimerais mieux être éclairé là dessus, que de de connaître au juste la date d'une bataille. Peut-être cela fera-t-il sourire, mais qu'on se souvienne que j'écris de l'histoire intime. Je me soucie très-peu des grands évènements à moins qu'ils n'aient profondément modifié les hommes et changé leur manière de vivre. D'ailleurs, les écrivains ne leur manqueront jamais ; les catastrophes feraient plutôt défaut à ceux-ci. Au lieu de cela, apprenez-moi comment vivaient mes ancêtres ? Dites-moi en quels vases ils mangeaient et buvaient ? Comment ils étaient vêtus et couchés ? Comment ils cultivaient leurs champs ? et de quels instruments ils se servaient ? Voilà ce qu'il m'importe de savoir ! Tout le reste m'est indifférent, car l'histoire parcourt toujours le même cercle. Triste science ! bonne à orner la mémoire, et qui n'a jamais rien appris à personne! au reste, Dieu n'a pas voulu que l'expérience de nos pères nous profitât. L'homme est destiné à faire son éducation à ses propres dépens, et si, à mesure qu'il avance dans la vie, il acquiert de la sagesse, on peut-être sûr qu'il l'aura chèrement payée.

401. Veut-on savoir quelle était la dot et le trousseau qu'à cette époque un gentilhomme donnait à sa fille ? Les voici :

Par contrat de mariage en date du 10 avril 1400, notaire Antoine Pierre, à Manosque, noble Bertrand Sanini, de Corbières, frère d'un chevalier de l'ordre de Saint-Jean de Jérusalem, mariant sa fille Sanine, lui constitua en dot une vigne, des denrées et un troupeau, et lui désempara en outre les meubles suivants :

Primo, unum vas vinarium, capax centum cuparum vini ;

Item, aliud vas vinarium, capax sexaginta cuparum vini ;

Item, unum tinellum capacem duodecim saumatarum racemorum ;

Item, tres *flassatas*[1] paratas ;

Item, duo pulvinaria de pluma ;

Item, duodecim linteamina bona et sufficientia ;

Item, duas napas francas bonas et sufficientes ;

Item, quinque manutergia bona et sufficientia ;

Item, unum *ignipendium*[2] ferri ;

Item, unam *cassam*[3] cupri ;

Item, unam sartaginem ;

Item, unam archam capacem duodecim sesteriorum bladi, clave et *sara*[4] munitam ;

Item, unam aliam archam, clave cum sera munitam, capacem quatuor sesteriorum bladi ;

---

[1] Couvertures en laines. Du provençal *flassado*.
[2] Crémaillère.
[3] Caisse.
[4] Pour serra.

La mère de la future lui donna en outre une mante de drap vert obscur [1].

402. Ces divers articles avaient leur utilité; mais le tout ne constituait pas un trousseau fort élégant. Sauf douze draps de lit, il y a absence complète de linge de corps. Il faudrait en conclure que, dans ce temps là, les femmes ne portaient ni bas, ni chemises, ni jupes de dessous, et que tout leur vêtement consistait en une robe de drap fabriqué à la maison, connu en Provence sous le nom de *cadis*, et quelquefois de ce que l'on appelait drap de boutique, c'est-à-dire, acheté chez le marchand.

Cette simplicité d'ajustement me suggère une réflexion que je soumets aux femmes, si jamais quelqu'une a la hardiesse d'ouvrir mon livre. Je leur demande sur quoi donc s'exerçaient alors la coquetterie et l'élégance natives de leur sexe ? J'imagine qu'il ne leur fallait pas de grands frais de toilette pour revêtir une robe de drap grossier, et que, quelque soin que la femme y mît, cette opération importante était vite terminée. Pauvre femmes ! Elles n'avaient pour parure que leur jeunesse et leur beuaté !

De leur côté, les hommes étaient aussi fort à plaindre, car, pas moyen de se faire illusion devant une robe de cadis, et de supposer des attraits là où ils n'existaient pas. La réalité brutale qui intervenait à chaque instant dans les rapports des deux sexes n'était pas faite pour les adoucir, puisque l'un et l'autre voyait toujours ce qui était, et non point ce qui aurait dû être.

La morale à tirer de tout cela c'est, n'en déplaise aux amis de la simple nature, qu'il vaut mieux mille fois

---

[1] Notaire Mille, à Manosque.

les raffinements les plus délicats du luxe, que la négligence de nos ancêtres ; qu'une robe de soie sied mieux qu'une robe de cadis.

Quelques esprits timorés diront, peut-être, qu'on a tort de parler en faveur du luxe, lequel n'a pas besoin d'encouragement. Je réponds à cela qu'il faut voir les choses telles qu'elles sont : qu'en ce monde, le mal est toujours à côté du bien ; et qu'on ne doit pas proscrire ce qui est bon en soi, de crainte d'un mal problématique : que si l'on avait toujours raisonné ainsi, l'espèce humaine serait encore dans la barbarie, tandis qu'une des lois de sa nature l'oblige à tendre à son perfectionnement : qu'en agissant ainsi qu'elle le fait, en développant sans cesse toutes les ressources de la civilisation à laquelle elle est parvenue, en améliorant sa condition matérielle et morale, elle obéit manifestement à la volonté de Dieu qui, dans sa paternelle prévoyance, nous permit d'aspirer à une perfectibilité relative : que, si quelques-uns d'entre nous abusent de ce don précieux, s'ils se trompent sur le choix des moyens qui doivent les conduire au bonheur, ce n'est pas une raison pour en priver les autres : qu'en un mot, ce qui est beau sera toujours bon.

Ainsi, qu'on ne se récrie pas si les femmes, usant de leurs privilèges, préfèrent la soie à la laine grossière. C'est leur droit et leur devoir, puisqu'elles obéissent à une impulsion qui vient de haut. Elles ne sont que les aveugles instruments d'une volonté toute puissante, car si, dans l'origine, Dieu fit une femelle, il permit à la civilisation de créer la femme.

403. L'inventaire suivant détaille les effets mobiliers possédés par Alacia Bonefoy, simple bourgeoise de Volx.

Il est à la date du 26 janvier 1400, même notaire Antoine Pierre.

Item, quandam tinam vinariam capacitate viginti saumatarum racemorum ;

Unum vas vinarium capax octo cuparum ;
Aliud vas vinarium capax viginti duo cuparum ;
Viginti quatuor cupas vini meri rubei ;
Sexdecim sesterios consiliginis ;
Unum sesterium de *sizeribus*[1] et tres *ponhaderias*[2] ;
De *chayssis*[3] unam eminam et tres ponhaderias ;
De fabis unam eminam et duas ponhaderias ;
De *millio*[4] unum sesterium et tres ponhaderias ;
Quatuor gallinas et unum gallum ;
Duas flassatas *listatas*[5] quarum una listata est de listis aureis sive *cruegis*[6] nigris et rubeis et alia *listis*[7] nigris et aureis sive cruegis ;
Tria linteamina nova de tela una et media ;
Unum linteamen de duabus telis ;
Quatuor linteamina communis valoris ;
Unam napam *franceam*[8]
Aliam napam de media *canna*[9] ;
Unum aliam napam de duobus palmis ;
Unum pulvinar ;

[1] Pour *ciceribus*.
[2] Poignée. Division de l'émine. Du provençal *pougnadiero*.
[3] Sorte de légumineuse appelée en provenbal *jaisso*.
[4] Pour *milio*.
[5] Bordées.
[6] C'est probablement le nom d'une couleur, ou la disposition de la bordure.
[7] Bordures. Du provençel *listo*.
[8] Probablement une nappe fabriquée en Fance.
[9] Canne. Mesure de longueur.

Quinque libras *canapis* [1] ;
Tres libras fili *stope* [2] et mediam ;
Unum *potum* [3] *stagni* [4] capax unuis *dimidii* [5] ;
Unum *broquetum* [6] capacitate *medie* [7] *dimidii* ;
Tres *ponhaterias* [8] *cannabossii* [9] ;
Unam ponhateriam lenticularum ;
Unam *cadum* [10], capacitate unius *dimidii et medii* [11] ;
Unum alium cadum capacitate unius dimidii ;
Unum alium capacitate etiam unuis dimidii ;
Duo scrinia capacia quod libet unius saumate bladi ;
Unum *bassacum* [12] de duabus *peanis* [13] ;
Duos *berroerios* [14] ;
Quinque scutellas et tria *fuste* [15] ;
Duo *cuorpendia* [16], duos *croquos* [17] ferri ;
Unam *cubersellam* [18] ferri ;

[1] De chanvre.
[2] Etoupe.
[3] Pot.
[4] Etain.
[5] Demi bouteille. Du provençal *miejo*.
[6] Petit broc.
[7] Quart de bouteille.
[8] Pour ponhaderias.
[9] Graine de chanvre.
[10] Pot. De là vient probablement le mot provençal *gadoun*.
[11] Contenant trois quarts de bouteille.
[12] Paillasse. Sommier. Du provençal *bassaquo*.
[13] Pour pannis. De deux largeurs de draps.
[14] Sacs.
[15] C'est-à-dire, huit écuelles, cinq de terre ou de fer, trois en bois.
[16] Ce doit être la crémaillère.
[17] Crocs.
[18] Couvercle. Du provençal *cabucello*.

Unum *cacobum*[1] capacitate unius *brochate*[2] et medie;
Unam serram *traverseriam*[3] ;
Unum cultellum *boysarenqum*[4] ;
Duos cultellos vocatos *tremayres*[5] ;
Unam bonam *apiam*[6] ;
Unam *ayssatam*[7] ;
Unum *canistellum*[8] ;
Unum tamisium *terserium*[9] ;
Unam *olamam*[10]
Duos *scalpres*[11] ;
Unum morterium ;
Unum *endessium*[12] ;

Quatuor florenos auri valoris quemlibet solidorum sexdecim ;

Unum *incutem*[13] sive engluge ;
Unum *mallum*[14] ferreum ;
Unum *martellum*[15] *meianserium*[16] ;
Unum martellum *destrenerium*[17] ;

[1] Pour *cacabum*.
[2] Plein broc.
[3] Espèce de scie.
[4] Couteau ou serpe pour couper du bois.
[5] Espèce de couteau. Ce mot est perdu.
[6] Hâche.
[7] Petite hâche.
[8] Corbeille. Du latin *canistrum*.
[9] Tamis pour monder.
[10] Faucille. Du provençal *oulamé*.
[11] Ciseaux de menuisier.
[12] Trépied. Du provençal *endez*.
[13] Pour incudem.
[14] Marteau.
[15] Marteau.
[16] Moyen ; ni gros ni petit.
[17] A hâche. Du provençal *adestraou*.

Tres *tenalhas*[1] ;
Unam *paletam*[2] ferream[3].

Voilà tout. L'acte ne mentionne nuls autres effets. Il ne parle ni de chemises, ni de bas, ni de jupes, rien, en un mot, de ce qui constitue aujourd'hui le trousseau d'une femme. Il faut nécessairement en conclure que l'usage n'en était pas connu. Il en était de même pour les hommes. Leur mobilier était très succinct. Il se composait, en général, des vêtements qu'ils avaient sur le corps.

404. Ces deux derniers inventaires nous font connaître un usage aujourd'hui abandonné. Ils constatent qu'autrefois on serrait le blé dans des coffres en bois, à ce destinés, et non point dans des greniers, ainsi que nous le pratiquons maintenant. Parmi les objets inventoriés, on trouve en effet des coffres contenant chacun une charge de blé, ou destinés à en contenir. Ceci prouve combien cette denrée était rare, évidemment, si le blé avait été abondant, on n'aurait pas songé à le conserver dans des coffres.

405. J'insiste sur les inventaires, et, je crois avec raison, parce que rien ne nous initie mieux à la connaissance des usages domestiques de nos ancêtres. En voici un autre qui est à la suite du contrat de mariage de Caterinète Valence, épouse d'Antoine de Fontienne, la même dont j'ai parlé à l'article procuration. Malheureusement je n'ai que la fin de l'acte, et je sais seulement qu'il a été reçu par Jean Autric, vers le commencement du XVe siècle.

[1] Tenailles.
[2] Petite pelle à feu.
[3] Notaire Mille, à Manosque.

« Secuntur bona Catarine Valencie ;
Et primo, quandam tinam ;
Unum tinellum ;
Duo vasa vinaria VIII/xx[1] cuparum ;
[2] Duo vasa quinquaginta cuparum ;
Duo quadraginta cuparum ;
Unam arcam magnam ad tenendum farinam ;
Duas arcas magnas ;
Unum *coffrum* [3] *saumalerium* [4] ;
Unam parvam *caxam* [5] ;
Duos parvos coffros ;
Duos *archinbanc* [6] ;
Unam parvam *mastram* [7] ;
Unam tabulam cum duobus *standetis* [8] ;
Tres tabulas ad portandum panem ;
Duas *licherias* [9] ;
Duos bancos ;
Unum parvum *aste* [10] ;
Unum *chafuec* [11] ;
Duos *endes* [12] unum magnum et aliud parvum ;
Unum *eminale* [13] annone ;

[1] Huit vingts, c'est-à-dire, cent soixante coupes.
[2] Je supprime les *items* qui précédent chaque article.
[3] Coffre.
[4] Pour tenir le sel.
[5] Caisse ; pour capsam.
[6] Armoire. — Du Cange. Gloss. v° *archimbancus*.
[7] Maie.
[8] Etagères. — Dressoirs.
[9] Litterie.
[10] Broche.
[11] Chenet. Du provençal *cafuec*.
[12] Grils.
[13] Mesure.

Unas[1] penches[2] canapi ;
Unum *cort* ;
Duas *culciatas*[3] lecti tales quales ;
Duo *matalacia*[4] ;
Tria linteamina ;
Duos *coysins*[5] ;
Quinque napas et duas *longerias*[6] ;
Duos *aurelherios*[7] de *cyrico*[8] ;
Duos *bancalia*[9] ;
Unam *vanoa*[10] ;
Unum *trayles*[11] ;
Unum *copertorium*[12] *viridum*[13] ;
Unum alium *blanqueti*[14] ;
Paraliech[15] ;
Unum *alambic*[16] ;

[1] Le provençal met souvent le mot *un* au pluriel. Ce n'est plus alors un adjectif numéral, bien qu'il désigne plusieurs choses. Il a la même valeur que le mot quelques, en français. Ce singulier idiotisme, est tiré du latin : *unos sex dies* (Plaute).
[2] Peignes.
[3] Courte-pointe.
[4] Matelas.
[5] Coussin.
[6] Nappes.
[7] Oreillers.
[8] Sorte d'étoffe.
[9] Bancs.
[10] Couverture de lit.
[11] Treillis. Du Cange. Gloss. v° *tralicium*. Espèce de van.
[12] Couverture.
[13] Verte ; pour *viride*.
[14] Sorte de drap.
[15] Couvre-lit.
[16] Le commerce des alcools existait en Provence, puisqu'on distillait les vins.

Unum magnum *cacobum*[1] ;
Unum alium parvum ;
Duos *lodisses*[2] ;
Unum copertorium *barratum*[3] de rubeo ;
Duo *nancs*[4] ad faciendum oleum ;
Unam *duelham*[5] ;
Unum parvum tinellum ;
Duos *doyres*[6] ;
Quinque *parapides*[7] stagni ;
Unum *platellum*[8] stagni ;
Duos *potos*[9] ;
Unam *aygaderiam*[10] ;
X *graletos*[11] ;
Duas conchas lapideas ;
Duos tamis ;
Duas *tornadoyras*[12] ;
Unum *scudelerium*[13] ;
III *amoras*[14] vitreas ;

[1] Pour *cacabum* ; marmite.
[2] Pour *lodices* ; grosses couvertures.
[3] Rayé.
[4] Auges.
[5] Planche mince.
[6] Outres. Du provençal *ouirè* ou *douirè*, peau de bouc servant à transporter le vin.
[7] Vases d'étain.
[8] Plat.
[9] Pot.
[10] Aiguière. Du provençal *aygadiero*.
[11] Plats. Du Cange. Gloss. v° Graletus.
[12] Tables à porter le pain.
[13] Rayons en bois sur lesquels on tient la vaisselle. Du provençal *escudeliè*,
[14] Il faut lire *amola*, pour *amphora*.

Unam *feraginem*[1] *scitam*[2] en la *saunaria*[3] ;

Paradisi[4] versus feraginem Giraudi Sanini medietatem ;

Bacinetam[5] de *lotoni*[6] ;

Medietatem hospicii versus hospicium Johannis Hospitalerii ;

Omnia servicia que invenientur de bastida Taciloni usque ad pontem petre, et de ponte petre usque ad pontem Sancti-Martini, usque ad pontem Drolhe, sequente versus Durentiam, ut constat quodam instrumento divisionis facto manu magistri Guilhelmi Autrici ;

XL cupas vini meri ;

Unum morterium lapideum ;

Unam *fronteriam*[7] perlarum ;

Quoddam *paternostros*[8] de *ambre*[9] ;

Et omnia alia bona paterna et materna, et alia parafernalia asserta sibi in dote etc. ;

Que bona omnia supra dicta predictus nobilis Anthonius fuit et recognovit habuisse, et in sua potestate habere ;

Et si casus restitutionis eveniret illa bona restituere, etc. quod Deus avertat ; et ita promisit et juravit, etc. et bona sua obligavit, etc.

Renuncians super hoc exceptioni dictarum rerum non habitarum, etc. et omni juri, etc. ;

Item, fuit de pacto quod ipse nobilis Anthonius et

[1] Terre à blé.
[2] Pour sitam.
[3] Quartier du terroir de Manosque.
[4] Nom d'une terre.
[5][6] Vase en cuivre, appelé en provençal *bassino*.
[7] Bandeau.
[8][9] Chapelet d'ambre.

et Dalfina ejus mater, ipsam Catarinetam induere debeat de vestibus nuptialibus, videlicet, de raupa una de *reondono*[1] et de uno *caputio*[2] de pano de *vernis*[3], item et caligas ;

Item, fuit de pacto quod si aliqua alia bona reperirentur et recuperari possent pro dicta Catarineta, queque sint, quod de illis sibi recognitionem faciet, etc. ;

Et ibidem incontinenti nobilis Dalfina, relicta nobilis Rostagni de Fontiana, mater dicti nobilis Anthonieti, et nomine, et ex dicti matrimonii, attenta servicia per ipsum nobilem Anthonium, filium suum, impensa et que cotidie impendere non cessat, eidem nobili Anthonio, filio suo, dedit omnia bona que ipsa tenet et possidet et tenere consuevit in castris et territoriis de Santa-Tulia et de Petraviridi, queque sint, mobilia vel immobilia, servicia, pascaratia, laboragia, hospitia, terris cultis vel incultis, nemoribus et omnia post mortem et in vitam; renuncians usum et fructum dictarum rerum ;

Item, et duo trentenaria averis minuti, cum pactis subscriptis, quos tenet Hugo Chastonis, de Petrarua ; primo, quod predicta nobilis Dalfina stare debeat cum dictis conjugibus futuris, et eo casu quo non possent bene stare insimul, quod ipsa possit facere pro libito voluntatis de bonis Petraviridi ;

Item, ut supra, quod eo casu quo non possent bene stare insimul, quod ipse nobilis Anthonius possit facere pro libito voluntatis de bonis de Sancta-Tulia, queque sint, ratione dicte donationis, etc.

Et sic una pars alteri predicta omnia attendere pro-

---

[1] Sorte de drap.
[2] Capuchon.
[3] Espèce de drap. Ou peut-être de *vair*.

miserunt, etc. et ipsa mulier renunciavit juri consulti, etc.

De quibus utraque pars peciit instrumentum, quod possit dictari, etc.

Actum Manuasce, in domo Alriassii Valencie, testes, nobilis Guillelmus Textor, Johannes de Crus, magister Anthonius Petri, Franciscus Anthonii, Johannes Burle, Honoratus Hospitii, et ego Johannes Autrici notarius [1] »

406. Cet acte est tiré du *sumptum*. C'est dire qu'il ne contient aucune des formules sacramentelles, et qu'il en mentionne seulement quelques-unes par des abréviations, mais il n'en est pas moins précieux par quelques-unes des énonciations qu'il renferme.

Ainsi il atteste qu'il a été passé en présence de cinq témoins. Il en est de même pour celui du 2 janvier 1432, mais l'acte dont je n'ai pu trouver la date n'en mentionne que quatre. Il paraît que le nombre des témoins instrumentaires n'était pas fixé d'une manière précise, et qu'il variait selon le caprice du notaire ou la volonté des parties.

407. Je m'arrête encore sur l'inventaire contenu en l'acte du notaire Jean Autric. Il est à peu près complet en ce qui concerne le mobilier garnissant une maison à cette époque, mais on n'y trouve rien qui se rapporte à la commodité personnelle des époux, ni à la parure de la femme. La corbeille de mariage se composait d'une robe en drap, avec capuchon du même, doublé, je présume, de petit vair, et d'une paire de souliers. Ce n'était pas somptueux. Que diraient aujourd'hui nos belles dames, dont les corbeilles de mariage coûtent plusieurs mille francs ? Encore fallut-il une stipulation

[1] Notaire Mille, à Manosque.

formelle, de crainte que, la lune de miel passée, le mari se montrât rétif à l'endroit de la fameuse robe de drap et du non moins mirifique capuchon fourré. Cependant il s'agissait de gens très-audessus du commun, car les familles de Fontienne et Valence, aujourd'hui éteintes, tenaient un rang distingué à Manosque.

Les ajustements de l'épousée étaient d'une simplicité Lacédémonienne. C'étaient un bandeau en perles et un chapelet d'ambre. Trésors de famille et précieux, qui se transmettaient de la mère à la fille, et que celle-ci léguait à son tour à ses enfants. Je suis fort peu connaisseur en matière de parure féminine, mais je ne puis m'empêcher de dire que mademoiselle Caterinète Valence, ainsi ornée, devait être bien jolie pour paraître avec avantage.

408. Mais si la mariée arrivait dans la maison de son époux parée de sa seule beauté, elle apportait avec elle des avantages plus positifs et qu'on ne rencontre plus guère. Sobriété, nul désir de luxe, qu'elle ne pouvait pas connaître, et amour du travail, voilà quelle était la plus belle part de sa dot. Ces qualités la suivaient partout. Elle n'était au-dessus d'aucun des soins du ménage; elle vaquait tour à tour à la cuisine, à la couture, à la boulangerie, car alors, et longtemps après, dans la classe bourgeoise, c'était la maîtresse de maison qui confectionnait elle-même le pain nécessaire à l'alimentation de la famille. Aussi dans les meubles apportés par Caterinète Valence à son mari, trouve-t-on un pétrin, ou *maie*, ainsi que nous nommons cet ustensile. Sans aucun doute, elle pétrissait elle-même. La mère de famille était alors comme la mère des

Cracques, la véritable femme forte de l'évangile, et c'est, en l'opposant à la femme frivole, que nous disons, dans notre langue qui se meurt, *la femme fait et défait une maison.* Existe-t-il encore quelques-unes de ces excellentes créatures du bon vieux temps? Je l'ignore. Pour moi je n'en connais plus guère qu'une seule : Dieu veuille la conserver longtemps !

409. Il y a dans cet inventaire, ainsi que dans tous les autres, plusieurs objets dont je ne comprends pas l'usage, parce que les noms en sont perdus. Mais parmi ceux dont les noms sont restés, il en est un dont je ne sais que faire. L'inventaire mentionne deux coquilles en pierre. A quoi pouvaient-elles servir? J'ai beau chercher, je ne trouve aucune supposition qui me satisfasse. Était-ce un bassin de fontaine, une sorte de *lavabo*, ou quelque chose de la sorte? c'est plus que je ne puis dire.

410. La constitution dotale ne porte pas seulement sur des meubles et des immeubles, elle comprend encore des services fonciers, qui ont dû être nombreux, puisqu'ils ne sont pas désignés par les noms des débiteurs, mais par le lieu où étaient situés les immeubles qui en étaient affectés. *Omnia servitia quæ invenientur de bastida Taciloni usque ad pontem Petre, et de ponte Petre,* etc. Cette manière originale d'énumérer les redevances dues à une personne est très-rare, c'est le seul exemple que j'en ai rencontré jusqu'ici. Au reste, elle était sans inconvénients, car elle renvoie à l'acte de partage passé entre les héritiers Valence.

411. Mais ce même acte de partage, que je n'ai pas trouvé, me suggère une réflexion que je ne dois pas omettre. Il était d'usage que la fille prît une part à l'héritage du père commun. Cependant, quand elle se mariait

du vivant de son père, celui-ci lui constituait une dot, en considération de laquelle elle renonçait à tous droits sur les héritages paternels et maternels. Cette renonciation, assaisonnée de toutes les précautions alors usitées, se lit dans presque tous les contrats. Tous les enfants héritaient, mais non au même titre, car nos ancêtres, saturés encore des traditions du droit romain, ne décédaient jamais sans avoir fait institution d'héritier. Celui-ci seul représentait le défunt, les autres enfants étaient de simples légataires, soit particuliers, soit à titre universel. Quant à la veuve, le père de famille lui léguait ordinairement une pension viagère en argent ou en nature, et lui assignait en outre l'habitation dans sa maison, mais à la condition de demeurer en l'état de veuvage, *quamdiu in viduitate remanserit*. Cette clause était de style. Le père de famille n'entendait pas que la plus petite partie de sa fortune échappât à ses enfants. Plus tard, j'ai vu des testaments dans lesquels la femme était instituée héritière, mais toujours sous la condition de conserver l'état de viduité. Elle était alors expressément chargée de pourvoir à l'entretien et à l'éducation des enfants.

Les seconds mariages avaient alors si peu de faveur que, dans certains cas, la femme qui convolait perdait tous les avantages par elle recueillis dans la succession de son mari. Voici ce qu'on lit dans une charte, à la date des nones de février 1207, 9ᵉ indiction, concédée par Guillaume, comte de Forcalquier, à la la ville de Manosque :

« Sifor te maritus obierit sine testamento et sine herede, habeat uxor res mariti et possideat, dum vixerit sine marito, et quando tamen illa marito nupserit, res et possessiones defuncti in voluntate et arbitrio proborum hominum burgi de Manuasca valeant remanere [1]. »

Ainsi, dans le comté de Forcalquier, non seulement la coutume mais encore la loi voyaient de mauvais œil les secondes noces. En outre l'espèce de réprobation dont elles étaient frappées s'étendait également à l'homme, car la charte que je viens de citer contient une disposition absolument identique s'appliquant au mari qui contractait un second mariage.

Il paraîtrait, d'après le contrat de mariage de Caterinête Valence, que son père, mort avant son mariage, lui avait légué une certaine quotité de ses biens, sans faire d'attributions particulières, ce qui rendit nécessaire un acte de partage entre elle et ses cohéritiers. Que, si le père était mort intestat, elle arriva alors en qualité d'héritière, et prit à sa succession une part égale à celle des autres cohéritiers. Car le droit d'aînesse n'existait pas, au moins en ce qui concerne la classe bourgeoise ; n'en ayant pas rencontré la moindre trace. S'il arrivait quelquefois que les filles ne prissent pas part à l'héritage du père, cela doit s'entendre de celles qui étaient mariées du vivant de celui-ci ; la dot à elles constituée étant censée les remplir du montant de leurs droits héréditaires, car généralement on les faisait renoncer à l'excédant, s'il s'en trouvait, par une stipulation expresse que l'usage et la loi tenaient pour valide. Hors de là, la loi appelait également tous les enfants. Si, malgré cela, l'égalité des partages était souvent violée, cela tenait à ce que le père de famille ne décédait presque jamais sans avoir institué un héritier qui, ordinairement, se trouvait avantagé. Cependant il nom-

[1] Archives des Bouches-du-Rhône. Lividi. fo 160.

mait toujours ses autres enfants dans son testament, et la part qu'il leur attribuait ne pouvait être au-dessous de la légitime.

412. Jusqu'à présent j'ai donné le détail du mobilier possédé par la classe bourgeoise dans ses diverses positions de fortune ; j'arrive au mobilier des ecclésiastiques. Il était encore plus succint.

L'inventaire du mobilier suivant se divise en deux parties, car il y avait en eux deux gardiens, ou, pour mieux dire, deux dépositaires.

« Secuntur res que habuit dominus Filipus de Mesilaco de rauba que habebat dominus Bernardus Cabrespini, quondam priore de Ungula, in loco de Lurio :

Primo, unum mantellum ;
2 Capions[1] ;
1 Chapam[2] de blavo ;
1 Froyratura[3] pene[4] ;
1 Jaque[5] modici valoris ;
1 Froyratura blanqueti[6] ;
1 Stivalos[7] ;
1 Ensem ;
1 Caysam[8] ;
1 Planonum[9] buxi ;

---

[1] Petites capes.
[2] Cape faite avec un drap bleu.
[3] Surtout.
[4] Fourrure.
[5] Jaque. Armure défensive de cuir.
[6] Sorte de drap.
[7] Grandes bottes. Du provençal stivaou.
[8] Caisse.
[9] Ustensile en buis. Mais lequel ?

I Caternum glosarum *hinpnorum*[1];
I Ferrum *flecharum*[2];
I *Funellam*[3] *speroni*[4];
I Acum *coteressa*[5];
IX Clavos ad *clavandum*[6] *fustes*[7];
V Clavos ad *ferrandum*[8] equos;
I *Manolhum*[9] *cordarum*[10] *ribebi*[11];
I *Allamellam*[12] *caniveti*[13];

M° CCC° LXXXXV, die XX Octobris, testes nobilis Giraudus Sanini, Berengarius Berardi et Antonius Blegerii.

Secuntur res que habeo ego Petrus Seguini penes me de bonis quondam domini Bernardi Cabrespini, prioris quondam Ungule :

Primo unum cacobum;
I Sartaginem;
I Cassam.
II *Relhas*[14];
I *Traylis*[15];

---

[1] Cahier contenant les gloses d'un certain auteur dont on ne peut lire le nom qu'à peu près, car il est abrégé.
[2] Flèche.
[3] Attache. Corde. Du Cange. Gloss. v° *funelerius*.
[4] Eperon. Ibid, v° *espero*.
[5] Espèce d'aiguille.
[6] Clou servant à fermer ou assurer des poutres.
[7] Poutres.
[8] Ferrer.
[9] Poignée. Du Cange. Gloss. V° manullum.
[10] Cordes.
[11] Probablement une espèce de cordes.
[12] Lame. Du provençal *alamella*. Honorat, Dictionaire provençal.
[13] Petit couteau.
[14] Socs de charrue.
[15] Van.

III Flassatas ;
VII *Linteamina* [1] de tela ;
II *Bancalia* [2] ;
VI scutellas de *stagno* [3] ;
III Mapas ;
II *Longerias* [4] ;
I *Apiam* [5] ;
I *Barbols* [6] ;
I *Trachoyra* [7] ;
I Tenalhas ;
I Martel ;
II Ferreos *glani* [8] ou glavi ;
I Culcitra linea ;
II *Sacos* [9] magnos ;
III *Berroherios* [10] parvos ;
I *Toalha* [11] ;
IIII *Grualetos* [12] de stagno.

Anno domini M° CCC LXXXXV et die xx mensis Octobris, in presencia domini Antoni Martini et Raymondi Saralerii, abui ego Philipus de Mesilaco, res supra scriptas, a domino Petro Seguini. »

Ces deux pièces sont sur le recto et le verso d'une

[1] Draps de lit.
[2] Bancs.
[3] Etain.
[4] Nappes. Couvertures.
[5] Hâche.
[6] Accessoire d'une charrue.
[7] Traineau.
[8] Javelots. Du Cange. Gloss. Sup. V° *Glannus*.
[9] Sacs.
[10] Sacs. Voir ci-dessus.
[11] Serviettes.
[12] Vases plats.

feuille volante que le temps a détachée du registre. Toutes deux ont été rédigées par Pierre Seguin, notaire à Lurs. La seconde porte au bas le reçu de Philippe de Mesilaco, héritier, peut-être, de Bernard Cabrespini, ou, mieux encore, son successeur au prieuré d'Onglés.

413. Il y a dans les deux inventaires certains objets dont, je crains bien, personne ne devinera l'usage, mais il en est qu'on ne s'attendait pas à trouver en la possession d'un ecclésiastique, du paisible titulaire d'un prieuré caché dans une vallée des plus reculées des Basses-Alpes. A côté de la glose d'un auteur inconnu, figurent un jaque, une épée, des javelots et des bottes de cheval. Il fallait que les temps fussent bien malheureux, et que la guerre sévît partout, pour forcer un prêtre à monter à cheval et peut-être à mettre la sabre à la main. Car, que pouvait faire d'une épée le prieur Bernard Cabrespini ? C'est une arme que l'on rencontre rarement chez les simples citoyens, et je suis sûr qu'on ferait la visite de tous les presbytères de France sans y en trouver une seule. Quoi qu'il en soit, le bon prieur s'était mis en mesure, s'il était attaqué, de rendre coup pour coup. Il n'était pas précisément de l'Eglise militante, mais il n'était pas moins disposé à se laisser marcher sur le pied. Ce n'est pas moi qui l'en blâmerai.

414. J'ai trouvé un autre inventaire concernant également un prêtre. Il est curieux en ce qu'il nous fait connaître un droit assez singulier que l'évêque de Sisteron exerçait sur les biens délaissés par les prêtres de son diocèse. L'acte est en bonne forme. Il y manque seulement le nom du notaire, renseignement que je

n'ai pu me procurer parce que la pièce est séparée du registre :

« Inventarium bonorum domini Antonii Pictavini, vicarii quondam loci de Petrarua, pertinente spolio domino Sistarici episcopo :

Anno nativitatis domini Mº IIIIᶜ XXIXº, die septima Julii, venerabilis et religiosus vir dominus Franciscus de Cheyssiaco, vice officiali, jussit, pro jure domini mei Sistarici episcopi, bona ipsius domini Anthonii Pictavini, et etiam ad salvum jus habentis in bonis ipsis, inventarisari.

Et primo, in domo existente subtus castrum de Petrarua fuerunt res sequentes reperte, videlicet ;

In introytu domus una mensa nucis larga unus *pecie*[1] cum duobus *standetis*[2] ;

Duo *scanna*[3] ;

Una mastra in qua sunt circa XII librarum carnum salsatarum porcinorum ;

Una aygaderia stagni ;

Duo *pitalfi*[4] stagni, unus parvus et alter circa unius dimidii ;

Unus cacobus duorum brocorum ;

Unum morterium lapidis cum *moleyro*[5] ;

Una parva sartago ;

Una *gratusia*[6] et unum *volame*[7] ;

[1] D'une pièce,
[2] Dressoirs.
[3] Bancs. Pour scamna.
[4] Bouteilles.
[5] Pilon.
[6] Râpe à râper le pain, le fromage.
[7] Faucille.

— 359 —

Quasdam *trinoas*[1] et duo *cucupendia*[2] ;

Medietatem unius *baconi*[3] et tertium alterius medietatis restituit Isnardus Rostagni ;

Unum *vehibol*[4] ;

Una *litteria*[5] postium ;

Una *mathalacium*[6] et unum pulvinal plume *listatum*[7] ;

Duo lodices listate pauci valoris ;

Unum *copertorium*[8] rubeum pauci valoris ;

Circa tria sestaria polente annone ;

Unus saccus plenus *nucalhiorum*[9] sive *nogalheiis*[10] nucis, trium sestariorum vel circa, fuit, restitutum Isnardo Rostagni ;

Unum candelabrum ferreum ;

Quedam *capcia*[11] nucis sine clave, cum uno *doyre*[12] in quo est circa media cuppa oley ;

Quedam capcia nucis, cum clave et *cerra*[13], in qua existunt quatuor linteamina, unus saccus, cum diversis scripturis et certi libri dicte ecclesie de Petrarua ;

Unum *superpellicium*[14] modici valoris, cum *stolla*[15] ;

[1] Peut-être un trépied.
[2] Crémaillères.
[3] Lard ou jambon.
[4] Serpe.
[5] Planches de lit.
[6] Matelas.
[7] Rempli, garni.
[8] Couverture.
[9] [10] Noix.
[11] Capsa.
[12] Vase pour l'huile.
[13] Serrure pour sera.
[14] Surplis.
[15] Etolle.

Una magna botilhia terre vacue ;

Due olle et unum *grasale*[1] cum quatuor scutellis fuste ;

Una securis bona ;

Una magna cucurbita sale plena ;

Una mappa *planogia*[2] talis qualis ;

In penore :

Unum magnum vas ligatum plechis in quo est certa vini quantitas ;

Quatuor versa vacua circulis ligata ;

Duas *sugonias*[3] ad bibendum :

Certa ornamenta ecclesie et nonnulle mappe altaris dicte ecclesie ;

In quodam *cabanalhio*[4], juxta dictam domum, quedam tina vinaria, capacitatis centum cupparum, quinque plechis ligata ;

Unum *cuncibolum*[5] lotoni studentium ;

Duo candelabra lotoni[6]. »

415. Le vicaire n'était guère mieux pourvu que le prieur. Bien que son mobilier fût assez restreint, à la rigueur, on y trouvait ce qui était indispensable. Un lit pour se coucher et les ustensiles nécessaires à la préparation des aliments. Quant aux provisions de bouche, elles n'étaient pas fort abondantes, car elles se réduisaient à trois sétiers de farine de froment, deux morceaux de jambon ou de lard et une certaine quantité de

---

[1] Jatte.
[2] Unie.
[3] Vase pour boire.
[4] Cabane, petit corps de logis.
[5] Pour crucibolum. Lampe nommée *calen*.
[6] Notaire Mille, à Manosque.

vin trop petite pour être inventoriée. Il n'y avait pas là
de quoi faire grande chère ; et réellement le vicaire
Pictavin était à la portion congrue. Tout son linge se
composait de quatre draps de lit et d'une nappe telle
quelle. On trouve mieux que cela aujourd'hui dans la
plus chétive cabane.

416. Il n'est pas question de chemises, et je crois que
le pauvre vicaire n'en portait pas, car s'il en avait eu,
on les aurait inventoriées, ainsi qu'on le pratiqua pour
Jean Flamenqui, autre ecclésiastique, dont le mobilier
fut arrêté par l'officier de l'évêque. Cet acte, qui est
sans date, est à la suite du précédent. Il constate que
Flamenqui avait une tunique de drap gris doublée de
peau ; des chausses neuves, *caligo* ; quatre chemises,
duo paira camisarum ; un livre avec un psautier et les
hymnes de tous les saints ; et enfin *quoddam par socularum*. Je conjecture que, par ce dernier mot, le notaire
entendait des sabots, dont le nom provençal[1] se rapproche assez de *socularum*.

417. Ainsi, ce prêtre avait quatre chemises. Ce sont
les premières que je rencontre. Notez que ceci se passe
en 1429. Mais ce n'est pas sur cela que je veux insister.
Il ressort, de ces deux inventaires, un fait bien autrement surprenant, et qui intéresse l'histoire du clergé
en Provence. Il en résulte, qu'au moins dans le diocèse
de Sisteron, l'évêque avait droit à la propriété du mobilier des ecclésiastiques décédés.

En effet, l'intitulé du premier inventaire porte : *inventarium bonorum Antonii Pictavini, vicarii quondam
de Petrarua, pertinente spolio domino Sistarici episcopo*. La dépouille du prêtre, car c'est bien là le mot

[1] Esclos.

qu'il fallait employer, puisqu'on lui prenait jusqu'à ses draps de lit, appartenait donc à l'évêque. Cela est incontestable, et, ce qui le prouve surabondamment, c'est le second inventaire ayant pour rubrique : *bona domini Johannis Flamenqui arrestata per dominum vice officialem penes nobilem patrem Chaysse.*

418. Mais ce n'est pas tout. Immédiatement après ce dernier inventaire, se trouve un acte par lequel le frère d'Antoine Pictavin rachète, de l'évêque, le mobilier du défunt.

« Pro reverendo in Christo patre et domino domino R [1]. Dei gratia episcopo Sistarici, et magistro Johanne Pictavini, notario, habitante civitatis Sistarici :

« Anno nativitatis domini M⁰ IIII^c XXIX⁰ et die XIIII^a mensis Julii, ex serie, etc. Quod reverendus in Christo pater et dominus dominus Robertus, digna Dei providentia Sistaricensis episcopus, gratis et sponte, per se et successores, etc. cessit et remisit dicto magistro Johanne Pictavini, fratri dicti domini Anthonii Pictavini, vicari quondam de Petrarua, presenti, etc. totum spolium sibi pertinens de bonis dicti quondam vicarii ejus fratris, cum honoribus et oneribus, cum juribus et pertinentiis suis, usque diem obitus predicti vicarii inclusive, pretio duodecim florenorum, etc.

« Quos quidem duodecim florenos prefatus magister Johannes Pictavini, per se et suos heredes, etc. memorato domino Sistarici, episcopo ibidem presenti, etc. aut suis, etc. solvere promisit et convenit in pace, etc. ad ipsum dominum Sistarici episcopum et suorum prima requisitione, etc.

« Pacta, etc. Promiserunt attendere et observare, etc. sub plenaria, etc.

[1] Sic.

« Pro quibus actendendis et solvendis obligaverunt, etc. videlicet, dictus reverendus pater, bona sua, etc. viribus, juridictionibus et censuris omnium Curiarum spiritualium comitatuum provincie et Forcalquerii, nec domini nostri Pape, ejus que auditorum, etc. et dictus magister Johannes se et omnia ejus bona, etc. realiter et personaliter viribus et carceribus omnium Curiarum spiritualium, temporalium comitatuum predictorum, nec non domini nostri Pape, etc. promisit, etc.

« Renunciantes, etc. et ita actendere, etc. prefatus reverendus pater, in modo religioso, etc. et dictus magister Johannes, ad sancta Dei evangelia juraverunt, etc.

« De quibus, etc.

« Actum Lurio, in magno tinello palacii episcopalis dicti castri, presentibus, venerabilis et religiosis viris dominis Francisco de Chayssiaco, priore de Ripperiis, Bertrando Dalphin, de Cano et vicario crociense, Giraudo Yspanie, vicario ecclesie Sancti-Salvatoris ville Manuasce, et Andrea Rogerii, ville ejusdem Manuasce, testibus, etc. [1]. »

419. Cet acte, que j'ai copié textuellement, est extrait d'un *sumptum*, ainsi qu'on le voit aux nombreux *et cetera* qu'il contient. Il présente quelques différences de style trop peu importantes pour être relevées. Mais il contient certaines clauses sur lesquelles il est bon d'insister.

J'appellerai d'abord l'attention sur la valeur du mobilier du vicaire de Pierrerue. En supposant que les héritiers n'eussent rien soustrait, l'acte l'apprécie douze

[1] Notaire Mille, à Manosque.

florins, ce qui représenterait aujourd'hui la somme de cent vingt francs environ. Mais il est à croire que l'évêque, qui traita personnellement avec l'héritier du défunt, ne fût pas trop exigeant envers lui, et qu'il se contenta de faire de ce mobilier une appréciation modérée. Mettons qu'il ne le porta qu'à la moitié de sa valeur. En suivant ce calcul, le vicaire Pictavin aurait donc possédé des meubles pour une valeur actuelle et réelle d'environ deux cent cinquante francs. Ce n'était pas trop, même pour un simple vicaire.

420. Mais ceci n'est, en quelque sorte, qu'un hors-d'œuvre. L'observation capitale porte sur la différence d'engagements contractés respectivement par les parties, l'une envers l'autre. L'évêque s'oblige sur tous ses biens, mais sa personne demeure libre; tandis que la partie adverse s'oblige réellement et personnellement : *se et omnia ejus bona realiter et personaliter viribus et carceribus*. Première différence. L'un demeurait toujours libre de sa personne; l'autre était soumis à la contrainte par corps. La position n'était pas égale.

L'évêque se soumettait à la juridiction de toutes les Cours spirituelles des comtés de Provence et de Forcalquier, même à celles du Pape et de ses auditeurs. Il excluait par là les tribunaux laïques, auxquels d'ailleurs il échappait à raison de sa qualité. On pouvait le conduire jusqu'à Rome, mais les tribunaux ordinaires ne pouvaient rien sur lui. L'héritier au contraire, se soumettait à tous les tribunaux de Provence, tant ecclésiastiques que temporels. Il suit de là que l'évêque avait deux cordes à son arc ; qu'il avait la faculté de poursuivre son débiteur devant l'une ou l'autre juridiction, à son choix ; et, si nous retrouvions *l'extensoire* dans lequel notre acte est couché, nous y verrions probablement qu'il pouvait varier son action, c'est-à-dire, saisir les tribunaux civils, après avoir investi les tribunaux ecclésiastiques, et *vice versa*, au mépris de la maxime : *electa una via, non datur recursus ad alteram*. Seconde différence également essentielle.

Le prélat jurait : *in modo religioso*, c'est-à-dire, la main sur la poitrine. Le laïque prenait Dieu à témoin, en touchant les livres saints. Autre différence beaucoup moins importante, mais qu'il convenait pourtant de faire remarquer.

421. Les choses n'étaient pas égales entre les parties. Cependant il est un point sur lequel elles se rapprochaient tant soit peu. Si le débiteur pouvait être contraint par corps, l'évêque n'avait pas complètement affranchi sa personne. Il s'était soumis, notamment aux censures des tribunaux ecclésiastiques, c'est-à-dire, qu'il pouvait encourir l'excommunication dans le cas où il se serait montré récalcitrant à exécuter la sentence rendue contre lui. Sous ce rapport, il partageait la destinée commune, et sa désobéissance l'exposait aux foudres de l'Eglise. Reste à savoir si l'on aurait trouvé un tribunal spirituel assez audacieux pour excommunier un prélat.

422. Quoi qu'il en soit, je crois qu'il est acquis qu'un évêque, attiré devant la juridiction ecclésiastique, pouvait être excommunié aussi bien que le commun des mortels. Je n'ai rien à dire là dessus, car l'égalité fut et sera toujours ma devise ; mais je ne saurais m'empêcher d'y trouver quelque chose de singulier. Un évêque excommunié parce qu'il ne voudra, ou ne pourra pas payer une dette ! C'est une idée monstrueuse. Il est vrai

qu'elle n'est guère plus présentable quand on l'applique à un simple citoyen. Cependant, quelque démocrate qu'on soit, il est des différences de position qu'il faut savoir comprendre et respecter.

La morale à tirer de cela, c'est que la religion ne doit jamais intervenir dans les différents qui divisent les hommes, et que notre code a sagement agi en maintenant une rigoureuse neutralité. Si les idées qui l'ont guidé avaient été plutôt comprises, on ne se serait pas exposé à l'énormité de voir un évêque excommunié à l'occasion d'un procès civil. Passe encore pour le fretin ! De celui-là, qui s'en inquiète ?

423. Je reviens sur les inventaires. C'est un sujet dans lequel je me complais. Je le trouve instructif au plus haut point, car il m'initie aux moindres détails de la vie intime de mes ancêtres. Il me semble les voir assis à l'entour d'une table privée de nappe, sans serviettes sur les genoux ; mangeant et buvant dans des vases de bois ; dégustant leur potage à l'aide d'une cuiller taillée dans la branche d'un hêtre[1] ; et, dans les grandes occasions, exhibant un service en fer, accompagné de quelques plats d'étain. Au dehors, ils se montraient vêtus d'un habit de laine grossière, car les habits de noce ne sortaient que dans les grands jours. A coup sûr, ils n'avaient pas de bas ; peut-être ne portaient-ils pas de chemises, *apparent rarinantes*; et, je le crains bien, ils se mouchaient dans leurs doigts. Ce devait être fort joli, quand ils allaient en soirée ou

---

[1] C'est avec le hêtre qu'on fabrique encore plusieurs ustensiles de ménage. J'ai plus d'une fois mangé la soupe dans une cuiller de cette espèce ; elle y est fort bonne. — Le buis est bien cher, il n'est qu'à la portée des riches.

au bal, car on dansait à cette époque. Représentez-vous, je vous prie, donnant la main à une belle dame qui vient d'accomplir cette délicate opération !

Il n'y a pas de quoi rire, tant s'en faut. Nous devons surtout les remercier de ce que, par les efforts successifs de plusieurs générations ; à travers tant de maux, tant de siècles de misère, tant d'oppression, tant de sang versé, ils nous ont conduits, nous leurs descendants, à connaître et à profiter de toutes les jouissances de la vie. Non seulement nous sommes formés de leur substance, car la mort engendre la vie ; mais sous le rapport matériel et moral, ce sont eux qui nous ont fait ce que nous sommes. Leurs leçons et leurs exemples nous ont servi cette fois. Ils nous ont donné la vie, ils nous ont appris à en user : ainsi, ne parlons d'eux qu'avec amour et regret. Félicitons-nous, surtout, de n'être pas réduits à faire comme eux !

424. L'inventaire suivant est d'une date beaucoup plus récente, puisqu'il est de 1514. Il a cette singularité d'être écrit en provençal, ce qui se rencontre néanmoins quelquefois dans les minutes des notaires. Il s'agit toujours d'un ecclésiastique.

Sequntur bona abbatie reperta in domo Bartholomei Scaloni.

Anno nativitatis domini M. V^c XIIII et die prima Februarii, Bartholomeus Scaloni confessus fuit habuisse in ejus domo, de bonis quondam domini Cirici Abbatis de Vallensolia, in presentia reverendi domini Petri Giraudi, Abbatis moderni ejusdem abbatie, nec non nobilis viri domini Mathurini Blanchardi, jurium licentiati, judicis Curie de Vallensolia, domini Glaudii de Furno, Capellani, nec non et Blasii Autherandi, de

Sancta-Tulia, ac mei scribe, existententibus in domo dicti Scaloni, sequentia :

  Et primo, ung buffet de faus [1].
  Una lichiera [2].
  Ung bachini [3] de porc entemenat [4] al pe [5].
  Una petita [6] pessa [7] de bacon [8] vielh.
  Una grant cayssa [9] de fauls.
  Una cela [10] de bestia pauci valoris.
  Ung botarelet [11] sauclat [12].
  Ung barral [13].
  Ung trabuchet [14].
  Ung tamis de ceda [15].
  Una scabella [16].
  Una pendela [17].
  Tres cornudos [18].
  Una burrera [19].

[1] Hêtre.
[2] Litterie.
[3] Jambon.
[4] Entamé.
[5] Pied. Bout.
[6] Petite.
[7] Pièce.
[8] Lard.
[9] Caisse.
[10] Selle.
[11] Petit tonneau. Diminutif du provençal *bouto*.
[12] Cerclé.
[13] Petit tonneau servant à transporter du vin.
[14] Trébuchet. Piège.
[15] Soie.
[16] Escabeau.
[17] C'est probablement quelque meuble dont le nom a changé.
[18] Cornues.
[19] Peut-être une baratte.

Una banasta[1].
Una petita cayssa.
Una taula[2] et dos[3] estandes[4].
Una marida[5] vergantina[6].
Una petita chaxderela[7][8].

425. Mais ce n'est pas tout ce que possédait l'abbé de Valensolle. En persévérant dans mes recherches, j'ai trouvé un autre inventaire beaucoup plus long et beaucoup plus riche. Cependant il n'a rien d'extraordinaire. Il est à la date du 29 mars 1513. La rédaction en est aussi en langue provençale.

Je me conforme à l'ordre adopté par l'inventaire et je commence par la bibliothèque :

Certa part de un missal en pargamin.
Ung breviare en pargamin.
Ung altarete[9].
Ung martologe[10].
Ung missale en pargamin.
Biblia en pargamino.
Ung libre de *omelias*[11] et de evangelis en pargamino.
Ung psalteri en pargamino.

---

[1] Corbeille.
[2] Table.
[3] Deux.
[4] Dressoir. Rallonges.
[5] Mauvaise.
[6] Vêtement.
[7] Autre vêtement.
[8] Notaire François Vigoureux. — Notaire Mille, à Manosque.
[9] Signification inconnue.
[10] Martyrologe.
[11] Homélies.

Ung *libre*[1] de capitols officiorum ecclesiasticorum en pargamino.

Ung grant breviare en pargamin.

Una biblia in pargamino.

Ung officier de messas *dos sancts*[2] en pargamin.

Ung officier de messas en pargamin de sanctis.

Ung responsier en pargamin.

Ung officier de messas en pargamin.

Ung responsier en pargamino.

Ung breviari petit en pargamino.

Ung psalteri en *molle*[3] petit.

Lo *comensament*[4] d'ung officier de messas dominicas en papier.

Ung psalteri a *miech vers*[5].

Doctrinale sapientie en mole.

Vita Cristi lo *trespassament*[6] de *nostra dona*[7] et la destruction de Jérusalem en mole.

Ung petit vade mecum pauci valoris.

Voilà à peu près toute la bibliothèque. Je dis à peu près, car il y a plusieurs articles qu'il m'a été impossible de lire, parce que je ne les comprenais pas, et que je ne pouvais pas même faire de conjectures sur leur sens. Mais ils sont en petit nombre, n'en ayant compté que cinq.

[1] Livre.
[2] Official des saints.
[3] Je crois que ce mot signifie écriture moulée, c'est-à-dire imprimée. Les livres en parchemin étaient manuscrits.
[4] Commencement.
[5] Est-ce un psautier écrit à mi-page ?.
[6] Mort.
[7] Notre-Dame.

Quant à ceux que j'ai transcrits, il en est quelques-uns dont je ne me rends pas compte. Que signifient, par exemple le livre de *capitols* et le *responsier ?* C'est de l'hébreux pour moi. Je laisse aux ecclésiastiques le soin de le deviner. Ils sont plus compétents.

426. Le mobilier proprement dit se composait ainsi qu'il suit :

Ung *cumascle*[1].
Una *culhiera*[2] de ferre.
Unas *bregautinas*[3] et una *salada*[4] *vielha*[5].
Doas[6] *scabelas*[7].
La *fusta*[8] d'una *lichiera*[9].
Ung banc.
Ung *archibanc*[10].
Ung buffet *fagi*[11].
Ung *moleyre*[12].
Ung *molin*[13] de *mostarde*[14].
Una *taula*[15] *ambe*[16] dos *standes*[17].
Una *campana*[18] d'ung quintal.

[1] Crémaillère.
[2] Cuiller.
[3] [4] Armures.
[5] Vieille.
[6] Deux.
[7] Escabeaux.
[8] Bois.
[9] Lit.
[10] Armoire.
[11] Hêtre.
[12] Pilon.
[13] [14] Moulin à moutarde.
[15] Table.
[16] Avec.
[17] Dressoir. Buffet.
[18] Cloche.

. Una altra *petita*[1].
Ung tamis.
Ung petit *barral*[2].
Ung coffre.
Dos *coyssines*[3].
Tres toalhas.
Una *cayssa*[4] ambe *cuberssel*[5] *trossat*[6].
Una mastra.
Una taula ambe dos standes.
Una *cornuda*[7].
Una taula et dos standes in curte.
Una tina ambe tres *plechas*[8].
Ung *vayssel*[9] *plechat*[10].
Tres petit ambe *seches*[11].
Una *archa*[12].
Ung buffet de *fals*[13] ambe doas *sarralhas*[14] et quatre *panos*[15].
Ung vas existens in *crota*[16] abatie cum certa quantitate vini.

[1] Petite.
[2] Barril.
[3] Coussins.
[4] Caisse.
[5] Couvercle.
[6] Plié, troussé.
[7] Cornue.
[8] Cercles.
[9] Tonneau.
[10] Cerclé.
[11] Cercles. Du provençal *ceouclé*.
[12] Coffre.
[13] Hêtre.
[14] Deux serrures.
[15] Battants.
[16] Cave.

Unum parvum vas quasi repletum vini albi.
Tresdecim barrillos vini rubey.
Linteamina mapas et servietas.
Los porcs.
Unum quintale casey.
Una *rauba* [1].
Un *chival* [2] grison petit.
Una *saliera* [3] d'argent.
Una *flassada* [4].
Ung *escalfayre* [5] eris.
Una bassina de *loton* [6] *per lavar las mans* [7].
XVII salmatas *dannona* [8].
VII salmatas consiliginis.
VI salmatas ordey.
Quatuor civate.
Una *casubla* [9] de *fuston* [10] blanc.
Unas *stolas* [11].
Una casubla *verda* pauci valoris *cordada* [12] ambe una *cros jauna*.
Doas casubla ambe diacre et sou-diacre de *fieu* [13] d'or

[1] Robe.
[2] Cheval gris.
[3] Salière.
[4] Couverture.
[5] Bassinoire.
[6] Cuivre.
[7] Pour laver les mains.
[8] Froment.
[9] Chasuble.
[10] Espèce d'étoffe.
[11] Etolle.
[12] Chasuble verte cordée avec une croix jaune. Je ne sais ce que signifie le mot cordée.
[13] Fil d'or.

viellos[1].

Quatre *manipols*[2].
Uua casubla de fuston *pers*[3].
Quatre *aubas*[4].
Tres *amuts*[5].
Quatre *corporauls*[6].
Las *reliquas*[7] de sanct Vincens.
Ung calice d'argent[8].

Voilà, en y comprenant les effets inventoriés plus haut, de quoi se composait le mobilier de l'abbé de Valensole au commencement du XVIe siècle. Il n'était ni riche, ni élégant, tant s'en faut, car on n'y trouve que le nécessaire ; encore n'était-ce que le nécessaire de ce temps là. Aujourd'hui il serait loin d'être suffisant, et je crois que nos prêtres sont actuellement mieux meublés, quelque grand que soit leur esprit de charité et d'abnégation. On remarquera que le mobilier est dépourvu de linge de corps et de presque tout ce qui tient à l'usage de la personne. Quant aux autres articles, et principalement aux ustensiles de ménage, ils appartenaient à l'abbaye à laquelle ils étaient en quelque sorte attachés à titre d'immeubles par destination. Nombre d'entre eux servaient à recevoir le produit des dîmes, car l'abbé de Valensole était un décimateur.

427. Voici un inventaire fait, le 23 mars 1412, par les exécuteurs testamentaires de Bertrand Barthélémy,

---

[1] Vieilles.
[2] Cet article fait partie du costume du prêtre officiant ainsi que les articles 3, 4 et 5.
[6] Pers. Couleur.
[7] Reliques.
[8] Notaire François Vigoureux. — Notaire Mille, à Manosque.

de Forcalquier. Il s'agit évidemment d'un homme riche, car il possédait en outre onze propriétés rurales, et de nombreuses redevances. Le tout constituait une assez jolie fortune, bien que les propriétés fussent loin de former des corps de domaine. J'ajouterai, pour donner une idée des habitudes de l'époque, que les trois exécuteurs testamentaires appartenaient au clergé, dont les membres étaient fort souvent désignés pour remplir cette mission. L'un d'eux, Olivier Escuyer, *scutifferi*, était d'une famille dont le dernier représentant à Forcalquier est mort il y a quelques années. L'acte fut reçu par Jacques Holone, qui se qualifiait vice-notaire du tribunal de Forcalquier, *Curie Forcalquerii* :

« Et primo, signo sancte crucis munientes se, dycerunt dicti exequtores invenisse, de bonis dicti quondam Bertrandi Bartholomei, quoddam hospicium situm infra dictam villam Forcalquerii, cum penore de subtus, loco dicto in parrochia beati Petri, confrontante ab una parte, videlicet, ab *orea recta*[1] cum hospicio dotale discreti viri magistri Antonii de Bellojoco, notario, et ab alia parte versus meridiem cum quadam traversia, et ab oriente cum carreria publica, et ab occidente cum platea contigua, simul cum meniis dicte ville Forcalquerii, in quo si quidem hospicio dixerunt invenisse, videlicet, in socavea dicti hospicii res que sequntur ;

Primo duo cucupendia parva.

Quasdam *canohas*[2].

Quodam *crucibolum*[3].

Unam *becham*[4] ferri sive *surllier*.

[1] *Aura*. Vent droit. Le Nord. Nous le disons encore.
[2] Le même que *chanoa*, tube.
[3] Calen, lampe.
[4] Bêche. Notez : le français envahit la Provence !

Unum cacobum duorum broquorum vel circa modici valoris.

Aliud cacobum unius broqui vel circa.

Aliud cacobum parvum.

Quandam cassiam *eream* [1].

Unam sartaginem anticam.

Duo *cafuech* [2] parva.

Unum *trianculum* [3] fractum modici valoris.

Craticulam ferri fractam modici voloris.

Quandam mastram cum quadam *posticula* [4] de super ad portandum panem apta.

Quandam tabulam longam ad portandum panem sive tornahoyra.

Unam *tamisoyram* [5] longitudinis sex palmorum vel circa.

Duo *tamisia* [6] unum bonum alium debile.

Unum *scudellerium* [7] anticum in quo erant nonnulle scutelle fustee una cum *agoriis* [8] quas asseverunt dicti exequtores dedisse amore Dei *confratrie* [9] Sancti Petri.

Unum *archibandum* [10] anticum.

---

[1] Aeream. Le notaire a biffé le mot *cupri*, cuivre, et lui a substitué *aeream*. L'airain était donc employé.

[2] Chenets.

[3] Tranchet. Gloss. Sup. v^is *tranchetus, tranchia*.

[4] Ce mot est détourné de son sens, il signifie une planche couvrant le pétrin.

[5] Auge où l'on tamise la farine.

[6] Tamis.

[7] Etagère pour tenir la vaisselle.

[8] Poulie. Du Cange. Gloss. Sup. v° *agoria*. Il est difficile qu'il s'agisse de poulies.

[9] Confrérie. Le don était mesquin.

[10] Armoire.

Unum *standetum* [1].

Unam sellam sive scannum longum cum quadam parva sella rotunda.

Unum *morteyretum* [2] lapideum cum *pistono* [3] *fusteo* [4] parvo.

Unum dolium vitrium ad tenendum oleum.

Duas ollas terre parvas.

Unam *gratusiam* [5] caseorum.

Unam *botelhetam* [6] olei.

Quandam tabulam fuste de subtus mastram.

In quadam camera in qua jassebat,

dictus Bertrandus quondam.

Primo dixerunt invenisse dicti exequtores quendam lectum sine postibus, in quo quidem lecto sunt unum matalacium anticum modici valoris duo lodices unum pulvinar sine pluma modici valoris, duo linteamina laurata.

Unam capsam cum *cubercello* [7] sine sera in pede dicti lecti in qua nihil est infra, nisi alique scripture vetere modici valoris.

Unum sacum saumate in quo sunt tres eymine annone vel circa.

Unam bassinam *aream* [8] anticam modici valoris.

Unum *pitalphum* [9] stagni unius dimidii.

[1] Dressoir.
[2] Petit mortier.
[3] Pilon, pour *pistillum*.
[4] De bois.
[5] Râpe.
[6] Petite bouteille.
[7] Couvercle. Du provençal *cabucello*.
[8] Pour aeream.
[9] Vase, bouteille.

Una *aquederia*[1] stagni.

Duo *vitra*[2].

Unum *civaterium*[3] fuste.

Unam cassam anticam cum cubercelle sine clave, vacuam.

In magna camera sive aula.

Primo invenisse dixerunt dicti exequtores, quandam capsiam optimam, sine clave cum sera et cubercello, in qua est unum *cabassium*[4] cum instrumentis pluribus et aliis documentis tangentibus dictam hereditatem, non tamen debita ut sunt testamenta cetera instrumenta emptionum acapitorum serviciorum alibi designatorum.

Duas mapas operis *francesi*[5].

Duas *longerias*[6] satis competentes.

Unam aliam mapam modici valoris.

Unum lodicem sine laneam *usatam*[7].

Tria linteamina lacerata.

Unum *bern*[8] cum pede aliud sine pede.

Unum martellum *muratoris*[9] modici valoris.

Aliam capsiam sine clave cum cubercello, infra quam est unum cofretum ferratum modicum in quo sunt alique *appodixe*[10] quitanciarum.

Unum *vanetum*[11].

---

[1] Ayguière.
[2] Je présume qu'on veut dire bouteilles en verre.
[3] Sivadier. Mesure pour donner l'avoine aux chevaux.
[4] Cabas ; espèce de panier. Je ne croyais pas ce mot aussi ancien.
[5] Fabriqués en France.
[6] Espèce de nappe.
[7] Usée.
[8] Ou vern : J'ignore la significaiion de ce mot.
[9] De maçon.
[10] Acte de quittance.
[11] Van.

Unum cabassum novum.
Pudatoriam[1] unam.
Tres secures duas magnas et unam parvam.
Unam *picham*[2] bonam, unum *ayssedonum*[3].
Unam lanternam.
Unam *achetam*[4].
Unam *ayssadam*[5] fractam.
Unum *spincum*[6].
Unum *bassinetum*[7] cum suo *camalho*[8] et cum *liseria*[9].
Unam *gorgeriam*[10] cum *manigis*[11] *malhatis*[12] ferri.
Unam *lancam*[13] ferream modici valoris.
Unam lanceam cum ferro.
Unum ensem bonum, cum vagina.
Unum *pavesium*[14] rotundum.
Unum *capayronum*[15] ad piscandum.
Magnam unam tabulam nucis cum suis *standetis*[16].
Duo stagna longa sive sellas cum pedibus.

[1] Serpe pour tailler la vigne.
[2] Grosse bêche.
[3] Petite bêche.
[4] Petite hâche.
[5] Bêche.
[6] Epieu; arme. Je ne sais trouver d'autre signification.
[7] Bassinet; armure défensive.
[8] Probablement camail, capuchon.
[9] Jugulaires.
[10] Gorgerin, armure défensive.
[11] Ce mot est pris pour *manicis*.
[12] A mailles de fer.
[13] *Lanceam*.
[14] Pavois, bouclier.
[15] Filet de pêche, en provençal, *capeyroun*.
[16] Bancs.

Unam capsiam cum cubercello sine clave et sera, in qua sunt aliqua instrumenta antica tangentia dictam hereditatem ut supra est declaratum.

Unum morterium petre.

Unam scalam bonam.

Unam perticam.

Unam *olamam* [1].

Unam *trenellam* [2].

Unam *rasclam* [3] pro tabulis *massellorum* [4].

Certa alia parva ferrementa pauci valoris circa sex libras ferri.

Quasdam tenalhas modici valoris cum martelleto.

Duo candelabra.

Duos rastellos cum tribus *furchis* [5] et duabus *palis* [6] fuste.

In camera superiori supra penus.

Primo invenisse dixerunt quandam capsiam duplam bonam *cumtenentem* [7] farinas, in qua est modicum de farina circa unum civaderium in uno *mejano* [8] et in alio méjano circa mediam saumatam annone.

Unam *albaristam* [9] de *banna* [10] cum cordis et *albrerio* [11] garnito et cum *gahanchia* [12] munita.

[1] Faucille.
[2] J'ignore ce que c'est.
[3] Racloire.
[4] Bouchers.
[5] Pour *furcis*. Fourche à trois branches.
[6] Pieux. Du provençal *pal*.
[7] Continentem.
[8] La caisse avait deux compartiments, *mejanos*, c'est-à-dire, demi.
[9] Arbalète.
[10] Ce mot doit signifier une arbalète fabriquée avec une certaine espèce de bois, peut-être de corne. Du provençal *bano*.
[11] Peut-être le levier en bois autour de l'arbalète.
[12] Crochets; du provençal *Ganchou*.

Unum *turnum* [1] pro balista sive *coragio* [2].

Unum *carcayssium* [3] de fusta cum una duodena *viratonum* [4].

Unum *raterium* [5] bonum.

Duos *ceponos* [6] pro muribus sive ad capiendum mures.

Circa decem saumatas lignorum de quercu.

Quinque *plechonos* [7] pro faciendo plecham vasi.

IIII or *banastonos* [8] debiles.

Duos parvos *arbores* [9] pro vase parvo.

Unam *gorgam* [10] longam modici valoris pro *embutando* [11] vinum.

Unam magnam capsiam juxta *orrea* [12] cum cubercello in qua est unum *dolhum* [13] olei cum modico de oleo nucis, de *ordeo* [14] circa sestaria tria.

Unum *embut* [15] ad *imbotandum* [16] vinum.

In porticu juxta foveam nihil.

---

[1] [2] Ces deux mots sont synonymes. Ils signifiaient une courroie, du provençal *couregeo*.

[3] Carquois.

[4] Viretons ; traits d'arbalète.

[5] Ce ne peut-être qu'une souricière ; du provençal *ratiero*.

[6] Soutien, appui, base ; quatre de chiffres : sorte de piège à rat. Du provençal *sepoun*.

[7] Cercles pour tonneaux.

[8] Corbeilles.

[9] La signification de ce mot m'échappe, peut-être un engin de moulin à huile.

[10] Tuyau, conduit.

[11] Entonner.

[12] Horrea.

[13] Dollium.

[14] Hordeo.

[15] Vase servant à entonner le vin. Mot provençal.

[16] Entonner.

In penore dixerunt invenisse primo quandam tinam magnam ligatam sex plechis, capacem sex viginti saumatarum vel circa.

Quandam aliam tinam anticam plechatam quatuor plechis capacem LX saumatarum vel circa.

Unum vas ligatum *selchis*[1], capax XL cuparum vel circa cum modico de vino *tornato*[2].

Un *embotayre*[3] pro vendendo vinum.

Unum barrale *ternares*[4] modici valoris.

Aliud barrale de *cartayrono*[5].

Unum *cartale*[6].

Unam *barriloam*[7] pro tenendo *agrestum*[8].

Unum parvum tinellum ad salsandum carnes cum cubercello.

Sex plechonos tine.

Unum alborem vasi novum.

Unam *postem*[9] pro *passagio*[10] *tine*[11].

Unum parvum embutum pro embotando vinum[12]. »

428. La maison de Bertrand Barthélémy était assez bien pourvue d'ustensiles de ménage ; la cave était suffisamment garnie de tonneaux, car il était proprié-

---

[1] Cercles.
[2] Gâté. Tourné.
[3] Entonnoir, expression provençale.
[4] Barril contenant un tiers de coupe.
[5] Barril d'un quart de coupe.
[6] Autre barril d'un quart ou panier.
[7] Barril.
[8] Verjus. Vinaigre.
[9] Planche.
[10] Passage.
[11] Cuve ou tonneau.
[12] Notaire Mille, à Manosque.

taire de vignes, et il percevait en outre plusieurs redevances en raisins ; mais quant à ce qui touchait la personne du maître, à ce que nous appelons aujourd'hui le confort, il n'y avait rien, car c'est à peine si l'on peut compter pour quelque chose un méchant lit garni d'un vieux matelas, de deux couvertures, et d'un traversin sans plumes, c'est-à-dire, bourré, très probablement, de paille. En fait de linge, il possédait cinq draps de lit usés, et cinq nappes. Point de serviettes ni d'essuie-mains ; rien, en un mot, de ce que l'on trouve aujourd'hui chez le paysan le moins aisé. De chemises, il n'en est pas question, et, cependant, s'il en avait eu, elles auraient été inventoriées. Il ne portait pas de bas, parce que, alors, on ne connaissait pas ce vêtement indispensable, mais il aurait pu se procurer le restant, attendu qu'il était dans l'aisance. Il paraît résulter de certaines dispositions testamentaires faites par Barthélémy, et rapportées dans l'inventaire, qu'il était sans enfant, peut-être même, avait-il gardé le célibat. Or, j'affirme que, maintenant, à Forcalquier, un homme de sa fortune et de sa condition, serait réputé pour riche, et le serait en effet. D'où provenait donc cette inconcevable indifférence pour les commodités de la vie ? C'est que personne n'en ayant l'habitude, personne n'y songeait. Le luxe n'appartenait qu'aux grands ; et, encore, quel luxe !

429. Le lit, cette grande jouissance du riche, ce raffinement délicat et ingénieux du luxe moderne, était en parfaite harmonie avec le reste du mobilier. Il se composait, dit l'inventaire, de deux antiques matelas, de deux couvertures grossières, et de deux draps usés. Il n'avait pas de sommier ; et s'il ne reposait pas sur le

sol, il devait être monté sur trois ou quatre planches soutenues par des bancs. Rien que d'y songer, on se sent les os endoloris.

430. Notre inventaire constate que les vases en verre entraient dans les usages domestiques, puis qu'on y trouve mentionnée une bouteille, *dolium vitrium*, servant à contenir de l'huile. Il fallait même que ce produit de l'industrie fut assez commun, autrement on ne l'aurait pas rencontré chez Barthélémy, qui se contentait du nécessaire. Un pédant s'écrierait, heureux temps que celui où l'on n'a pas besoin du superflu ! Moi, qui n'ai rien de commun avec ces gens là, je ne suis pas de cet avis.

431. Si nos ménagères savaient encore faire du pain ; si elles n'avaient pas subtitué à cet art utile, le piano, le chant, la broderie, les fanfreluches, toutes choses qui les rendent fort aimables, mais qui ne servent guère à la maison ; si, dis-je, elles savaient encore pétrir, je leur dirais que l'usage de mettre la pâte sur des tables, faites exprès, pour la porter ensuite au four, est aussi ancien que la Provence. Barthélémy, qui ne se piquait pas de belles manières, et dont la femme ne faisait pas de roulades, avait des tables à pain, ainsi qu'en ont encore nos paysans. Lorsque je suis dans mon pays, je vois à chaque instant du jour, des femmes que nous nommons *mandrounes*[1], circuler dans les rues, une table sur la tête, portant ainsi la pâte au four. Mais malheur à nous ! Je connais bien des maisons où ce meuble indispensable manque ; en revanche il y a un piano au salon.

[1] Du provençal *mandar*, avertir, ordonner ; parce que ces femmes préviennent de l'heure à laquelle on doit pétrir.

432. Comme j'écris pour tout le monde et pour tous les goûts, et que, d'ailleurs, je tiens essentiellement à faire connaître tous les usages de ces temps reculés, je dirai que nos ancêtres mangeaient du macaroni. A ce mot, les gourmands vont tressaillir, leurs narines se gonfleront à l'odeur du gratin, et une légère sensation d'appétit chatouillera agréablement leur estomac. Comment? du macaroni en 1412? Oui, et la preuve, c'est que Barthélémy, d'ailleurs si peu luxueux, avait dans sa cuisine une râpe à fromage : *unam gratusiam caseorum*. Ils n'étaient donc pas complètement deshérités, et l'aurore de la civilisation commençait à poindre pour eux, puisqu'ils connaissaient le macaroni ! Qu'on ne s'y trompe pas, ce mets, si simple en apparence, est le résultat de profondes recherches culinaires. Jamais un peuple primitif ne le connut.

433. Barthélémy n'avait pas de chemises, en compensation, il possédait une armure presque complète, une véritable panoplie. En fait d'armes offensives, il avait la lance et l'épée, l'épieu et l'arbalète ; en fait d'armes défensives, c'étaient, le bassinet, avec son capuchon et sa jugulaire ; un gorgerin, auquel tenaient des manches en fer maillé ; enfin, un bouclier rond. Avec cela, et son carquois contenant une douzaine de viretons, il pouvait aller en guerre. C'est déplorable de voir un homme sensé, un bon bourgeois, ami de la paix, obligé, par le malheur des temps, de se passer de chemise pour se procurer une armure. Mais ce qu'il y a de plus déplorable, c'est que le tout était en bon état. La lance et l'épée étaient bonnes ; l'arbalète avait tous ses accessoires, et le carquois était garni. Tout cela indique que les prises d'armes étaient fréquentes, et que, plus d'une

fois, Barthélémy, armé de pied en cap, fit sa ronde à l'entour des remparts de Forcalquier. Peut-être, même, opéra-t-il quelqu'une de ces sorties dont Homère, le Tasse et l'Arioste nous ont fait de si brillants récits. Je crois fermement que, s'il n'avait pas été obligé de se servir souvent de ses armes, il les aurait laissées tout bonnement se rouiller, ainsi qu'un véritable bourgeois ferait aujourd'hui. J'en prends à témoins les fusils de la Garde nationale ! quand vint le moment de s'en servir, il fallut les envoyer chez l'armurier : et, cependant, j'ai vu le temps où un fusil n'était pas chose de luxe !

434. En terminant ce commentaire, je dois expliquer comment il se fait que j'ai trouvé à Manosque, un acte passé à Forcalquier, alors que l'original aurait dû naturellement rester dans cette dernière ville. L'explication est des plus simples, la voici :

Jacques Holone, rédacteur de l'inventaire, se qualifie vice-notaire au tribunal de Forcalquier, *vice notarius Curie Forcalquerii*. J'ai dit ci-devant que les notaires attachés aux tribunaux en qualité de greffiers étaient tous étrangers à la localité. Il en était de même des suppléants qu'ils se donnaient, avec l'autorité du juge. Or Holone étant de Manosque, trouva convenable, l'usage d'ailleurs l'y autorisant, d'emporter avec lui les minutes des actes qu'il avait faits en sa qualité de vice-notaire pendant la durée de sa charge, qui était annuelle. De telle sorte que, nulle part, il n'y avait de greffe dans un tribunal d'institution royale, et que si aujourd'hui on voulait se procurer expédition de quelque jugement rendu dans le courant du XVe siècle, et antérieurement, il faudrait rechercher l'original partout ailleurs qu'au greffe du tribunal qui le prononça. Il faudrait au préalable connaître le nom et la résidence ordinaire du notaire exerçant les fonctions de greffier à cette époque, et faire ses recherches en ce lieu, car, si l'original existe quelque part, c'est là qu'il doit se trouver. Nous avons déjà vu que l'habitude malencontreuse, dans laquelle étaient les greffiers, d'emporter leurs minutes, motiva, à une époque contemporaine, les justes plaintes du conseil municipal de Forcalquier [1].

435. Les inventaires que j'ai rencontrés sont faits, en général, soit pour constater l'apport mobilier d'une femme, soit pour établir la consistance de la fortune mobilière d'un mineur. Les immeubles y étaient ordinairement énumérés. Dans le premier cas, le mari se chargeait du mobilier par un acte de reconnaissance exprès qui, le plus souvent, suivait le mariage. Ces sortes de reconnaissances, modifiant le contrat primitif, ou l'amplifiant, étaient fort usitées.

Dans le second cas, c'est-à-dire, quand il s'agissait de mineurs, on procédait à l'inventaire, avec l'autorisation du juge et, presque toujours, par le ministère d'un notaire qui, alors, en dressait acte et l'insérait dans ses minutes.

« Anno M⁰ IIII^c xx, die quinte mensis Februarii, coram discreto viro magistro Alexandro Aurioli, Baiulo castri de Gredolis, existens et personaliter constituta Anthonieta, relicta Petri Joganhati, dicti castri, eidem domino Baiulo exposuit, dictum Petrum, ejus quondam virum, in suo ultimo testamento, eamdem tutricem, rectricem et administratricem persone et bonorum Alasiete et Jamete, filiarum suarum et dicti quondam Petri, relinquesse et ordinasse ; unde cum dubitet hereditatem

[1] Voir n⁰ 228.

ipsarum filiarum creditoribus fore oneratam et ne bona predicte hereditatis valeant lueri, pro conservatione jurium ipsarum filiarum, peciit et requisivit licentiam sibi impartiri bona hujusmodi inventurisari faciendi : quiquidem dominus Baiulus licentiam impartitus fuit[1]. »

Cet inventaire annonce un état voisin de la misère. En fait de linge, Pierre Joganat ne possédait que cinq draps de lit et trois serviettes. Il y avait quatre couvertures, dont deux mauvaises, un oreiller, et un lit composé de quatre méchantes planches. Au reste, il ne se trouvait pas seul à être mal couché. Voici ce qu'on lit dans un inventaire du 4 octobre 1440 :

« Unus postis pro lecto, cum eliquibus fustibus, super quo est compositus talibus qualibus, cum uno lodice et pulvinari[2]. »

Les provisions mises en réserve par Pierre Joganat consistaient en seize hectolitres de froment, environ trois hectolitres de mélange de froment et d'épeautre, et quelques livres de lard. Les tonneaux étaient vides, et, en fait de bestiaux, il possédait un bœuf en bon état, plus un cheval borgne. Mais il était armé, car il avait un épieu, un couteau de chasse et un bouclier.

436. Voici un autre inventaire, postérieur seulement de quelques années.

Anno M^c IIII° XXIX^c et die XXVII^a mensis Junii, constituta in loco de Vinono, coram venerabili viro domino Anthonio Fabri, vice baiulo, honesta mulier Marquesia, uxor quondam Jacobi Tibaudi, dicti castri, mater que Bertrandi Tibaudi, dicti Jacobi filii, eidem domino vice baiulo exponendo dictum Bertrandum Tibaudi, ejus

---

[1] Notaire Nicolas Fabri. — Notaire Mille, à Manosque.
[2] Notaire Buffili de Picolominibus. — Notaire Mille, à Manosque.

filium, dies suos clausisse extremos, voluntate divina, nullo per eum condito testamento, unde cum inter Monetum Tibaudi, dicti Bertrandi avunculum paternum, et eumdem Bertrandum Tibaudi bona tam mobilia quam immobilia existant indivisa, pretendat que partem dictorum bonorum contengentem dicto Bertrando, ejus filio, ad eamdem, ob ipsius Bertrandi mortem pertinere, peciit ideo et instanter requisivit bona hujusmodi inventarisari ad salvum ipsius aut alterius cujuscunque jus habentis.

Et ibidem dictus dominus vice baiulus jussit et ordinavit, presente dicto Moneto Tibaudi, volente et consentiente, bona ipsa indivisa existentia inventarisari, precipiens mihi notario subscripto quantum inventarium recipiam, recepto prius juramento ab honesta muliere Ersenda, dicti Bertrandi avia, et dicto Moneto, de revelando bona, etc. ego quidem notarius inventarium recepi, prius juramento recepto, ut supra, ut sequitur[1].

437. Il est inutile de rapporter de nouveau tous les effets inventoriés, par la raison que ce serait en quelque sorte copier les inventaires précédents. En effet, les mobiliers se ressemblaient presque tous. Nous mentionnerons seulement que, en fait d'animaux domestiques, Jacques Thibaud ne possédait qu'une truie, laquelle était traitée avec des égards particuliers. Elle n'habitait pas l'étable, mais bien un appartement dans lequel se trouvaient plusieurs des meubles inventoriés, entre autres le pétrin et un jambon. Si la nature, fort heureusement pour elle, ne lui avait pas refusé la prévoyance, don magnifique et funeste à la fois, fait à l'homme,

---

[1] Notaire Buffile de Picolominibus. — Notaire Mille, à Manosque.

elle aurait pu pressentir sa destinée. Mais les animaux ne connaissent pas l'épée de Damoclès.

Ce fait nous apprend que les habitudes de propreté n'étaient pas fort répandues à cette époque. Voilà une famille qui était dans l'aisance, car cela est prouvé par l'inventaire, qui habite, pour ainsi dire, avec un animal à bon droit réputé immonde. Que devaient alors faire les pauvres?

438. Le préambule de l'acte contient une énonciation assez extraordinaire. On a vu que marquise Thibaud, mère et héritière en partie du défunt, requiert le juge du lieu de faire procéder à un inventaire des biens délaissés par son fils. Ce juge, agissant en qualité de vice-bailli, est qualifié dans l'acte de *venerabilis vir*. Or, il faut que l'on sache que cette qualification n'appartenait qu'aux ecclésiastiques. C'est une règle, sans exception, que je n'ai jamais vu enfreindre. Il résulte de là que Antoine Fabri, vice-bailli de Vinon, était prêtre, et que cette profession n'était point un obstacle à l'exercice des fonctions judiciaires. Il est vrai qu'il ne s'agissait que d'une justice seigneuriale; mais cela importe peu. L'aptitude du prêtre à toutes les fonctions de la vie civile n'en demeure pas moins constatée. Cependant je dois dire que, à l'exception du cominalat[1] dont j'ai déjà parlé, c'est le seul fait de cette espèce que j'ai rencontré. Quant à la viguerie de Forcalquier, sur laquelle mes études ont porté spécialement, les fonctions de juge étaient toujours exercées par des gradués en droit. Il n'en était pas constamment ainsi dans les régions supérieures; par exemple, on trouve plusieurs fois des ecclésiastiques exerçant les fonctions de maîtres rationaux à la cour des comptes.

[1] Voir n° 282.

439. L'inventaire dont il s'agit ne fut pas fait personnellement par le notaire. Il se contenta de le rédiger sur la déclaration des parties intéressées, après leur avoir préalablement fait prêter serment de ne rien recéler, *de bona revelando*. Il paraîtrait que tel était l'usage. Cependant il n'était pas suivi partout, car nous avons vu que l'inventaire des biens délaissés par Bertrand Barthélémy, de Forcalquier, avait été fait par trois sapiteurs qui décrivirent les objets mobiliers, en constatant leur nature et leurs qualités [1].

440. Un article de l'inventaire atteste combien était alors profonde la séparation existant entre la France et la Provence, quoique les souverains des deux pays appartinsent à la même race. On y trouve deux nappes de fabrique française. Il en est de même dans presque tous les actes. On y parle de monnaie française, du roi de France; mais toujours les provençaux se considèrent comme ayant une existence séparée et indépendante de leur puissant voisin.

441. L'inventaire finit par la nomination de gardiens judiciaires faite par le bailli. Il nomma pour cela deux des parties intéressées.

Premissis itaque peractis, dictus dominus vice baiulus precipit dicte Ersende, avie paterne dicti Bertrandi, et Moneto Tibaudi, ejus avunculo, presentibus, audientibus et intelligentibus, quantum fructus recollegendos ad salvum jus habentes servent et collegant, et nichilominus regant bona hujusmodi donec aliud fuerit ordinatum.

442. L'apport mobilier de la femme était toujours constaté par inventaire. Nous en avons vu un exemple

[1] Voir n° 437.

ci-dessus. En voici un autre que je ne dois pas omettre, car il est intéressant sous plus d'un rapport. Il est à la même date et du même notaire que le précédent.

Il paraît que la femme, dont on inventoriait ainsi le mobilier, était fille d'un apothicaire. On s'en aperçoit à la nature de quelques-uns des effets qu'elle se constituait en dot. De plus elle épousait un apothicaire.

« Bona per honestam mulierem dompnam gentilla Reynerie habita et Petro Barduchi appothecario recognita.

Et primo due *payrole*[1] ad operandum ceram magne ;

Quedam alia peyrola lotoni ad faciendum conficturas cappacitatis duorum broquorum vel cirea ;

Quedam *cassia*[2] lotoni ad faciendum conficturas *zucari*[3] cappacitatis unius broqui vel circa ;

Quedam alia cassia lotoni cappacitatis unius broqui ;

Duo parve cassie ad operandum ceram ;

Quedam alia cassia perforata ad *collandum*[4] ceram ;

Unam capciam fuste ubi sunt linteamina decem et septem, et mappe sex *duplicis*[5] operis, et due operis *simplicis*[6] et *longerie*[7] due et quatuor tersoria ;

Una capcia duplex ad tenendum species ;

Unum *tabularium*[8] appothece ;

---

[1] Espèce de chaudron, d'une forme particulière, que nous nommons *peyrolo*.

[2] Poêlon en cuivre, appelé *caso*, en provençal, dans lequel on prépare l'empois.

[3] Sucre, de l'italien *zuccaro*.

[4] Couler.

[5] [6] C'est-à-dire, façonnées et simples.

[7] Espèce de nappe.

[8] Comptoir.

Due sartagina unum cucupendium cum *frechissis* [1];
Unus platellus due scutelle et tres grasaleti stagni;
Unus pitalfus stagni cappacitatis unius dimidii et una aygaderia stagni;
Unum pondus unius quintalis;
Unum alium pondus medii quintalis;
Aliud pondus unius *cartayroni* [2];
Unum aliud medii cartayroni;
Unum *bolhonum* [3] ad ponderandum;
Unum brachium ad ponderandum;
Duo parva brachia ponderis;
Due magne balancie et due parve;
Quedam virga ad ponderandum sive romanum in qua ponderari possunt circa quatuor quintalia;
Unum matalacium bonum;
Duo pulvinaria sex ladices et unam *vanoam* [4];
Una capcia magna ad tenendum bladum vel polentam;
Una tabula ad comedendum;
Due tabule ad portandum panen ad furnum;
Tres tabule nucis nove;
Una mastra magna cappacitatis unius saumate polente vel circa;
Tria scanna sive bancs;
Quedam capcia parva ad tenendum candelas;
Unum scudellerium ad tenendum scudellas;
Uuna capcia parva ad tenendum argentum;
Unum alambic ad faciendum aquas;
Unus *cairateltus* [5] cappacitatis septem cupparum;

[1] Trépied.
[2] Qarterons.
[3] Bouillon de romaine.
[4] Grosse couverture de lit, piquée. Du provençal vano.
[5] Espèce de tonneau.

Due barrille ad tenendum mel ;
Una barrilla ad faciendum *clareyam* [1] ;
Ab alia parte quinquaginta..... *cayrellos* [2] *asserii* [3];
Duo miliaria clavorum ad ferrandum ;
Undecim amforas vitri ;
Due *boyssere* [4] magne ;
Septem *massapani* [5] magni et quadraginta quatuor massapani parvi ;
Quatuordecim *pecherii* [6] terre pro appotheca [7]. »

443. Les réflexions que suggèrent cette pièce se présentent d'elles-mêmes. Il paraît, qu'à l'époque où elle fut dressée, les pharmaciens réunissaient à leur art celui de la confiserie, autrement on ne pourrait expliquer ce luxe d'ustensiles destinés à faire de la confiture. Ils distillaient aussi des liqueurs, puisque nous trouvons un alambic au nombre des objets inventoriés.

444. Mais ce qu'il y a de plus remarquable c'est l'emploi du sucre que je rencontre pour la première fois. Il fallait même qu'il fût assez commun, autrement on ne l'aurait pas destiné à la confection de confitures qui devaient, soit être vendues, soit être mangées dans dans le ménage. Déjà il faisait concurrence au miel, qui est excellent chez nous, et que, dans ma jeunesse, j'ai vu employer fréquemment à des préparations de ce genre. Quand les Anglais nous fermaient la mer, le

---

[1] Clairette.
[2] [3] Soliveaux, à ce que je présume ; ou bien carreaux d'acier ; En fait de latin de notaire, toutes les conjectures sont vraissemblables.
[4] Boîtes. Du Cange. Gloss. Sup. v° *boytia*.
[5] Boîte en bois léger nommée massapan.
[6] Vase en terre.
[7] Notaire Buffile de Picolominibus. — Notaire Mille, à Manosque.

sucre coûtait quatre ou cinq francs la livre. C'était chose de luxe, n'en goûtait pas qui en voulait.

Je voudrais bien savoir de quel pays provenait le sucre que vendait l'apothicaire Pierre Bardoche. Alors l'Amérique n'était pas connue, et il n'existait pas de raffineries à Marseille. Je crois qu'il devait venir de l'Orient, patrie de la canne à sucre. Mais dans ce cas il devait être fort cher, et le débit de confitures de maître Bardoche devait être très restreint. Je ne sais trop qu'en dire. Il serait bon encore d'être renseigné sur le point de savoir en quel état il arrivait en Provence. Le fabriquait-on comme aujourd'hui ? Etait-il brut ou raffiné ? Ce sont des questions que je laisse aux savants le soin de discuter et de résoudre. Quant à moi j'enregistre des faits.

445. L'apothicaire avait plusieurs cordes à son arc. Il était confiseur et puis épicier. Il vendait du poivre et des chandelles. L'inventaire en fait foi. On y trouve deux caisses, l'une pour tenir les épices, et l'autre pour les chandelles. Les aromates de l'Orient se trouvaient à côté de la casse et du séné, de même que le mal est toujours à côté du bien. Ce cumul d'industrie était détestable. Il exposait à des méprises fâcheuses, à des mélanges d'autant plus perfides, qu'en fait de remèdes, nos ancêtres ne se traitaient pas homéopathiquement et n'avalaient pas des globules infinitésimaux. Mais les gourmands étaient les plus à plaindre, ils ne pouvaient pas manger une friandise en sécurité.

446. Cet inventaire étale un luxe de linge auquel nous ne sommes pas habitués. Dix-sept draps de lit, dix nappes, quatre essuie-mains ; c'est plus que nous n'avons vu jusqu'à présent. Il énumère une foule de

poids pour peser les denrées ; plusieurs tonneaux pour contenir le vin ; quelques ustensiles de cuisine ; mais pas de chemises. Décidément on n'en portait pas, ou peu, car au point où j'en suis, je n'en ai encore rencontré que quatre.

447. La propriété devait être très divisée à cette époque, car, dans un inventaire dressé le 7 février 1438 pour constater la consistance des biens délaissés par André Euseti, de Pierrevert, et pour sauvegarder les droits de ses deux enfants mineurs, je trouve que le défunt possédait jusqu'à trente-deux lopins de terre, sans parler de sa maison. Il était riche alors, il le serait encore aujourd'hui, aussi était-il abondamment pourvu de tous les ustensiles de ménage et d'agriculture, tels qu'on les avait alors. Mais il ne possédait qu'un bois de lit, composé de quatre planches, d'un sommier et d'un traversin en mauvais état, et de deux couvertures de peu de valeur. Point de linge de table ; aucun effet à l'usage personnel du maître et de sa famille, si ce n'est une robe de femme, en assez bon état. Aujourd'hui ce dénuement serait l'indice de la misère la plus profonde.

Les provisions se composaient de farine, de fromment, d'avoine et de légumes secs. La pitance consistait en deux jambons et deux lards du poids d'environ un quintal. Il n'y avait pas de quoi faire grande chère.

L'étable était bien fournie. Il y avait deux bœufs ; une jument avec un poulin mâle d'un an ; un âne hongré ; une ânesse borgne avec son poulin âgé de dix-huit mois ; une truie de trois ans ; deux autres truies d'un an ; trois pourceaux de huit mois ; treize chèvres ; deux chevreaux ; quatorze brebis pleines, *de portu* ; trois agneaux de sept à huit mois, *anouges* ; et un bélier.

Mais il manquait les poules, ce complément indispensable de toute basse-cour ; soit qu'Euseti n'en tint pas, soit qu'on les ait oubliées dans l'inventaire, ce qui est plus probable.

La cave contenait des tonneaux en nombre suffisant. La cuisine avait son mobilier accoutumé de vases en bois et en terre ; mais les appartements étaient misérablement garnis. Tout leur ameublement consistait en quelques coffres destinés à serrer les provisions [1].

448. Le 8 mars 1435, par ordre d'Antoine Maurel, bailli de La Bastide-des-Jourdans, il fut fait inventaire des biens autrefois possédés par feu Bernard Roubaud, du même lieu. L'énumération en est longue, car cet individu avait une fortune territoriale convenable, quoique morcelée. Il était propriétaire à la fois dans les terroirs de La Bastide-des-Jourdans, de Beaumont et de Grambois qui sont limitrophes. Comme j'en ai déjà beaucoup dit à ce sujet, je ferai un choix dans les effets inventoriés, ne mentionnant que ceux qui peuvent nous apprendre comment vivait un propriétaire foncier en 1435.

Je trouve qu'il avait trente-neuf draps de lit de différentes largeurs ; huit matelas en laine ; neuf traversins et seize couvertures. Point de sommier, il paraît qu'il n'en usait pas.

Le linge de table consistait en dix-sept serviettes, et il possédait en outre quatre essuie-mains. Quant aux bas, chemises, mouchoirs, cravates, il n'en faut pas parler.

Les provisions de bouche, indépendamment de la farine, des céréales et des légumes, elles consistaient en six

[1] Notaire Nicolas Fabri. — Notaire Mille, à Manosque.

lards pesant ensemble un demi quintal, c'est-à-dire, vingt kilos, et de quatre jambons. Dans la cave il y avait du vin en abondance.

Dans l'étable étaient quatre bœufs de labour, *aratri*; une ânesse poil rouge ; un ânon ; un verrat ; une truie ; deux truies de deux ans ; trois autres d'un an ; et dans la basse-cour vaguaient environ vingt poules : *circa viginti pecias gallinarum*. Tel était son mobilier.

449. Je ne dois pas omettre certaine bouteille à demi pleine d'huile : *quedam amphora vitrea circa medie oley rosacea*. Je reconnais là une espèce de vulnéraire que les bonnes femmes composent encore aujourd'hui. Il est excellent pour guérir les coupures. J'en sais quelque chose [1].

450. En voilà assez sur les inventaires. Je crois même que j'en ai un peu abusé. Mais mon excuse se trouve dans l'importance du sujet. Il en est peu, en effet, qui touche l'homme de plus près, et qui nous fasse mieux connaître les habitudes et la manière de vivre de nos ancêtres. Autant qu'il m'a été possible, j'ai expliqué tout ce qui était explicable dans cette longue nomenclature. La connaissance de la langue provençale m'a beaucoup servi pour cela ; là où elle m'a fait défaut, j'ai dit tout simplement que j'étais à bout de ressources ; laissant à d'autres plus experts et plus sagaces le soin de résoudre le problème, si toutefois il en vaut la peine. Quelquefois je me suis permis des conjectures, mais les donnant toujours pour ce qu'elles valaient, et n'entendant, dans aucun cas, imposer mon opinion à personne.

Peut-être dira-t-on que j'ai mal fait de tant insister

---

[1] Notaire Nicolas Fabri. — Notaire Mille à Manosque.

sur les inventaires, et qu'il importe peu au public, en général, de savoir comment les habitants des Basses-Alpes étaient meublés dans leurs logis pendant les XIVe XVe et XVIe siècles. Je répondrai que, si la chose peut paraître indifférente à la plus grande partie des Français, elle ne l'est nullement pour les Provençaux qui, réunis depuis des siècles en corps de nation, ont dû avoir des usages communs, tout comme ils avaient une langue particulière. Ainsi, de même qu'on parle provençal à Marseille, comme à Forcalquier, comme à Draguignan, on vit à peu près de la même manière dans chacune de ces villes, et le provençal qui va de l'une à l'autre ne se sent nullement dépaysé, car il y retrouve à la fois et son langage et ses habitudes. Si donc aujourd'hui que notre nationalité s'est éteinte nous avons entre nous tant de points de ressemblance, nous devions être bien plus étroitement unis et, par conséquent, bien plus homogènes, alors que, comme nation, nous avions une existence particulière et, en quelque sorte, individuelle. C'est à cette communauté d'origine, de mœurs et de langage que je m'adresse principalement. Je désire capter les suffrages de tous mes concitoyens, les intéresser à mes voyages de découverte des usages des siècles passés, mais je travaille surtout pour la Provence qui est la plus intéressée à mon entreprise. Terre de mes ancêtres, permets au descendant d'une de tes vieilles races de soulever un coin du voile qui couvre ton passé!

451. Je reviens maintenant à mon sujet, que j'ai depuis longtemps déserté, et je termine en transcrivant textuellement un contrat de mariage passé il y a quatre cent quarante-deux ans. Je préviens que, bien qu'il y

ait similitude de nom entre un des contractants et moi, il n'y a pas communauté d'origine.

« Matrimonium nobilis Petri Arnaudi, de Curello, habitantis de Sancto Michaele, et nobilis Amorose Samuelle, filie nobilis Nicolay Samuelli, de Vacheriis.

Anno incarnationis domini M° CCCC° XV°, die XII mensis Januarii, notum sit, etc. quod cum tractatum fuerit de matrimonio contrahendo per verba de futuro inter nobilem Petrum Arnaudi ; de Curello, habitantem de Sancto-Michaele, ex una parte, et nobilem Amorosam Samuelle, filiam nobilis Nicolay Samuelli, quondam de Vacheriis, relictam que Petri Redortieri, ex parte altera :

Hinc est quod ut dictum matrimonium sortiatur effectum prefatus nobilis Petrus Arnaudi, gratis, etc. ex ejus certa scientia, promisit et juravit, etc. dictam nobilem Amorosam ducere in uxorem, in facis sancte matris ecclesie, quando prius fuerit requisitus ; et vice versa, dicta nobilis Amorosa, cum voluntate nobilium Raymundi de Carniolis, avunculi sui, et Rostagni Samuelli, fratris ejusdem, ibidem presentium, promisit et juravit, etc. dictum nobilem Petrum ducere in virum legitimum, ut supra, quando prius fuerit requisita.

Et quia non indebitum mulieres nubere sine dote, cum dos sit proprium patrimonium mulierum, idcirco dicta Amorosa, non decepta, imo gratis et per se et suos, constituit et assignavit sibi ipsi et dicto nobili Petro suo futuro marito, presenti, stipulanti et recipienti, videlicet, ducentos florenos auri, quemlibet valoris provincialium sexdecim florenorum, alias sibi in dote constitutos per predictum quondam patrem suum tempore quo ipsa et dictus quondam Petrus Redortieri, suus primus maritus, ad invicem matrimonium contraxerunt, solvendos per annuales solutiones decem florenorum ; quorum quidem ducentorum florenorum dicit et asserit dicta Amorosa certam quantitatem habere in et super bonis prenominati quondam Petri Redortieri, et reliquam in et super bonis et hereditate quondam nobilis Nicolay Samuelli, sui quondam patris ; quorum quidem ducentorum florenorum dotalium supra nominatus nobilis Rostagnus Samuelli, gratis et per se et suos, promisit et convenit solvere, videlicet, id totum quod reperietur non fuisse solutum per predictum quondam patren suum vel per semet ipsum, videlicet, per solutiones annuales dictorum decem florenorum, et primo, in festo nativitatis domini proxime venturo decem florenos, et ab illo festo in alio anno continuo et completo alios decem florenos, et sic de anno in annum decem florenos, donec id quod debetur adhuc per ipsum tanquam heredem dicti quondam ejus patri, de predictis ducentis florenis auri fuerit integraliter exsolutum, et hoc in pace, cum omnibus damnis, etc. et propterea se et ejus omnia bona presentia et futura realiter tantum obligavit viribus Curie Camere Curiis Apte, Forcalquerii, Rellanie et omnium Curiarum, etc.

Et fuit actum inter dictam Amorosam et dictum Rostagnum, ejus fratrem, ex una parte, et predictum Petrum, ex altera, quod instrumentum prime constitutionis dotis dicte Amorose sumptum que et actum per magistrum Raybaudum sancti Mitri, notarium, in suo robore permaneat et persistat, hoc tamen subjuncto quod solutiones transacte dicte dotis non possint exigi per dictum Petrum nisi per solutiones annuales dictorum decem florenorum, et quod una solutio non possit peti sive exigi super aliam, vel pluribus solutionibus:

Item, etiam fuit de pacto, ut supra, quod prius exacto id quod adhuc debetur per dictum Rostagnum Samuelli de dicta dote, idem Petrus Arnaudi recuperare debeat id quod de dote ipsa debetur per heredes dicti Petri Redortieri tantum, per solutiones annuales decem florenorum et quod una solutio peti non possit super aliam ut supra :

Dans, concedens dicta nobilis Amorosa predicto Petro, suo futuro marito, plenum posse et actiones petendi dictam dotem, videlicet, id quod debetur per heredes dicti Petri Redortieri, et per dictas solutiones annuales decem florenorum ut supra, etc.

Constituens, etc.

Item, etiam fuit de pacto, ut supra, quod dictus nobilis Petrus solvere teneatur et debeat medietatem rupe nuptialis dicte Amorose, et reliquam medietatem solvere teneatur dictus Rostagnus, in diminutione quantitatis per eum debite de dictis ducentis florenis dotalibus.

Item, etiam fuit de pacto, ut supra, quod si causas restitutionis dotis evenirent, quod Deus advertat, quod dicta dos restituatur per similes solutiones annuales et non aliter :

Que omnia dicte partes attendere promiserunt et juraverunt sibi ad invicem et vicissim, sub hypotheca, obligatione omnium bonorum ipsarum :

Renunciantes omni juri, etc. :

Ipsa vero mulier prius certiorata de juribus suis, renunciavit juri hypothecarum, etc.

De quibus dictus Petrus Arnaudi petiit instrumentum. Actum Rellanie, in domo dicti nobilis Raymundi de Carniolis, presentibus, Raymundo Durandi, Suffredo Arloti, magistris Raybaudo sancti Mitri, Stephano de Volcio, notariis, de Rellania, et nobili Danisio Simonis, habitanti dicti loci [1]. »

452. Je n'ai que quelques observations à faire sur ce contrat.

On remarque que le frère de la mariée, chargé du paiement d'une partie de la dot, ne s'oblige que réellement, *réaliter tantum,* et qu'il conserve la liberté de sa personne. Cependant dès qu'il avait fait acte d'hérédité, il se trouvait personnellement obligé, car il a toujours été de principe que l'héritier succède à la personne et aux biens du défunt. Il paraît que l'application de ce principe pouvait être écartée par une stipulation formelle et contraire.

453. Les nouveaux époux, quant au paiement de la dot, se réfèrent expressément à l'ancien contrat de mariage passé entre Amoureux Samuel et Pierre Redortier. Cela est assez bizarre, car il n'est pas ordinaire de voir un mari nouveau adopter les stipulations de son prédécesseur. Mais, en vérité, puisqu'il prenait la femme, il pouvait aussi bien se soumettre aux conditions du contrat antérieurement dressé.

454. Enfin, la dernière observation est relative à la robe nuptiale, qui est faite de moitié entre le mari et la femme. Il y en a une clause expresse. Ceci n'est pas une stipulation qui s'est produite par hasard et qui ne tire pas à conséquence. Au contraire ; on la trouve dans tous les contrats de mariage, ou dans presque tous. Il en est très peu où le mari et le père de la future ne

---

[1] Notaire Guillen Vaudrome. F° 40 v°. — Notaire Devoulx, à Céreste.

s'associent pas, par égale part, pour le paiement de la robe et des joyaux de l'épousée. C'était presque de style. Aujourd'hui cet usage a disparu. C'est aux maris à dire s'ils en sont satisfaits.

455. Les contrats de mariage que j'ai donnés jusques ici sont tous extraits des *sumptums*, c'est-à-dire, abrégés et réduits aux stipulations essentielles. En voici un, qui sera le dernier, tiré d'un *extensoire,* et auquel, par conséquent, rien ne manque :

« In nomine sancte et individue trinitatis, unius et eterni Dei patris et filii et spiritus sancti amen. Anno, ab incarnatione ejusdem, M° CCC° XLI°, die XXᵃ mensis Octobris, notum sit omnibus tam presentibus quam futuris, quod cum ab initio humane nature conjunctio maris et femine que vulgo matrimonium appellatur, idcirco, divina gratia fuerit ordinatum, interveniente primitus amicorum propinquorum infra scriptorum partium tractatu de matrimonio contrahendo in futuris per verba de presenti inter N..... ex una parte, et N..... ex altera. Tandem ut dictus tractatus et colloquium dicti matrimonii debitum sorciatur effectum, dictus N..... gratis et sponte, promisit et super sancta Dei evangelia, corporaliter tactis scripturis, juravit dictam N..... accipere in uxorem suam legitimam et eamdem disponsare in facie sancte Matris ecclesie, ipsa ecclesia sic volente et fieri permittente, quandocunque per ipsam N..., seu alium quemcunque ejus nomino fuerit requisitus ; et vice versa, prefata N..... cum voluntate et concensu dicti N..... patris sui, ibidem presentis, et sic fieri volentis, gratis et sponte promisit et super sancta Dei evangelia, corporaliter tactis scripturis, juravit dictum N..... accipere in virum seu maritum suum legitimum, et eumdem disponsare, in facie sancte Matris ecclesie, ipsa ecclesia sic volente et fieri permittente, quandocunque per ipsum N..... fuerit requisita.

Et quia dos patrimonium est mulierum propter onera que cotidie in matrimoniis occurunt et eveniunt, tam ex procreatione liberorum quam aliis diversis modis, prout Deus disponit et ordinat :

Ea propter dictus N..... constituit et assignavit, etc.

Quod quidem matrimonium, et omnia alia universa et singula in presenti instrumento contenta, dicti conjuges, videlicet, unus alteri et alter alteri, facere attendere, complere et observare promiserumnt, et nunquam contra aliquid facere, dicere vel venire, sub obligatione omnium bonorum suorum et cujuslibet eorumdem mobilium et immobilium, presentium et futurorum, et pena decem librarum, ad quam gratis et sponte se submiserunt, cum pene medietas applicetur parti volenti dictum matrimonium facere, et alia medietas Curie Hospitalis ville Manuasce, pro qua pena solvenda ipsi conjuges futuri, et quislibet ipsorum omnia bona mobilia et immobilia, presentia pariter et futura, obligaverunt omnibus Curiis tam ecclesiasticis quam secularibus infra comitatuum provincie et Forcalquerii constitutis et cuilibet ipsarum, et juraverunt super sancta Dei evangelia, corporaliter tactis scripturis, et, sub eodem juramento, renunciaverunt omni juri canonico et civili per quod contra venire possent, seu alter ipsorum venire posset, ita quod tantum valeat hec renunciatio generalis ac si omnes et singuli casus specialiter essent expressi.

De quibus omnibus universis et singulis supra dictis dicti conjuges publicum petunt instrumentum quod possit dictari, reffici, corrigi, meliorari et smendari semel et pluries, ad concilium unius vel plurium sapientis et sapientium. Actum Manuasce, etc[1]. »

456. Indépendamment du style, ce contrat n'a de remarquable que la clause pénale apposée à son infraction. Les parties se soumettent, par une convention formelle, à payer la somme de dix livres, dans le cas où une d'elles voudrait se soustraire à l'effet du contrat; laquelle somme serait applicable, moitié à la partie consentant au mariage, et moitié au tribunal des Hospitaliers de l'ordre de saint Jean de Jérusalem, seigneur de Manosque, et y exerçant les droits de justice. De pareilles conventions se rencontrent fréquemment dans les contrats, et le paiement des dédits constituait une partie essentielle des émoluments des juges; car les sommes ainsi payées ne tournaient pas au profit de l'administration de la justice, mais elles étaient emboursées par les magistrats qui les appliquaient à leur usage personnel.

457. Le testament, qui est ordinairement le dernier acte de la vie, revêtait diverses formules dont l'emploi dépendait du goût et du caprice du notaire. De tous les actes c'était le plus simple, car à toutes les époques on n'a exigé qu'une seule chose pour sa validité, à savoir que les volontés du testateur fussent clairement exprimées. Quant aux formes à suivre pour constater ses volontés, elles ont pu varier quelquefois, mais sans différences bien notables. Il ne manquerait guère au testament, que je vais copier en partie, pour être valable aujourd'hui, que la mention de la lecture faite en présence du testateur et des témoins :

[1] Notaire Jean Autric. — Notaire Mille, à Manosque.

« In nomine sancte et individue trinitatis unius et eterni Dei patris et filii et spiritus sancti amen. Anno incarnationis ejusdem M⁰ CCC⁰ XLVI⁰ die undecima mensis Junii notum sit omnibus tam presentibus quam futuris quod ego N..... gratia Jesu Christi sanus mente licet eger corpore, et in mea sana et bona memoria constitutus, considerans et attendens quod nil sit morte certius nil que incertius hora mortis et tam senes quam juvenes rapit et nulli miseretur, et tam Ducibus quam Principibus communis habetur, timens que Dei judicium quod quandocunque subito et inopinate venit, nolens discedere intestatus per nuncupativum testamentum et ultime voluntatis mee facio condo dispono et ordino meum ultimum testamentum nuncupativum et meam ultimam volontatem nuncupativam sive scriptis et de rebus et juribus meis ordinationem et dispositionem facere et ordinare. Idcirco ego dictus N..... testator de rebus et juribus meis dispono et ordino in modum qui sequitur infra scriptum ad hoc ut de ipsis bonis, nulla questio evenire possit inter propinquos et affinos meos, et quod licitum est cuicunque fideli christiano primo ordinare de anima et corpore ante quod de aliis rebus mundanis, ea propter ego dictus N..... etc.

Exécutores autem mee ultime voluntatis facio pariter que ordino N. N..... quibus et cuilibet ipsorum do et concedo plenam liberam et omnimodam potestatem ac largam et liberale mandatum et posse dictum heredem meum compellendi, ad dandum solvendum et adimplendum omnia supra per me legata disposita et ordinata, de quibus omnibus universis et singulis supra dictis ego N..... peto michi fieri publicum et publica instrumentum et instrumenta et tot quot habere voluero et concedo fieri cuicunque legatariorum et alio in presenti instrumento nominato, seu quocunque alio aliqualiter habere indigenti per te Johannem Autrici notarii infrascripti facti tamen substantia in aliquo non mutata.

Actum Manuasce, etc. [1] ».

458. Le début du testament était toujours une moralité. En voici une dont on saisit aisément le sens, en suppléant à la ponctuation :

« Quia mors rapit senes et juvenes, fortes et debiles, divites et pauperes, duces et principes, nec cessavit in cruce Christum accipere in eo quod erat naturaliter verus homo, unde cum quis atterite de morte cogitat non credo illum in deliciis hujus seculi aliqualiter delectari, sed in operibus quibus mediantibus ejus anima ad celestia regna perducantur, idcirco, etc. [2] ».

459. Le préambule suivant est remarquable par l'insistance que met le notaire à énumérer les causes qui doivent engager l'homme à tester :

« Notum sit et manifestum quod cum nil morte certius nil que incertius hora ejus terminus nemo ignoret et quod in manu Dei mors et vita futura consistunt fragilitatis que humane condicio nullius certitudine status habet nullis que divitiis aut potentia a mortis nexibus liberatur sed omnibus humanum viventibus sit communis propter quod discretione provida consulente melius sub spe mortis vivere in hoc mundo et de bonis suis provide ordinare et ordinata relinquare quod sub spe vivendi diutius ad mortem subito pervenire qua tunc humana condicio spe mortis cogitatione turbata

---

[1] Notaire Jean Autric. — Notaire Mille, à Manosque.
[2] Notaire Pierre, de 1391. — Notaire Mille, à Manosque.

ac infirmitatis *fimculis*[1] irritata ejusque passione agitata doloribus ac memoria aliis viribus et virtutibus *dubiliter*[2] alterata nequit plures res illas post facere que anime saluti congruunt et rerum temporalium dispositionem concernunt ac imposterum litium ac *dicentionem*[3] turbines *sompiunt*[4] et dulciter memorie comendare et propterea honesta mulier N..... etc. sana mente et intellectu ac in sua sana persistens memoria et firma loquella rationabili que et discreta creatoris altissimi gracia volens et qemadmodum cupiens dum ei licet ac in sue sane mentis sospitate et ratio regit mentem de bonis et rebus suis omnibus totaliter disponere et etiam ordinare quod nulla inter successores suos in posterum oriri valeat materia questionis suum si quidem testamentum ultimum nuncupativum et suam ultimam voluntatem finalem per noncupationem fecit condidit et ordinavit per hunc modum qui sequitur infra scriptum in primis et ante omnia dicta testatrix animam suam altissimo creatori domino nostro Jesu Christo et gloriose virgini Marie ejus matri toti que Curie celestie civium supernorum devote comendavit, etc. »

460. Ce protocole est passablement long. La disposition finale ne l'est pas moins :

« Cassans irritans penitus et anullans dicta testatrix de certa sui scientia per hoc ultimum testamentum suum et ejus virtute omnia universa et singula testamenta codicillos et donationes causa mortis et quaslibet ultimas voluntates per eam hinc retro factas

---

[1] Vinculis.
[2] Debiliter.
[3] Dissentionem, on aurait dû écrire dissentionis.
[4] Sopiunt.

factos et facta et ipsis omnibus *rececatis* [1] irritis cassatis et pariter cancellatis et anullatis istud valere voluit et tenere de cetero perpetui roboris firmitatem modis viis viribus et formis superius expressatis et aliis quibuscunque et efficacius valere poterit et tenere rogans insuper dicta testatrix vos probos viros infras scriptos ab eadem testatrice notos et de ea notitiam habentes ut de premissis omnibus supra per eam dispositis et ordinatis testes sitis et tanquam testes ad hec omnia propterea evocati dum locus affuerit ac tempus feratis si libet testimonium veritatis me que Stephanum Blanqui notarium publicum subscriptum ad id sumptum rogavit et requisivit dicta testatrix ut heredibus suis et omnibus aliis quibus intererit aut interesse poterit quo modo libet in futurum et cetera ea que tanguntur quod primo requisitus fuero facere et extrahere debeam unum et plura publicum et publica instrumentum et instrumenta et tot quod habere voluerunt dictanda corrigenda refficienda et amendanda semel et pluries clausulas quascunque verborum legalium expressiones necessarias utiles ac etiam opportunas tam de consuetudine quam de jure addendo mutando minuendo para corroboratione ipsarum ad consilium et dictamine quorumcunque in jure sapientium donec et quousque roboris obtineat perpetui firmatatem veritate semper salva et facti substancia in aliquo non mutata acta fuerunt hec et publice recitata Relhanie [2]. »

461. Notons qu'à cette époque et, sans doute, bien auparavant, il y avait pour les actes des formules sacra-

---

[1] Resecatis.
[2] Acte du 27 février 1491. Notaire Etienne Blanqui, f° 162. — Notaire Miane, à Reillanne.

mentelles dont l'omission aurait pu entrainer nullité. C'est ce qui est prouvé par les termes de l'acte ci-dessus : *clausulas verborum legalium, expressiones necessarias*. Le notaire pouvait réparer ces omissions, bien que l'acte eût été expédié.

462. Citons encore le préambule du testament d'un ecclésiastique. Car souvent le préambule variait suivant la qualité du testateur. La date de cette pièce est plus récente, mais elle n'en vaut pas moins la peine d'être transcrite :

« Existens et personaliter constitutus venerabilis vir dominus Johannes Meyniellis presbiter loci de Limantio sanus mente et corpore sensu et intellectu ac integra bona et firma loquella existens gratia suffragante divina attendens quod immensa Dei bonitas ut magis bonum effunderet et angelorum deperditorum ordinem repararet creavit hominem ad imaginem et similitudinem suam non subitorum morborum augustias ne que pericula dire mortis sed ut gratie sue participem et eterne vite futurum heredem faceret deinde tamen super veniente hostis antiqui *subgestione* [1] nequissima mors est indicta hominum que in posteros est post modo declarata propter quod decet hominem vigillem esse et cum venerit dies illa..... ipse non dormiente sed jam anime sue saluti per dispositionem bonorum suorum temporalium providisse juverat nam presentis vite conditio cursum habet instabilem et ea que visibilem habent essentiam tendunt properanter ad non esse quapropter premeditato die sue peregrinationis extremo reminiscens que illius sententian memineris homo quia cinis es et in cinerem reverteris et quod nemo in carne posi-

[1] Suggestione.

tus viam potest judicii evitare cum statutum sit hominem semel mori nec quicquam certus est morte ne que incertus mortis hora memor etiam conditionis humane quam semper imitat humana fragilitas cum ab ipso vite principio mortis imperium dominatur et animo pendente hoc pertinet ut mortis semper cogitetur eventus volens propterea circa suam substantiam, etc. [1]. »

Le notaire aurait pu s'exprimer en meilleur latin, mais il lui était impossible de dire des choses plus sensées et plus justes sur la nécessité de se préparer à la mort. Reste à savoir si ces réflexions venaient de lui, ou si elles étaient le fait du testateur. Quoi qu'il en soit, cela importe peu.

463. Je donne maintenant la copie textuelle d'un testament. Je commence par celui d'un gentilhomme; mais je préviens que l'original ayant été altéré et rongé par le temps, je serai obligé de laisser en blanc quelques mots :

« In nomine sancte et individue trinitatis patris et filii et spiritus sancti amen. Anno incarnationis ejusdem M° CCC° LXI die XIII^a mensis Octobris suprema hominum judicia quibus sufragis et temporalis cure patrimonii post vite presentis exitum providitur, etc.[2] languente corpore dum mente possideatur ratione legitime disponuntur sit igitur notum omnibus tam presentibus quam futuris quod nobilis domicellus Bermundus de Amenicis de Forcalquerio habitator Sancte Tulie in sua bona et sana memoria constitutus ut ipse firmiter asserebat et patenter ex suis sermonibus

---

[1] Acte du 1er février 1525. Notaire Jacques Columbi, f° 28. — Notaire Esmieu, à Forcalquier.

[2] Cet *et cetera*, indiquant que la phrase n'est pas terminée, jette quelque obscurité sur le sens.

apparebat quamvis quedam egretitudine corporali gravatus atendens quod nil sit certius morte nil que incertius hora mortis, idcirco nolens decedere intestatus ne inter proximos et successores suos bonorum suorum occasione *dicidium* [1] aut cujuscunque questionis vel contentionis materia oriatur, de se suis que bonis rebus ac juribus omnibus per presens nuncupativum et ultimum *et sive* [2] *scriptis* testamentum prout infra sequitur ordinavit, primo quidem cum testator ipse sortis *humana* [3] debitum solverit seu cum ab hac vita corporali migrare contingerit animam suam creatori omnium recomendam et beate Marie virgini ejus matri et toti Curie supernorum cum a carnis vinculis fuerit liberata, corpus vero suum voluit sepeliri in ciminterio ecclesie fratrum minorum de Manuasca in *timulo* [4] in quo bono modo recolligere poterit et legavit dictus testator tam pro exequiis suis funeribus missis que celebrandis et *cantaribus* [5] faciendis in dicta ecclesia fratrum minorum, videlicet centum solidos de quibus centum solidis voluit et ordinavit dictus testator quod quando corpus suum sepelietur intersint omnes cappellani tam religiosi quam seculares et absolvere debeant super ejus timulum et cuilibet dentur amore Dei, decem denarios. Item voluit et ordinavit dictus testator quod in primo cantare..... faciendo in dicta ecclesia sint omnes cappellani ville et vallis et quod celebrare debeant pro ejus amina et parentium suorum et absolvere super timulum et cuilibet dentur amore Dei de supra dictis

---

[1] Dissidium.
[2] Ou par écrit..
[3][4] Sic.
[5] Messe des morts, du provençal *cantar*. Aujourd'hui nous nommons ainsi la messe du bout de l'an.

centum solidis decem denarios. Item voluit et ordinavit dictus testator quod in fine [1]..... sui fiat secundum cantare et sint omnes cappellani..... et cuilibet dentur amore Dei de supra dictis centum solidis decem denarios residuum vero dictorum centum solidorum voluit et ordinavit dictus testator quod detur et solvatur in ecclesia sancti Salvatoris de Manuasca pro missis celebrandis et cantaribus faciendis distribuendos et solvendos per gadiatores suos infra scriptos. Item legavit dictus testator fratri Bertrando Boyseti cui confessus est amore Dei quinque solidos. Item legavit dictus testator Johanne et Sancie sororibus filiabus domini Fulconis Rostagni de sancta Tulia cuilibet earum viginti solidos. Item legavit et jure legati reliquit dictus testator fratri Ricardo Raymundi de ordine fratrum minorum triginta florenos auri pro quibus obligavit eidem totum *factum* [2] de Misono et super dicto facto idem frater Ricardus Raymundi recuperare teneatur dictos triginta florenos auri et dictum factum voluit pro predictis eidem esse ypothecatum ejusdem fratris Ricardi jure precario nomine amore Dei pro missis celebrandis pro ejus anima et parentium suorum. Item legavit conventui fratrum minorum de Manuasca centum solidos amore Dei pro missis celebrandis pro ejus anima et parentum suorum. Item legavit et jure legati reliquit dictus testator Castelhone sorori sue uxori Bertrandi de Fontiana decem florenos auri super facto de Misono et dictum factum sit eidem ypothecatum usque ad quantitatem dictorum decem florenorum auri. Item legavit conventui fratrum beate

---

[1] Il doit y avoir *anni obitus*.

[2] Je crois qu'on doit entendre par ce mot les biens que le testateur possédait à Mison, village des Basses-Alpes.

Marie de Monte Carmelo de Manuasca quinquaginta solidos pro missis dicendis. In omnibus autem aliis bonis suis mobilibus et immobilibus se moventibus rebus juribus nominibus et actionibus corporalibus et in corporalibus tam presentibus quam futuris et tam compentibus quam competituris ubicunque sint quantacumque qualia cunque et in quibuscunque rebus consistant ac quibuscunque nominibus vel vocabulis nominentur nuncupentur designentur vel senceantur testator predictus universalem sibi heredem institutuit videlicet ventrem Barrassie uxoris sue si pregnans est et si pepererit filium vel filios filiam vel filias provenientem seu provenientes in lucem illos illam et illas heredes universales instituit equis partibus suo que ore proprio nominavit et eo casu quo..... ipsos non pervenire ad lucem vel morirentur..... sine heredibus legitimis a suis corporibus procreatis vel in pupillaris etate in cum casum voluit et ordinavit dictus testator quod tota hereditas eorum succedat et pleno jure pertineat ad dictam Barrassiam uxorem suam ad vitam suam tantum, et eo casu quo contingerit ipsam mori voluit quod totas hereditas pertineat et pleno jure succedat ad Castelhonam sororem suam. Item dictus testator fecit constituit et sollempniter ordinavit dictam Barrassiam uxorem suam dominam et senhoressam et ususfructuariam omnium bonorum suorum et tutricem et curatricem testamentariam omnium liberorum suorum ex dicti ventris ipsius nascendorum ita quod non teneatur venire coram aliquo judice pro dicta tutela nec cura confirmanda nec inventarium facere nec aliquod computum reddere cogatur alicui persone nec heredibus suis sed confisus de sua probitate et legalitate omnia predicta sibi remisit gadiatores autem et presentis testamenti executores dictus testator constituit et ordinavit videlicet dominos gardianum et lectorem fratrum minorum de Manuasca qui nunc sunt vel pro tempore fuerint et quemlibet eorum in solidum quibus et cuilibet eorum in solidum plenam potestatem tribuit omnia bona sua accipiendi vendendi et alienandi pro fore factis suis emendandis si aliqua reperiantur et legatis omnibus supra dictis solvendis et restituendis heridibus suis supra dictis minime requisitis vel, etc.[1] expectatis. Et hoc dictus testator suum nuncupativum ultimum testamentum suamque ultimam voluntatem et dispositionem asseruit esse velle. Et si quidem illud vel illa jure testamenti nuncupativi et sive scriptis contingerit non valere voluit et mandavit testator ipse quod valeat jure codicillorum vel donationis causa mortis vel inter vivos vel alterius cujuslibet ultime voluntatis quo melius et plenius valere poterit et tenere cassans revocans irritans et annullans omne aliud testamentum omnemque aliam ultimam voluntatem ordinationem et dispositionem si quod et si quam in preteritum fuisse reperiretur eandem presens autem suum nuncupativum ultimum testamentum suam que ultimam voluntatem et dispositionem predictis omnibus tam factis quam in posterum faciendis valere voluit et habere robur perpetuum et firmitatem perhampnam. Et de predictis dictus testator petiit fieri tot publica instrumenta quot fuerint necessaria heredibus legatariis et exequtoribus supra scriptis. Actum Manuasce in domo dotali Raymundi Rebanuti interfuerunt testes ad hec vocati et rogati per dictum testatorem simul et semel uno eodem que contextu,

[1] C'est à dire le consentement des héritiers.

videlicet, nobilis Franciscus Rostagni Bertrandus Bollègue, de sancta Tulia, Johannes Textor, Stephanus Desiderii, Johannes Entiti, Johannes Arlaudi, Jacobus Ricavi, Pontius Guillemoni de Manuasca, frater Raymundus Ermenaudi et frater Honoratus Albennascii de ordine beate Marie de Monte Carmelo de Manuasca et ego Bertrandus Raynaudi, notarius[1]. »

464. Il ne manque à ce testament qu'une seule formalité pour qu'il pût se soutenir aujourd'hui. C'est la mention de la lecture faite par le notaire en la présence du testateur et des témoins. Peut-être cette formalité se faisait-elle, mais nulle part il n'est parlé de son accomplissement. Cette omission n'est pas particulière aux testaments, on la retrouve dans tous les autres actes notariés. Je crois, quant à moi, qu'il n'était pas d'usage de lire l'acte aux parties et aux témoins après qu'il avait été rédigé.

465. Je n'ai pas besoin d'insister sur le défaut de signature de l'acte par le testateur et les témoins. Il suffit de savoir que, jusque vers le milieu du XVIe siècle, les actes, quels qu'ils soient, sont revêtus seulement de la signature du notaire, encore en est-il un bon nombre où elle manque, même sur les extensoires. Cela se comprend dans un temps où peu de personnes savaient lire et écrire. Mais en admettant que parties et témoins fussent lettrés, cette circonstance était insignifiante, car ils s'abstenaient toujours de signer. Nous en avons un exemple en la personne des deux religieux témoins à l'acte ci-dessus ; indubitablement ils savaient lire et écrire, cependant ils ne signèrent pas. Au reste, il ne faudrait pas croire que la classe bourgeoise fût com-

---

[1] Notaire Bertrand Reynaud. — Notaire Mille, à Manosque.

plètement dépourvue d'instruction. Je pourrais prouver par des témoignages irrécusables que, dans toutes les villes, elle créait des écoles et veillait soigneusement à leur entretien. Les registres du conseil municipal de Forcalquier en font foi. Il est vrai qu'ils ne remontent qu'environ à l'année 1470 ; mais la manière dont les délibérations sont rédigées atteste que les écoles dont elles parlent n'étaient point des établissements nouveaux, qu'elles étaient au contraire fort anciennes. En ce qui concerne ma famille, j'ai la preuve que tous mes ancêtres savaient lire et écrire, et qu'ils possédaient le degré d'instruction auquel pouvait aspirer un individu de la classe bourgeoise.

466. Dans le testament de Brémond d'Aménicis, le notaire, se conformant à un usage sans doute fort ancien, affirme que le testateur possède toutes ses facultés intellectuelles. Il s'en assure, tant par la déclaration expresse du dit testateur, que par le témoignage de ses sens. *Ut ipse firmiter asserebat et potenter ex suis sermonibus apparebat*. De nos jours les notaires procédent encore de la même manière, et ils débutent toujours par certifier que le testateur est sain d'esprit. On voit que l'usage est ancien. Il doit même remonter à l'origine du notariat. On pourrait néanmoins dire que c'est là une précaution inutile, car, malgré l'assurance positive donnée par le notaire, on attaque fréquemment des testaments pour cause d'insanité.

467. Le clergé, à cette époque, se mêlait activement aux affaires de ce monde, mais il n'intervenait nulle part aussi souvent comme dans les testaments. Il était rare que, parmi les exécuteurs testamentaires, il n'y eût quelque ecclésiastique. Ici ils appartenaient tous à

cet ordre, puisque le testateur confie l'exécution de ses dernières volontés au père gardien et au père lecteur du couvent des frères Mineurs de Manosque. Cela explique l'importance des dons pieux qu'il fit, car ordinairement on ne mourait pas sans avoir au préalable, assuré, par une disposition testamentaire, la célébration de divers services religieux, tels que messes, neuvaines et trentaines.

468. Les exécuteurs testamentaires sont chargés d'acquitter les legs. Ils ont tout pouvoir à cet effet, même celui de vendre les biens de la succession. De plus ils ont mission de réparer les *fore-factis* du testateur, s'il en apparaît après sa mort.

469. Ces expressions, que l'on retrouve dans presque tous les testaments, m'ont fortement intrigué. Elles ont besoin de quelques explications. Mais auparavant je dois dire qu'elles ne sont pas partout employées de la même manière. Dans certains cas, et celui-ci est du nombre, le testateur se contente de charger ses exécuteurs testamentaires de l'acquittement de ses *fore-factis*, sans destiner à cela une somme déterminée. Dans d'autres, et ce sont les plus fréquents, il affecte à cet objet, sous forme de legs, une somme dont il précise la quotité; ordinairement fort peu de chose; une vraie bagatelle. Voilà, en peu de mots, quel est l'historique et le mode du legs *pro fore-factis*.

Quant à sa destination, c'est un peu plus embarrassant; d'autant que ces mots comportaient diverses significations. D'après le savant du Cange, l'expression *fore-factis* était prise dans le sens de *forfait*. *Exceptis pro tribus fore-factis, furto, raptu et homicidio*. Il dit encore qu'elle est synonyme *d'amende*; *foris-factum, ipsa pro foris-facto mulcta*[1].

[1] Clossaire. V° foris facere.

Il me semble qu'il est impossible d'admettre cette signification d'une manière absolue, bien que, au fond, elle ait quelque chose de vrai, c'est-à-dire, de prendre toujours les mots *fore-factis* pour synonymes de délit ou de peine. Je ne crois pas que, dans les testaments, ils doivent être entendus de cette manière. Il serait par trop extraordinaire qu'un homme supposât qu'il a pu, sans s'en douter, commettre un acte criminel qui l'aurait exposé aux rigueurs de la loi. Très certainement ces expressions n'avaient pas le sens odieux qu'on leur donnait généralement.

J'en trouve la preuve dans le testament de Raymond Bérenger, dernier comte de Provence de la maison d'Aragon. Cette pièce, datée de Sisteron le 12 des calendes de juillet 1238, contient ce qui suit dans ses dispositions finales. *Solutis tamen prius debitis nostris, et tortis et fore-factis emendatis*[1].

Voici ce que porte le testament d'Antoine de Forcalquier, de la maison souveraine de ce nom. Il est du 19 août 1457 et, par conséquent, postérieur de plus de cent ans à celui de Raymond Bérenger. *Legavit pro fore-factis suis certis et incertis florenos quinquaginta de quibus satisfieri voluit cuicumque de eo conquerenti*[2].

Ces citations soulèvent toute incertitude et nous apprennent en quel sens on doit entendre le legs *pro fore-factis*. Evidemment le notaire a voulu parler de faits commis par le testateur, et dont les conséquences ne se manifesteraient qu'après son décès. En d'autres termes, d'actions répréhensibles, préjudiciables à

---

[1] Archives des Bouches-du-Rhône. Pergamenorum, f° 10.
[2] Ibid. Ibid. Magdalenes, f° 198 v°.

autrui, dont le testateur n'aurait pas eu conscience, qu'il n'aurait pu réparer de son vivant, et qui, après sa mort, deviendraient le sujet de réclamations légitimes. Ce seraient alors des faits devant arriver, *fore-factis*, remontant, par leur origine, au vivant du testateur et, par leurs suites, n'apparaissant qu'après qu'il a cessé de vivre. En un mot, les legs de cette espèce indiquent que le testateur, prévoyant le cas où il aurait commis quelque acte ayant porté préjudice à autrui, a voulu qu'il fut réparé dans l'avenir. Il est vrai que quelquefois le moyen était au-dessous du but, mais n'importe, cela n'empêche pas que telle fut son intention. Plus tard, ce soin pieux, cette humble prévoyance de la fragilité humaine, devint de style dans les testaments et n'y joua qu'un rôle insignifiant. Mais quelle est l'institution que le temps n'ait pas usée !

Ainsi, dans le courant du XIIIe siècle et, sans doute, bien antérieurement, tout homme, en mourant, avait la louable habitude de donner une arme spéciale contre son hérédité à celui qu'il avait eu le malheur de blesser dans ses intérêts. Non content de l'action personnelle qui passe de droit contre l'héritier, il lui donnait encore une action réelle au moyen de la disposition testamentaire *pro fore-factis*. De telle sorte que, dans le cas où l'une eût été douteuse, l'autre devait sortir à effet, car, sous ce rapport, les exécuteurs testamentaires étaient investis de pleins pouvoirs qu'ils exerçaient discrétionnairement. Dans ce temps-là, chacun tenait à paraître pur devant Dieu. On réparait les torts faits sciemment, et l'on veillait à ce que le mal commis avec ignorance fut amendé. C'était bon ; c'était beau.

470. Le testament dont il s'agit atteste l'existence

d'un usage maintenant abandonné. Contrairement au droit actuel[1], la loi voulait alors que la tutelle déférée à la mère survivante fût confirmée par le juge. Cet usage conste d'une clause expresse du testament de Brémond d'Aménicis par laquelle, après avoir nommé sa femme tutrice des enfants à naître, il ajoute : *ita quod non teneatur venire coram aliquo judice pro dicta tutela nec cura confirmanda*. Il est évident que, si la formalité dont il dégageait sa femme n'avait pas été nécessaire, il n'en aurait pas parlé. Il est donc positif que si, après le décès du mari, la tutelle appartenait à la mère, ce que je crois être vrai, elle avait néanmoins besoin d'être approuvée par le juge qui habilitait la mère à faire les actes d'administration.

471. On compte jusqu'à dix témoins ayant assisté le notaire dans la confection de l'acte. Je ne crois pas que ce fût là le nombre réglementaire, car évidemment ce serait trop. D'un autre côté, il est assez difficile de savoir si ce nombre avait été fixé, soit par la loi, soit par l'usage. Quant à moi, je soupçonne qu'il en était du testament comme de tous les autres actes, et que le nombre des témoins dépendait autant de la fantaisie du notaire ou des parties, que d'une prescription bien arrêtée. Peut-être y avait il sur cette matière quelque acte de nos souverains, quelque arrêt de règlement du conseil suprême, mais je n'en ai pas connaissance.

Ce qui me confirme dans la croyance que le nombre des témoins instrumentaires n'était pas déterminé, c'est que je n'en trouve que sept ayant assisté au testament de Jean Jourdan, de Volx, fait le 10 septembre 1364, et reçu par le même notaire.

---

[1] Article 390. Code Napoléon.

472. En fait de style, ce testament ne présente qu'une légère variante avec celui que je viens de transcrire. Encore cette variante ne porte-t-elle que sur les expressions, le sens demeurant le même. Le testateur, ainsi qu'il était d'usage, recommande son âme à Dieu, à la sainte Vierge, et *universoque ceteri beatorum spirituum supernorum*. Il ne pouvait rien faire de plus.

L'unique différence entre les deux testaments consiste, en ce que celui-ci limite l'étendue de legs *pro fore-factis*. C'est-à-dire, qu'il assigne à cet effet, sinon une certaine somme, au moins la somme provenant de la vente de divers objets qu'il spécifie. Suit la teneur du legs :

« Item voluit et ordinavit dictus testator quod ortum clausum situm in castro de Volsio, et unam asinam sive saumam quam penes se habet vendantur et pretium eorumdem solvatur et tradatur amore Dei pro *fore-factis* suis emendandis et solvendis, juxta discretionem et ordinationem discreti viri domini Petri Nicholay, presbiteri, de Manuasca, et juxta ejus omnimodam voluntatem et distributionem, quem gadiatorem et excequtorem presentis testamenti dictus testator constituit, ita quod aliqua alia persona ecclesiastica vel secularis de predictis non se possit intromitere nisi dictus Petrus Nicholay predictus, etc. [1]. »

473. Il est inutile de dire que le style du testament variait selon le notaire qui recevait l'acte. Chacun avait sa formule introductive, et il s'en trouve qui ne sont pas très claires. Voici celle qu'avait adoptée Guillame Autric :

« In Christi nomine amen. Anno incarnationis ejus-

---

[1] Notaire Bertrand Raynaud. — Notaire Mille, à Manosque.

dem Mᵉ CCCᵒ XLIIIᵒ IIIᵃ die mensis Januarii per hoc presens publicum instrumentum fiat notum cunctis tam presentibus quam futuris, quod ego Philippus Amelii de civitate Aquensis, considerans et attendens quod quamvis incerta et dubia mortis hora debeat prudenti animo semper suspecta existere, ac tamen corporis imminente langore ipsius magis formidatur eventus, et ideo dispositionem substancie temporalis debet facere quicunque sane mentis, ne eum contingat decedere intestatus, quo circa ego prefatus Philippus eger corpore sed mente sanus per gratiam Salvatoris, nolens intestatus decedere sed secundum utriusque juris doctrinam meum nuncupativum condere testamentum, ne post obitum meum inter propinquos et affines meos super bonis et rebus meis aliquod litigium oriatur, in presentia tui Guillelmi Autrici de Sistarico, et testium subscriptorum ad hec specialiter per me vocatorum et rogatorum, meum ultimum testamentum nuncupativum condo et facio in hunc modum qui sequitur. In primis quidem nomine Christi invocato ofero et comendo animam et corpus meum eidem, et beate virgine matri ejus, et toti celesti Curie, et quando placuerit altissimo creatori quod anima mea transeat ex hoc mundo, et a corpore separetur eligo sepulturam in cimiterio parrochialis ecclesie beate Marie Magdelene de Aquis, lego pro gadio meo spirituali predicte ecclesie in cujus parrochia moror, soludos ...... provincialium nunc currentium, quorum unus provincialis argenti denarios valet decem. Item lego cereis supra dicte ecclesie cum quibus associatur corpus [1]..... civitatem Aquensem solidos quinque monete

[1] Le mot manque. Je crois qu'il s'agissait du luminaire porté à l'enterrement du testateur.

supra dicte. Item lego sacerdotibus ejusdem ecclesie beate Marie Magdelene pro missis celebrandis qui nunc sunt et pro tempore fuerint in dicta ecclesia libras decem septem dicte monete solvendas per modum infra scriptum videlicet, computando a die obitum mei in unum annum continuum et completum, quo anno lapso eisdem soludi viginti dicte monete distribuendi inter eos, deinde de anno in annum solidos viginti recipiant, donec dicte decem septem libras fuerint eisdem integre persolute, ita tamen quod ipsi sacerdotes annuatim illa die qua recipient ipsam pecuniam celebrare teneantur pro animabus mei et parentium meorum. Simili modo et forma lego fratribus predicatoribus de Aquis pro missis celebrandis soludos quatraginta dicte monete, solvendos eisdem decem soludos in fine dicti anni computando a die obitus mei, ita quod annis singulis post dictum primum annum solvantur ipsis fratribus soludi decem, quousque eisdem de dicto legato fuerit plenarie satisffactum, et quod fratres presbiteri ipsius conventus celebrare teneantur in qualibet solutione facienda eisdem in redemptione peccatorum meorum. Eodem modo et forma lego fratribus minoribus de Aquis, alios soludos quatraginta dicte monete, solvendos ut proxime est expressum. Sub eodem modo et forma lego fratribus sancti Augustini de Aquis, soludos quatraginta. Simili modo et forma lego fratribus beate Marie de Carmelo dicte terre soludos quatraginta dicte monete pro missis celebrandis solvendos per modum predistinctum, ita tamen quod dicti sacerdotes, et alii religiosi in quibus legavi, ut supra est expressum annuatim celebrarent pro animabus mei et parentium meorum in solutione facienda eisdem, quousque fuerit ipsis de dictis legatis integre satisffactum eo casu quo non celebrarent volo et jubeo quod de dictis legatis nihil solvatur eisdem. Item volo ac jubeo quod omnes recognitiones, et alia quecunque publica instrumenta que feci dilecte Raymunde uxori mee pretextu dotis sue quoquo modo facta fuerint sive facte habeant roboris firmitatem, que et quas omnes et omnia nunc aprobo ratiffico et confirmo. Item lego eidem Raymunde uxori mee intuitu pietatis, et pro suis mihi graciose impensis serviciis libras viginti supra dicte monete. Verum quia consumavi de dote ipsius Raymunde, lego eidem pro dampnis datis per me in rebus dotalibus ejusdem, alias viginti libras dicte monete in et super bonis meis. Item lego dulcie Stevenesse ancille mee, que nunc mecum moratur, amore Christi, et pro suis mihi impensis serviciis soludos viginti dicte monete. Item lego Guillemete filie mee naturali tantum, si et quando maritabitur et non aliter quinque cannas de panno viridi, precio cujuslibet canne soludorum viginti dicte monete, et unum plecum seu garlandam de argento, usque ad valorem soludorum triginta dicte monete. Item unum lectum pannorum. Item libras decem dicte monete, solvendas ut sequitur, videlicet lapso primo anno quando maritabitur computando a die nuptus sui in unum annum continuum et completum solvatur eidem per heredem meum infra scriptum solidos quatraginta, et sic de anno in annum post sequentes per solutionem eandem donec sibi de dictis decem libris plenarie fuerit persolutum. Et si dicta Guillelmeta decedens sine herede legitimo ex suo corpore nato, volo et jubeo quod dicte decem libre heredi meo infra scripto integraliter devolvantur. Item instituo mihi heredem Philippam filiam meam naturalem et legitimam, in centum soludis dicte monete et in dote per me sibi assignata et constituta. De quibus centum soludis et dicta dote, volo eam esse tacitam et contentam, et ulterius non petituram occasione partis legitime frayresque seu alia quacunque expressa vel non expressa de jure in bonis meis. Ita tamen quod ipsa Philippa vel alius ejus nomine, non possit petere dictos centum solidos, donec eidem de dote sua per me sibi assignata et constituta fuerit integre satisffacta, qua dote soluta volo et jubeo quod dicti C. solidi solvantur eidem per heredem meum infra scriptum. Et eo casu quo dicta Philippa seu alius ejus nomine faceret controversiam heredi meo infra scripto vel ejus successoribus super bonis meis, adhimo eidem Philippe idem legatum, et quod nihil possit petere in bonis meis ratione presentis ordinationis, sed sit contenta jure quod in illis habere se credit. Item heredem michi instituo Bermonnetam filiam meam naturalem et legitimam, in ducentis florenis auri de Florencia, de quibus ducentis florenis volo eandem esse tacitam et contentam et ulterius non petituram occasione partis legitime frayresque, seu quacunquo alia expressa vel non expressa de jure in bonis meis, et si dicta Bermonneta decederet sine herede legitimo ex suo corpore nato, volo et jubeo quod dicti II[c] floreni quos jure institutionis sibi legavi, heredi meo infra scripto vel ejus successoribus devolvantur. Item heredem universalem michi instituo, in omnibus bonis meis mobilibus et immobilibus qualiacunque sint et ubicunque consistant, videlicet, Caterinetam filiam dilectam meam, naturalem et legitimam, et si dicta Caterineta decederet sine herede legitimo a suo copore nato substituo sibi dilectam filiam meam Bermonnetam prefatam, et si dicta hereditas post mortem ipsius Catarinete supra dicte, ad eandem Bermonnetam jure substitutionis devoluta foret, et dicta Bermonneta voluntarie et pure ad honorem Dei divine religionis ingrederetur, eo casu volo et jubeo quod omnia bona tam mobilia quam immobilia equaliter dividantur, et predicta Bermonneta medietate ipsorum bonorum habeat, teneat, et possideat quamdiu vixerit sine contradictione cujuscunque. Ita tamen quod post mortem ipsius Bermonnete, si in ordine religionis ingredi contingerit ut prefertur vel ipsam decederit sine herede legitimo ex suo corpore nascituro volo ac jubeo quod medietas omnium bonorum meorum, dilecte uxori mee Raymunde supra nominate devolvantur. Et de alia medietate volo et jubeo quod fiat sive constituatur una capellania in ecclesia supra dicta beate Marie Magdelene de Aquis, in qua assignetur unus sacerdos prout infra scriptis meis gadiatoribus videbitur faciendum, qui perpetuo celebret pro animabus mei et parentium meorum. Item volo et precipio quod legata, et alia omnia supra dicta heres meus supra nominatus vel ejus successores, solvere complere et attendere teneatur, vel teneantur, et constringatur vel constringantur per gadiatores meos infra scriptos, si propria ejus voluntate seu voluntatibus eorum facere recusaret seu recusarent. Item volo et ordino executores sive gadiatores hujus mei ultimi testamenti, vicarium ecclesie beate Marie Magdelene de Aquis, qui nunc est et pro tempore fuerit, et nobilem Hugonem Monachi de civitati predicta, qui habeant potestatem excequendi predicta ordinata, juxta arbitrium et conscienciam eorumdem : Item volo quod de predictis omnibus et singulis fiat michi puplicum instrumentum seu puplica instrumenta et omnibus predictum testamentum habere volentibus in totum vel in parte, non habita alia licencia judicis vel pretoris, et quod testamentum possit dictari reffici et emendari semel et pluries consilio sapientis vel sapientium, facti substancia remanente illesa ; hoc autem nuncupativum meum ultimum testamentum ultimam que voluntatem et dispositionem, pre ceteris omnibus forsitam retro factis, valere volo perempnem que efficaciam tenere et pariter firmitatem. Acta fuerunt hec Aquis, in quadam camera Hospicii mei Philippi, supra dicti ; testibus presentibus ad hoc per me Johannem predictum specialiter vocatis et rogatis, videlicet domino Gaufredo Gaufridi, capellano de Mota, Aquense diocesi, nobilibus Hugone Monachi, Raymundo Monachi, Dominico Vesiani, Giraudo Albarici, Bertrando Stephani, de Aquis, et Hugone Fulconis, de Creycello, et me Guillemo Autrici, de Sistarico, notario : etc. [1]. »

474. Il y a plusieurs passages de ce testament sur lesquels il est nécessaire de revenir, car il présente plus d'une singularité.

La première et la plus importante est celle qui résulte de la clause par laquelle le testateur lègue une certaine somme : *pro suo gadio spirituali*. Quel est le sens de cette clause, et qu'entendait le testateur par ces mots ?

Disons d'abord que le legs *pro gadio* figure dans presque tous les testaments, et qu'il consiste ordinairement en une somme minime. Ainsi, le testament de Jacques Arduoin, dont je parlerai bientôt, parmi la multitude de legs pieux et importants qu'il contient, affecte seulement dix sous à son *gadium spirituale*. Cent ans après,

---

[1] Notaire Guillaume Autric, f° 3. — Notaire Mille, à Manosque.

la plus forte somme destinée à cet effet était de douze ou treize deniers ; le plus souvent de treize.

Du Cange, en son glossaire, donne la définition suivante du mot *gadium :*

« Gadium, testamentum, infra in *vadium hinc gadium spirituale,* ni fallor, in testamentum florentii de Castellana anno 1398 : *legavit pro suo gadio spirituali denarios tresdecim* [1]. »

Plus loin, il le prend encore dans le même sens:
« Gadium, pro testamento. Testamentum Guillelmi de Tortosa, anno 1157 : *sic ultimum elogium meum compono, et gadium sive testamentum meum nuncupative facio*[2]. »

Le supplément s'exprime de la même manière :
« Gadium, testamentum. adde : consuet. Carcass. *Et si filius vel filia, quo non fuerit maritata vel hereditata moriebatur sine gadio et sine liberis, bona eorum revertuntur filiabus maritatis vel heredibus eorum* [3]. »

Ainsi, d'après le glossaire, et en face des citations qu'il fait, il est indubitable que *gadium* et testament étaient synonymes. Mais cette découverte n'éclaire que la moindre partie de la difficulté, car il reste toujours à comprendre et à expliquer ce qu'était le *gadium spirituale.*

Il me semble que le mot explique la chose. C'était, à mon avis, le testament spirituel de celui qui, sentant la vie lui échapper, réglait prudemment ses affaires spirituelles. En un mot, c'était l'acte par lequel le testateur, comparaissant devant le tribunal de la pénitence, demandait et recevait l'absolution de ses fautes. Le legs

[1] Verbis gaddium et gadium.
[2] Verbo vadium.
[3] Verbo gadium.

pro gadio spirituali était donc la rémunération du service qu'il avait reçu.

Ce que j'avance n'est qu'une simple conjecture, car je manque de preuves, mais elle est rendue vraisemblable par la citation suivante que je prends dans le glossaire de du Cange :

« Gadius spiritualis, qui intelligendus in testamento anno 1398. Et in alio Raim. de Villanova anno 1449. *Item legavit pro suo gadio spirituali denarios tresdecim semel tantum ;* docet testamentum Giraudi de Villanova anno 1481. In quo *pater spiritualis* nuncupatur, qui in aliis dicitur *gadius spiritualis : legando patri suo spirituali denarios tresdecim parvorum uno semel tantum.* Quo significari videtur sacerdos, qui a confessionibus est [1]. »

En s'appuyant sur cette autorité on serait donc fondé à dire que le legs *pro gadio* était fait au profit du directeur de conscience du testateur. Malheureusement il n'en est rien, car le texte formel du testament donne un énergique démenti à cette supposition. Il porte : *lego pro gadio meo spirituali predicte ecclesie in cujus parrochia moror soludos*, etc. La même disposition se retrouve dans un autre testament, en date du 16 mars 1344 : elle est conçue en ces termes : *Item legat ecclesie beate Marie Magdelene pro gadio suo spirituali decem soludos*, etc. [2]. »

Ainsi le legs est fait à un établissement religieux, et non point à un individu. Tous ceux qui appartiennent à cet établissement y prendront part, et il n'a pas d'af-

[1] Supplément v° gadium.

[2] Testament de Jacques Ardouin. Notaire Guillaume Autric, f° 27 v°. — Notaire Mille, à Manosque.

fectation individuelle et exclusive. Nous voilà retombés dans nos perplexités.

Je sais bien qu'il serait aisé de se tirer d'affaire en disant que le legs *pro gadio* était un legs d'une certaine espèce, ce qui est vrai, et que, peut-être, il se trouverait des gens qui se contenteraient de cette explication évasive. Mais le lecteur doit être traité avec plus d'égards; et, si un écrivain ne peut trancher avec certitude une difficulté, au moins doit-il lui faire part de ses conjectures. S'il se trompe, on le rectifie, mais on lui sait gré de ses efforts.

Tout bien examiné, je crois que le *gadium spirituale* était un legs fait en vue du sacrement de pénitence obtenu par le testateur, au moyen duquel il témoignait sa reconnaissance à l'Eglise, et la remerciait de l'avoir mis en état de paraître devant Dieu. Il rémunérait l'Eglise, tout comme il avait rémunéré le notaire, car dans les idées d'alors, et, je puis le dire sans crainte d'hérésie, dans celles d'aujourd'hui, il avait fait un double testament. Le premier, lorsque purifié par le sacrement de la pénitence, il avait réglé ses affaires spirituelles et satisfait aux exigences de la religion. Le second, quand, par ses dispositions testamentaires, il avait pourvu à ses affaires temporelles. Telle est, ce me semble, la véritable explication du *gadium spirituale*. Ce n'était pas autre chose qu'un testament spirituel; en d'autres termes la confession, et le legs qu'on faisait à cet effet, était un legs purement rémunératoire. Au reste, le mot seul nous suggère cette interprétation, et peut-être eut-il suffi de laisser au lecteur le soin de s'en rendre compte. Mais le mot et la chose sont devenus aujourd'hui tellement inusités, que le sens littéral, le seul vrai, est le dernier qui se présente à l'esprit. N'en est-il pas de même pour toute question dont la nouveauté nous surprend et nous embarrasse ? Ne cherchons nous pas bien loin ce que nous avons sous la main ? Et quel est celui qui, après de longs détours, ne s'est pas retrouvé tout surpris, à son point de départ ? En fait de raisonnement, la subtilité égare ; la simplicité seule nous conduit au but.

Je trouve cependant dans un testament, postérieur à la date du 6 février 1423, que le *gadium* était pris dans un sens différent. *Et legavit pro gadio spirituali, sive pro lecto suo sex grossos*[1]. Le legs serait alors fait pour le catafalque du défunt, car je ne vois pas d'autre signification à donner au mot *lecto*. On en décidera ce qu'on voudra. J'instruis le procès ; que d'autres jugent.

475. Le testament de Philippe Amel atteste que le père de famille jouissait d'une liberté presque illimitée pour la disposition de ses biens, mais il prouve en même temps qu'il ne pouvait passer sous silence aucun de ses enfants, c'est-à-dire, les exhéréder par prétérition. En effet, tous y sont dénommés et institués héritiers, mais dans des proportions très inégales. L'un d'eux surtout ne prend qu'une somme insignifiante. Il était d'usage, et il s'est maintenu longtemps, que le père de famille nommât tous ses enfants dans son testament, et qu'il leur fit une part, quelle qu'elle fût. Il se produisait cette singularité qu'il y avait alors, si l'on peut s'exprimer ainsi, des héritiers universels, à titre universel et à titre particulier, à l'instar de ce que nous voyons pour les légataires proprement dits. Ainsi, dans tel testament, le père institue un de ses enfants héritier d'une somme

---

[1] Notaire Raymond Gautier. — Notaire Mille, à Manosque.

ou d'une chose déterminée ; c'est ce qu'on pourrait appeler une institution à titre particulier, si l'idée et le mot n'étaient pas prohibés aujourd'hui. Une autre fois il lui assignait une quotité, un tiers ou un quart, par exemple ; c'était l'institution à titre universel. Enfin il nommait l'un d'entre eux son héritier universel ; c'était, en suivant toujours la comparaison, l'institution universelle, telle que nous la comprenons quand elle n'échoit pas à un héritier du sang. Ce rapprochement d'idées est bizarre, mais il ressort de tous les testaments que j'ai vus. L'usage et la loi voulaient que chaque enfant prit part à la succession du père commun en qualité d'héritier; peu importait ensuite la quotité de cette part.

Les choses se passaient ainsi quand il y avait plusieurs enfants mâles dans la famille. Les uns étaient simplement héritiers d'une quotité ; un seul recevait et prenait le titre d'héritier universel. Quelquefois la mère de famille, même en présence d'enfants, héritait à ce titre. Mais là où la volonté du père s'exerçait dans toute sa plénitude, c'était à l'égard des filles. Elles recevaient une dot en se mariant, ou si elles étaient encore dans le célibat, le père leur en assignait une par son testament, et déclarait que si elles ne se tenaient pas pour satisfaites, elles perdraient le bénéfice de l'institution. Cependant comme, dans aucun cas, la qualité d'héritier ne pouvait leur être enlevée, il réduisait leur legs à une somme minime. Elles héritaient de peu de chose, mais enfin elles héritaient : cela suffisait pour satisfaire à la loi alors en vigueur. Ainsi nous voyons Jacques Amel, instituer une de ses filles pour une somme de cent sous, et dire que si elle n'est pas satisfaite, il lui enlève ce legs.

Il est vrai qu'il ajoute qu'elle se contentera des droits qu'elle croit avoir sur son héritage, ce qui indique qu'elle pouvait y prétendre une légitime. Mais cette légitime risquait fort d'être absorbée par la constitution dotale qu'il lui avait faite en la mariant, et, d'ailleurs, elle était par elle-même de peu d'importance, puisqu'elle se réduisait à une part de la légitime d'enfant mâle. Ceci appert du testament qui, après avoir institué une fille pour la somme de cent sous, veut qu'elle en soit satisfaite, et qu'elle ne puisse plus rien demander à raison de sa légitime : *ulterius non petituram occasione partis legitime frayresque* [1]. Ainsi si les filles venaient à la succession de leur père au même chef que les mâles, elles y prenaient une part bien moindre, laquelle était calculée sur la valeur de la légitime de ceux-ci. Quelle était cette part? Etait-elle de la moitié, du tiers, du quart? C'est ce que je n'ai pu savoir.

Je n'en dirai pas d'avantage à ce sujet, car si j'allais plus loin j'empiéterais sur le domaine du jurisconsulte. Mon intention est seulement de faire ressortir les conséquences les plus directes des actes que je cite. Une fois cela fait, mon but est atteint. Ceux qui seront curieux de connaître plus à fond la matière de la légitime pourront remonter aux sources.

476. Les substitutions sont fréquentes dans les testaments. On peut dire qu'il en est peu où l'on n'en rencontre quelqu'une. Elles affectaient indifféremment les legs faits aux successibles des deux sexes, et revêtaient une formule identique. Elles avaient toujours lieu dans le cas où le grevé de substitution décéderait sans

---

[1] Cette expression barroque est très compréhensible pour un provençal. C'est un adjectif fabriqué par la basoche, signifiant *fraternel*.

enfants : *sine herede legitimo ex suo corpore nato* ; et, s'il s'agisssait d'une fille, dans le cas où elle entrerait en religion. L'héritier universel y était même soumis, lorsqu'il décédait dans de pareilles conditions, et les biens substitués passaient alors à l'appelé ou à ses héritiers. Cet usage était tellement enraciné dans nos mœurs, que le Code Napoléon, malgré sa répugnance pour toute institution tendant à paralyser la libre disposition des biens, a cru devoir la conserver.

477. L'empire des idées religieuses était immense. On en jugera par le testament de Philippe Amel. Prévoyant le cas où tous ses enfants décéderaient sans postérité, il veut qu'il soit fait alors deux parts de ses biens. Il assigne l'une à sa femme, et de l'autre il ordonne qu'il soit fondé une chapellenie dans l'église de la Magdelaine d'Aix, où il sera prié à perpétuité pour le repos de son âme et de celles de ses parents. Vaine précaution de l'homme qui croit pouvoir fonder quelque chose de perpétuel alors qu'il ne fait que passer en ce monde ! Le temps a tout détruit. Cependant, s'il y avait quelque chose de sacré, c'était cela.

478. D'après tout ce que j'ai vu, et autant que je puis en juger, les fondations de chapellenies se faisaient de la manière suivante. On érigeait une chapelle dans l'église désignée par le testateur ; on la mettait sous l'invocation d'un saint ; et on la dotait au moyen de recettes ou de fonds de terre. Cela fait, on en pourvoyait un prêtre qui touchait les émoluments de la chapellenie, et demeurait chargé de célébrer l'office divin, selon les intentions du fondateur. Ordinairement celui-ci réservait à lui ou à ses héritiers le droit de présentation, c'est ce qu'on appelait droit de patronage. Il se trans-

mettait de père en fils par voie de succession, et quelquefois même il faisait l'objet d'un legs. Ainsi, par exemple, il existait à Forcalquier, dans l'église Saint-Jean, une chapelle fondée par un particulier. Cette chapelle fut ensuite léguée à la ville, qui en avait le patronage, et à laquelle appartenait le droit de présentation au décès du titulaire [1].

479. Cette chapelle fut, dans une occasion, une grande cause d'embarras pour Forcalquier. En 1487 l'occupant mourut. Le seigneur de Gréoulx, qui était alors capitaine général, député dans le comté de Forcalquier [2], présenta un de ses affidés, *quemdam suum magistrum*, à l'approbation du conseil. D'un autre côté le syndic Garcin prétendait au bénéfice pour son fils ; enfin de Laventure, autre syndic, disait avoir promis son suffrage au prieur de Dauphin, qui était alors Raymond Arnaud, mon parent. On peut se faire une idée de la perplexité du conseil, qui désirait ménager tout le monde. Ainsi que tous les gens faibles, il se tira d'affaire par un moyen dilatoire, il renvoya l'élection à un mois [3]. Il fallait cependant prendre un parti. La politique l'emporta. Par délibération subséquente, les autres concurrents furent écartés, et le candidat du seigneur de Gréoulx fut nommé, parce que, dit naïvement la délibération, ce gentilhomme pouvait rendre service à la ville *in majoribus* [4]. En Provence aussi bien qu'ailleurs, on sait ménager les puissants. Cela n'empêcha pas

---

[1] Délibération du conseil municipal de Forcalquier, f° 108 v°, bis.

[2] Cette charge n'était que temporaire. La Provence sortait à peine de la guerre causée par la succession du roi Réné.

[3] Délibération du conseil municipal de Forcalquier, f° 211 v°.

[4] Délibération du conseil municipal de Forcalquier, f° 212 v°.

pourtant Raymond Arnaud de parvenir à ses fins. Il fut pourvu d'une autre chapellenie à Forçalquier, s'il n'obtint pas celle-là. Il fut ensuite nommé chanoine.

480. Philippe Amel révèle dans son testament un fait qui n'est pas à son avantage. Il avait une fille naturelle, circonstance qui peut faire douter de la pureté de ses mœurs ; et il la dote, chose beaucoup plus louable. Je dois dire que ce fait se présente rarement dans les annales de la classe bourgeoise, car, si nos ancêtres avaient les passions de l'espèce humaine, la ferveur de leur croyance religieuse les garantissait de certains écarts. Ils étaient protégés en outre par leurs habitudes de circonspection et par le sentiment de leur dignité personnelle.

Quoi qu'il en soit, Philippe Amel dota sa fille naturelle. Il lui donna dix livres, monnaie courante, à charge de substitution au profit de son héritier universel, en cas de décès sans enfants : de plus un lit garni de draps, *unum lectum pannorum ;* une couronne ou bandeau d'argent de la valeur de trente sous, *unum plecum seu garlandam*[1] *:* enfin cinq cannes de drap vert, du prix de vingt sous la canne[2] ; le tout dans le cas où elle se marierait. Ce drap, dans l'intentention du testateur, devait évidemment servir à faire la robe de noces.

481. Les livres dont il est question dans le testament étaient sans doute des livres provençales. L'acte ne s'en

---

[1] Coronula aurea, que vulgariter garlanda dicitur, redimitur. Coronula, sertum, strophium, nostris guirlande. Charta an. 1344. Nulla mullier vana portet aliquam garlandam ne que velum in capite. Du Cange. Closs. V° garlanda.

[2] La canne était de la longueur d'une toise, ou d'environ deux mètres.

explique pas d'une manière précise, mais ce qui justifie cette conjecture c'est que le testament parle de monnaie courante, or celà ne pouvait s'entendre que de la livre provençale. Ce n'est que très exceptionnellement qu'on s'en servait, car en Provence, d'après tout ce que j'ai vu, on ne comptait que par florins, sous et deniers. S'il est quelquefois question du marc d'argent, on ne le trouve que dans les ordonnances de nos Comtes, et jamais dans les actes passés entre particuliers. Faute d'unité monétaire d'une valeur uniforme, on l'employait comme étalon quand il s'agissait de prononcer une peine pécuniaire. On se servait alors du marc d'argent fin dont la valeur ne pouvait guère varier.

482. Je disais ci-dessus que, très probablement, le nombre des témoins assistants le notaire dans la confection des testaments, n'était fixé ni par la loi, ni par l'usage. Le testament de Philippe Amel en est une nouvelle preuve. Il mentionne qu'il a été passé en présence des sept témoins, tandis que le testament précédent en énumère dix. Je trouve encore sept et huit témoins dans deux testaments postérieurs.

483. Le testament suivant est remarquable par la quantité de legs pieux qu'il contient. Je n'en donnerai que des extraits, car il est d'une longueur excessive, ne tenant pas moins de neuf pages de l'extensoire. Maintenant que nous connaissons la forme de cette espèce d'acte, il suffira d'en extraire les dispositions les plus remarquables. Cependant le préambule contenant une variante, je crois devoir le rapporter :

« In nomine sancte et individue trinitatis, etc. anno M° CCC° XLIIII° die XVI^a mensis Marcii, etc. in presentia mei subscripti notarii et testium infra scriptorum ad hec specialiter vocatorum et rogatorum per nobilem virum dominum Jacobum Arduyni, filium quondam nobilis viri domini Fulconis Arduyni, Militis de Cuneo, scientem et prudentem, in bona memoria in sospitate anime, ac corporis constitutum, per gratiam Jesu-Christi, fuit hoc presens nuncupativum testamentum recitatum et factum, quod disposuit facere, de omnibus bonis suis, et condidit et ordinavit pro sua ultima voluntatate, dicens et asserens, quod alias, diversis temporibus, diversa condidit testamenta, unum scriptum fuit manu Jacobi Rayrelini, notarii, alium vero manu Guillelmi Augerii, notarii de Forcalquerio, que testamenta et alia si qua reperirentur revocat et annullat, et hoc solum testamentum ultimum et voluntatem ultimam, valere vult, et a suis suscriptis heredibus observari et efficater adimpleri etc [1]. »

Constatons d'abord que Jacques Ardouin était un homme considérable, puisque son père était chevalier. Il était originaire de Coni, en Piémont, où il possédait de grands biens. Il avait également d'importantes possessions en Provence. Son train de maison était à l'avenant de sa fortune. Je trouve en effet qu'il avait un écuyer nommé Tassile de Podio Euzino, natif de Forcalquier. Un pareil luxe n'appartenait guère qu'à des gens haut placés.

Je juge de sa fortune par les dons qu'il fit au clergé. Comme trait de mœurs je les rapporte tous :

« In primis, vult et ordinat, quando placuerit omni potenti Deo, quod anima sua transeat ex hoc mundo et a corpore separetur, eligit sepeliri in ecclesia monasterii Beate Marie de Nazaret de Aquis, in sepulchro quod

[1] Notaire G. Autric. — Notaire Mille, à Manosque.

ibi fieri fecit, et vult et ordinat quod corpus quondam dilecte uxoris sue domine Carabelle, juxta ordinationem ejusdem, transferatur ibidem tempore opportuno, juxta ordinationem Bellete neptis sue, et quondam domine Carabelle predicte, et fiant exequie debite et honeste ut convenit, et cuilibet capellano qui interfuerit in eisdem, et amore Dei celebraverit, ibi vel alibi illo die vel per *octabas*[2], pro animabus sui et dicte uxoris sue, ac parentium suorum dentur duodecim denarii, monete nunc currentis, cujus turonis argenti valet denarios sexdecim et provincialis argenti denarios decem, et legat monasterio supra dicto duos florenos auri annuatim solvendos priorisse dicti monasterii die quo anima sua ab hac luce recesserit ; deinde annis singulis simili die, et fiat cantare ibidem pro animabus sui et dicte uxoris ac parentium suorum, et omnes sacerdotes in dicto monasterio degentes celebrent, amore Dei, et sorores dicant officium mortuorum et vesperos in die precedenti et die sequenti matutinas et officium mortuorum ; qui duo floreni distribuantur ad arbitrium priorisse et subpriorisse monasterii supra dicti annis singulis ut est dictum. Si vero contingat eum mori extra civitatem Aquensem, in loco ubi esset conventus predicatorum, in illo loco eligit sepeliri ; et si non essent ibi predicatores et esset conventus minorum, ibi sepeliatur ; et si esset ibi conventus ordinis sancti Augustini, ibi eligit et vult sepeliri ; si in loco ubi non essent dicti ordines, seu alter ex ipsis, vult et eligit sepeliri in ecclesia parrochiali loci ejusdem ; et ecclesie seu loco ubi sepelietur legat centum soludos dicte monete, amore Dei, et pro missis celebrandis pro animabus sui et parentium suorum : Item

[1] Octaves.

legat ecclesie Beate Marie-Magdelene de Aquis, pro gadio suo spirituali, decem soludos, et centum soludos capellanis et servientibus ejusdem] eccclesie pro missis celebrandis ; qui centum solidi solvantur infra quatuor annos, quolibet anno viginti quinque soludi dicte monete, et tradantur vicario dicte ecclesie qui pro tempore erit, qui illos distribuat capellanis, diaconibus, subdiaconibus, et clericis celebrantibus, et servientibus in dicta ecclesia ; et in die quo tradetur moneta vicario supra dicto dicant officium mortuorum in vesperis, et in crastinum misse que celebrari poterunt juxta arbitrium dicti vicarii, pro animabus sui et dicte quondam uxoris sue ac parentium suorum : simili modo et forma legat centum soludos, ejusdem monete, conventui fratrum predicatorum de Aquis, qui solvantur priori, qui pro tempore fuerit per quatuor solutiones, et sacerdotes, et alii non socerdotes in vesperis dicant officium mortuorum et in crastinum tot misse quos poterunt celebrentur ; eodem modo, legat centum soludos conventui fratrum minorum de Aquis : Item eodem modo, conventui fratrum sancti Augustini de Aquis : item legat conventui fratrum Beate Marie de Carmelo de Aquis quinquaginta solidos solvendos infra biennium per duas solutiones, et fratres sacerdotes et non sacerdotes, celebrent et dicant officium mortuorum ut in aliis fratribus supra extitit ordinatum et juxta arbitrium executorum suorum infra scriptorum : Item legat sacerdotibus ecclesie sancti Johannis Jerosolimitani de Aquis viginti quinque solidos solvendos ut premittitur priori dicte ecclesie qui faciat dicere missas sacerdotibus, et non sacrdotibus faciat dicere officium mortuorum ut supra in aliis fratribus extitit ordinatum : Eidem modo et forma legat monasterio monialium sancte Clare de Aquis viginti quinque solidos dicte monete, qui tradantur abbatisse dicti monasterii, et distribuantur per eam, et procuret et faciat quod sacerdotes dicti monasterii celebrant missas, et moniales et alii non sacerdotes, ut supra ordinatum est dicant officium mortuorum : Item legat ecclesie sancti Salvatoris de Aquis centum soludos infra quatuor annos solvendos, videlicet, quolibet anno, viginti quinque solidos dicte monete, et tradendos sacerdoti qui regit vel amministrat *anniversaria*[1] juxta arbitrium infra scriptorum executorum suorum seu altero eorumdem, distribuendos inter sacerdotes qui celebrabunt, et alios non sacerdotes qui dicent officium mortuorum ut supra in alii extitit ordinatum : Item vult et ordinat quod omnia fore-facta sua emendentur ad arbitrium infra scriptorum executorum suorum, et pro fore-factis suis incertis legat viginti quinque libras dicte monete dandas et distribuendas inter pauperes Christi verecundos, juxta arbitrium executorum suorum infra scriptorum vel unus ex eis. »

484. La dernière disposition confirme pleinement ce que j'ai dit ci-dessus sur le sens du mot *fore-factis*. Il en résulte que le testateur entend, au moyen de l'aumône qu'il fait aux pauvres honteux de Jésus-Christ, belle expression ! réparer le dommage qu'il a pu causer à son insu. Quant à celui dont il aurait eu connaissance, il charge expressément ses exécuteurs testamentaires d'en indemniser la personne lésée. Le double point de vue sous lequel on peut considérer le legs *pro fore-factis*, ressort évidemment de la disposition ci-dessus, puisque l'un de ces legs est opposé à l'autre.

[1] C'est-à-dire, les services religieux annuels fondés par les particuliers.

485. J'ai eu la curiosité d'additioner toutes les sommes portées dans les legs faits par Jacques Ardouin. Indépendamment des vingts-cinq livres pour les *forefactis ;* du legs annuel de deux florins fait au couvent de Marie-de-Nazaret, et de la prestation de douze deniers à chacun des prêtres qui assistèrent à ses obsèques; le total s'élève à six cent dix sous. C'était une somme considérable pour l'époque.

486. Cette pièce, qui peint fidèlement les mœurs de ce temps, intéresse particulièrement l'histoire d'Aix. Elle contient l'énumération de tous les établissements religieux existant dans cette ville vers le milieu du XIVe siècle. Il est probable que Jacques Ardouin n'en omit aucun dans son testament. Il fit en outre une autre fondation pieuse en Italie. Il établit une rente annuelle d'un florin en faveur des frères mineurs de Coni, lesquels furent chargés de célébrer un anniversaire pour l'âme du défunt et de ses parents.

487. Jacques Ardouin était un homme lettré. Il possédait une bibliothèque, dont j'aurais bien voulu connaître le catalogue. Malheureusement il se contente de dire de quels genres d'ouvrages elle se composait, sans entrer dans plus d'explications. Elle consistait en livres de droit et de théologie. « *Item prelegat dicto Georgeto, omnes libros suos juris civilis et canonici, alii vero libri teulagie*[1] *vel morales sint eis communes.* » N'ayant pas d'enfants, il institua pour héritiers deux neveux de son nom.

488. Nos ancêtres attachaient une grande importance à ce que leurs veuves ne se remariassent pas. J'ai dit que le legs d'aliments, que le père de famille

[1] Théologie.

faisait ordinairement à sa femme, était toujours subordonné à cette condition. Le testament de Jacques Ardouin en est une nouvelle preuve. Instituant héritiers de ses biens de Provence deux de ses neveux, fils d'un frère prédécédé, il veut que leur mère administre leurs biens et leurs personnes, *sit domina gubernatrix et retrix dictorum heredum et bonorum ipsorum quandiu vixerit, et in bonis ipsis habeat alimenta quandiu honeste vixerit, sine viro*. On n'entendait pas raison sur cet article, et nul ne s'exposait à ce que sa fortune passât entre des mains étrangères. Les liens de famille étaient plus étroits qu'aujourd'hui. Je crois que sous ce rapport nous n'avons pas gagné.

Le testateur prévoyant le cas où la mère ne voudrait ou ne pourrait demeurer avec ses enfants, lui lègue l'usufruit de certaines propriétés. Mais, dans son intention, ce legs est toujours dominé par la condition dont je viens de parler. Les deux dispositions, en effet, étant contenues dans la même phrase, et ne formant pour ainsi dire qu'un seul tout.

489. Les héritiers institués avaient deux sœurs auxquelles le testateur fait des legs en argent. Il lègue à chacune six cents livres, payables lors de leur mariage et par annuités de cinquante livres, et il veut que, jusques alors, elles soient nourries et entretenues par leurs frères. C'était ainsi que l'on pourvoyait les les filles. Le père de famille leur assignait une dot par son testament, et ordonnait que, jusques à leur mariage, elles seraient entretenues par son héritier.

490. Je n'ai pas besoin de dire que le testament contient les substitutions d'usage. Les frères sont substitués aux sœurs, et le survivant des héritiers est

substitué au prédécédé. Il en est de même pour les héritiers des biens d'Italie. Mais c'est toujours à la condition qu'héritiers ou légataires décéderaient sans enfants légitimes. Je n'ai jamais rencontré d'autre substitution. Cela me fait croire que celle qui avait pour base le droit d'aînesse, et pour but la transmission des biens de mâle en mâle dans la ligne directe était une invention postérieure. Toujours est-il que, dans la classe moyenne, cette espèce de substitution ne fut jamais usitée.

491. Déjà j'ai dit que le testateur légua une certaine somme *pro fore-factis suis*. Il en confie l'application à ses exécuteurs testamentaires qui sont, Bernard Ardouin, son neveu, prieur de Rochebrune dans le diocèse de Fréjus, le prieur de Nazaret d'Aix, et Belette Aperiocculos, sa belle-sœur ; *quibus et cuilibet eorum dat plenam et liberam potestatem predicta exequendi et fore-facta sua emendandi, ad honorem Dei et beate virginis et tocius Curie regni celestis.*

492. Telles sont les dispositions testamentaires de Jacques Ardouin méritant d'être sauvées de l'oubli. Je passe maintenant à un autre testament dont je dois dire quelque chose.

Cette pièce est à la date du 1er avril 1345. Après le préambule obligatoire, elle continue ainsi :

« Ego Johannes Vasqui, considerans et attendens quod quamvis incerta et dubia mortis hora, debeat prudenti animo semper suspecta existere, actamen corporis imminente langore ipsius magis formidatur eventus, et ideo dispositionem substancie temporalis debet quemcunque facere sane mentis, ne eum continguat decedere intestatum. Quo circa ego, etc.[1]. »

[1] Notaire Guill. Autric, f° 32. — Notaire Mille à Manosque.

Vient ensuite le choix du lieu de repos, que le testateur veut être le cimetière des religieuses de Marie de Nazaret. Il lègue dix sous aux prêtres de l'église de la Magdelaine d'Aix, cinq sous à chacune des églises de *Drahonerio* [1], son pays natal ; et règle le mode de ses obsèques, qu'il veut être faites décemment et suivant sa fortune. A chaque prêtre assistant à son enterrement, il donne quatre deniers.

Il n'oublie pas les pauvres. Il ordonne qu'après sa mort il leur soit fait des distributions de comestibles.

« Item volo jubeo et precipio quod in dicto castro et Drahonerii fiant due *nohales* [2] seu done panis, vini et carnium, amore Dei ac pro mei ac parentum meorum peccatorum redemptione, cuilibet persone que in dictis noalibus seu donis elemosinam voluerint recipere, et quod distribuantur et ordinentur secundum arbitrium et conscienciam gadiatoris mei infra scripti, quarum noalium volo et jubeo, quod una fiat in festo Penthecostes, proxime venienti, alia vero in alia festo Penthecostes proxime subsequenti, etc. »

Il charge le gardien des frères Mineurs de Coni, ainsi ainsi que les prêtres et curés des églises de Saint-André et de Saint-Pons de Drahonerio, de réparer ses *fore-facta*, et, dans le même but, lègue à la dernière de ces églises, un calice d'argent. « Quod pro fore-factis meis cunctis emendandis fiat ad honorem Dei et beate virginis ejus matris unus calix de argento, usque ad quantitatem seu valorem quinque florenorum auri, qui calix detur et tradatur et assignetur per infra scriptum heredem meum ecclesie Sancti-Poncii de

[1] Village du Piémont.
[2] Je ne sais d'où vient ce mot.

Drahonerio, et semper in dicta ecclesia ipse calix permaneat in servicium Dei et Beate Virginis Marie, ac ecclesie supradicte, etc. »

Il paraît que Jean Vasqui n'avait pas toujours observé le neuvième commandement, car après un legs de dix livres fait à sa sœur Catherine, religieuse, il lègue des aliments à Jean Vasqui son fils naturel, et le recommande à celui qu'il substitue à sa fille légitime Limete, déclarée par lui son héritière universelle. Il veut de plus que celle-ci ne puisse se marier sans le conseil, *sine consilio et consciencia*, de la personne qu'il lui a substituée.

Enfin, sur ses biens, il assigne des aliments à Marguerite son épouse, toujours à condition de garder le veuvage, *quandiu et honeste vixerit sine viro* ; il lui confie l'administration de ses biens, et exige néanmoins qu'elle en rende compte à son héritier.

493. En voilà plus qu'il ne faut pour savoir comment et en quelles formes on testait autrefois. Cependant je ne puis résister au désir de rapporter un testament, unique dans son espèce, n'en ayant pas trouvé de semblable. Il s'agit du testament d'un juif.

Mes recherches, qui ont duré plusieurs années, et qui ont porté sur des milliers d'actes, m'ont convaincu que, si les juifs, traitant d'affaires ordinaires, soit entre eux, soit avec les chrétiens, avaient recours au ministère des notaires pour authentiquer leurs conventions, il était rare qu'ils s'adressassent à eux quand il s'agissait des deux grands actes de la vie, le mariage et le testament. Je n'ai rencontré qu'un testament notarié fait par un juif ; c'est celui dont je vais parler. De même je n'ai trouvé qu'un contrat de mariage entre individus de cette croyance, et il est écrit en hébreu. Il est sur parchemin, et, selon toutes les apparences, il avait servi de couverture à quelque vieux registre dont le temps l'a détaché. Je mis la main dessus en fouillant les paperasses des archives de Forcalquier. Je ne sais pas l'hébreu, mais voyant des caractères étranges, je me doutai qu'il y avait dans ce parchemin quelque chose qui méritait examen. Je l'emportai à Marseille, avec l'autorisation du chef de l'administration municipale de Forcalquier, et le fis soumettre à un israëlite. Il me fut répondu que cette pièce était le contrat de mariage d'un juif de Forcalquier, passé en l'année 1447. J'en doutai d'autant moins qu'il mentionnait le quartier du *Viou*, terroir de cette ville, dans leqnel il paraît que l'une des parties était propriétaire. Malheureusement ne connaissant pas l'israëlite qui déchiffra le parchemin, je n'osai pas lui en faire demander une traduction. Il paraît qu'il attachait un certain prix à cette pièce, car, ne sachant pas de qui elle venait, il proposa de l'acheter. Je refusai, comme on pense bien, et restituai le parchemin là où je l'avais pris, avec recommandation d'en avoir grand soin. Les curieux pourront le consulter.

494. Ceci n'est pas une digression étrangère à mon sujet. Elle s'y rattache au contraire très directement, par la raison qu'il y avait autrefois beaucoup de juifs en Provence, plus qu'on n'y en voit maintenant, et que beaucoup désertèrent la foi de leurs pères pour devenir catholiques, de telle sorte que plus d'une famille est de la descendance d'Israël. Tel se croit issu de vieux chrétiens, qui n'est rien moins que cela. Je pourrais donner de nombreuses preuves de ces conversions. Je me contenterai d'une seule :

« Anno Mº CCCCº LXXXXº et die XXVIª mensis Aprilis, noverunt universi et singuli, etc. quod cum Franqueta, judea de Manuasca, uxor relicta Isaqui Bonaffossii, étiam judei dicte ville, hac die de omnibus bonis suis donationem fecerit discreto viro Marcho de Gredolis et honeste mulieri Johanne ejus uxor, ville premisse, *neophiti*, videlicet, etc.[1]. »

495. Mais, lors même que beaucoup de juifs ne seraient pas devenus catholiques, il nous importerait encore de savoir comment ils contractaient entre eux, car ils faisaient et font partie intégrante de la communauté provençale. J'ai déjà dit que dans les actes ordinaires, tels que ventes, achats, prêts d'argent, et autres qui sont d'un usage fréquent, ils employaient le ministère des notaires, mais je soupçonne fortement qu'ils avaient trouvé un autre moyen quand il s'agissait de mariage ou de testament. Je suis porté à croire que, dans ces deux circonstances solennelles, ils avaient recours à leurs prêtres ou Rabbins, et que ceux-ci faisaient l'office de notaire. Ce n'est là qu'une conjecture, mais elle est rendue très vraisemblable par le contrat de mariage dont j'ai parlé ! Évidemment en 1447, nul juif, habitant Forcalquier, n'était assez versé dans la connaissance de l'hébreu, pour pouvoir rédiger un contrat en cette langue, à l'exception des prêtres de cette religion. Ajoutez à cela que, chez les notaires on ne trouve pas de contrats de mariage et peu de testaments, et cette conjecture deviendra presque une certitude.

496. Quoi qu'il en soit voici le testament d'un juif. Il est fort ancien, puisqu'il compte près de cinq cents ans d'existence. Il est tiré d'un sumptum.

[1] Notaire Louis Fabri fº 67. — Notaire Fortuné Pourcin, à Manosque.

« In nomine domini nostri Jesu-Christi amen. Anno ab incarnatione domini Mº CCCº LXXVIIº, die VIIª mensis Junii, per hujus publici, etc. quod ego Jose Bonafos, de Manuasca, judeus, meum facio testamentum sive scriptis in modum qui sequitur : In primis Dei in nomine invocato animam meam commendo omnipotenti Deo quando ab hac vita humane separabitur, et ordino quod me vita functo corpus meum sepeliri in cimenterio judeorum ville de Manuasca, prope *timulum*[1] condam patris mei ubi melius poterit sepeliri : Item lego cimenterio judeorum tres florenos auri, videlicet, pro ampliando dictum cimenterium, sub tali condicioni quod si filius meus subscriptus *recedere*[2] ab *oc*[3] loco causa morando alibi priusquam dicti tres florenis essent soluti quod idem filius ipsos florenos tres dare *posses*[4] alibi hoc causam predictam, prout placuerit sibi ordinare : Item, lego luminarie scole judeorum et *armario*[5] de novo costruendo, cuilibet ipsorum duos florenos auri : Item, lego sorori mee Blanque decem florenos auri solvendos quolibet anno duos florenos auri :

« Item, reconosco me habuisse et recepisse realiter in pecunia numerata a Narbona, uxore mea, nomine et ex causa sue dotis, videlicet, ducentos quadraginta florenos auri : Item, lego et jure legati relinquo eidem Narbone, pro serviciis mihi impensis, omnia universa et singula que expendidit in et pro recuperatione dicte dotis nec non, et *sentum*[6] florenos auri in et super bonis meis : Item, lego dicte Narbone quandam vineam

[1] Sic.
[2] [3] [4] Sic.
[5] Armoire.
[6] Centum.

meam scitam in territorio Manuasce, loquo dicto in Chalmneto, confrontatam cum terra ; etc. Item, volo et ordino quod magister Vinas Dieulosal, judeus, nepos meus, *aquities*[1] et *aquiciare*[2] *debeas*[3] omnia bona mea, sive heredem meum, ab omnibus universis et *cingulis*[4] peticionibus seu demandis quas posset facere in dictis bonis meis, *cive*[5] heredi meo sub scripto, quocunque modo, sive titulo, aut causa ; quod si idem magister Vinas facere voluerit, in eum *cassum*[6] eidem lego sexaginta florenos auri, alias non, solvendos per solutiones viginti florenos auri per annum, videlicet, in festo sancti Micaelis quolibet anno :

« Item, lego dicte Narbone quamdam *taciam*[7] meam de argento deauratam, pondere novem unciarum vel circa : Item, et tria *cloqueria*[8] argenti : Item, lego eidem, Narbone omnia indumenta et jocalia que ipsa habet aut sibi *feci Seme*[9] eidem donavit : Item, volo et ordino quod capse aut coffri dicte Narbone non aperiantur per heredem meum aut *talium*[10] ejus nomine, nisi tantum quantum de ipsius Narbone *voluntatu*[11] :

« Verum cum ego dictus testator ab olim emerim

[1] Aquitiet.
[2] Aquitiare. C'est-à-dire, quitte. Verbe forgé par le notaire.
[3] Debeat.
[4] Singulis.
[5] Sive.
[6] Casum.
[7] Tasse, coupe.
[8] Cuilliers.
[9] Noms du juif donateur. On imposait souvent aux juifs des noms baroques.
[10] Pour talem. Ou bien le notaire aura employé le genitif pluriel.
[11] Sic, pour voluntate.

aliquas possessiones et *serta*[1] credita *incartanarim*[2] nomine dicte Narbone, volo et ordino quod dicta Narbona predicta remitere debeat heredi meo sub scripto, quod si ipsa facere noluerit in eum cassum, ego dictus testator, eidem Narbone adymo dictum legatum dictorum sentum florenorum per me sibi factum :

« Et quia heredis institutio etc. in omnibus aliis bonis meis etc. facio Vinonem filium meum et legitimum et naturalem, quem *hore*[3] proprio nomino, per quem volo solvi dicta leguata :

« Et hoc est ultimum meum testamentum etc. quod volo dictari, etc. et de predictis dictus testator etc.

« Actum Manuasce, in domo Guillelmi Aymerici ; testes fuerunt rogati per testatorem, videlicet, magistris Ferolsus Ardoyni, de Forcalquerio, Raymundus Gavisi, Conradinus Centoris, Petrus Buas, Bertolomeus Rodulphi, Vincentius Juliani, Guillelmus Autrici, notarius, de Manuasca, per dictum testatorem simul et semel ac uno et eodem contextu vocati et rogati :

« Et ego Johannes Autrici de Manuasca etc.[4] »

497. Il est assez extraordinaire que le testament d'un juif commence par l'invocation de notre Seigneur Jésus-Christ. Il est vrai que cela est le fait du notaire, dans les idées duquel cette invocation était indispensable. Mais il n'en est pas moins vrai, qu'en la rapprochant de la religion du testateur, elle produit un singulier effet.

498. Ce testament établit que les juifs étaient nom-

---

[1] Certa.

[2] Je présume que cela signifie que le testateur a prêté certaines sommes par acte.

[3] Ore.

[4] Notaire Jean Autric. — Notaire Mille, à Manosque.

breux à Manosque vers la fin du XIVe siècle, puisqu'ils avaient un cimetière à eux, ainsi que plusieurs écoles. En effet, le testateur lègue à chacune d'elles deux florins, pour leur éclairage, et pour la construction d'une armoire.

Ceci pourrait modifier quelque peu ce que j'ai dit ci-dessus relativement à la connaissance de l'hébreu que je croyais être fort peu répandu parmi les juifs. Il en résulterait que tous devaient y être initiés plus ou moins, car on doit supposer que leurs instituteurs les instruisaient dans leur langue maternelle. Mais cela ne contrarie en rien la supposition que j'ai faite, à savoir, que les contrats de mariage étaient rédigés par leurs prêtres. Ajoutez-y, si vous voulez l'instituteur, qui, peut-être, n'était autre que le Rabbin, et vous serez bien près de la vérité.

499. Je serais curieux de savoir quel degré d'instruction on donnait aux jeunes gens fréquentant les écoles. Sans aucun doute, les juifs apprenaient l'hébreu, et les chrétiens le latin. A cela devait se joindre l'arithmétique. Mais les poussait-on plus avant dans les sciences exactes, et leur donnait-on des leçons de français ? Ceci est très conjectural ; car je ne puis rien affirmer, manquant de renseignements à ce sujet. Si l'on considère que la Provence formait un état à part, ayant sa langue, ses lois et ses mœurs particulières, on en conclura que l'étude du français ne devait pas faire partie de l'enseignement. D'un autre côté le voisinage de la France, et les rapports fréquents entre les deux pays, devaient exercer une certaine influence en Provence, et si l'on n'y enseignait pas le français dans les écoles, au moins les gens lettrés en avaient-ils une légère teinture. J'en ai la preuve dans

une pièce de vers informe, moitié française et moitié provençale, que j'ai trouvée écrite sur une feuille en blanc d'un *sumptum* contenant les actes reçus par Guillen Vaudrome, notaire à Reillanne, à la fin du XIVe siècle et au commencement du XVe. Le temps en a effacé ou rongé quelques mots, mais elle est compréhensible :

« ..... ales vos ales vos albergier
Or de mon cuer et or de ma panseya
Car vos ..... la mort doneya
Ales vos en sen jamays retorner.
Douce fortune bien vos devray lanser
Can vos laures de moy tota osteya
      Malenconie.

Si vos supliy que vos vulhes garder
Quella ne soyt vehna ni trobeya
James en moy ni ma dama honoreya
An la vulhes als mal disans doner
      Malenconie.

E quant je fuy retornet
De ver me dame jolie
La trobiey dun vert vestue
Trop bella fayt a mon gre.
Elle mi va comander
Que tot le jorn de ma vie
    E quant je fuy retornet.

Je duessa le vert portet
E tot pour amor delia

> Car trop plus gay en seray
> Et cant je fuy retornet [1].

Ces vers sont sans doute de la composition de quelque clerc du notaire Vaudrome, qui pour donner plus de durée et plus de solennité à ses sentiments amoureux, jugea à propos d'en insérer l'expression dans les minutes de son patron. Il paraît que sa dame avait un goût très prononcé pour le vert, puisqu'elle imposa à son adorateur l'obligation de porter des vêtements de cette couleur. C'était tout-à-fait dans les mœurs du temps. Le clerc s'en trouvait plus gentil : Je le crois bien. Il avait revêtu la couleur printanière, et il portait sur les épaules l'emblème de l'espérance.

500. On trouve un peu de tout dans les minutes des notaires. J'y ai vu jusqu'à un mystère provençal, que j'ai fait imprimer. Je cite maintenant une seule petite, et gentille épigramme dirigée contre le beau sexe. Les hommes ont toujours médit des femmes, ce qui ne les a pas empêché de faire mille folies pour elles. Voici mon épigramme. Elle est consignée sur le *sumptum* de Mᵉ Conrad Cardon, notaire à Reillanne, à la date de

---

[1] Allez vous allez vous loger. — Hors de mon cœur et hors de ma pensée. — Car vous ..... la mort donnée. — Allez vous-en sans jamais retourner. — Douce fortune bien vous devrai louer. — Quand vous l'aurez de moi toute ôtée. — Mélancolie. — Si vous supplie que vous veuilliez empêcher. — Qu'elle ne soit venue ni trouvée. — Jamais en moi ni ma dame honorée. — Ains la veuillez aux médisants donner. — Mélancolie. — Et quand je fus retourné. — De voir ma dame jolie. — La trouvai d'un vert vêtue. — Trop belle faite à mon gré. — Elle me va commander. — Que tout le jour de ma vie. — Et quand je fus retourné. — Je dusse le vert porter. — Et tot pour amour d'elle. — Car trop plus gay en seray. — Et quand je fus retourné. (Notaire Devoulx, à Céreste.)

1480[1]. On la trouvera sur la couverture du registre. Je demande grâce pour elle à cause de son ancienneté. Je l'écris avec l'orthographe actuelle :

> D'une chose suis en record,
> Que femmes ont mauvaise tête,
> Car Dieu le père a fait le corps,
> Et le grand diable a fait la tête.

L'épigramme n'est pas très orthodoxe, car la femme est sortie tout d'une pièce des mains du créateur ; mais un amoureux éconduit, ou un mari impatienté, n'y regarde pas de si près. Peu lui importent les termes dans lesquels il exhale son dépit, il lui suffit qu'il fasse explosion ; cela le satisfait. Au reste notre épigramme n'est pas aussi méchante qu'elle en a l'air. Elle fait la part du diable, et limite son empire ; tandis que j'ai souvent ouï dire à des gens très experts en la matière, que les femmes avaient le diable au corps. Dans ce cas, la possession était complète. Mais cela est pure calomnie.

501. Me voilà un peu éloigné du testament de Joseph Bonafoux. J'y reviens. Un acte postérieur, en date du 11 juin 1377, passé entre Vinonetus Joce [2], son fils et son héritier, et Narbone, marâtre de celui-ci, constate le décès du testateur, et l'exécution de ses dernières volontés. En paiement de sa dot, l'héritier remet à la

---

[1] Notaire Devoulx, à Céreste.

[2] Les juifs n'avaient pas de nom patronymique certain. Dans le testament, le père est appelé Jocep ou Jaucep Bonafossii. Dans l'acte subséquent, on désigne le fils sous les noms de Vinonetus Joce ou Jocep. En fait de noms donnés aux israélites, il y avait un grand arbitraire. Il n'en était pas de même des chrétiens, tous avaient un nom patronymique.

veuve sept marcs et cinq onces d'argent, *tam in taciis quam gobellis*[1], représentant une valeur de cinquante-trois florins et demi : plus la tasse d'argent doré et les trois cuilliers légués à elle par le défunt. Il lui désempare ses joyaux et vêtements, ainsi que la vigne à elle léguée. Moyennant quoi, la veuve lui fait remise et lui donne quittance de la somme de quatre-vingt florins. Pour donner plus de force à leurs accords, les parties jurent sur les livres hébraïques, *super litteris ebraysis*, et la veuve renonce au senatus-consulte Valérien, ainsi qu'à l'authentique *si qua mullier*.[2]

Je dois noter que Joseph Bonafoux était médecin. L'acte du 11 juin 1377 lui donne expressément cette qualité. C'est sans doute en exerçant sa profession qu'il avait gagné les sept ou huit marcs d'argenterie qu'il possédait. Je n'ai vu nulle part un pareil luxe, et jamais un individu de la classe bourgeoise ne posséda un seul couvert en argent. Je n'ai encore rencontré qu'une salière de ce métal. Elle se trouve dans l'inventaire des effets délaissés par l'abbé de Valensole ; encore était-ce en 1513, c'est-à-dire, près de cent cinquante ans plus tard. Nos ancêtres ne se servaient que de bois ou de fer.

502. L'usage dans lequel nous sommes de distribuer des cierges aux prêtres assistant à l'enterrement des morts est fort ancien. Il est indiqué dans un acte du 6 mars 1388.

« Valuit atque jussit ex pendi de bonis suis, tam pro suis exsequiis funeralibus, *lecto*[3] et suo primo cantari,

---

[1] Coupe. Gobelet.
[2] Notaire Jean Autric, f° 5. — Notaire Mille, à Manosque.
[3] Je présume que ce mot signifie à *catafalque*.

viginti quinque floreni auri, valoris sexdecim solu- dorum, et voluit quod in suo sepelimento sint omnes sacerdotes tam religiosi quam seculares ville et vallis Manuasce, et dentur cuilibet, amore Dei, octo denarii, et quod in suo sepelimento habeant quatuor *entorce*[1] quilibet ponderis duarum librarum, etc.[2].

La dépense était considérable pour l'époque. Il est vrai que le testateur n'avait pas de grandes raisons pour économiser, et qu'il pouvait se donner le luxe d'un enterrememt somptueux, étant sans enfants. Il institua en effet pour héritier son cousin germain.

503. Je trouve un legs assez singulier dans un testament en date du 3 juin 1388. Il s'agit d'un mari qui lègue une somme à sa femme, en prévision d'un second mariage. Il me semble que la sollicitude était exagérée, et que les veuves n'ont pas besoin d'encouragements de la sorte. Ce mari original se nommait Honoré Pellissier. Il était de Manosque. Je veux sauver son nom de l'oubli, afin qu'il serve d'exemple aux maris futurs.

« Item recognovit se habuisse de dote Astrugie uxoris sue florenos decem et unam mapam, et legavit sibi pro serviciis sibi per eam impensis viginti quinque florenos auri, solvendos eidem, post *covolationem*[3] secundarum nupciarum, per solutiones florenorum quinque anno quolibet, *transacto*[4] primo anno convolationis predicte ; item, raupas quascunque per eum sibi factas et jocalia et quecunque ab eo habuerit, etc.[5].

---

[1] Cierge, torche.
[2] Notaire Isnard Hospitis. — Notaire Mille, à Manosque.
[3] [4] Sic.
[5] Notaire Isnard Hospitis ou Hospitalier. — Notaire Mille, à Manosque.

Il donne un tuteur testamentaire à sa fille unique encore mineure, et veut que l'administration de sa personne soit confiée à la mère. Mais, par un retour à la prudence ordinaire, tout en léguant des aliments sur ses biens à sa veuve, il impose pour condition à ce dernier legs, qu'elle ne se remariera pas : *quandiu vidualem vitam servaverit*. Sans s'en douter, le testateur mettait sa veuve dans un terrible dilemme.

504. Voici un exemple d'exhérédation indirecte pour cause pieuse. Je suis fâché de le citer, mais la vérité m'y oblige. Nous ne connaîtrions que très imparfaitement nos ancêtres, si nous n'enregistrions également leurs défauts et leurs qualités :

« Anno quo supra (1423) et die nona mensis Novembris, notum, etc. quod cum nil morte sit certius nil que incertius mortis hora; igitur Guillelmus Provincialis nolens descedere intestatus, ne inter proximos et successores suos aliqua questio oriatur, de anima sua et corpore suo et bonis suis, per modum qui sub sequitur, ordinavit : et primo, animam suam et corpus suum altissimo creatori et virgini Marie et toti Curie supernorum comendando, et quandocunque contingerit de hac egretitudine migrari ad hoc seculo, jussit suum corpus sepeliri in cimenterio sancti Petri, ubi fuit sepulta mater sua; item, legavit capellano curato ecclesie sancti Michaelis, pro suo spirituali *gaudio*[1], denarios XII, et clerico qui portabit crucem denarios sex; item, legavit pro anima sua et parentium suorum florenos auri XXV, solvendos et distribuendos in decem trentenariis missarum ad rationem pro quolibet trentenario duorum florenorum auri, inclusis in istis XXV flore-

[1] Pour Gadio.

nis, omnia sua funeralia, solvendorum anno quolibet post mortem suam duos trentenarios, et voluit dictus testator quod dominus Stephanus Martini, castri de Banono, dicat duos trentenarios de dictis xxv florenis, et ex alia parte legavit eidem domino Stephano unum florenum auri ut habeat Deum rogare pro anima sua et parentium suorum; item, voluit dictus testator quod dominus Raymundus Meissonerii, capellanus de Banono, dicat de dictis xxv florenis unum trentenarium; item, voluit quod dominus Hugo Ahoni, cappellanus, dicat unum trentenarium de dictis xxv florenis; item, voluit quod dominus Bertrandus Gauteri, dicat unum trentenarium de dictis xxv florenis; item, voluit dictus testator quod dominus Pontius Coperi, dicat unum trentenarium de dictis decem trentenariis xxv florenis; item, voluit quod dominus prior sancti Michaelis dicat unum trentenarium missarum de dictis xxv florenis; item, voluit dictus testator quod dominus Petrus de Villamuris, dicat unum trentenarium de dictis xxv florenis; item, voluit dictus testator quod quinque floreni restantes distribuantur per exequtores subscriptos quando suum corpus tradetur sepulture pro missis dicendis infra duos annos post mortem suam, et quilibet sacerdos habeat et habere debeat, pro qualibet missa, unum grossum, et qui non celebrat missam nichil habeat; sic intelligendo de resta dictorum xxv florenorum; et voluit dictus testator quod trentenarii dicantur anno quolibet quatuor trentenarios tantum.

Item, recognovit Saurine filie sue habuisse de dote Mathildis uxoris sue quondam, matris que dicte Saurine, florenos auri xxv, quos voluit quod dicte Saurine solvantur in et super bonis suis mobilibus et immobibus post mortem dicti Guillelmi Provincialis ;

Exequtores hujus presentis testamenti voluit et ordinavit dominum priorem ecclesie sancti Michaelis, qui nunc est et qui pro tempore fuerit, et dominum Martinum Maurelli, curatum dicte ecclesie, qui nunc est et pro tempore fuerit ;

In omnibus autem aliis bonis suis mobilibus et immobilibus, juribus et actionibus ubicunque sint et quocunque nomine nuncupentur, heredem suam universalem instituit, videlicet, dilectam filiam suam Saurinam, quam ore suo proprio nominavit, ad vitam suam dicte Saurine tantum, et post mortem dicte Saurine voluit dictus Guillelmus, testator, quod omnia bona sua que reperientur fuisse de bonis dicti Guillelmi, quod vendantur et distribuantur in missis dicendis in dicta ecclesia sancti Michaelis, pro animabus dicti Guillelmi Provincialis et parentum suorum ;

Item, cum dicta Saurina nunc habeat *tres filias* de matrimonio quod fuit inter dictam Saurinam et Petrum Maurelli, maritum dicte Saurine, que quidem tres filie nominantur Garcendis, alia Antoneta, alia Alayseta, cuilibet dictarum filiarum heredem instituit in una *soca abelhada,* ita quod dicte filie nichil amplius petere possint in bonis dicti Guillelmi Provincialis, nisi qualibet una soca abelhada, que soque abelhade voluit dictus Guillelmus Provincialis quod confestim tradantur dictis filiabus post mortem suam ipsius testatoris ;

Item, legavit Caritati sancti Michaelis unum sestarium annone semel tantum ; item legavit *rote* beate Marie duo sestaria annone semel tantum ;

Testes rogati, dominus Hugo Ahoni, capellanus, Pascalis Bermondi, Franciscus Bendini, magister Matheus Isnardi, Vincencius Bertholomey, de Upasio, diocesis Vapincencis, nobilis Johannes Arnaudi et Antonius Laugeri[1]. »

Le testateur n'osa passer sous silence sa fille et ses petites-filles. A l'une, il lègue l'usufruit de ses biens, car il l'institue héritière pour sa vie seulement; aux autres, il fait un legs insignifiant. Il contrevenait par là à toutes les lois divines et humaines; et bien que le motif de l'exhérédation par lui prononcée fût respectable, on doit néanmoins l'en blâmer, il ne savait pas que l'on fait son salut plus par des actes que par des prières, et que déshériter des enfants innocents pour faire célébrer des anniversaires, est un très mauvais moyen d'obtenir faveur devant Dieu.

505. En lisant ce testament, la première pensée qui se présente, est de rechercher s'il n'y avait pas de moyen de le faire casser. Mais c'est une question beaucoup plus facile à poser qu'à résoudre. Il est à croire qu'il devait se soutenir par lui même, autrement le testateur ne l'aurait pas fait, et le notaire ne l'aurait pas reçu. Il est rare que l'on passe des actes que l'on sait atteints d'une nullité absolue. Je n'oserais pourtant pas le soutenir, car, manquant de documents pour former mon opinion à ce sujet, je ne puis raisonner qu'avec les idées que nous avons aujourd'hui, il me semble que si on avait déféré à un tribunal, quel qu'il fût, le testament dont s'agit, il aurait dû être cassé. Mais ce n'est qu'une conjecture très hasardée, par la raison que le principe d'hérédité en ligne directe, incontestable en 1883, ne l'était peut-être pas en 1423.

Il faut noter en outre, que les exécuteurs testamentaires, qui exercent toujours une certaine influence

---

[1] Notaire Raymond Gautier. — Notaire Mille, à Manosque.

sur une hérédité, et dont le pouvoir était peut-être plus grand qu'il ne l'est maintenant, étaient, à raison de leur état, directement intéressés au maintien du testament, et qu'ils l'auraient soutenu de tout leur pouvoir. Or, en ce temps là, plaider contre des gens d'église était chose grave, à laquelle on songeait deux fois. Quoi qu'il en soit, c'est là un des rares exemples des écarts auxquels une dévotion mal entendue entraînait quelquefois nos ancêtres.

506. Le testament de Guillaume Provençal contient des expressions dont il est nécessaire d'expliquer le sens. Ce n'est pas chose aisée. Je vais pourtant l'essayer, car, autant que possible, on ne doit rien laisser d'obscur. Je hasarderai des conjectures : chacun pourra faire les siennes.

La difficulté principale porte sur la nature du legs fait par le testateur à ses petites-filles. Il lègue à chacune *una soca abelhada*. Que signifient ces mots ?

D'après du Cange, le mot soca, socca et soqua, peut être pris en des sens différents, fort éloignés les uns des autres. Tantôt il signifie une espèce de charte fort ancienne : *charta plenarie securitatis sub Justiniano scripta*. Une autrefois c'est une mesure pour les champs : *modus agri, ut infra soga* : ou bien le tronc d'un arbre : *stipes, trancus, Gallice souche* : enfin une espèce de vêtement de femme, *vestis muliebris species*[1].

Le premier sens doit être écarté. Il est évident qu'une charte, eût-elle été écrite sous Justinien, n'a rien à faire ici. Restent les trois dernières acceptions qui, toutes, s'appliquent au legs dont je recherche le sens.

En effet, si le testateur a entendu donner à chacune

---

[1] Gloss. vis soca. Soqua.

de ses petites-filles une certaine mesure de terre, il a fort bien pu se servir du mot *soca*, qui est d'origine provençale, et dont nous nous servons encore. Ce mot signifie la quantité de terrain qu'on ensemence à la fois, et que l'on marque au moyen de sillons. Ainsi dans un champ que l'on se dispose à ensemenser, il y aura autant de *soca* que de sillons [1].

Si c'est un vêtement dont il a voulu les gratifier, cela se comprend encore ; car rien de plus naturel que de donner à une femme un objet de toilette.

Mais si nous prenons le mot *soca* comme synonyme de souche, nous ne savons plus qu'en faire, à moins que nous ne l'expliquions à l'aide de l'adjectif *abelhada* qui le qualifie.

Ce mot paraît provenir d'*abellarium* qui, dans la basse latinité, signifiait rûche à miel. « *Abellarium*, dit du Cange, *alvear. Gallice* rûche à miel [2]. Du substantif, les notaires, peu difficiles en fait de latin, auraient passé au verbe *abellare*, et, de là, à l'adjectif *abelladus*. Cela n'est qu'une conjecture, mais elle est rendue vraisemblable par l'impossibilité où l'on est de donner un autre sens au mot *abelhada*. Cette expression n'existe pas dans la langue provençale, et, sauf l'explication que j'en donne, je ne sais plus à quoi la rapporter [3].

Ainsi, dans cette hypothèse, le testateur aurait institué chacune de ses petites-filles héritière d'une rûche à miel. C'était presque une dérision.

On pourrait tout aussi bien soutenir, et avec autant

---

[1] En provençal *soouco*. Ce mot signifie aussi une couple de moissonneurs. De là l'expression *faire soouco*, signifiant s'associer à deux.

[2] Gloss. v° abellarium.

[3] En provençal, la rûche se nomme *brusc*. La réunion de plusieurs rûches, *piè*.

de vraissemblance, que le mot *soca* signifie, soit un vêtement de femme, soit une certaine mesure de terre, n'était le mot *abelhada* qui le suit. Mais jusqu'à ce qu'on l'ait expliqué dans un sens favorable à l'un ou à l'autre de ces deux systèmes, chose que je tiens pour impossible, on devra le prendre dans le sens indiqué par du Cange, et, par conséquent, dire que le legs dont s'agit est tout simplement un legs de rûches à miel. Quelque extraordinaire que soit un pareil legs, en pareilles circonstances, je ne puis l'expliquer autrement.

Un testament subséquent, à la date du même jour, 9 novembre 1424, confirme pleinement cette opinion. Le testateur lègue *octo socas abelhadas, et octo alias sine abelhis*. Ce legs ne peut s'entendre que de rûches à miel[1].

Par un testament antérieur, Guillaume Provençal avait institué ses petites-filles ses héritières, chacune pour *unum bruscum anbe abelhas*, c'est-à-dire pour une rûche avec abeilles. Dans le même acte, le notaire appelle la rûche à miel une maison d'abeilles, *una domo abelhats*. Acte du 6 février 1423[2].

507. Guillaume Provençal lègue deux setiers de froment à la *roue* de Notre-Dame, *rote Beate Marie*. Cette disposition n'est pas unique dans son espèce; on la rencontre dans une foule d'autres testaments. Qu'entendait-on par la roue de Notre-Dame ?

Du Cange répond encore à cette question. Parmi les diverses explications qu'il en donne, il en est une qui se rapporte parfaitement à l'objet du legs, qui était fait dans une intention pieuse : *Rota, lychnuchus, in for-*

[1] Notaire Raymond Gautier. — Notaire Mille, à Manosque.
[2] Ibid.   Ibid.

mam rotæ a fornice pendens in ædibus sacris, quem alii coronam vocant. Vient ensuite l'exemple : adamnanus de locis ss. lib. 1 cap. 6. *cujus ecclesiæ in superioribus grandis quœdam ærea cum lampadibus Rota in funibus pendet* [1].

Rotam s. Bartholomei et consecratum cereum Paschæ in servitio ecclesiæ communiter expendent. Charta an 1175. *Ordinavimus in honore omnipotentis Dei et felicissemæ matris ejus in eodem loco flatuere duas Rotas ferreas, quarum Rotarum quælibet habebit centum cereos in festo Purificationis B. Virginis, qui illuminabunt ecclesiam.* Alia charta an 1248 [2].

La roue, à laquelle le testateur lègue deux setiers de froment, n'était pas autre chose que le lustre que nous voyons dans nos églises. Elle était ordinairement en airain ou en fer, et elle pendait de la voûte au moyen d'une corde. C'est la même chose aujourd'hui. Le legs avait pour objet l'entretien du luminaire.

508. Il faut que la famille Provençal, de saint Michel, fût divisée par des haines intenses, puisque l'un des membres de cette famille, qui décéda sans enfants, exhéréda son frère. A ce sujet le notaire écrivit au bas de l'acte cette sentence, qui mérite de passer à la postérité. *Non dominus* [3] *in patria quem odit gens propria, nec dominus reputatur*. Belle maxime, que les membres d'une famille devraient toujours avoir sous les yeux !

Jean Provençal, dont je parle, imita son frère, et fit

---

[1] Gloss. v° Rota.

[2] Gloss. supp. v° Rota.

[3] Les membres de la fammille Provençal étant gentilhommes, avaient droit à la qualification de *dominus*.

divers legs pieux, assignant en même temps vingt-cinq florins à ses funérailles. Il légua à sa femme plusieurs immeubles, pour sa vie seulement, en l'autorisant néanmoins à les vendre en cas de nécessité, *casu quo veniet ad penuriam et necessitatem ;* voulant que, dans le cas contraire, ils fussent vendus, à la mort de celle-ci, et le produit appliqué à faire dire des messes à l'intention du testateur. Il lui légua en outre divers effets mobiliers, entre autres, un lit complet, c'est-à-dire, un matelas, un oreiller, deux draps et deux couvertures; le tout, *amore Dei et pro serviciis que dicta Aycelena sibi facit in presenti infirmitate et cotidie non cessat.* Il oblige de plus son héritier à lui donner un porc, dans l'année de son décès. Ce testament est à la date du 9 novembre 1424[1].

509. J'ai dit ci-dessus que Guillaume Provençal avait fait un testament antérieur à celui du 9 novembre 1424. Il y traitait un peu mieux sa fille, mais il ne l'en déshéritait pas moins, puisqu'il instituait héritier son frère, avec lequel il n'était pas brouillé. L'institution n'était qu'à vie, le substitué était l'âme du testateur : *et post mortem dicti Johannis fratris sui heredem instituit animam suam quam ore suo proprio nominavit.* La substitution est conforme aux mœurs du temps ; mais elle est singulièrement exprimée, et l'appelé n'est pas moins extraordinaire [2].

510. Un autre testament, du 3 mai 1425, fait mention du franc, monnaie française. Le cas en est assez rare pour être noté. *Item, confitetur debere uxori Antoni Desderi, de Manuasca, unum francum.* Mais le testateur

---

[1] Notaire Raymond Gautier. — Notaire Mille, à Manosque.
[2] Ibid. Ibid.

assigne au franc une valeur bien supérieure à celle qu'on lui attribue ordinairement. Il fallait qu'il s'agit de quelque monnaie d'or, qu'à cause de sa provenance française, on désignait sous le nom de franc : *Et pro anima sua et parentum suorum quinque florenos auri solvendos et pagandos infra quatuor annos, anno quolibet unum francum.* D'après cela, le franc aurait valu un florin et un quart.

511. Le testateur, qui se nommait Isnard Amistace, constitue en dot à sa fille Béatrix, non encore mariée, douzella, la somme de seize florins d'or, payable par paiement annuel d'un franc, avec la condition expresse qu'elle ne pourra pas faire anticiper les paiements, *quod una solutio non duplicetur.* Il déclare de plus que, lorsqu'elle se mariera, la robe nuptiale sera payée, moitié par son héritier, et moitié par le mari. Enfin, il lègue à cette fille, ainsi qu'à celles qui étaient déjà pourvues, la somme de cinq sous, et leur défend de rien demander de plus à son héritier à raison de leurs droits sur sa succession. Nouvelle preuve de l'omnipotence du père de famille [1]. Reste à savoir si sa volonté était toujours respectée.

512. Le testament suivant contient une particularité remarquable. Il parle du purgatoire. C'est la première fois que je rencontre cette mention. Parmi les legs pieux que fait Pierre Pary, dont la descendance subsiste à Saint-Michel, il lègue une émine de froment aux âmes du purgatoire : *et animabus elemorine purgatorii unam eminam annone semel tantum.*

Il lègue encore à la confrérie de ce village, *coffratrie dicti castri,* une autre émine de froment. Cette confrérie

---

[1] Notaire Raymond Gautier. — Notaire Mille, à Manosque.

était une association religieuse, sous l'invocation d'un saint, et le plus ordinairement sous le vocable du Saint-Esprit. Il en existe toujours de pareilles. Elles ont leurs dignitaires qu'on appelle prieurs.

513. Le testateur ne dispose pas en faveur de ses filles. Il laisse ce soin à son fils, qu'il institue héritier universel. Il veut qu'elles soient dotées, en proportion de sa fortune au temps de leur mariage. *Item Huguetam et Biatrisetam, filias suas, heredes instituit, quando maritabuntur, in bonis suis, juxta valorem et quantitam*[1] *que tunc temporis valebunt dicta bona, sic intelligendo et expressando quod dictus Bertrandetus teneatur dotare et dare dotes dictis filiabus suis secundum portionem bonorum mobilium et immobilium que tunc temporis bona valebunt*[2]. Cette clause indique que les filles avaient un droit de légitime sur les biens de leur père, car elles ne sont héritières que d'une quotité, c'est-à-dire, de leur dot, tandis que leur frère est héritier universel. Mais quelle était cette quotité ? C'est ce qu'il m'est impossible de savoir.

Il me semble que cette clause du testament était une pépinière de procès, par la raison que, si l'héritier devait fixer le montant de la dot, les filles, de leur côté, avaient le droit de le contredire et de prétendre qu'elles étaient lésées. Au reste, il devait en être de même dans tous les cas. En effet, en supposant que le père de famille réglât lui-même, dans son testament, la valeur de la dot, eu égard à l'importance de ses biens, il n'en est pas moins vrai que les filles, armées de leur droit légitimaire,

---

[1] Quantitatem.
[2] Acte du 8 mai 1425. Notaire Raymond Gautier. — Notaire Mille, à Manosque.

étaient recevables à quereller ce règlement pour cause de lésion.

514. Il est question du purgatoire dans un autre testament en date du 14 mai 1425. Le testateur lègue un setier de froment, *elemosine purgatorii,* plus un pré dont la gestion appartiendra au receveur des aumônes : *et qui gubernavit elemosinam purcatorii.* Cette espèce de legs commence à devenir plus fréquente [1]. On la retrouve dans le testament suivant.

515. Toutes les habitudes de nos prédécesseurs sont bonnes à enregistrer. Ainsi Antoine Clément lègue au curé du lieu douze deniers pour son *gadium spiritualem ;* une émine de froment à la roue de Notre-Dame ; une autre à la Charité ; une troisième à la confrérie du Saint-Esprit ; enfin aux cierges de sainte Brigite, *cereis sancte Brigide,* c'est-à-dire, au luminaire, une coupe de bon vin, *unam cupam boni vini.* Il veut être enseveli dans le cimetière de Saint-Michel, à côté de la tombe de mon aieul, *juxta vas nobilis Petri Arnaudi.* Dans le langage des notaires, *vas* était synonyme de *tumulus,* bien qu'on ne dût employer ce mot qu'autant que les morts étaient brûlés, pratique inconnue au christianisme. Il suit de là, qu'au 18 mai 1425, Pierre Arnaud avait cessé d'exister [2].

516. Le même testament nous apprend quel était le prix d'une messe dite à l'intention du trépassé. Le testateur lègue un gros au prêtre qui dira la messe à l'autel de saint Georges, dans l'église de saint Paul ; et il assigne deux florins d'or à chaque trentenaire qui sera célébré pour le repos de son âme. La valeur de la

---

[1] Notaire Raymond Gautier. — Notaire Mille, à Manosque.
[2] Ibid. Ibid.

rétribution n'a pas beaucoup changé depuis lors. Dans ma jeunesse, une messe de mort coûtait un franc. Je ne sais ce qu'elle vaut aujourd'hui, et je désire de tout mon cœur ne pas l'apprendre de longtemps.

517. L'exhérédation des enfants se faisait au moyen d'une institution particulière pour une somme minime, et quelquefois la cause en était énoncée dans le testament. Ainsi les époux Barnier, de Pierrerue, ayant testé le même jour et par le même acte, c'est-à-dire, le 26 janvier 1425, déshéritèrent, l'une son fils, l'autre sa fille, car je présume que chacun d'eux était marié en secondes noces, au profit de Jacques Figuières, de Meyrone, religieux de l'ordre des frères mineurs de Manosque, qu'ils instituèrent leur héritier universel. Le prétexte de l'exhérédation fut la mauvaise conduite des enfants envers leurs parents. Voici comment s'exprime le père :

« Item legavit et jure legati reliquit Jacobo Barneri, filio suo, soludos quinqne, ita solutis dictis quinque soludis nihil amplius petere possit in bonis suis, ipsum filium suum in dictis quinque soludis heredem instituit, et nihil amplius petere possit in bonis dicti Barneri, patris sui ; et predictum legatum, institutionem heredis quinque soludorum tantum modicum dimitit dicto Jacobo Barneri filio suo, pro eo quia idem Jacobus nunquam juravit in aliquo dicto Antonio, ymo semper fuit ipse Jacobus sibi Antonio ingratus. »

Quand vint le tour de la mère, elle dit :

« Item, heredem suam instituit in quinque soludis et amplius in bonis suis nihil petere possit, Astringiam uxorem Jacobi Textoris, quam ore suo proprio nominavit ; interrogata dicta Caterina quare tantum parvum et modicum legatum fecit dicte Astringie, filie sue, dixit quod semper ipsa Astringia semper fuit sibi ingrata taliter quod nunquam fecit aliquod bonum sibi [1]. »

L'exhérédation des enfants était chose si rare, que le notaire en fût frappé, et qu'il voulût en connaître la cause. On lui répondit par une vague accusation d'ingratitude, sans arguer aucun fait. Les parents eux-mêmes sentaient si bien que leur conduite était odieuse, qu'ils n'osèrent pas tester devant le notaire de leur pays. Ils se rendirent à quatre lieues de là, à Manosque, pour accomplir cet acte d'injustice.

518. Il ne sera pas hors de propos de parler un peu de la manière dont on instruisait les procédures criminelles dans ces temps reculés. Le hasard, et mes recherches aidant, il est tombé entre mes mains un cahier d'information, le seul peut-être qui existe dans l'arrondissement de Forcalquier. Je l'ai trouvé là où il ne devait pas être, c'est-à-dire, à quelques lieues du siège du tribunal qui avait ordonné les informations. Je ne puis m'expliquer comment il y est arrivé. Quoi qu'il en soit, ce cahier, qui contient des procédures faites par ordre du viguier de Forcalquier, est très vieux, puisqu'il date de 1408. J'en donne quelques extraits.

519. Le nommé Guillaume Brun, de Forcalquier, dit publiquement que Gimet Gautier, commissaire de la Cour des comptes, *Curie camere rationum*, délégué pour la perception des *lates*[2], lui demandait une seconde fois ce qu'il avait déjà payé. Le commissaire, tenant ce propos pour injurieux, en porta plainte devant le viguier. De là information. Voici le premier acte de la procédure :

[1] Notaire Raymond Gautier. — Notaire Mille, à Manosque.

[2] Amendes encourues par les débiteurs qui se laissaient citer en justice. (Claude Margalet. Style de la Cour des soumissions p. 14.)

« Anno a nativitate domini Mº CCCC VIII, die XXVII mensis Aprilis, inquiritur per Curiam Regiam Forcalquerii, et presens inquisitio fit et formatur, tam ex ipsius Curie officio, quam jussu et mandato nobilis et discreti viri domini Ludovici Gaufridi, bacallarii in legibus, vicarii et judicis dicte Curie, contra pretitulatum Guillelmum super eo, videlicet, quod dictus delatus spiritu inobedientie ductus, non verens quam grave sit et penale precepta dominorum officialium dicte Curie habere in contemptum, cum hac die presenti idem dominus vicarius et judex precepisse eidem Guillelmo Bruni, delato, ut amderet, ad Curiam tenturus arrestum tamdiu quousque solverit Gimoto Gauterii, commissario camere rationum Aquensis, pro exigendo nonnullas latas, salarium sibi rationabiliter debitum, sub pena quinquaginta librarum ; delatus ipse id facere contempsit, sic dictum preceptum contempnens et in premissis graviter delinquendo.

« Dicta die Guillelmus Bruni de Forcalquerio supra principaliter accusatus, juramento suo interrogatus super contentis in dicto titulo ipso sibi prius lecto et exposito in vulgari sermone per dictum dominum vicarium, dixit et confessus fuit non inisse ad Curiam sive carcerem supra in titulo contentum, quare inibi coram domino judice erat pro solvendo debitum per prefatum comissarium postulatum et ejus salarium, alia noluit confitheri.

« Fuit monitus suas facere defensiones infra *decem*[1], quem dictus dominus vicarius reputavit sufficientem non fuit a fidejussione relaxatus. »

Dans le fait de Brun il y avait triple infraction. D'abord,

[1] Dix jours.

refus de payer les dettes et le salaire du collecteur, ce qui le soumettait à la contrainte par corps : ensuite, désobéissance aux ordres du juge, ce que celui-ci menaçait de punir d'une peine de cinquante livres d'amende : enfin, injure envers le collecteur. Il paraît que, malgré ses offres, il ne paya pas, car le viguier maintint son cautionnement.

Le même jour plainte en injure fut portée par le commissaire :

« Anno quo supra, die XXVII mensis Aprilis, denuncians Gimoto Gruterri, inquiritur per dictam Curiam et presens inquisitio formatur, ex ipsius Curie officio, contra pretitulatum Guillelmum Bruni, super eo videlicet quod dictus loquens cum magistro Antonio Charvenhi, notairio de Forcalquerio, dixit talia vel similia verba, videlicet, *aquel Ribaud Gimet mi vol far payar doas ves hun deute*[1] *:* que verba dictus denuncians sibi ad injuriam reputavit.

« Anno quo supra, die XI mensis Junii, Guillelmus Bruni, de Forcalquerio, supra principaliter accusatus, etc.

« Qui dicto suo juramento interrogatus super contentis in dicto titulo ipso sibi lecto et exposito in vulgari sermone, negavit omnia in eo contenta.

« Fuit monitus etc.

« Habuit penam x librarum : fidem habuit ad diem Jovis. »

On voit que dans cet exemple il n'y eût pas d'information proprement dite. Le viguier instruisit lui-même l'affaire et prononça ensuite son jugement. Il condamna

[1] C'est-à-dire, ce Ribaud de Gimet veut me faire payer deux fois une dette.

le prévenu à dix livres d'amende, et lui donna jusqu'au dimanche suivant pour s'acquitter. C'était agir d'une manière bien sommaire, car j'ai rapporté la pièce en entier.

520. Mais je puis donner une information complète. Il s'agissait du vol d'une poule commis par une famille juive au préjudice de Pierre Briand, cordonnier, à Forcalquier. Il y eut plainte, information, défense, séquestration de la poule volée. Rien n'y manque, si ce n'est le dénouement :

« Contra Astringuetum vidal, judeum de Forcalquerio, Floretam et Steletam, judeam, relictam vidalis de Pesquerii, de Forcalquerio, et omnes culpabiles ; etc.

« Anno a nativitate domini M° CCCC VIII, die XXVIII mensis Aprilis, inquiritur per Curiam Regiam Forcalquerii, et presens inquisition fit et formatur tam ex ipsius curie officio, fama publica aures officialium regiorum dicte Curie propulsante que loco denunciationis habetur, quam etiam ad denunciationem seu intimationem nobili et circumspecto viro domino Ludovico Gaufridi, bacallario in legibus vicario et judici dicte Curie, factam per magistrum de Villadayguin, subvicarium dicte Curie, et etiam michi notarii infra scripti ; jussu que et mandato dicti domini vicarii et judicis, et per me Johannem Fornerii, notarium dicte Curie, locumtenentem, contra pretitulatos Astringuetum vidal, Floretam ejus uxorem, Stelletam ipsius Astringueti matrem, et omnes alios qui de subscriptis poterunt ope, opere, auxilio, consilio vel favore, modo aliquo culpabiles reperiri : super eo, videlicet, quod dicti delati, spiritu avaritie imbuti et ad male agendum totaliter dediti, de suis rebus propriis non contentis, sed cupientes ex alienis locupletari, die *externa*[1] proxime preterita, cum nonnulle Galline Petri Briandi, sabaterii de Forcalquerio, intrassent domum supradicti judei, vicinam domui prefati Petri Briandi, unam ex dictis gallinis clamet occulte ac in scio dicto Petro infra domum delatorum ipsorum, retinuerunt et sibi ipsis appropriarunt in dampnum et prejudicium dicti Petri Briandi et injuriam, manifestum furtum comitentes et in premissis graviter delinquentes.

« Et pro fundamento omnium premissorum et intentione Curie uberius *fudanda*[2], ut veritas dicti patrati criminis elucescat, pro ipsius Curie parte fundantur et producentur indicia resultantia infra scripta.

« Et primo, résultat indicium contra dictos delatos et quemlibet ipsorum, super eo videlicet, quod dicti delati, dum predicta Faneta, uxor supra dicti Petri Brianqui, peteret in domo supra dicti judei dictam gallinam et in illam intrasset causa gallicam ipsam perquirendo, delati ipsi negabant eidem Fanete gallinam eamdem fore in domo ipsorum judeorum delatorum.

« Item, resultat aliud indicium contra eosdem delatos et quemlibet ipsorum quod, postquam ipsam gallinam invenerunt in dicta domo prefatorum judeorum delatorum, videlicet, in quadam fenestra latitatam sive absconsam, videlicet, dicta Faneta cum quodam viri sui famulo et super nominato subvicario prefatam gallinam posuissent in carreria ante domum supra dicti judei illam que sentivissent abire, gallina ipsa statim intravit domum supra dicti Petri Brianqui et cum gallinis Petri ipsius statim se immiscuit.

[1] Sic.
[2] Fundanda.

« Quibus sic peractis et ad prefati domini vicarii et judicis audites pervento, idem dominus vicarius et judex, ut veritas dicti celerati criminis habeatur, precepit et injunxit michi Johanni Fornerii, vice notarii dicte Curie, quatenus ad domum supra dicti Petri Brianqui personaliter me conferam et applicato ibidem informaciones capiam super premissis pro parte supra dicte Curie condecenter.

« Ego vero dictus vice notarius, in executione mandati oraculo vive vocis michi per dictum dominum vicarium et judicem facti, statim ad domum prelibati Petri Briandi, una cum prefato subvicario *actessi*[1] et me applicato ibidem ad receptionem informacionum super remissis processi ut sequitur infra. »

521. Voilà le premier acte de la procédure. Le cas est flagrant ; la voix publique accuse une famille juive d'un crime odieux, *sceleratis criminis* ; et le magistrat verbalise et ordonne une information. Nous verrons, tout à l'heure, qu'on lui conteste ce droit.

Remarquons d'abord que l'ordonnance de soit informé ne fut pas écrite. Elle fut seulement verbale, *oraculo vive vocis*. C'est le greffier qui le dit. D'ailleurs, dans le cahier dont j'extrais cette procédure, il n'y a pas un seul acte de cette espèce. L'ordre verbal d'informer suffisait.

Le greffier reçoit l'information en présence du sous-viguier. Je ne sais si un magistrat devait y assister ; car si je trouve une information à laquelle le viguier fut présent, il en est d'autres dans lesquelles le greffier agit seul. Je ne crois pas qu'il y eût à ce sujet de règle fixe et invariable. Les officiers de justice n'étant soumis

[1] Attendi.

à aucun contrôle, faisaient à peu près ce qu'ils voulaient.

522. La qualification du fait incriminé paraîtra excessive. Nous ne regardons plus aujourd'hui le vol d'une poule comme un crime ; c'est une peccadille. Mais en 1408 il en était autrement. Le vol était fort rare, et, quant aux crimes odieux, il n'en était pas souvent question. Je n'oserais pas dire que, sous le rapport de la moralité, nos ancêtres valaient mieux que nous, de crainte de me faire prendre à partie par quelqu'un de leurs descendants, mais j'en suis fortement tenté. Il est un fait, dont je puis fournir la preuve, qui semblerait me donner raison. Il mérite d'être cité :

En 1519, un habitant de Forcalquier, que je ne nommerai pas, parce que sa famille subsiste encore, poussé par je ne sais quel motif, détruisit un petit pont existant sur la route de Forcalquier à La Brillanne. Grand émoi dans le pays. Il fut tel, que la justice du lieu ne crut pas devoir informer contre lui, circonstance que je ne puis m'expliquer, et que l'on chargea de ce soin le juge de Sisteron qui, à cet effet, se transporta à Forcalquier. Le premier acte du magistrat instructeur fut de faire saisir le délinquant. Mais quand il fallut l'emprisonner, il se trouva que la prison n'avait pas de porte. L'embarras des officiers municipaux fut grand. Ils se tirèrent d'affaire en faisant garder le prisonnier à vue, nuit et jour, par deux citoyens qu'on paya à cet effet. Cela dura, jusqu'à ce que le menuisier eût confectionné une porte[1]. Voici les preuves de ce que j'avance. Elles sont tirées d'un compte trésoraire des 1519, écrit en provençal. Je commence par le voyage du juge :

[1] Compte trésoraire de 1519.

A Anthoni Aubergeri, le 21 de abril, 6 gros, et aco quant anet a Sestaron ambe M. lo vigier, per aver un juge per venir en esta villa per G. T [1].

A Guilen Canorge et a Franses Flassan, servigiers de sta villa, lo 25 de abril, 4 gros, et aco per donar lo vin per so que aduseron G. T. davant M. lo juge mesier Berthomieu Boyer, juge de Sestaron, per lo condanar aver copat lo pont [2].

Dans cet article, le trésorier portait en compte le vin que l'on avait fait boire à ceux qui conduisirent le prévenu devant le juge.

A mesier Barthomieu Boyer, juge de Sestaron, le 2 d'abril, 2 escus al solhel, e aco per sos trabaus e vaquasions, e per la sentensia de G. T. [3].

A Glaudi Caire, oste de la corona, lo darrier jort d'abril, 1 florin, 4 gros, e aco per la despensa de mesier Barthomieu Boyer, e aco quant venget cordanar G. T. [4].

Viennent ensuite les frais de garde.

A Jaume Juan, lo 5 jort de may, 1 gros, et aco per dormir un vespre à la prison per gardar T. [5].

---

[1] A Antoine Aubergier, le 21 avril, 6 gros, et cela quand il alla à Sisteron avec M. le viguier, pour avoir un juge pour venir en cette ville à cause de G. T. (Compte trésoraire, f° 28, v°).

[2] A Guillaume Canorge et à François Flassan, valets de ville, le 25 avril, 4 gros, et cela pour donner le vin alors qu'on conduisit G. T. devant M. le juge Monsieur Barthélemy Boyer, juge de Sisteron pour le condamner parce qu'il avait coupé le pont. (Ibid. f° 31).

[3] A Monsieur Barthélemy Boyer, juge de Sisteron, le 2 avril, 2 écus au soleil, et cela pour ses travaux et vacations, et pour le jugement de G. T. (Ibid).

[4] A Claude Caire, hôte de la couronne, le dernier jour d'avril, un florin, 4 gros, et cela pour la dépeuse de Monsieur Barthélemy Boyer, et cela quand il vint condamner G. T. (Ibid. f° 32).

[5] A Jaume Juan, le 5 de mai, un gros, et cela pour dormir une nuit à la prison pour garder T. (Ibid. f° 33).

A Paul Aubert, le 20 de may, 16 gros, e aco per 16 vespres que ha dormi à la prison ambe los serviguiers per gardar T.[1].

A Paul Aubert, per 2 vespres que a dormit à la prison ambe los serviguiers per gardar G. T. 2 gros[2].

A Jaco Parandier, lo 28 de may, 5 gros, e aco per 5 vespres que ha dormi ambe los serviguiers per gardar T.[3].

J'arrive enfin à la porte de la prison.

A mestre Anthoni Friset, seralier, lo darrier jort d'al mes d'abril, 6 gros, e aco per 2 gofons e 2 pomellas que peson 6, e aco per mettre à la porta de sobre la prison[4].

A mestre Glaudi Girart, fustier, lo darrier jort d'abril, un florin, et aco per far una porta à la cambra sobre la prison, e aco per gardar T.[5].

A Andrieu Gavanossi, lo 2 de may, un gros, e aco per pausar los gofons que fet mettre la villa à la cambra de la prison[6].

[1] A Paul Aubert, le 20 mai, 16 gros, et cela pour seize nuits qu'il a dormi à la prison avec les valets de ville, pour garder T. (Ibid. f° 36).

[2] A Paul Aubert, pour deux nuits qu'il a dormi à la prison avec les valets de ville pour garder T. 2 gros. (Ibid. f° 36 v°).

[3] A Jacques Parandier, le 28 de mai, 5 gros, et cela pour cinq nuits qu'il a dormi avec les valets de ville pour garder T. (Ibid. f° 37 v°.

[4] A maître Antoine Friset, serrurier, le dernier jour du mois d'avril, 6 gros, et cela pour deux goufons et deux pomelles qui pèsent six livres, et cela pour mettre à la porte au-dessus de la prison. (Ibid. f° 31).

[5] A maître Claude Girard, menuisier, le dernier jour d'avril, un florin, et cela pour faire une porte à la chambre au-dessus de la prison, et cela pour gerder T. (Ibid. f° 32).

[6] A André Gavanossi, le 2 de mai, un gros, et cela pour poser les goufons que fit mettre la ville à la chambre de la prison. (Ibid. f° 32 v°).

Ce fait est relevant et se passe de commentaires. Si en 1519, la prison de la viguerie de Forcalquier n'avait pas de porte, c'est qu'il ne se commettait pas de délits. Aujourd'hui les portes ne manquent pas à la maison d'arrêt. Elles sont ferrées, verrouillées, cadenassées, et ne laissent à désirer, pour les détenus, qu'un peu plus de complaisance. De plus, elle n'est jamais sans hôtes. De nos jours, la société est formidablement armée contre les malfaiteurs, qui pullulent néanmoins ; il y a trois ou quatre cents ans, elle ne connaissait pas les gendarmes, et la prison n'avait pas de porte. Le procès n'est-il pas jugé ?

523. Je reviens à la poule de Jaierre Briand et à l'information prise à son sujet :

« Dicta die, Faneta, uxor Petri *Briandi*[1] de Forcalquerio, pro informatione Curie recepta, juravit, super evangelia sancta Dei, dictam Curiam veridice informare de et super contentis in dicto titulo et indiciis ; et interrogata, suo juramento, super contentis in dicte inquisitionis titulo, ipso sibi prius lecto et exposito in vulgari sermone, dixit, verum fore quod ipsa recognovit gallinias suas isto vespere proxime preterita et illas reconoscendo, cognovit et invenit quod una ex gallinis suis defficiebat sibi, videlicet, nigra que habebat alas cissas. Et dum perquirebat illam, Johaninus Prepositi, famulus supra dicti Petri Briandi, mariti sui, dixit eidem loquenti, quod galline ipsius Fanete intraverant domum supra dicti judei : Et tunc dicta Faneta init ad domum prelibati judei pro perquirendo gallinam eamdem ; et dum fuit in domo judei ipsius, dixit predictis judeo et

[1] Le plaignant est nommé indifféremment *Briandi* et *Brianqui*.

judeis quod ipsa querebat unam gallinam negram si foret in domo ipsorum judeorum : cui Floreta judea, uxor prelibati Astringueti, respondit quod nulla gallina extranea *eram*[1] in domo sua, videlicet judeorum : Et dum post premissa fuit in loco ubi galline supra dicti judei morantur, vidit gallinas judei ipsius in quadam lata seu pertica sistentes in altum ; et inspiciendo magis de dicta sua gallina invenit eamdem gallinam in quodam foramine absconsam : Et ipsa sic inventa, dixit dicte judee Floreta, ista gallina est mea : Cui dicta judea respondit et dixit Fanete eidem, quod non erat ipsius Fanete, qum ipsam gallinam habuerat ab uxore Johannis Boerii : Et postea dixit judea jam dicta quod ipsam habuerat a quodam homine de sancto Maximo : quibus sic auditis, ipsa loquems dixit judee eidem, dimitans ipsam vie in carreriam et si vadit in domum nostram ipsa est mea, si autem non accesserit ipsa non est mea : Et statim posuerunt illam in carreria ; que gallina dum in eadem fuit, dicta gallina intravit domum dicti Petri Brianqui, sive loquentis ipsius, per locum per quod aliene galline loquentis jam dicte et eciam supra dicta consueverunt intrare : et in premissis omnibus fuit presens supra dictus subvicarius.

Relatio subvicarii.

Anno et die predictis, Monetus de *saladayguin*[2], subvicarius dicte regie Curie, constitutus in presentia supra dicti domini vicarii et judicis dicte Curie, retulit eidem michi que notario infra scripto, se invenisse dictam gallinam in quadam fenestra domus dicti judei que

---

[1] Sic. Erat.
[2] On nomme le sous viguier, tantôt *villedayguin*, tantôt *saladayguin*.

habebat alas cissas de recenti et capud picatum de roscio ; et dixit dicto judeo quod illa gallina erat extranea : Cui judex ipse respondit quod unus homo de Manoa, vocatus lo Rosset, dederat sibi illam : Et tunc idem subvicarius portavit dictam gallinam supra dicto domino vicario et judici. Que scripsi ego Johannes Fornerii, vice notarius, dicte Curie, et signavi 1º.

Et dictus dominus judex, incontinente habita dicta gallina, jussit illam custodiri quousque aliud per eum fuerit ordinatum. »

524. La procédure progresse. Il y a plainte de la personne lésée, descente du magistrat sur les lieux, et saisie du corps de délit, que l'on met en fourrière. J'arrive à l'information :

« Dicta die, Johannes Prepositi, habitator Forcalquerii, testis pro informatione Curie receptus, juravit super evangelia Dei sancta, dictam Curiam veridice informare et meram deponere veritatem super omnibus quibus fuerit interrogatus ; et interrogatus suo juramento super contentis in dicte inquisitionis titulo, ipso sibi prius lecto et exposito in vulgari sermone : vidit exire duas gallinas cum gallo supra dicti Petri Brianqui de domo supra dicti judei, et dum exiebant vidit infra januam domus dicti judei unum baculum album quem aliqua persona debebat tenere in manu, tamen non vidit quis eum tenebat ; alia dixit se nescire ; etc.

Super primo indicio juramento suo interrogatus, ipso sibi prius lecto et exposito in lingua *grassa*[1] dixit, audivisse quod dicta judea Floreta respondit et dixit pluries dicte Fanete quod dicta gallina que init de carreria in domum supra dicti Petri erat sua.

[1] Peut-être le notaire a-t-il voulu écrire *crassa*, comme synonyme de *vulgari*.

Super secundo indicio juramento suo interrogatus, ipso ut supra prius lecto et dato seu explanato in lingua materna, dixit verum fore inisse cum supra dicta Faneta, uxor dicti Petri Brianqui, pro perquirendo gallinam eamdem, quam invenerunt in una fenestra subtus gallinas supra dicti judei absconsam, et illam de dictarum partium voluntate posuerunt in carreria; et statim ipsa gallina intravit locum ubi relique galline supra dicti Petri Brianqui morantur. Interrogatus quo modo scit ea que deponit, dixit quod fuit in testifficatis per eum presens et ita vidit; alia dixit nescire, etc.

Eodem die Stephanus Clementis, habitator Forcalquerii, testis pro informatione Curie receptus, juravit, etc.

Qui dicto suo juramento interrogatus super contentis in dicte inquisitionis titulo, ipso sibi prius lecto et exposito in vulgari sermone, dixit testifficatus fuit inisse ad domum supra dicti judei cum supra dicta Faneta, magistra sua, pro petendo dictam gallinam; quam post multa verba habita inter pretactas Fanenetam et Floretam judeam, invenerunt subtus gallinas supra dicti judei existentem super quamdam perticam sive scalam, videlicet, in quadam fenestra sive foramine subtus gallinas jam dicti judei sistentem, que gallina erat de gallinis supra dicti Petri Brianqui : interrogatus quo modo scit quod esset de gallinis prefati Petri, quare illam sepe vidit cum aliis dicti Petri gallinis.

Super primo indicio juramento suo interrogatus, ipso ut supra sibi lecto et exposito in lingua vulgari, dixit se tantum scire de contentis in eo, videlicet, quod prefatus judeus, supra accusatus, dixit eis quod illa gallina que invenerunt in foramine non erat sua seu ipsius Fanete, sed erat ipsius judei, quare unus homo de sancto Maximo illam sibi dedit ; alia dixit nescire.

Super secundo indicio dicto suo juramento interrogatus, ipso ut supra prius lecto et oxposito in vulgari sermone, dixit vidisse quod dicta gallina statim, dum eamdem permiserunt abire in carreria, init ad locum ubi relique galline supra dicti Petri Brianqui morantur, et intravit per locum ubi consueverunt ipsius Petri galline intrare ; alia dixit nescire. »

525. Après l'audition des témoins, le greffier passe à l'interrogatoire des prévenus :

« Anno quo supra, die ultima mensis Aprilis, Floreta, uxor Astringueti vidalis, judea de Forcalquerio, supra principaliter accusata et contra quam inquiritur, juravit, super lege *moysica* [1] dicta *Daquinia* [2], dicte Curie stare mandatis.

Que dicto suo juramento interrogata super contentis in dicte inquisitionis titulo, ipso sibi prius lecto et exposito in vulgari sermone, dixit et negavit omnia in dicto titulo contenta, prout contra se faciunt penitus, fore vera.

Super primo indicio dicto suo juramento interrogata, ipso sibi prius lecto et dato intelligi in vulgari sermone, dixit et confessa fuit quod supra dicta Faneta init petitum galinam in dicto titulo descriptam ad domum mariti sui, sed non invenit nisi galinas ipsius judee deponentis et prefati Astringueti ejus mariti, alia noluit confitheri, etc.

Super secundo indicio dictorum indiciorum dicto suo juramento interrogata, ipso ut supra sibi lecto et

[1] De Moïse.
[2] Je ne sais quelle est cette loi.

exposito in vulgari sermone, dixit et deposuit quod illa galina, quam prefata Faneta invenit in domo sua seu dicti Astringueti viri sui, erat ipsius judee deponentis seu supra nominati ejus viri ; videlicet illa quam ut pretenditur invenerunt in fenestra, qua dimissa in carreria fuit versus gallum supra dicte Fanete : alia noluit confitheri, etc.

Fuit monita suas facere deffensiones infra decem dies.

Fidejussit pro eisdem judeabus super auditis magister Mel de Stela, judeus, cum juramento. »

La belle-mère avait déjà été interrogée. Elle répondit que la poule lui appartenait, et qu'elle lui avait été vendue par un homme de Saint-Maime ; qu'elle ne voulait pas percher avec les autres poules, et qu'on lui avait coupé les ailes pour l'empêcher de s'envoler. Vient ensuite le tour du mari, qui répondit en ces termes. Je retranche le préambule pour abréger :

« Super primo indicio dicto suo juramento interrogatus, ipso ut supra sibi lecto et exposito in vulgari sermone, dixit et confessus fuit dixisse supra dicte Fanete, dum init petitum gallinam quam petebat in domum suam videlicet, quod non habebat aliquam gallinam extraneam ; alia noluit confitheri ;

Super secundo dictorum indiciorum interrogatus dicto juramento, ipso sibi prius lecto et exposito in vulgari sermone, ut supra, dixit et confessus fuit dixisse sibi dicte Fanete quod Ruffus Banni, de Manoa, dederat eidem loquenti unam gallinam nigram ; que galina *jocabat*[1] in quadam fenestra, in qua fenestra ipsa Faneta gallinam ipsam invenit qum in illa consuevit jocare ; interrogatus quando habuit ipsam gallinam a

[1] Percher, du provençal *ajoucar*.

prefato Ruffo, dixit quod sunt sex septimane; interrogatus in quo loco dictus Ruffus eidem delato loquenti dedit dictam gallinam, dixit quod in domo sua propria; interrogatus de presentibus, dixit se nescire ; interrogatus de die, dixit se nescire ; interrogatus quis scidit alas dicte galline, dixit quod Steleta, mater ipsius loquentis, prout dicta judea ejus mater dixit ; interrogatus quare contradicebat illam supra dicte Fanete, dixit prefata Faneta in eadem gallina nichil habebat. Alia noluit confitheri, pluribus interrogationibus sibi factis.

Fuit monitus facere suas deffensiones infra decem dies.

Fidejussit pro eo Mane Astruc, judeus de Forcalquerio, cum juramento legis Aquinie, ad omnimodam Curie voluntatem.

526. On remarquera que, s'agissant d'un simple délit, les prévenus obtinrent de rester en liberté sous caution. On leur aurait refusé cette faveur s'ils avaient été accusés d'un crime. Les statuts voulaient que tout fait puni de peines corporelles, entraînât la détention préventive.

527. La caution s'engageait pour une somme indéfinie, qui était à l'arbitraire du juge, *ad omnimodam Curie voluntatem.* Elle s'obligeait par serment à obéir à tous les ordres de la justice, *Curie stare mandatis;* et à représenter le prévenu à toute réquisition. Tels sont les engagements de la caution en matière correctionnelle. Sauf la fixation de la somme, il n'y a rien de changé.

528. Les prévenus ne négligèrent pas de se faire défendre. Nous avons vu que les gens de loi ne manquaient pas. A la suite de l'information, mais sur

une feuille séparée pliée dans la forme des *sumptums*[1], se trouve le mémoire des prévenus. Il est court, mais suffisant, car la prévention était bien faible.

« Quod Astringuetus vidalis sit absolutus a contentis in inquisitione per Curiam Forcalquerii facta contra eum et etiam ejus uxorem et alia condelata, super asserto furto galline de qua in inquisitione fit mentio, probari potest paucissimis rationibus infra scriptis.

Primo, quia gallina non probatur esse vel fuisse illius sabaterii cujus essse pretendebatur, et non probato dominio per actorum reus absolvitur, ut habetur et notatur per exemplum in lege cum res. C. de rey vendicatione, cum suis concordantiis :

Secundo, quia nichil probatur contra dictum Astringuetum et alias condelatas, ut per inquestam apparet, et sic ob rem non probatam delati sunt absolvendi et per legem qui accusare. C. de edendo. et C. de probationibus, lex finalis :

Tertio, quia et si predicta probarentur, cum tamen hoc esset privatum delictum per ea que habentur et notantur in lege 1 ff. de publicis judiciis, non potuit nec debuit procedere contra dictos judeos per inquestam vel alias, sine denunciatione partis cujus interesset, ut habetur et notatur in lege finalis ff. de privatis delictis.

Ex hiis patet ipsos judeos a contentis in dicta inquesta sine dubio absolvendos, et sine causa per dictam inquestam ipsos fuisse exactos laboribus et expensis. »

Ce mémoire est un modèle de bon goût et de laconisme. Si tous étaient aussi courts, on les lirait avec fruit. J'ai grande envie de le proposer pour modèle aux avocats présents et futurs.

[1] Le cahier d'information contient plusieurs autres mémoires, tous dans la même forme, mais n'ayant pas la même concision.

Les citations que fait le mémoire sont exactes, à l'exception d'une seule. Peut-être est-ce ma faute, mais je n'ai pas trouvé de loi *cum res* au titre du code *de rei vindicatione*, ni dans le titre correspondant du Digeste. Il n'y a pas même, au premier de ces titres, de paragraphe ou de phrase commençant par ces mots.

529. Je me trompais quand je disais que l'affaire n'avait pas de dénouement. Il existe sous la forme d'une apostille mise par le juge en marge de chacun des interrogatoires des prévenus. On y lit : *tanquam non probatis absolvantur, Ludovicus Gaufridi;* et au-dessous : *cancellatum per me Johannem Fornerii, juxta decretum.* En effet, le procès-verbal, l'information et les interrogatoires sont bâtonnés. Telle est l'ordonnance de non-lieu, qui termina ce mémorable incident. La fin fut digne de l'exorde.

530. Le 28 mai 1408, noble Antoine d'Aménicis porta plainte contre Antoine Achard, prêtre à Forcalquier, pour des paroles injurieuses que celui-ci avait adressées à sa femme[1]. Il y eut un commencement d'information ; mais l'affaire fut abandonnée, le prévenu ayant excipé du privilège clérical, ce qui le faisait ressortir des tribunaux ecclésiastiques.

« Dictus delatus juratus, salvo suo privilegio clericali, quare est ut dixit clericus *solutus*[2], dixit verum fore dixisse verba in titulo contenta. »

Il soutint son exception au moyen du certificat suivant :

« Artaudus, miseratione divina Sistaricensis epis-

[1] Ton payre et tu es retalhatz car il est parti de Juacaria. C'est-à-dire ton père et toi êtes marqués, car il est originaire de Juacaria. Juiverie, probablement.

[2] Libre.

copus, universis presentes litteras inspecturis pateat evidenter quod, nos anno domini M° CCC° nonagesimo nono et die decima quinta mensis Septembris, in nostra visitatione quam fecimus in ecclesia sancti Johannis Forcalquerii, nostre diocesis, Anthonius Achardi, filium Petri loci predicti, scolarem, in etate legitima constitutum, sufficienter examinatum et de legali matrimonii procreatum, se in formam sancte matris ecclesie et canonicas sanxiones in clericum duximus promovendum. In cujus rei testimonio presentes litteras scribi fecimus et sigilli nostri, quo in talibus utimur, appensione communiri. Data et acta ubi supra. »

531. Jusqu'à présent nous avons vu la caution s'obliger indéfiniment, à l'arbitraire du juge. Dans l'affaire suivante, elle s'oblige jusqu'à concurrence d'une somme déterminée :

Jean Garnier, domestique de Pierre Ricard, prêtre, à Forcalquier, quitta son maître, sans prendre congé de lui, et emporta une hâche qu'il vendit ensuite. Ce fait était répréhensible sous deux rapports. En premier lieu, Garnier avait contrevenu à une ordonnance de police municipale défendant aux domestiques de quitter leurs maîtres sans congé : *quod dictus delatus, in contemptu preconizationis*[1] *per dictam Curiam facte et pene in ea contente, magistrum suum ante tempus dimisit.* En second lieu, le fait d'avoir emporté une hâche appartenant à son maître, constituait le délit de vol.

Garnier se défendit en disant, qu'il avait quitté son maître, parce que celui-ci refusait de lui payer ses gages, et qu'il avait emporté la hâche pour s'indemniser

[1] Prœconium.

de ce qui lui était dû. Il avouait l'avoir vendue au prix de quatre gros à Jacques Monnier, de Mane. Il fut cautionné, pour la somme de dix sous couronnés, par George de Sainte-Marie, de Mane, un de mes aïeux maternels.

532. A cette époque il arrivait quelquefois que les domestiques se louaient au même maître leur vie durant. Cela résulte de la procédure instruite contre Pierre Feraud qui, engagé à temps au service d'un particulier en qualité de bouvier, *bubulus*, le quitta pour passer à celui d'un autre, qu'il s'engagea à servir toute sa vie : *cui se dedit perpetuis temporibus*. Poursuivi pour ce fait, il lui fut défendu, sous peine de vingt-cinq livres d'amende, de quitter Forcalquier, jusqu'à ce qu'il eût trouvé une caution.

533. Lorsque le plaignant et le prévenu étaient soumis à une juridiction seigneuriale, le viguier, saisi de la plainte, se désinvestissait et renvoyait l'affaire devant le juge du lieu. Cela arriva à l'occasion d'un différent entre deux habitants de Vachères, dont l'un accusait l'autre d'avoir détourné les peaux de certains bestiaux par lui baillés à cheptel. En marge de l'information, je lis : *quare fuit in jurisdictione domini de Vacheriis, nos remittimus eidem sive ejus officialibus pro justicia ministranda. Ludovicus Gaufridi.*

534. Le cahier d'information que je tiens en main révèle un fait très curieux, conservant l'empreinte des traditions et des usages du peuple romain. A l'exemple du Préteur qui publiait son édit en entrant en charge, le viguier de Forcalquier rendait une ordonnance rappelant certains statuts rendus par nos Comtes. C'était presque le renouvellement de la célèbre formule, *aït*

prœtor. Il serait intéressant d'avoir toute l'ordonnance. Malheureusement il n'en reste qu'un article, que je vais rapporter. Cela suffira, pour justifier le rapprochement que je viens de faire :

« Anno a nativitate domini M⁰ CCCC⁰ VIII die...... mensis Maii, nobilis et circunspectus vir dominus Ludovicus Gaufridi, bacallarius in legibus, vicarius et judex Curie regie Forcalquerii, in ingressu sui officii precepit et injunxit Guillelmo Manc, nuncio, preconi publico dicte Curie, presenti et intelligenti, quatenus per castrum Forcalquerii cujusque loca solita proclamentum et preconizatum accedat alta voce et intelligibili et renovatum, sono tube precedente, preconizationes infra scripte, que acthenus fieri sunt assuete in dicto castro Forcalquerii et inde refferat, videlicet.

Mandatum est domini nostri domini Ludovici, Regis Jherusalem et Sicilie, comitis comitatuum provincie et Forcalquerii, et sui vicarii :

Quod nulla persona cujuscunque conditionis et status existat, sit ausa bis idem debitum petere, nec instrumentum debiti persoluti seu mandatum retinere, sed illud debitori vel Curie ilico assignare procuret, sub pena pro quallibet et vice quallibet quinquaginta librarum.

535. Cette proclamation fut inscrite sur le cahier à la suite d'un procès qui rentrait précisément dans la disposition ci-dessus citée. Jacques Reynier, de Volx, porta plainte contre André Silvi, de Limans, sur ce que celui-ci retenait par devers lui l'acte d'une créance qu'il avait acquittée, ainsi qu'il constait d'une quittance notariée. Une information eut lieu, des témoins furent entendus, et je présume que l'affaire n'eût pas de suites,

car la procédure est bâtonnée. A cette occasion, le prévenu fournit un mémoire justificatif. Peu fondé en droit, aux termes de l'ordonnance, il se retranchait sur des moyens tirés de sa probité et de sa bonne réputation. Je transcris sa défense, comme un spécimen de cette sorte d'écrits :

« Ad anullandum et penitus lacerandum intentionem Curie regie Forcalquerii super inquisitionibus factis per ipsam Curiam contra Andream Silvi, castri de Lymacio, super eo vidélicet, quod ipse a Jacobo Raynerii, castri de Volcio, exhigit debitum solutum et sibi exsolvi fecit, et instrumentum ipsius debiti retinuit, et illud restituere ipsi parti denegavit, prout sic vel latius in ipsis inquisitionibus dicitur contineri : Dictus inquam Andreas Silvi, ad suam innocentiam ostendendam, dat et offert suos deffentionales titulos subscriptos, quamvis deffentionibus non indigeret aliquibus, ad quos probandum petit se admitti et testes super eis producendos benigne audiri et examinari, cum protestatione quod non se astringit ad superfluam probationem, sed ad ea dumtaxat que sibi sufficient ad suas deffentiones faciendas.

Et primo, probare intendit quod ipse Andreas Silvi est homo modestus, suavis, boni nominis et fame, bone que vite et conversationis honeste, timens et adhorans Deum et totam Curiam supernam.

Item, etiam probare intendit quod ipse Andreas cotidie et diligenter suam laborat personam pro vita sua et uxoris sue et tote sue familie habenda, et ex suo sudore vivit, et non consuevit petere debitum solutum, quare vix petit illud quod sibi rationabiliter debetur.

Item, quod de premissis omnibus et singulis fuit et est publica vox et fama in castro de Lymacio et aliis locis circumvicinis inter gentes notitiam habentes de eodem.

Quibus titulis probatis vel non, restat videre an dictus Andreas Silvi sit condemnandi vel absolvendi, et certe est absolvendi quia nil validum contra eum probatur nec aliqua sunt in processu probata per que veniat condempnandus, quia depositio ipsius Jacobi Raynerii non valet, quia in facto proprio et voluntarie testifficatur, et est solus in depositione sua, et vox unius vox nullius : Rursus quia probationes potissime in causa criminali debent esse luce clariores, et actore non probante reus debet absolvi, prout peritia ipsius domini judicaturi bene novit. »

536. Nos ancêtres, sévères sur l'article des mœurs, souffraient difficilement le scandale, quelque part qu'il se produisît. Il fallait que le libertinage fût couvert d'un voile bien épais pour qu'il échappât à la punition. Le cahier d'information en fournit un exemple remarquable. Il cite le nom de deux personnages occupant une position distinguée dans la société, l'un par son rang, l'autre par sa profession. La vérité historique m'oblige à les nommer :

« Anno a nativitate domini M° CCCC° VIII°, die IX mensis Maii, inquiritur per Curiam regiam Forcalquerii, et presens inquisitio fit et formatur tam ex ipsius Curie officio, fama publica aures officialium dicte Curie propulsante, mandato supra dicti domini vicarii et per me Johannem Fornerii, notarium dicte Curie locumtenentem, contra pretitulatam Donsanam, super eo videlicet, quod dicta delata, calor libidinis inflamata, et ad actus veneris totaliter dedita, non verens quam grave sit et penale thorum suum polluire, et se sub meretrico nomine submitere, hiis diebus decursis, et non obstante quod dicta Donsana sit per copulam matrimonialiter cujuncta, se per nobilem Guillelmum de Sabrano, dicti castri de Turre Ayguesi, et nonnullos alios carnaliter fecit et permisit se cognosci diversis vicibus, noctibus, diebus et horis, sic adulterium committendo, et in premissis graviter delinquendo.

Et ut veritas dicti celerati criminis viridius elucescat et veridius haberi possit, pro parte dicte regie Curie formantur et proponentur indicia resultantia et manifesta contra pretitulatam Donsanam.

Et primo, resultat indicium notorium et manifestum per dictam Curiam contra pretitulatam Donsanam super accusatam, super eo videlicet, quod dicta delata *maratur*[1] cum dicto nobili Guillelmo de Sabrano, et perseverat continue tam de die quam de nocte comedendo et bibendo, stando sub uno et eadem hospicio, dormendo et jacendo sola cum eodem nobili Guillelmo de Sabrano, solo in uno et eodem lecto, dando rem seu operam carnalem et veneris eidem.

Item, resultat aliud indicium contra dictam Donsanam, super delatam, notorium et manifestum, super eo videlicet, quod dicta delata habuit et adhuc habet et nutrit ex dampnato coytu unum infantem, seu est de infante gravida.

Item, resultat aliud indicium notorium et manifestum contra pretitulatam Donsanam, supra accusatam, super eo videlicet, quod dicta delata est publice in castro predicto de Turre et aliis circumvicinis de adulterio diffama, et quod ipsa se facit apponi per dictum nobilem Guillelmum de Sabrano, et per cappellanos in dicto castro

[1] Moratur.

commorantes, et nonnullos alios. — Item, etiam inquiritur per dictam Curiam regiam et presens inquisitio fit et formatur contra dictam Donsanam, ex ipsius Curie officio, tam ex ipsius Curie officio quam equidem jussu et mandato nobilis et egregii viri domini Jacobi Barralerii, licentiati in legibus, vicarii et judicis dicte regie Curie dicta delata citata fuerit per litteras a presenti Curie emanatas, quarum tenor inferius describetur, ut veniret responsura dictis inquisitionibus contra eam in dicta Curia incohatis, sub pena xxv librarum : delata ipsa, habendo mandata dicte Curie regie totaliter in contemptu, in termine sibi prefixo et assignato comparere minime in dicta Curia curavit, nec mandatis dicti domini vicarii et judicis obtemperare, sic in premissis graviter delinquendo, et in dictam penam, in eodem titulo contentam, totaliter themere incidendo.

537. L'exposé de fait qui précède, constituant le premier acte de l'information, met en lumière une règle de procédure qu'il importe de noter. Les citations se faisaient en vertu de lettres émanées du *tribunal*[1], et il paraît que l'injonction de comparaître était appuyée d'une peine pécuniaire en cas de refus. Cela résulte du paragraphe qui précède.

538. L'information fut suspendue pendant longtemps, car l'interrogatoire n'eut lieu que le 12 février 1410. La femme Donsane, qui s'était remariée dans l'intervalle, comparut devant le juge lui-même, et après avoir prêté le serment d'usage, elle nia avoir jamais commis d'adultère. Cependant elle reconnut pour vrais quelques-uns des faits recueillis dans les indices.

[1] On les nommait *litteræ citatoriæ*.

« Super primo indicio dixit et confessa fuit, verum fore quod ipsa comedit et bibit cum dicto nobili Guillelmo de Sabrano, et ipsum visitat quia non est bene letus de persona. Cetera in dicto indicio contenta negavit, prout contra se faciunt, penitus fore vera.

Super secundo indicio, dixit et confessa fuit, verum fore habuisse unum infantem a domino Guillelmo Blanqui, capellano, qui tunc morabatur in dicto castro Turre Ayguesii, et adhuc illum habet et nutrit ; tamen ipsum habuit post mortem primi sui mariti, antequam contraxisset cum supradicto Bartholomeo Alause, marito suo moderno, et ipse infans est dicti domini Guillelmi Blanqui, et non alterius ; alia noluit confitheri, pluribus interrogationibus sibi factis. »

Quant à son refus de comparaître, elle s'excusa sur ce qu'elle y avait été autorisée par le sous-viguier, auquel elle avait promis et envoyé deux florins, celui-ci s'étant engagé à obtenir du viguier le désistement des poursuites ; *et quod faceret sibi fieri apodexam per dominum vicarium quod non inquietaretur postea de hoc.* Mais vérification faite, il fut constaté que le sous-viguier avait refusé les deux florins que la femme Donsane lui avait envoyés pour le gagner, et que cet argent lui fut retourné par son messager.

A la suite de l'interrogatoire de la femme Donsane, le viguier rendit une ordonnance portant qu'elle serait tenue de se représenter personnellement, dans les huit jours, à peine de cent livres monnaie courante, jusqu'à ce qu'elle eût trouvé une caution idoine, ce qu'elle n'avait pu se procurer jusques alors.

539. Mais l'affaire n'eut pas d'autres suites, au moins devant le tribunal du viguier, car Guillaume de

Sabran, seigneur à la Tour-d'Aigues, se croyant lésé par les poursuites dirigées contre la femme Donsane, appela de l'ordonnance du juge, et transporta l'affaire à Aix. *A quo quidem precepto, supradictus nobilis Guillelmus de Sabrano, dominus dicti castri, sentiens se agravatum appellavit verbo ad dominum primarum appellationum, provincie judicem, salvo jure appellationis in scriptis.*

Telle fut la fin de ce procès. Il est probable que l'information fut annulée par le juge d'appel, car les charges étaient bien faibles. Sauf la présence d'un enfant né hors mariage, la prévention reposait sur la voix publique. Or, en matière d'adultère, plus qu'en toute autre, elle est sujette à se tromper.

Néanmoins l'intervention de Guillaume de Sabran tira la prévenue d'une position délicate. Il fut pour elle le *Deus ex-machina*. Cette intervention était justifiée, car on avait assez parlé de lui ; mais était-elle légale, surtout au point où la procédure était arrivée ? Il fallait que cela fût ainsi, autrement on ne l'aurait pas admise. Il ne faut pas oublier qu'il n'était nullement compromis, et que les poursuites n'étaient pas dirigées contre lui.

540. Il suffisait, pour la validité de la plainte, qu'elle eût été portée à un officier public. Lequel, à son tour, en faisait la relation au viguier où à son greffier. Ainsi, la nommée Monne, veuve Monachi, ayant proféré des paroles qu'un tiers tint être injurieuses pour lui, celui-ci s'en plaignit à l'huissier *nuncio,* de la justice seigneuriale de La Brillanne, qui en référa au viguier. Sur ce, une information fut ordonnée. Voici la teneur du procès-verbal dressé par le magistrat :

« Anno a nativitate domini M° CCCC VIII, die XXII mensis Maii, inquiritur per Curiam regiam Forcalquerii et presens inquisitio fit et formatur tam ex ipsius Curie officio, fama publica refferente, quam equidem jussu et mandato nobilis et circumspecti viri domini Ludovici Gaufridi, bacallerii in legibus, vicarii et judicis Curie regie Forcalquerii predicte, et ad intimationem officialibus dicte Curie factam per Anthonium Barreti, nuncium Curie dicti *castri*[1], prout Elziarius Alberti, de Volsio, eidem Anthonio Barreti, nuncio, denunciavit, ut nuncius ipse michi Johanni Fornerii, notarii dicte Curie locumtenentis, retulit, contra et adversus dictam Monnam, super eo, videlicet, quod dicta delata, sua lingua locace commota et superbia elata, non verens in se quam grave sit et penale dampna alterius persone contractare, cum venerabilis et religiosus vir dominus et Prior sancti Johannis, de Mosteriis, casualiter suum fecisset transitum per dictum castrum de Le Brinhana, volens ad partes loci de Mosteriis se conferre, ubi prefatus Elziarius Alberti, denuncians, cum prefato domino Priore et aliis de sua Comitissa se invenerunt casualiter, et idem Elziarius jam dicto domino Priori dixisset quod iret ad navim Manuasce transfretatum Durenciam confestim sine periculo cum navi de Manuasca transiret dictam Durenciam ; delata ipsa, velut impatiens habenas sui infrenati animi reffrenere non volens, maliciose dicto domino Priori retorsit talia vel similia verba, dicendo, videlicet, *senhes, non annes passar a la nau de Manoasca, car ella es tota poyrida*[2]. Que verba dictus denuncians sibi ad injuriam reputavit.

Item, etiam inquiritur contra pretitulatam Monnam

[1] La Brillanne.
[2] Seigneurs n'allez pas passer au bac de Manosque, car il est tout pourri.

super eo, videlicet, quod dicta delata, de premissis non contenta, sed mala malis accumulare non pavens, post dicta verba ut supra per eam prolata, ibidem dixit talia vel similia verba, videlicet, *vos autres nauchers de Manoasca negas las gens*[1]. Que verba dictus Elziarius ad injuriam sibi reputavit. »

Voici maintenant le rapport de l'huissier :

« Anno et die quibus supra, Anthonius Barreti, nuncius Curie dicti Castri de Le Brinhana, retulit suo medio juramento, audivisse a supra dicta Monna verba in predicto titulo contenta, videlicet, quod dicta delata dixit supra dicto Elziario, altercando cum eo, quod navis de Manuasca erat putrefacta ; et etiam retulit ut supra quod naute dicti loci seu territorii Manuasce submergebant gentes. Que scripsi ego Johannes Fornerii, notarius dicte Curie, supra dictus, et signo Curie signavi. »

Il y eut une information qui se termina par une ordonnance de non-lieu. Je lis en effet en marge : *tanquam a non probatis absolvatur. Ludovicus Gaufridi.* Il paraît que le batelier de Manosque venait à La Brillanne solliciter les voyageurs de traverser la Durance sur son bac. C'est sur ce point que porta la défense de la prévenue, qui s'excusa en disant, qu'elle n'avait parlé que pour répondre aux sollicitations d'Elzéar Albert, et par manière de plaisanterie :

« Dixit et fuit confessa verum fore quod dominus Prior Mosteriis, in titulo nominatus, *senavit*[2] una die lapsa in domo deponentis ipsius, qui fecit *forum*[3] cum

---

[1] Vous autres, nauchers de Manosque, vous noyez les gens.
[2] Cœnavit.
[3] Marché. Traité.

loquenti eadem de *sena*[1] sua et suorum ac equorum, necnon de *jacuta*[2] de quibus fuerunt invicem concordes : Et in vespere illo supra dictus Elziarius dixit prefato domino Priori talia vel similia verba, videlicet, *senhor que fases vos autres aysi* : *Annas et venes vos en anbe mi al port de Manosqua. Car yeu vos passaray prestamet sen marras*[3] *et sensa perilh*[4]. Cui delata ipsa loquens respondit, tu dicis male Elziarii, quod venias nobis sustractum gentes : et debatendo cum prefato Elziario, loquens dixit et respondit sic inquiendo ; videlicet, *vostra nau es poyrida*[5], Dicta verba *truffative*[6] dicto Elziario dicendo. »

541. Nous venons de voir que le greffier, après avoir reçu la déclaration de l'huissier de La Brillanne, en vertu de laquelle il rédige son procès-verbal, dit qu'il l'a écrit de sa main et signé du signe du tribunal, *et signo Curie signavi*. Il résulterait de là que, à l'exemple de la justice d'Entrevennes, dont j'ai parlé plus haut, les greffiers de la viguerie de Forcalquier avaient un signe particulier et commun à tous, qu'ils apposaient sur les actes par eux faits en leur qualité, de sorte, qu'en réalité, ils auraient eu deux signatures ; l'une quand ils agissaient comme greffiers, et l'autre quand ils remplissaient l'office de notaire. Si cela était, il faudrait s'attendre à voir toutes les minutes de la viguerie de Forcalquier,

---

[1] Cœna.

[2] Couchée. de Jaceo.

[3] Retard. Mot en provençal qui n'est plus usité.

[4] Seigneur que faites vous ici. Allez et venez vous en avec moi au port de Manosque. Car je vous passerai prestement sans retard et sans péril.

[5] Votre barque est pourrie.

[6] Par moquerie. Du verbe provençal *se trufar*, se moquer.

jusques à la réformation de la justice dans le XVIe siècle, revêtues du même signe. Malheureusement on ne peut se donner cette satisfaction, par la raison que ces minutes n'existent plus.

542. Les procès en diffamation étaient communs à cette époque. Le plus léger propos y donnait lieu, et les magistrats connaissaient aussi les misères de la police correctionnelle. J'en ai déja donné un exemple. En voici un second :

« Anno a nativitate domini M° CCCC VIII, die VII mensis Junii, denunciante Johannes Boerii, inquiritur per dictam Curiam, ex ipsius Curie officio, contra pretitulatum Elziarium Giraudi, de Forcalquerio, super eo, videlicet, quod dictus delatus, verbis contendus cum Agnete, uxor dicti Johannis denunciantis, et Dalphina uxor Anthonii Rabaoni, de Forcalquerio, dixit eis talia vel similia verba, videlicet, *follas, ubriagas, annas que Dieus vos meta en grand malam ; garas vos davant mi, car yeu vos diray tan que vos gravara*[1]. Que verba dictus denuncians sibi ad injuriam reputavit. »

543. A cette plainte, le prévenu répondit le même jour par une plainte récriminatoire de même nature. Il prétendit que la femme Boyer l'avait qualifié de *banniayre*[2] et lui avait dit qu'il mentait par la gueule ; *eidem Elziarium fuit per gulam desmentita*.

Ce ridicule procès aboutit, de part et d'autre, à une ordonnance de non-lieu. Quant à la plainte principale, le plaignant décéda dans l'intervalle ; quant à la plainte

---

[1] Folles, ivrognes, allez que Dieu vous mette en grand malan ; otez vous de devant moi, car je vous dirai tant que je vous fâcherai.

[2] Elzéar Giraud était fermier ou collecteur des bans, c'est-à-dire, des amendes, c'est pourquoi on l'appellait *bannier*.

récriminatiore, il fut dit qu'il n'existait pas de preuves.

544. Les parties furent obligées de donner caution. Mais le juge fit une différence entre elles. Elzéar Giraud dut donner caution pendant toute la journée du lendemain, à peine de dix livres : *habuit penam X librarum. Fidejubere habuit ad diem crastinam.* Pour la femme Boyer, on se contenta du cautionnement de son mari, sans préciser rien de plus.

545. Je ne crois pas que la détention préventive fût mise en pratique dans tous les cas. On y suppléait le plus souvent au moyen d'un cautionnement qui obligeait l'inculpé à se représenter. Mais on y avait quelquefois recours. Alors le prévenu pouvait obtenir sa mise en liberté sous caution. J'en trouve un exemple dans le fait d'Elzéar Pellegrin, bailli de Vachères, qui, abusant de son autorité, avait évincé un particulier de sa propriété. Poursuivi, sur la plainte de l'individu qu'il avait ainsi dépossédé au profit d'un tiers, il fut saisi et mis en prison. Il en sortit néanmoins après son interrogatoire. *Fuit relaxatus mandato supradicti domini domini vicarii et judicis qui*[1] *promisit et juravit fidejubere ydonec in nundinis Forcalquerii proxime venturis, sub pena* xxv *librarum.* Il paraît qu'on eût égard à sa qualité, puisqu'on se contenta de sa simple promesse. D'ailleurs, les charges n'étaient pas graves, l'affaire ayant abouti à un non-lieu.

546. L'apposition des scellés se faisait à peu près de la même manière qu'aujourd'hui. Un particulier de Forcalquier ayant eu un procès avec la confrérie de Saint Jean, eut à ce que je présume, ses meubles saisis par autorité de justice. Les scellés furent apposés sur

---

[1] Cui.

sa maison ; mais il les viola. De là, plainte et poursuite contre lui.

« Anno a nativitate domini M° CCCC VIII, die XII mensis Maii : Denunciante Johanne Brunelli, nuncio, inquiritur per dictam Curiam, et presens inquisitio formatur contra Guillelmum Arnaudi, et Monnam ejus uxorem, de Forcalquerio, super eo, videlicet, quod dicti delati, suis moti audaciis presumptivis, cum dictus nuncius, in executione mandati generalis concessi Prioribus confratrie sancti Johannis de Forcalquerio, clausisset portam ipsorum delatorum cum filo et cera, delati ipsi, in dedecus dicte Curie, ipsam portam apperierunt et signum atque filum predictum fregerunt et removerunt ; sic dictam Curiam contempnentes et in premissis graviter delinquentes. »

547. Il paraît, qu'à cette occassion, les époux Arnaud passèrent en jugement, car, en place de l'ordonnance de non-lieu, on lit en marge : *colligetur juxta acta. Ludovicus Gaufridi*; *et collecto per me Johannem Fornarii in primo parlamento imo cancellato*. Il était d'usage de biffer les procédures quand elles avaient abouti, soit à un non-lieu, soit à un jugement. En effet, toutes celles portées sur le cahier d'information sont bâtonnées.

548. J'ai parlé, plus haut, de la plainte portée contre Elzéar Pellegrin, bailli de Vachères, en abus d'autorité. La procédure instruite contre lui et contre celui qu'il avait si mal à propos aidé de son pouvoir, mérite d'être rapportée, d'autant qu'elle contient un acte ajourd'hui complètement tombé en désuétude. C'était ce qu'on appellait alors *lettres inhibitoires*, c'est-à-dire, la défense faite par le juge supérieur au juge inférieur, dont la sentence

était frappée d'appel, de passer outre à son exécution. Il paraît que, malgré l'appel, le bailli avait confirmé la prise de possession induement faite.

Le procès-verbal lui-même, a dans son style quelque chose d'étrange pour nous, qui sommes habitués à un autre langage. On ne sera peut-être pas fâché d'en lire un extrait :

« Inquiritur contra pretitulatos super eo, videlicet, quod dicti delati, de suis demeritis non credentes subire judicium ultionis, non verentes in se quam grave sit et penale dominos officios regios habere in contemptum; credentes presentem provincie patriam et vicariam Forcalquerii rectore et domino carere, quod absit ; hiis diebus non longe elapsis, cum idem Elziarius Pellegrini, ad instanciam prefati Petri Sautelli, precipisset dicto Petro Sautelli ut quamdam vineam, quam Anthonius Vesperii longo tempore tenuit et possidet et ipso Anthonio non vocato nec citato, iret possessum et possessionem illius reciperet, etc. »

549. Ainsi, dans le fait du bailli il y avait, non pas erreur du magistrat, mais abus de pouvoir de sa part, puisque, agissant par surprise, il avait dépouillé un individu de sa propriété et en avait investi un autre. Cependant, quelque irrégulière que fût sa conduite, le propriétaire lésé émit appel du prétendu jugement qu'il avait rendu, et obtint des lettres inhibitoires rédigées dans la forme qui suit :

« Johannes Fornerii, vice notarius, vice vicarius, ac vice judex Curie regie Forcalquerii : Baiulo de Vacheriis, vel ejus locumtenente, salutem : cum a quodam precepto per vos ut ponitur facto, quo precipisse dicimur Petro Sautelli, dicti castri, marito et conjuncta persona Huguete, uxor sue, ut idem Petrus cujusdam vinee Sylete Vesperii, castri ipsius, accipere deberet, prout sic vel aliter in dicto vestro precepto dicitur contineri : a quo quidem precepto Anthonius Vesperii, filius et conjuncta persona dicte Sylete, sentiens se agravatum et oppressum, dubitet que in posterum forcius agravari, ad audiendum dicti domini vicarii ordinarii sive sui vice gerentis oraculo, vive vocis, recurrerit, et recurssu pendente nil sit, ut jure traditur, innovandum : Volumus igitur, et vobis tenore presentium precipiendo mandamus, quatenus dicto recurssu pendente, nil novi in prejudicium ipsius recurrentis, quo supra nomine, faciatis, seu fieri modo aliquo permitatis ; quinymo omnia revocetis et ad statum pristinum et debitum reducetis. Citantes nihilominus seu citari mandantes dictum Petrum ut, si sua putaverit interesse et partem facere voluerit in premissis, die octava futuri mensis Maii, in dicta Curia Forcalquerii compareat coram nobis in ipsa causa debite processurus ; ad quam diem mitatis nobis acta ominia dictum recurssum tangentia, clausa, correcta et fideliter sigillata, ut inde delliberare valeamus super premissis : Hiis post debitam executionem remanentibus presentanti. Actum Forcalquerii, sub signo Curie, carente sigillo. Die XXIII mensis Aprilis, anno a nativitate domini M⁰ CCCCVIII, prime indictionis. Signetur Fornerii. »

Au bas on lit :

« Tenor super scriptionis dictarum litterarum.

Die penultima mensis Aprilis, fuerunt presentes littere presentate michi Elziario Pellegrini, baiulo de Vaqueriis, pro parte nobilis Raybaudi, condomini dicti loci, et quia non habeo acta aliqua mitere non possum, sed feci *executionem*[1] ut retro mandatur. »

[1] Signification des lettres inhibitoires.

550. Au jour fixé, c'est-à-dire, le huit mai suivant, les parties comparurent devant le tribunal du viguier et y déduisirent leurs moyens. L'appelant demanda à être relevé de la sentence rendue contre lui, avec dépens. L'intimé, au contraire, conclut à ce qu'il fût dit qu'il avait été bien jugé par le bailli, et à ce que la cause fût renvoyée devers lui ; aussi avec dépens.

551. Sur ce, le viguier remit au lendemain pour rendre son jugement. *Et ego Ludovicus Isnardi vice vicarius et vice judex Curie regie Forcalquerii, ad audiendum meam delliberationem et responsionem, cras in terciis[1] pro termino assignavi.*

Je n'ai pas la sentence du juge d'appel et j'ignore de quelle manière il jugea. Mais, malgré sa physionomie toute civile, l'affaire n'en demeura pas là. Les poursuites criminelles furent continuées, et les deux inculpés interrogés, savoir : Antoine Vespier, le 29 mai et le bailli le premier juin suivant. Leurs réponses ne satisfirent pas le juge, qui ordonna la continuation des poursuites : *colligetur cum nom doceat quod in sua depositione asserit*. En conséquence, un délai de dix jours fut accordé aux inculpés pour présenter leur défense, et ils furent admis à se cautionner mutuellement. En définitive, l'affaire aboutit à un non-lieu pour le bailli.

552. J'ai des raisons de croire que le port d'armes était permis, à de certaines conditions établies par les ordonnances de police municipale. J'en ai parlé plus haut. Je suis confirmé dans cette opinion par la procédure que je vais rapporter. Il s'agissait de poursuites faites contre un habitant de Forcalquier lequel, ayant

---

[1] Heure de tierces.

été constitué sequestre d'un couteau saisi par un officier de justice sur un individu étranger à la localité, le lui avait rendu sans en avoir l'autorisation. Le délinquant fut, pour ce fait renvoyé devant le tribunal, après avoir toute fois été interrogé par le viguier. *Collecta in primo parlamento*.

« Anno M° CCCC VIII, die XXIX mensis Maii, inquiritur per Curiam, etc. Contra Johannem Cotam, super eo videlicet, quod dictus delatus, suo ausu themerario motus, non verens quam grave sit et penale mandata officialium dicte Curie habere in contemptum, hiis diebus non longe lapsis, cum Monetus de saladayguin, subvicarius dicte curie, arrestasset eidem delato unum cultellum Anthonii Textoris, de Sancto Michaele, quem penes se habebat, et ad penam x librarum illum non restituere sine licencia Curie, delatus ipse dictum cultellum restituit dicto Anthonio sine ipsius Curie licencia, sic in premissis delinquendo. »

Vient ensuite le rapport du sous-viguier constatant la saisie. Après cela, le sequestre fut mandé devant le juge afin d'être interrogé. Croyant se tirer d'affaire par ce moyen, il se retrancha dans un silence absolu : *Eodem die, ego Johannes Fornerii, vice notarius, virtute mei vice notarii officii, precepi et injunxi dicto Johanni Cotam, presenti et intelligenti, supra delato, ut responderet dicte inquisitioni, qui nullathenus dicere voluit nomen suum.*

Mais on sut bien vite le guérir de ce mutisme en le menaçant de la prison : *et dictus dominus vicarius et judex precepit et injunxit dicto Johanni delato, ibidem presenti, ut incontinenti accedat ad Curie mansum tamdiu quousque nomen suum panderit et responderit inquisitioni predicte, ac juri et justicie parearit,* sub pena C librarum. L'expédient réussit, et l'inculpé retrouva la parole. Il convint du fait, après avoir prêté serment, et fut renvoyé libre, sous le cautionnement de sa femme, qu'il autorisa à cet effet.

553. Un paysan de Forcalquier, Jean Allard dit Fresquet, fut accusé d'avoir volé dans les champs une botte d'aulx. *Inquiritur super eo videlicet, quod dictus delatus, de suis rebus propriis nom contentus, se alienis locupletari cupiens, certam quantitatem alliorum furatus fuit in orto Bartholomei Floriti, de Forcalquerio, et secum portavit; furtum comitendo et in premissis graviter delinquendo.*

Interrogé là-dessus, l'inculpé répondit qu'il avait pris quatre paniers d'aulx dans un jardin commun entre lui et son frère Antoine, *quatuor cabassias alliorum;* et il nia, par conséquent, s'être approprié le bien d'autrui.

Un témoin entendu sur le fait répondit « quod dictus delatus ista septimana preterita venit ad eumdem loquentem existentem in planum arearum Forcalquerii, ipso ibi existente cum Bartholomeo Floriti ; et dictum delatus extraxit de manica duas *testas*[1] alliorum, dicendo si volebant allia ; cui ipse loquens dixit ubi receperat ; et tunc dictus delatus respondit in quodam loco ubi sunt multa mulcta allia ; et tunc ipse loquens repressendit illum quod male faciebat ; cui dictus delatus dixit, ego dedi dicto Bartholomeo unam bonam. Interrogatus si portabat plura, dixit ignorare, tamen portabat quasdam *besassas*[2], si infra erant allia ignorat. »

[1] Caput alii.
[2] Besace.

554. L'inculpé, qui certes n'avait pas besoin d'avocat, crut néanmoins devoir se faire défendre. Il présenta un petit mémoire fort bien tourné :

« Ad annullandum vires invalide inquisitionis facte per Curiam Regiam Forcalquerii offerentur tituli deffentionales infrascripti. Et primo inquisitio fuit adversus et contra Johannem Alardi, alia Fresqueti de Forcalquerio, super eò, videlicet, ad denunciationem factam subvicario per Monetum Martini, dicti loci, quia dictus delatus, de rebus suis propriis non contentus, in quodam orto Bartholomei Floriti, seu cujusdam alterius hominis de Forcalquerio, de nocte furatus fuit certam quantitatem alliorum et secum quo voluit portavit, prout sic latius vel consimiliter in dicta inquisitione dicitur contineri.

Et primo, est videndum an ex depositione sua dictus delatus sit condempnandus, et videtur dicendum salva reverentia cujuscunque, quod non, quia non confitetur accepisse in orto in dicto titulo nominato alhia, et actore non probante reus absolvitur.

Major propositio est manifesta probatio minoris ; non est potestas condempnandi ut confessus quia negavit contra eum intitulata, ut patet in sua depositione ; nec ut convictus legitime, ut opportet, quia Monetus Martini, testis auditus, non est legitimus quo ad testimonium ferendum contra dictum delatum in hac causa, cum sit intimator seu denunciator, cum premissa denunciaverit Antonio, servienti subvicario Curie Regie Forcalquerii, loquendo semper sine cura et ipsius injuria, sed dumtaxat pro ipsius delati deffensa, de quo solemniter protestatur.

Item, etiam non venit condempnandus de premissis

dictus delatus quia non deponit vidisse in quo loco dictus delatus alhia accepit, et etiam ut solus in dicto suo, et unicus testis, quia vox unius vox nullius : Ideo dicto seu depositioni unius testis non est standum : Eapropter venit absolvendus et non condempnandus ab intitulatis contra eumdem.

Igitur, premissis consideratis, venit dictus Johannes absolvendus, qum favorabiliores esse debemus ad absolvendum quam ad condempnandum, et *sanxius*[1] est nocentem absolvere quam ignoscentem in dubio condempnare, prout jura clamant ; que jura dominus judex ex suo judicature officio inspicere debet.

Cetera que desunt supleat peritia et legalitas domini judicantis. »

Sur le vu de ce mémoire, Allard fut renvoyé des poursuites : *quare nil validum probatur imo absolvatur. Ludovicus Gaufridi vicarius. Et, cancellata juxta decretum.*

555. Il n'était pas permis à un débiteur de faire la sourde oreille aux réclamations de son créancier, surtout s'il agissait en vertu d'un mandat de justice. Mal en prit à la femme d'Hugues Fabre, de Forcalquier, pour avoir agi de la sorte :

« Anno a nativitate domini M° CCCC VIII, die XVIII mensis Maii, denunciante Johannes Brunelli, alias de Dia, nuncio dicte Curie, inquiritur per dictam Curiam et presens inquisitio formatur contra pretitulatam Anthonetam, uxor Hugonis Fabri, super eo videlicet, quod dicta delata, de suis demeritis nullam credens subire judicium ultionis, cum die supra intitulata dictus nuncius ad instantiam Elziari Giraudi, firmarius ban-

---

[1] Sanctius.

norum dicte Curie, pro uno banno in executione cujusdam mandati generalis dicto fermario concessi, et ipsa delata infra domum suam esset, clausa janua domus ab infra noluit respondere dicto nuncio, nec eidem domum eamdem aperire, officium dicte Curie contempnendo et in premissis graviter delinquendo. »

L'huissier allait saisir-gager Hugues Fabre. Il s'en explique dans son rapport :

« Anno et die predictis, Johannes Brunelli, alias de Dia, juramento suo, dixit et retulit michi notario infra scripto, precedente die inisse pignoratum dictam delatam, que noluit sibi apperire nec respondere, licet in et infra domum suam, et hodie mane etiam, ad instantiam supra dicti Elziarii, accessisse pro pignorando eamdem, et invenisse portam domus clausam ab infra cum *ferrolho*[1], et cum clamaverit nullus sibi respondit. »

La femme Fabre interrogée, répondit naturellement qu'elle n'était pas chez elle, quand l'huissier s'y était présenté, et qu'elle était allée à son jardin.

556. Mais cette excuse ne fut pas admise, et on la renvoya devant le tribunal, sous le cautionnement de son mari, qui s'engagea *ad omnimodam Curie voluntatem et judicato solvendo*. On ne plaisantait pas en pareille matière, car les *bans*, ou amendes, constituant le revenu le plus clair des officiers de justice, qui en percevaient une partie, ceux-ci étaient soigneux d'en assurer la rentrée.

557. On entendait si peu raison que Antoine Allard, ayant été cité devant le viguier en paiement de la somme de douze deniers, montant d'une amende encourue par

[1] Verrou.

sa femme pour avoir fait dépaître un animal à l'entour d'un champ ensemencé en blé, et s'étant permis de dire que sa femme ne devait pas de *ban*, fût poursuivi en justice comme ayant injurié le fermier des bans. On ne la relâcha que sur un cautionnement de dix livres qu'elle dût fournir dans toute la journée du lendemain.

Mais cette poursuite était tellement injuste et vexatoire, car la femme Allard avait été acquittée sur le fait de la contravention, qu'il intervint une ordonnance de non-lieu. *Quod nil validum probatur absolvatur.*

En revanche, le peuple, toujours fort peu ami des collecteurs d'impôts ou d'amendes, avait donné au mot *bannier* un sens injurieux. J'ai donné ci-dessus l'exemple d'un cas où une femme fut poursuivie pour avoir qualifié le fermier de l'épithète de *bannayre*, cependant, on ne pouvait guère l'appeller autrement. Mais en fait d'injures l'intention est tout; l'expression est indifférente.

558. Quelquefois la justice, égarée par la voix publique, ou, obéissant peut-être à un autre mobile dont j'ai déjà touché un mot, devenait tellement inquisitive, qu'elle dépassait les limites de l'équité et méconnaissait ses devoirs. Ainsi Salamite Astruc, juif de Forcalquier, ayant été soupçonné d'avoir volé de l'argent à Astringuet Vital, son beau-père, fut poursuivi, bien que celui-ci ne se plaignît pas. Il fut même jusqu'à cautionner son gendre. Cela n'empêcha pas l'instruction de suivre son cours. On entendit des témoins, qui ne déposèrent que de circonstances futiles ; on interrogea l'inculpé, en lui faisant prêter serment *super littcris ebraycis*. Tous ces efforts aboutirent néanmoins à une ordonnance de non-lieu que l'évidence arracha au juge.

559. Dans tout le cahier d'information que je possède je n'ai trouvé que deux procédures ayant des faits majeurs pour objet. Il s'agit dans l'une de la captation d'un testament, et dans l'autre d'un vol qualifié.

Capter la volonté d'un testateur était un fait délictueux donnant lieu à des poursuites criminelles, et sur lequel on informait d'office, ou sur la plainte de la partie lésée. Dans l'espèce, l'héritier présomptif, plus proche parent, avait dénoncé le fait à la justice. Le temps a emporté les premières feuilles de l'information, mais il en reste assez pour qu'on puisse l'apprécier. Elle est pareille à toutes celles que j'ai citées, et aboutit, faute de charges à une ordonnance de non-lieu. Cependant il ne sera pas inutile de copier les dépositions de deux témoins entendus; l'un à charge, l'autre à décharge.

La première est celle de Jean Gombert, fils du notaire de Forcalquier, qui avait reçu le testament.

« Interrogatus suo juramento super contentis in dicto titulo, ipso sibi prius lecto et exposito, prout jacet in libro quia persona literata, dixit qnod dicta quondam Garsendis mandavit quesitum magistrum Martinum Gomberti, quondam patrem suum. Cum quo loquens ipse init *Manoa*, et dum fuerint in domo sua ipse dixit dicto magistro Martino, *compatre*[1], ego mandavi per vos quia volo facere meum testamentum. Cui ipse respondit *comatre*[2], vos facietis bene ; et ibi est magister Petrus Achardi et ejus filius qui sunt vobis magis propinqui quam aliqui alii de mundo. Que respondit, ego non curo de Petro qui non fecit michi aliquod bonum. Et tunc ipse magister Martinus repli-

[1] Compère.
[2] Comère.

cavit, comatre, si vos non facitis mensionem de istis duobus, vel altero ipsorum, ego non facerem istud testamentum. Et ibidem dictus magister Martinus volebat recedere. Et tunc ipsa rogavit eumdem ut scriberet dictum testamentum. Et ibidem erant presentes supradicti Jacobus Monerii et Isnardus Rebolli, supra delati qui dicebant supra dicte quondam testatrici talia verba vel similia, videlicet, *donna vos es bona esania, ordenas saniamens vostres fachz ; non o dic pas que vos mi laysces ren*[1]. Interrogatus si audivit quod dicti delati dixerunt ibidem quod dictus magister Petrus erat mortuus, dixit quod non, tamen audivit quod dixerunt quod ipse magister Petrus erat hospitalarius, etc. »

Les autres dépositions étaient semblables. Il en résultait qu'on avait abusé la testatrice sur l'existence ou sur la profession de son parent, qu'on lui faisait croire être entré dans les ordres religieux.

Le seul témoin à décharge entendu, quoiqu'on en eût indiqué plusieurs dans un mémoire justificatif, est Guillaume de Sainte-Marie. Il déposa de la bonne réputation des inculpés, et il attesta que Pierre Achard s'était trouvé à Mane, domicile de la testatrice, après la confection du testament et pendant que celui-ci vivait encore. On lui demanda en outre si lui, témoin, était excommunié, à quoi il répondit que non. S'il était parent ou allié des inculpés. Enfin, quelle issue il désirait qu'eût le procès : *interrogatus si vellet ipsos delatos absolviri vel condempnari, respondit quod si non habeant culpam vellet quod absolverentur, et si haberent culpam vellet quod condempnarentur.* Le procès-verbal ajoute : *et genera-*

---

[1] Dame, prenez garde ; ordonnez sagement vos faits. Il ne vous dit pas de ne rien me laisser.

liter seductus, etc. *Respondit quod non.* Il était impossible de faire plus pour s'assurer de l'impartialité du témoin.

560. La seconde procédure a trait à un vol qualifié, en ce que l'on vola une valise, et qu'on s'appropria les effets qu'elle contenait, après l'avoir ouverte. Voici les faits qui résultent de l'information.

Vers la fin d'avril 1408 Mordacays Crestas, juif de de Marseille, se rendant à Forcalquier, se trouvait sur la route entre Sainte-Tulle et Manosque. Son cheval lui échappa, et après une longue poursuite, fut se mêler aux chevaux de noble Isnard du Pont, de Manosque. Le lendemain le cheval lui fut rendu avec son harnachement tout déchiré, mais la valise ne se trouva plus. Elle contenait des vêtements, un manteau et unam *disploydem*[1]. Là dessus, plainte fut portée par le juif tant contre Isnard du Pont, que contre le nommé Raymond, gardien des chevaux des religieuses de Sisteron. On y comprend en même temps tous ceux qui auraient participé au vol ; *contra omnes universos et singulos qui de subscriptis potuerumt ope, opere, auxilio, consilio vel favore, modo aliquo, culpabiles reperiri.*

561. Sur le vu de cette plainte, ordonnance du juge qui établit les indices et dit qu'il sera informé :

« Et ut veritas jam dicti celerati criminis clarius habeatur, pro parte ipsius Curie Regie Forcalquerii formatur et proponitur indicium resultans infra scriptum, etc. »

« Quo si quidem ex cessu tanti facinoris criminoso et ne fandissimo ad aures dicte Regie Curie ipsius que domini judicis ceterorum que officialium Curie ejusdem

---

[1] Espèce de surtout.

pervento : idem dominus vicarius et judex volens et cupiens, prout ex suo incumbit officio, processum presentem debiti fundamenti ordine compilari, veritatem que omnium premissorum per solertem indaginem cura solicita indegare, ne coram excellentia Regia seu rectoribus ejusdem, cujus negligentia seu alia quamvis de causa possit aut valeat venire arguendus, ad jam dictam criminum supra dictorum patratarum delictorum veritatem habendam, pariter que et alias quascunque informationes veridicas seu veritate suffultas, jussit cura solicita indegari pariter que haberi et inquiri per me Johannem Fornerii, notarium et jam dicte Curie scribam.

Ego vero notarius supra dictus et toto cordis animo cupiens jussionibus et mandatis prebati domini vicarii et judicis, et prout ex presenti quo utor notariatus officio, obedire, ad habendum, indegandum pariter que reperiendum veritatem, et quascunque alias informationes veridicas, pro parte supra dicte Regie Curie investigandum, absque more dispendio, processi tam principales quam testes audiendo, in modum qui sequitur infra scriptum, pariter que inquisivi. »

562. Le cas était grave. Aussi le greffier embouche la trompette et emploie son latin le plus magestueux, mais non le plus clair. Cependant la pompe de son style ne lui fit pas découvrir le coupable. La montagne en travail n'accoucha même pas. Le juif rattrappa son cheval et le harnais tel quel ; quant à la valise, elle fut bien perdue, avec tout ce qu'elle contenait. Isnard du Pont expliqua comme quoi il avait trouvé et rendu, cheval, bride et selle.

Ses explications démontrèrent son innocence. Il fut

d'abord relâché sous caution, et finalement renvoyé des poursuites, *quia nil validum probatur imo tanquam a non probatis absolvatur. Ludovicus Gaufridi vicarius.*

563. L'ordonnance de mise en liberté sous caution existant textuellement dans le cahier, je veux la rapporter en entier, afin qu'on sache bien comment on agissait alors :

« Die VII mensis Maii, fuit relaxatus supra dictus nobilis Isnardus de Ponte, mandato nobilis et circunspecti viri domini Ludovici Gaufridi, bacallarii in legibus, vicarii et judicis dicte Curie, data juratoria cautione, qui promisit et juravit comparere et se representare in presenti Curia toctiens quoctiens fuerit requisitus.

Ad cujus preces fidejussit pro eo nobilis Franciscus Isnardi, de Forcalquerio, cum juramento de representando eumdem toctiens quoctiens fuerit requisitus per dictam Curiam, sub pena XXV librarum. »

564. Je laisse de côté la procédure pour insister sur un fait qui démontre combien les usages ont changé depuis lors dans cette partie du département des Basses-Alpes. Le cheval du juif Mardochée Crestas, après s'être enfui, se mêla aux chevaux d'Isnard du Pont, et fut entraîné par eux dans les îles de la Durance, *transfretavit unum brachium Durencie*. Ce fait prouve que, dans le même pays, on se livrait autrefois à l'élevage des chevaux, car, lorsque les diverses personnes qui agissent dans la procédure parlent des chevaux d'Isnard du Pont, ils n'entendent pas un ou deux chevaux, mais bien un troupeau tout entier d'animaux de cette espèce. Ces chevaux étaient évidemment destinés au commerce, et non point exclusivement à l'usage du propriétaire. Cela est surabondamment prouvé par la mention dans

la procédure du gardien des chevaux *equesserium* des religieuses de Sisteron qui, à coup sûr, ne montaient pas à cheval. Au reste, ce ne serait pas la seule preuve que je pourrais donner de l'existence dans nos contrées d'une industrie aujourd'hui éteinte. Par exemple, le seigneur de Pierrerue avait le droit de pacage pour ses chevaux dans le terroir de Forcalquier.

Il en était de même pour les bœufs et les vaches. Les dernières surtout étaient bien plus nombreuses qu'aujourd'hui. J'ai rencontré fréquemment des baux à cheptel ayant des vaches pour objet.

Quant aux moutons, il était d'usage de les envoyer dans la montage pendant l'été, ainsi que le pratiquent encore les propriétaires d'Arles. On ne les réunissait pas, comme maintenant, sous la garde d'un pâtre commun, mais on les confiait au propriétaire chez lequel ils allaient dépaître. Cela se faisait moyennant salaire, et la remise des troupeaux était constatée par acte notarié. Cet usage n'existe plus ; il est même abandonné depuis longtemps. Je ne crois pas que, dans tout l'arrondissement de Forcalquier, on déplace un seul troupeau pour le faire dépaître dans un autre terroir.

565. J'ai eu l'occasion de dire et de prouver que nos ancêtres ne connaissaient guère les commodités de la vie. Leurs vêtements étaient faits de drap grossier, fabriqué dans le pays, quelquefois même à la maison. Ils employaient aussi le cuir à cet usage. Ainsi Isnard du Pont, interrogé sur le fait pour lequel il était mandé devant le juge, dit que, allant voir ses chevaux, il rencontra deux hommes dont l'un vêtu de drap grossier, et l'autre de cuir, *de corio*. Ce fait était bon à constater.

566. Je n'ai plus qu'une seule remarque à faire sur

la manière dont étaient instruites les procédures criminelles. Elle a trait aux défenses des inculpés.

J'en ai donné plusieurs exemples dans le cours de ce travail. Ils suffiront pour qu'on prenne une idée de ce genre de pièces. Je dois dire qu'on en rencontre de deux sortes. Les unes, qui sont de simples mémoires justificatifs, dans lesquels on discute les charges de la prévention, et l'on cherche à démontrer l'innocence de l'inculpé. Les autres qui, tout en tendant au même but, proposent une contre-enquête, énoncent les faits à prouver, et désignent les témoins à l'appui. Ces mémoires ou requêtes sont ordinairement répondues par le juge dans la forme suivante, *audiantur testes*. Les dépositions à décharge sont toujours écrites à la suite du mémoire dont la composition matérielle était calculée à raison du nombre des témoins à entendre.

Voilà quelle était la manière de procéder en matière criminelle. Je raconte le peu que j'en sais, tout en regrettant de n'avoir pu pousser mes investigations plus loin. Mais le temps et les documents m'ont manqué. On peut bien, à force de travail, et, jusqu'à un certain point, regagner le temps perdu ; mais comment suppléer aux monuments écrits ? La destruction des registres de la sénéchaussée de Forcalquier est une perte irréparable. Quelques efforts que l'on fasse, l'administration de la justice, dans ces temps reculés, y sera toujours couverte d'obscurité. Cela est d'autant plus fâcheux, qu'à raison des changements survenus, on ne peut plus connaître ce qui était autrefois par ce qui est aujourd'hui.

567. J'ai parcouru successivement les diverses espèces de conventions que nos ancêtres passaient. J'ai donné

des exemples de toutes celles que j'ai rencontrées, afin que par la comparaison de la pratique ancienne et de la pratique moderne, on pût se faire une idée de leur manière d'agir. Au fond, les choses sont toujours les mêmes, car l'homme ne change qu'extérieurement. La forme seule varie. Sous ce rapport, il y a loin du contrat du XIVe siècle à celui du XIXe : il y plus loin encore entre les mœurs et les usages des deux époques. Je me suis attaché à faire ressortir cette dissemblance, en citant des faits, que j'ai accompagné de quelques réflexions, alors que le sujet paraissait le comporter. D'autres fois j'ai laissé au lecteur le soin de conclure, parce qu'il me semble que, dans toute œuvre qui n'est pas élémentaire, on doit lui laisser quelque chose à faire. Il y a des rapprochements qui sont à la portée de tout le monde, et d'ailleurs, pour une œuvre sérieuse, l'auteur a droit de compter sur des lecteurs sérieux.

Je ne sais si le mode que j'ai employé m'aura conduit au but, c'est-à-dire, si j'aurai réellement fait l'histoire de la classe *bourgeoise*. Non pas l'histoire politique : Dieu m'en garde ! Tel n'est pas mon dessein. Mais l'histoire intime, celle de tous les jours et de tous les instants : celle de ses rapports sociaux, de son existence de famille ; en un mot, l'histoire de sa manière d'être et de sa manière d'agir, dans les circonstances ordinaires et vulgaires de la vie. A un pareil travail, la méthode synthétique eut peut-être échoué, car il repose sur des détails nécessairement minutieux. J'ai dû me conformer à mon sujet, et procéder par la méthode contraire. C'est en multipliant les citations, en envisageant l'existence *bourgeoise* sous toutes ses faces, que j'ai pu espérer d'initier le lecteur à la connaissance des usages des temps passés. A moins de l'obliger à me croire sur parole, il fallait bien mettre sous ses yeux les pièces à l'appui. En agissant ainsi, il jugera en connaissance de cause.

568. A ces notions générales, que des exemples pris dans des faits intéressant particulièrement ma famille viendront corroborer, j'ajouterai quelques observations sur le système monétaire existant en Provence aux XIVe et XVe siècles. Elles seront brèves, car je n'entends pas parler de toutes les monnaies ayant eu cours dans notre pays pendant ce laps de temps. Je ne m'occuperai que de celles dont il est fait habituellement mention dans ce chapitre. Il convient au lecteur de savoir ce qu'étaient le florin, le sou et le denier, et quelle serait leur valeur actuelle. Quant aux autres monnaies qui apparaissent de loin en loin et d'une manière tout à fait exceptionnelle, je les passerai sous silence ; d'abord, parce que d'autres écrivains s'en sont suffisamment occupés avant moi ; et, ensuite, parce que, lors même qu'elles circulaient librement et servaient d'appoint aux transactions, l'usage en était ordinairement ramené au type légal, c'est-à-dire, au florin. En d'autres termes, on pouvait bien, en prêtant ou payant une somme, prêter ou payer en autre monnaie qu'en florins, sous et deniers ; mais il est presque sans exemple que le titre constitutif de la créance, ou l'acte constatant la libération, mentionne une autre monnaie que la monnaie provençale. Or ce titre n'appartient qu'au florin, frappé par nos Comtes, et à ses sous-multiples. Je ne connais d'autre exception à cette règle que pour le florin de Florence, lequel, précisément à cause de cette exception, devait avoir cours légal. Ce n'est guère que dans le

courant du XVIe siècle que l'on voit apparaître dans les actes des monnaies étrangères. Antérieurement les monnaies, même françaises, y sont rarement mentionnées.

569. Les métaux précieux ont toujours joué un rôle important dans ce monde, *pecuniæ obediunt omnia*[1], dit la Bible. Horace donne à la monnaie le nom de Reine ; et un autre poète nous apprend, en quelques vers, quel est son pouvoir :

> Quisquis habet nummos, secura naviget aura,
> Fortunam que suo temperet arbitrio.
> Uxorem ducat danaen, ipsum que licebit
> Acrisium jubeat credere quod danaen.
> Carmina componat, declamet, concrepet, omnes
> Et peragat causas, sit que Catone prior.
> Jurisconsultus paret, non paret, habeto
> Atque esto quicquid servius et labeo.
> Multa loquor, quidvis nummis presentibus opta,
> Et veniet, clausum possidet area Jovem[2]. »

Ces vers sont expressifs ; mais en fait d'énergie et de concision, rien n'est comparable au passage de la Bible, *pecuniæ obediunt omnia*. Au reste, ceci n'est que le côté moral de la question. Quant au côté pratique, on a justement qualifié l'argent de garantie contre les besoins à venir, *pecunia est fidejussor futuræ necessitatis*[3]. Cette définition, attribuée à Aristote, est exacte au fond, car, en réalité, l'argent ne sert, à celui qui le possède, qu'à se procurer ce dont il a besoin. Mais, faisant abstraction de cette considération particulière, et l'envisageant sous un point de vue plus large et plus élevé, on peut dire que l'argent est l'agent universel du

[1] Ecclésiastes. Cap. X. V. 19.
[2] Petronius Arbiter.
[3] Jean Aquila. De monetarum potestate, p. 21.

commerce, le signe représentatif de toutes les valeurs, et le mobile ou le but de toutes les transactions. Malgré tous les crimes qu'il a fait commettre, il est incontestable qu'il est l'agent le plus actif de la civilisation, car c'est à lui que nous devons le rapprochement lent, mais progressif, de tous les peuples. Il nous importe donc beaucoup de savoir quelle était sa valeur pendant la période sur laquelle j'écris, ainsi que le nom des monnaies en usage parmi nos ancêtres.

570. Leur système monétaire était simple en apparence. Ils comptaient par florins, sous et deniers. Mais il se compliquait par l'existence simultanée de plusieurs types de valeurs inégales. Ainsi les rapports du sou au florin n'étaient pas toujours semblables, de même que ceux du denier au sou variaient. Cela tenait à ce que chacun de ces types différait de l'autre par son titre ou par son poids, et souvent par tous les deux. Ce sont les principaux de ces rapports et de ces différences que je vais m'efforcer de mettre brièvement en lumière.

571. Le florin était l'unité monétaire de l'époque, et l'on n'en connaissait pas d'autre. A lui se rattachait le sou, qui formait la principale division ; puis venait le denier, sous-multiple du sou.

572. L'opinion la plus probable et [la plus accréditée fait dériver le mot florin, de *Florence*, ville où l'on frappa une monnaie d'or, ayant d'un côté une fleur de lys, et, de l'autre, l'image de saint Jean-Baptiste, patron de Florence[1]. Voici ce qu'en dit un ancien auteur. *Habuit autem floreni nomem initium a civitate Florentiœ, ob florem in ea moneta impressum, ut testatur Christophorus Laudinus in suis glosis ad*

---

[1] Migne. dict. de numismatique, v° florin.

italicum poema Dantis, et multæ monetæ ab imagine impressa nomen receperunt, ut Caroli, Cabalotti, Duplærosæ, et duorum capitum, aurei solis, Filippi, Julii, Pauli, et similes[1].

573. Mais l'origine du florin est assez indifférente ; c'est affaire de pure curiosité. Ce qu'il nous importe de savoir, c'est le poids et la valeur.

Les auteurs qui ont écrit sur cette matière à une époque, sinon contemporaine, au moins plus voisine de celle dont je parle, établissent qu'il existait deux espèces de florins, monnaie de compte, *monetæ imaginariæ*, d'un poids inégal, et, par conséquent, d'une valeur proportionnelle. La valeur du florin grand poids était calculée sur le prix de l'or ; le florin petit poids valait invariablement douze gros. *Imaginariæ, sunt floreni, quorum duo sunt species, magni ponderis, et parvi. Florenorum magni ponderis usus erat antiquus in patria ista,* (le Piémont) *et pretium currebat juxta valorem aurei Italiæ, parvi vero ponderis usus frequentior fuit, et ideo si in antiquis instrumentis nomen florenorum sit scriptus, intelligitur de florenis parvi ponderis valoris grossorum duodecim, ac si de floreno majoris ponderis fiet mentio, calculatio illius erit facienda ad valorem aurei nummi, prout vidi declaratum per illustrissimam cameram sabaudiæ*[2].

A l'époque où Thésaurus écrivait, le florin était réellement devenu une monnaie de compte, c'est-à-dire que, depuis longtemps, on avait cessé d'en frapper soit en France soit en Italie. Mais il existait antérieurement en Provence. Seulement on n'y connaissait pas le

---

[1] Gasp. ant. Thesaurus. De augmento monetarum, n° 24, pars prima.
[2] Ibid. ibid. n° 23, ibid.

florin grand poids, cette monnaie imaginaire n'ayant jamais eu cours. Ainsi que je l'ai dit tout à l'heure, toutes les transactions se soldaient invariablement, soit en florins de Florence, soit en florins provençaux.

574. Le florin était une monnaie d'or qui fut en grande faveur à son origine. Les premiers furent frappés à Florence en 1251. Ils étaient d'or fin, c'est-à-dire, à 24 carats, et de huit à l'once. Presque tous les souverains de l'Europe en firent frapper, et ils imitèrent le type florentin [1].

575. Il paraît — nous dirons mieux — il est même certain que le poids de ce florin augmenta par la suite. Nous en rapportons la preuve en le comparant au florin provençal, qu'il surpassait en valeur, et qui néanmoins n'était que de cinq à l'once [2]. Si ce dernier point de fait est avéré, et l'on ne peut guère le révoquer en doute, il en résulte que, ou le florin de Florence augmenta de poids après 1251 date de sa première émission, ou bien il n'est pas vrai que l'on en tirât huit de l'once.

576. Quoi qu'il en soit, nos Comtes ne restèrent pas en arrière et voulurent imiter les autres souverains. D'après le président de Saint-Vincens, Robert aurait été le premier qui fit frapper des florins. Ce souverain régna de 1309 à 1343. Ceux qu'il émit portaient d'un côté, l'effigie de saint Jean-Baptiste, et de l'autre, la fleur de lys, avec ces mots : *Robertus dux* [3]. Jeanne, qui lui succéda directement, imita son exemple. Comme son prédécesseur, elle en émit de plusieurs sortes. Les uns

[1] Migne. dict. de numismatique, v° florin.
[2] Papon, hist. de Provence, T. 3, p. 608.
[3] Monnaies des Comtes de Provence, page 3.

valaient douze sous tournois ou seize sous provençaux; les autres vingt sous tournois ; enfin, il en était qui occupaient une place intermédiaire[1]. Il serait long et fastidieux d'opérer le rapprochement de ces diverses monnaies et d'en calculer la valeur respective. Cela serait même inutile, attendu que les actes que j'ai cités n'en parlent pas. Je m'occuperai seulement du florin provençal que les notaires prenaient pour type monétaire unique dans leurs actes, et qui leur servait à établir la valeur de toutes les choses existant dans le commerce. Je dirai ensuite un mot du florin de Florence.

577. Le florin provençal, au dire du président de Saint-Vincens, était à 22 carats 3/4. Il pesait deux deniers huit grains, et il y en avait cinq à l'once[2]. Sa valeur était de douze sous tournois ou seize sous provençaux. C'est bien celui dont parlent nos actes, car dans presque tous il est question du florin *valoris sexdecim provincialum*.

Cette évaluation cependant n'était pas uniforme. Ainsi, dans un acte du 27 mai 1350, la valeur du florin est portée à quinze sous six deniers. « Cum dictus Guillelmus Alvenhe teneretur et esset obligatus Stregio Baldoyneti in LXX libris, unum florenum pro XV solidis, VI denariis, ut constat instrumento sub anno M CCC XXX VIIII, die XXVII mensis Januarii[3] ». Mais cette évaluation anormale tient sans doute à quelque cause qui influa sur la valeur du florin en 1338, car dans tous

---

[1] Monnaies des comtes de Provence, page 4. — Papon hist. de Provence, page 588.

[2] Monnaies des comtes de Provence. Page 7. Papon, hist. de Provence. T. 3. page 606 et suite.

[3] Notaire Jean Roche. — Notaire Mille, à Manosque.

les actes du même notaire il est uniformément coté à seize sous.

578. D'après un autre auteur, le florin pesait, en moyenne, trois grammes trois décigrammes. Son titre était de 0,948, et sa valeur intrinsèque serait aujourd'hui de 10 fr. 77 c.[1].

579. Suivant le président de Saint-Vincens, aux environs de 1780, époque à laquelle il écrivait, le florin valait intrinsèquement huit livres, deux sous, six deniers. Entre ce chiffre et celui de 10 fr. 77 c., il y aurait donc un écart de près de deux francs, même en tenant compte de la différence entre la livre et le franc. Cela tient à ce que, dans l'intervalle des deux appréciations, l'or a haussé de valeur, de telle sorte qu'à la dernière époque, c'est-à-dire, en 1849, la même quantité représentait une somme supérieure. Maintenant c'est le contraire qui a lieu[2].

580. Quoi qu'il en soit, et abstraction faite de ces divergences qui au fond importent peu, il est intéressant de savoir quel serait aujourd'hui le pouvoir du florin, c'est-à-dire, quelle quantité de monnaie il faudrait actuellement pour se procurer un objet coûtant autrefois un florin.

Le président de Saint-Vincens estimait que la valeur des denrées était à peu près la même vers la fin du XIVe siècle qu'en 1780. Il en donne pour exemple un acte de fondation fait en 1390, d'après lequel le prix de la charge de blé[3] aurait été de deux florins et demi, ou vingt-six livres six sous trois deniers, monnaie cou-

---

[1] Des monnaies qui avaient eu cours en Provence. Page 8.
[2] Papon, hist. de Provence. T. 3. page 611.
[3] Cent soixante litres.

rante de 1780, en comptant l'or sur le pied de 78 livres l'once. C'est, dit-il, le prix du blé dans les années d'abondance[1]. Il n'y a pas longtemps qu'il n'était guère plus élevé.

Le vin lui fournit un autre terme de comparaison. Il cite un dénombrement des revenus de la prévôté de l'église de Sisteron, fait le 19 décembre 1425, d'après lequel la coupe de vin, mesure locale de la contenance d'environ vingt litres, était appréciée trois gros du Pape, ce qui la faisait revenir à quarante sous monnaie de 1780[2]. Il est positif que, de nos jours, dans la plus grande partie de la Provence, le vin ne valait pas davantage avant la maladie de la vigne.

Le président de Saint-Vincens donne plusieurs autres exemples à l'appui de son système. Il en résulterait, si on l'appliquait à l'époque actuelle, que, depuis lors, le prix des denrées de première nécessité n'aurait sensiblement augmenté que depuis vingt-cinq ou trente ans. Jusques alors la balance aurait été presque égale.

Mais cette manière de raisonner me paraît fautive, ce n'est pas au moyen de cinq ou six exemples pris au hasard et sans tenir compte des accidents qui font hausser ou baisser le cours, qu'on peut connaître le prix d'une denrée quelconque pendant une longue période de temps. Il aurait fallu réunir tous les prix indiqués dans cette période, en extraire la moyenne, et alors on serait arrivé à un résultat, sinon certain, au moins très approximatif. Je ne serais pas embarrassé de citer des faits qui renverseraient tous les calculs du président de Saint-Vincens.

[1] Papon, hist. de Provence, T. 3. page 611.
[2]   Ibid.   Ibid.   page 612.

L'auteur moderne, dont j'ai parlé ci-dessus, a procédé d'une autre façon. Désireux de connaître les rapports de puissance entre la monnaie ancienne et la monnaie nouvelle, il a agi d'une manière plus logique. Il a pris pour terme de comparaison le prix du blé, et, opérant sur une période de plus de cent ans, balançant les années de disette par les années d'abondance, il a trouvé que, en moyenne, le florin équivalait à la somme de seize francs, monnaie actuelle [1]. Ce résultat ne peut être qu'approximatif, mais il s'approche de la vérité autant qu'il est possible, car il repose sur des bases certaines. Si la statistique ne nous conduit pas toujours au vrai, elle nous met du moins dans son voisinage, alors qu'elle est consciencieusement faite.

J'ai traité la même question dans une brochure que j'ai publiée en 1856 [2]. Comme je n'avais ni la prétention, ni le désir de l'approfondir, j'ai imité le président de Saint-Vincens, et prenant quelques faits isolés, j'ai bâti là dessus une théorie. Le prix de la viande et du vin en 1533 et en 1856 m'a servi de terme de comparaison, et je suis arrivé à un chiffre très voisin de celui mentionné ci-dessus. D'après mes calculs, le florin représentait alors une valeur de 15 fr. 36 c. Il n'y a qu'une différence de quelques centimes entre ce chiffre et celui de 16 fr., car l'auteur dont j'ai parlé varie entre 15 fr. 08 c. et 15 fr. 94 ; et s'il conclut en fixant le pouvoir actuel du florin à 16 fr., c'est qu'il prend en considération certaines circonstances qui ont dû, selon lui, affecter la moyenne de ses calculs.

On voit qu'il était difficile de se rapprocher davan-

[1] Des monnaies ayant cours en Provence. Page 9 et suite.
[2] Une carte de restaurateur en 1533.

tage. C'est ce qui me fait croire à la justesse de mes calculs. Je le répète, le mode que je recommande est le seul qui puisse conduire à des résultats satisfaisants si non certains.

581. Mais tous ces calculs se trouveront dérangés si nous tenons compte de l'avilissement progressif et rapide de l'or, avilissement qui se manifeste d'une manière incontestable et que l'on doit à l'exploitation des mines d'Australie et de Californie. Il en résulte que, à mesure que nous marchons vers l'avenir, la puissance du florin augmente en raison de l'abaissement de la valeur de l'or, et que celui qui voudrait, dans un an d'ici, refaire les calculs auxquels je me suis livré, pourrait fort bien être obligé d'adopter des bases différentes. La variation dans le prix des métaux précieux rend nécessairement les cours des marchés très versatiles.

J'entends fort peu de choses à l'économie sociale; mais il me semble qu'il se fait un bouleversement complet des rapports existant entre les métaux précieux et les divers produits de l'agriculture ou de l'industrie. Le plus extraordinaire, c'est que nous assistons à cette transformation avec une impassibilité vraiment stoïque. On fera de beaux livres et de longs raisonnements lorsque le fait sera accompli, mais quant à en prévoir les conséquences, personne n'y songe. Nous avons pourtant devant nous l'exemple du XVIe siècle. Quelle perturbation ne produisit pas la découverte de L'Amérique sur la valeur de l'or et de l'argent, comparée avec celle des objets nécessaires à la vie! On aura beau dire; l'homme est ainsi fait : tout au présent, il s'inquiète fort peu de l'avenir. L'histoire des générations passées est pour lui lettre morte. Il n'y voit que des récits de batailles ; il n'y apprend que les moyens de tuer ses semblables. Quant à celui de les faire vivre ; la chose n'en vaut pas la peine !

582. Ce que je viens de dire du florin suffira, j'espère, pour en donner une idée assez nette. On connaîtra approximativement sa valeur, et l'on pourra apprécier par soi-même l'importance des transactions que j'ai rapportées. Ce qui va suivre complétera cette esquisse. Cependant, avant de quitter ce sujet, je dois donner quelques explications sur le florin de Florence qui revient si souvent dans les actes du XIVe siècle.

Je manque complètement de documents écrits pour fixer la valeur de cette monnaie, car les actes que j'ai pu consulter ne la rapprochent jamais de son analogue le florin provençal, ni du sou, diviseur immédiat de celui-ci, ainsi qu'ils agissent pour le florin ordinaire, lequel est toujours accompagné de ces mots : *Valoris sexdecim soludorum provincialium*. De telle sorte qu'il faut s'adresser ailleurs pour se renseigner.

583. Que le florin de Florence ait existé, cela ne fait pas le moindre doute, puisqu'il tire son nom du pays même où il fut frappé pour la première fois. C'est sa valeur seulement qui est incertaine, et c'est cette valeur qu'il faudrait déterminer comparativement au florin provençal,

584. Il serait fort possible que les auteurs qui ont écrit sur cette matière soient tombés en quelque confusion en maintenant le florin de Florence parmi les monnaies ayant cours dans le XIVe siècle, et je soupçonne que, à ce sujet, ils ont commis plus d'une erreur.

J'ai déjà relevé celle qui a été commise par le dictionnaire de numismatique qui affirme, contrairement à ce qui est attesté par Saint-Vincens, que l'on taillait huit florins de Florence à l'once, tandis qu'il est généralement admis que l'on ne tirait que cinq pièces d'une once de métal, soit qu'il s'agît de florins de Florence, soit qu'il s'agît de florins provençaux. Il n'y avait qu'une différence entre ces deux monnaies, mais elle était essentielle : la première était à 24 carats, c'est-à-dire, au titre le plus pur, et la seconde était notablement alliée.

585. Mais cette erreur n'est pas la seule. Il en est une autre qui a jeté une confusion inextricable sur le système monétaire provençal, telle qu'elle le rend inintelligible. Tant qu'on ne l'aura pas soulevée, il sera impossible de se rendre raison des rapports entre le florin de Florence et le florin provençal. Je ne veux en rapporter qu'une preuve, mais elle sera convaincante.

Le président de Saint-Vincens, dont le nom jusqu'à présent a fait autorité en cette matière, parlant du florin de Florence, dit que le titre en était à 24 carats, que cinq pesaient une once, et qu'il valait douze sous tournois ou seize sous provençaux[1].

Dans un autre endroit il s'occupe du florin de la reine Jeanne. D'après lui, le plus fort des florins frappés sous le règne de cette princesse pesait deux deniers huit grains, et tous auraient été à 22 carats 3 1/4 de fin[2]. Ensuite, dans sa table des monnaies des Comtes de Provence, il donne à ce florin la valeur de douze sous tournois ou seize sous provençaux[3].

Il y a donc contradiction évidente entre ces deux

---

[1] Papon, hist. de Provence. T. 3, page 593.
[2] Ibid.   ibid.   ibid. page 588.
[3] Ibid.   ibid.   ibid. page 7.

passages, en ce sens qu'il est impossible que le florin de la reine Jeanne, qui n'était pas de bon alloi, égalât en valeur le florin de Florence frappé au titre le plus pur. Mais ce n'est pas tout. On dirait que le président de Saint-Vincens a pris à tâche de rendre cette contradiction plus manifeste. Il rapporte un certificat, émané de la chambre des comptes d'Aix le 14 août 1604, attestant que depuis l'année 1406 jusqu'en 1434, le florin d'or valait seize sous provençaux ou douze sous tournois[1]. Il est vrai que ce certificat ne distingue pas entre le florin provençal et le florin de Florence ; mais il est évident qu'il a entendu parler du premier.

586. La confusion que je signale entre deux monnaies très différentes de titre provient, à mon avis, de ce qu'on n'a pas tenu compte de cette circonstance capitale, et aussi parce qu'on a persisté à considérer comme circulant, en réalité une monnaie qui, moins de cent ans après son émission, était devenue monnaie de compte, caractère qu'elle avait dû à la pureté de son titre. Il était difficile, en effet, qu'au Moyen-Age, époque d'altération universelle de la monnaie, le florin de Florence, taillé dans de l'or pur d'alliage, pût se maintenir longtemps en circulation. Il dut en être retiré dans un très bref délai. Le nom seul en demeura comme l'emblème de sa valeur primitive et constitua une monnaie de compte exprimant le métal porté à son plus haut degré de pureté.

Ce résultat, qui ne pouvait manquer de se produire, est attesté par Thesaurus. Nous avons vu que, d'après lui, le florin tant grand poids que petit poids, était seulement une monnaie imaginaire, employée dans les

[1] Papon, hist. de Provence. T. 3, page 607.

transactions, et servant à ramener à une valeur certaine et invariable toutes les monnaies qui alors avaient cours en Provence.

587. Ainsi, le florin grand poids avait la valeur de l'or pur. Cette valeur ne pouvait être toujours la même, et elle devait nécessairement varier selon l'abondance ou la rareté du métal. En Italie, patrie du florin, les variations de cette monnaie avaient été infinies. Un auteur italien en donne le tableau depuis 1359 jusqu'en 1609. A toutes les époques, il servit à apprécier la valeur des diverses espèces d'or et d'argent mises en circulation. Ainsi, en 1359 il valait cinq gros et deux quarts, *duos quadrantes*. C'est-à-dire, quatre deniers ; en 1400 il était de onze gros et deux quarts ; et ainsi de suite, toujours en augmentant, jusqu'en 1425, époque à laquelle il prit aussi le nom de ducat. Mais il demeura longtemps encore l'étalon monétaire le plus usité ; c'est à lui qu'on rapportait toujours les monnaies circulant dans le midi de l'Europe. Par exemple, en 1609 le doublon d'Espagne était à 32 florins, et celui d'Italie à 31 [1].

Les notaires du XIVe siècle ne s'y trompaient pas et ne confondaient pas les diverses espèces de florin. Nous en avons la preuve dans le soin qu'ils mettaient à spécifier en quelle espèce de monnaie se faisaient les payements. Quand ils voulaient parler du florin de Florence, il s'en expliquaient d'une manière catégorique, en disant qu'on payerait en cette monnaie, sans en déclarer la valeur, et ils n'omettaient jamais les mots *ponderis legalis,* lorsqu'il était question de ce florin. Mais s'il s'agissait du florin de Provence, ils ajoutaient

---

[1] Nevizani. Valor ducati et monetarum.

toujours, *valoris sexdecim solidorum provincialium*. Pourquoi cela ? C'est que le florin provençal était, à raison de son titre, au-dessous du florin de Florence, et que toutes les fois qu'ils parlaient du premier ils en déterminaient la valeur, afin qu'on ne pût s'y méprendre et le confondre avec le second.

Je ne crois pas me hasarder beaucoup en disant que le florin de Florence, frappé à 24 carats, c'est-à-dire, pur de tout alliage, n'était autre que le florin grand poids dont parle Thesaurus. Ce florin devait, en effet, avoir la valeur de l'or, puisqu'il était au titre le plus élevé. Il est aussi démontré pour moi que le président de Saint-Vincens s'est trompé dans l'évaluation du florin de Florence, qu'il porte à douze sous tournois, ou à seize sous provençaux[1], tandis qu'il devait avoir une valeur bien supérieure. En effet, il évalue à ce chiffre le florin de la reine Jeanne qui était à 22 carats 3/4 de fin ; ce qu'il est impossible d'admettre[2]. Il est tombé dès lors dans une contradiction évidente, en donnant une valeur identique à des monnaies fort distinctes par leur titre.

588. Le florin petit poids, dont parle Thesaurus, a également servi d'étalon, et je le reconnais dans le florin provençal invariablement évalué à seize sous provençaux, ou à douze gros. Cette mesure fut nécessaire pour pouvoir se reconnaître au milieu des monnaies circulant alors en Provence. Indépendamment des florins de poids, de titres et, par conséquent, de valeurs différentes, il y avait chez nous une foule de monnaies venant des pays circonvoisins, dont l'usage aurait rendu les transactions fort difficiles, si l'on n'avait adopté un signe

[1] Papon, hist. de Provence. T. 3. page 593.
[2] Table des monnaies des Comtes de Provence, page 7.

monétaire fixe et invariable, auquel se référaient ou venaient aboutir toutes les transactions. Ce signe fut le florin petit poids, ou ordinaire, évalué à seize sous provençaux. Par ce moyen, on obtint une base certaine, applicable à toutes les obligations ; quitte, lors du payement, à ramener, par le calcul, au type primitif, c'est-à-dire, au florin provençal, les diverses monnaies servant au débiteur à opérer sa libération.

589. Il ressort de ce qui précède que, si l'on prend le florin provençal pour terme de comparaison dans la fixation de la valeur du florin de Florence, on devra dire que celui-ci valait un peu plus de seize sous provençaux. Il y avait entre les deux la différence de 22 carats 3/4 à 24 carats. Il me semble que cela est évident. Ainsi, on devra éviter de faire un rapprochement trop rigoureux entre ces deux espèces de monnaies.

590. Dans le courant du XIVe siècle, et par toute la Provence, on divisait uniformément le florin en sous. Ce n'est que très exceptionnellement que le gros est mentionné dans les actes de cette époque. Ce florin valait toujours seize sous ; ce qui néanmoins ne doit s'entendre que des florins frappés par nos Comtes, car nous avons vu que les florins étrangers avaient quelquefois une valeur supérieure, ainsi qu'il arrivait pour celui de Florence.

591. Mais deux espèces de sous avaient cours en Provence. D'abord, le provençal ; ensuite, le sou couronnat réforciat. Leur valeur était inégale, elle était comme de 4 à 5, c'est-à-dire, que le couronnat réforciat valait un quart de plus que le provençal [1].

592. Celui-ci était fort ancien. Déjà il en est fait

[1] Papon, hist. de Provence. T. 3. page 582.

mention dans les actes passés sous le règne de Charles Ier, et même antérieurement. Si j'en crois Saint-Vincens, il était à 11 deniers 5 grains, et 58 faisaient le marc. Ce n'est pas de ce sou dont parlent nos actes, car il avait une valeur bien supérieure, dépassant même celle du sou couronnat [1].

593. Le sou provençal, dont il est question fut frappé sous Robert, en 1339. C'était une monnaie d'argent à 10 deniers 15 grains 1/3, pesant 2 deniers 2 grains, de 92 au marc [2]. Il valait dix deniers. Les actes que j'ai cités en font foi : *et provincialis argenti denarios decem* [3]. Il entrait seize de ces sous dans le florin.

594. Le provençal prenait encore une autre dénomination. On l'appelait quelquefois *albus*, sans doute à cause de sa couleur, ou pour le distinguer d'un autre provençal connu sous le nom de *noir* [4]. Le président de Saint-Vincens, citant un acte de 1406, dit que c'est le premier acte passé en Provence où il soit parlé de *blancs* [5]. J'ai été plus heureux que lui, car, bien antérieurement à 1406, j'en ai trouvé dans lesquels ils sont mentionnés. Ils avaient absolument la même valeur que le provençal et n'étaient, par conséquent, que la même monnaie connue sous un autre nom : *precio quatraginta soludorum, monete nunc currentis, cujus monete unus albus argenti denarios valet decem* [6]. Ainsi l'albus

---

[1] Table des monnaies des Comtes de Provence, page 4.
[2] Ibid. Ibid. page 6.
[3] Acte du 16 mars 1344. Notaire Guil. Autric. — Notaire Mille, à Manosque.
[4] Papon, hist. de Provence. T. 3. page 581.
[5] Ibid. Ibid. page 607.
[6] Actes. 21 février 1344. f° 22. 22 juin 1344. f° 11 v°. 12 juin 1345. f° 41 v°. Notaire Guil. Autric. — Notaire Mille, à Manosque.

ou le provençal, valait invariablement dix deniers.

595. Quant au sou couronnat, sa première apparition date du règne de Raymond-Bérenger, comte de Provence. On l'appela couronnat parce qu'il portait une couronne sur une de ses faces. *Ut sit sub Raymumdo Berengario, primum occurit solidorum provincialium mentio, quos paulo post regales vel coronatos appellevere a corona in eis efficta, ubi Ildefonsus Aragonorum rex comitative provinciæ prefuit* [1].

596. A mon avis, ces couronnats n'étaient autres que des provençaux auxquels on ajouta une dénomination particulière. On en frappa de titres et de poids divers sous les règnes suivants. Mais cette circonstance, que je ne mentionne ici que pour mémoire, est tout-à-fait indifférente. La raison en est que, nulle part dans les actes, il n'est fait mention de ces sous couronnats, pour ainsi dire, anormaux. Or, il me suffit que le lecteur apprenne, sans être obligé de recourir ailleurs, ce qu'étaient les monnaies dont je parle. Mon intention n'étant pas de traiter de toutes celles ayant eu cours en Provence [2].

597. Le couronnat réforciat était une monnaie différente. On le nommait réforciat parce que c'était une monnaie forte, autrement dit, à plus haut titre [3]. Saint-Vincens prétend qu'on ne commença à la connaître que sous le règne de Charles II. D'après lui, il y en avait

---

[1] Du Cange. Glossaire, v°. Moneta provinciæ.

[2] V. Papon, hist. de Provence. T. 2. page 534 et suite. T. 3. page 570 et suite.

[3] V. Papon, hist. de Provence. T. 3. page 577. *Quæ ad puriorem minus que adulteratam materiam revocatur.* Du Cange. Glossaire, v° Reforciare.

84 1/3 au marc, et sa valeur aurait été de douze deniers couronnats [1]. Cet auteur affirme qu'il fut toujours supérieur d'un cinquième au sou provençal, et que presque toutes les transaction en Provence se faisaient avec cette monnaie. Mes propres recherches m'ont convaincu que cette dernière assertion est un peu trop absolue, et que le sou provençal était au moins aussi souvent mentionné dans les actes que le couronnat réforciat. Au reste, cela dépendait des époques. Dans le XIIIe siècle on ne parlait guère que de monnaie réforciate; dans le XIVe il était plus souvent question du provençal. Quoi qu'il en soit, sans parler du florin, unité vers laquelle convergeait tout le système monétaire, le provençal, le couronnat réforciat et leurs sous-multiples, sont les seules monnaies dont il soit fait mention dans les actes passés pendant les XIIIe et XIVe siècles.

598. J'ai déjà dit que le couronnat réforciat valait un quart de plus que le provençal. Ce fut cause qu'on créa un florin couronnat, monnaie de compte, valant seize de ces sous, et par suite un quart de plus que le florin provençal. J'en trouve un exemple dans la brochure dont j'ai déjà parlé [2]. Je lis cependant dans Saint-Vincens que la monnaie réforciate valait un *quint* de plus que la monnaie provençale. La preuve en est, dit-il, dans une charte de 1320, conservée dans les archives du chapitre de Saint-Victor de Marseille, qui dit que 64 livres réforciates avaient la même valeur que 80 livres provençales [3]. Il s'appuie, en outre, sur une ordonnance du sénéchal de Provence, donnée en 1337, de laquelle il

[1] Table des monnaies des Comtes de Provence, page 5.
[2] Des monnaies qui avaient cours en Provence, page 15.
[3] Papon, hist. de Provence. T. 3. page 585.

résulte que quatre sols couronnats valaient cinq sols provençaux[1].

Dans le premier passage cité, le savant magistrat a commis une erreur de calcul. En effet, si le couronnat réforciat n'avait valu qu'un cinquième de plus que le sou provençal, quatre couronnats n'auraient valu que quatre provençaux et quatre cinquièmes, tandis que, en réalité, quatre couronnats égalaient cinq provençaux. Donc, pour connaître le rapport de ceux-ci avec le couronnat réforciat, il faut ajouter un quart au nombre exprimé. Ainsi, vingt couronnats vaudront vingt-cinq provençaux. Si l'on ajoutait seulement un cinquième au nombre vingt, on resterait au chiffre de vingt-quatre, chiffre qui ne représenterait par le rapport réel.

599. Le gros était un autre sous-multiple du florin. Il commença à être usité vers la fin du XIVe siècle, et finit par remplacer le sou. Cette monnaie était d'origine française ; elle avait la même valeur que le sou tournois, c'est-à-dire, que douze gros faisaient le florin[2]. Mais elle était un peu supérieure au couronnat réforciat, la différence étant de quelques deniers. Ainsi, le provençal étant à dix deniers, le couronnat réforciat valait un quart de plus, ou bien douze deniers et cinq oboles ; tandis que le gros est toujours compté pour seize deniers[3]. C'est une différence de trois deniers et demi, ce qui vaut la peine d'être noté. Il est vrai que Saint-Vincens donne au couronnat réforciat le nombre rond de douze deniers, sans tenir compte des fractions[4];

---

[1] Papon, hist. de Provence, page 582.
[2] Des monnaies qui avaient cours en Provence, page 16.
[3] Table des monnaies des Comtes de Provence, page 9. Papon. T. 3, page 586.
[4] Table des monnaies des Comtes de Provence, page 6.

mais cela est de peu d'importance au milieu de la confusion qui existait dans le systéme monétaire de notre pays. Dans un travail d'ensemble, cette différence ne signifie pas grand chose.

Quoi qu'il en soit, il est positif que la valeur du gros était invariablement fixée à seize deniers. D'après Saint-Vincens, il s'agirait même de deniers réforciats [1]. Jamais ce chiffre n'a changé, tant qu'il a été question du gros. J'ai moi-même constaté, par un document irrécusable, datant de la première moitié du XVIe siècle, que cette monnaie avait conservé la même valeur [2].

600. J'ai étudié avec assez de soin l'ancien système monétaire de Provence, et j'avoue que je n'ai pu parvenir à m'en faire une idée bien nette et bien arrêtée. Les auteurs qui s'en sont occupés laissent subsister plus d'une obscurité, mêlée à beaucoup d'incertitude. Cela tenait sans doute à la nature du sujet. On comprend très bien les principales divisions du système, mais on ne se rend pas toujours un compte satisfaisant de leurs rapports. Les actes, quelquefois, viennent augmenter nos perplexités. Ainsi, le 9 mars 1429, Catherine Teissier vendit au nommé Roche, de Manosque, un jardin situé dans le terroir de cette ville, moyennant la somme de dix-huit gros, de seize sous chaque : *nomine precii decem octo grossorum de soludis sexdecim computando* [3]. Je ne connais pas de gros ayant eu une pareille valeur. Cependant le mot *soludis* est écrit très distinctement. Est-ce une erreur du notaire qui aura mis gros pour florin ? Ou s'agissait-il d'une

---

[1] Papon, hist. de Provence. T. 3, page 586.
[2] Une carte de restaurateur en 1533.
[3] Notaire Raymond Gautier. — Notaire Mille, à Manosque.

autre monnaie d'or à laquelle il aura improprement donné le nom de gros ? Je ne sais ; mais le fait est constant.

601. Le sou, tant provençal que couronnat réforciat, avait également son sous-multiple. C'était le denier. Il y en avait de deux sortes ; le denier courant et le denier couronnat réforciat. Il existait entre eux la même différence qu'entre le sou provençal et le sou couronnat réforçiat, c'est-à-dire, que le denier réforciat valait un quart de plus que le denier courant. Cette monnaie, commune à toute la France, remonte aux premiers âges de la monarchie.

602. Je dis qu'il y avait des deniers courants ou ordinaires, et je le prouve par l'acte d'emphytéose suivant, dont je donne un extrait : *retenuit dictus nobilis Jacobus Cornuti, in et super dictos cas*[1] *et croteta*[2]*, dominium et senhoriam ipsius et denariorum 12 currentium, qui exponuntur ad panem et vinum*[3].

Ce denier courant ne pouvait être que le denier couronnat dont parle Saint-Vincens[4]. Les plus anciens datent du règne d'Ildefons Ier, roi d'Aragon et comte de Provence. Ils furent frappés en 1196, au titre de 3 deniers, 20 grains. D'autres deniers furent émis sous les règnes suivants, mais ils diffèrent en poids et en titre. Ceux dont il s'agit dans les actes que j'ai consultés, furent sans doute frappés sous le règne de Charles II, en vertu de son ordonnance du 9 juin 1298. Quant aux deniers qui suivirent, ils avaient à peu près la même

[1] Grange. Bâtiment.
[2] Petite cave.
[3] Notaire Raymond Gautier. — Notaire Mille, à Manosque.
[4] Table des monnaies des Comtes de Provence.

valeur. Ils étaient à deux onces d'argent fin par marc, et d'un marc on en taillait 264[1]. On en émit ensuite d'une moindre valeur, nommés petits deniers, puisque 24 valaient un gros[2].

Mais il faut négliger ces variations dans la valeur du denier, sans quoi l'on arriverait difficilement à un résultat pratique. Contentons-nous de dire que le denier courant, ou couronnat, était avec le sou provençal dans le rapport de 1 à 10 ; avec le sou couronnat réforciat dans celui de 1 à 12 1/2 ; et avec le gros de 1 à 16, c'est-à-dire, que le provençal valait 10 deniers ; le couronnat réforciat 12 deniers 1/2 ; et le gros 16 deniers. Cela, joint à la connaissance que nous avons de la valeur approximative du florin, suffira pour permettre de juger de l'importance des transactions que faisaient nos ancêtres.

603. Le denier réforciat suivait la loi commune, en ce sens qu'il était supérieur d'un quart au denier courant. Frappé en 1302, sous le règne de Charles II, il contenait deux onces, onze grains moins un tiers d'argent fin par marc, et on en taillait 212 au marc. Sa valeur, en réalité, surpassait celle du denier couronnat. Je ne sais cependant comment il se fait que Saint-Vincens lui donne la même valeur[3]. Bien que ce dernier, ainsi que tous les autres, ne fût guère qu'une monnaie de billon, il devait valoir davantage, par la raison qu'il contenait une plus grande quantité de fin. Ce n'était pas pour rien qu'on le nommait réforciat. Au rete, les notaires avaient soin de mentionner le denier réforciat

---

[1] Papon, hist. de Provence. T. 3, page 571.
[2] Table des monnaies des Comtes de Provence, page 9.
[3]   Ibid.   Ibid.   page 5.

35

quand les parties avaient stipulé en cette monnaie. Les mots *denarium reforciatorum* reviennent assez souvent dans leurs actes.

604. Bien que les sous et deniers réforciats existassent dans le commerce, je crois qu'on en avait fait une monnaie de compte, ainsi qu'il était arrivé pour le florin, et que, toutes les fois qu'un payement était stipulé en monnaie réforciate, on entendait, non pas qu'il serait fait uniquement en cette monnaie, mais qu'il aurait lieu en florins, sous et deniers de la plus haute valeur, c'est-à-dire dépassant d'un quart la monnaie ordinaire. En un mot, par monnaie reforciate, on désignait les espèces d'or ou d'argent au plus haut titre.

605. Le denier avait un multiple spécial. On le nommait patac, en latin *patacus*. Il nous venait du Dauphiné où il était connu dès le XIVe siècle. Le patac, qui commença à circuler en Provence dans le commencement du siècle suivant, valait deux deniers provençaux, ou trois petits deniers. Il était à 2 deniers 12 grains 1/2 de loi, et on en taillait 183 au marc [1].

Il est étonnant que Saint-Vincens n'ait pas donné le dessin de cette monnaie, dont l'usage était fréquent. Il se borne aussi à indiquer la date de son apparition, sans dire quel est celui de nos Comtes qui en fit frapper le premier. Il constate seulement qu'il en fut émis sous les règnes de Louis XII et de François Ier, après la réunion du Comté à la France [2].

L'auteur des monnaies qui avaient cours en Provence est plus précis. Il affirme que les premiers patacs fabri-

---

[1] Papon, hist. de Provence. T. 3, page 602 et 609. Table des monnaies, page 9.

[2] Papon, hist. de Provence. T. 3, page 609.

qués en Provence le furent sous Louis II. Selon lui, cette monnaie subit ensuite une dépréciation considérable. Bientôt après, dit-il, le poids et le titre des patacs diminuèrent, au point qu'ils ne furent plus qu'à 2 deniers 6 grains, et qu'il en entra 192 1/4 au marc. Néanmoins, on continua à les compter dans les transactions pour leur valeur primitive[1].

606. Le denier se divisait en oboles et en pites. L'obole valait la moitié du denier. Cette monnaie était fort ancienne. Il paraît que l'usage en fut de bonne heure abandonné, car les dernières oboles dont Saint-Vincens fasse mention sont de 1432, sous le règne de Louis III. Elles pesaient 10 grains[2]. Cet auteur donne le dessin de celles qui furent frappées sous le règne d'Ildefons I, roi d'Aragon et comte de Provence, et sous celui de Robert[3]. Je remarque que cette monnaie est rarement mentionnée dans les contrats, si ce n'est dans ceux d'emphytéose. On ne devait guère s'en servir dans le commerce journalier à cause de sa petitesse. Cependant il convenait d'en parler. J'ajouterai qu'on rencontre aussi, mais encore plus rarement, l'obole d'or. Quant à la valeur, même approximative, de celle-ci, il m'a été impossible de la connaître.

607. Quant à la pite qui était encore plus petite et qui valait la moitié de l'obole, ou le quart du denier, je ne l'ai pas rencontrée souvent dans mes recherches. Saint-Vincens en parle[4], et l'auteur des monnaies qui avaient cours en Provence dit l'avoir trouvée pour la

---

[1] Page 35.
[2] Table des monnaies des Comtes de Provence, page 10.
[3] Monnaies des Comtes de Provence. Planches 1 et 5.
[4] Papon, hist. de Provence. T. 3, page 610.

première fois dans une charte de 1206. Il croit qu'il n'en a jamais été frappé en Provence[1]. C'est possible, bien que ce point soit assez difficile à éclaircir.

608. Enfin, au dernier terme de cette série, il y avait la parpaillole, que j'ai vu désignée sous le nom de *parpalolla regis*. Je n'en parle que pour mémoire, car c'était un infiniment petit, peu usité, et dont j'ignore la valeur.

609. Voilà quelques notions très sommaires et plus que suffisantes pour la complète intelligence des actes que j'ai rapportés et de ceux qui vont suivre. C'est un simple aperçu du système monétaire usité chez nos devanciers. Mais cette excursion dans le domaine de la numismatique doit s'étendre un peu plus loin. Il est dans ces actes certaines valeurs et certaines monnaies sur lesquelles je dois donner quelques explications. Il est vrai qu'on pourrait les trouver ailleurs ; mais si l'on ne faisait que du nouveau, où en serait l'art d'écrire ? d'ailleurs, je tiens à ce que mon travail soit complet, autant que la manière de traiter mon sujet peut le comporter.

Il est question dans plusieurs actes du marc d'argent fin. Il importe de savoir à peu près quelle valeur cela représentait.

Je dis à peu près, car il est impossible d'arriver à une certitude, attendu qu'on ne sait pas au juste de quel marc il s'agissait, par la raison qu'il y en avait plusieurs en usage. Ainsi, je trouve dans Saint-Vincens des monuments historiques attestant qu'on se servait en Provence, tantôt du marc de Montpellier, tantôt de celui de Troyes, qui étaient inégaux [2].

[1] Pages 36, 37.
[2] Papon, hist. de Provence. T. 3, page 609.

Comme je n'ai pas la prétention d'arriver à un résultat mathématique, et que je me contente de faire connaître approximativement la valeur du marc, je n'ai pas besoin d'entrer dans le conflit, et d'essayer de porter la lumière là où de plus habiles n'ont pas osé pénétrer. Je prendrai donc le marc tel qu'il était il y a peu d'années, alors qu'il était usité, et je raisonnerai sur cette donnée. La prémisse n'étant pas exacte, la conclusion ne le sera pas non plus ; néanmoins elle approchera de la vérité. Que d'autres fassent mieux.

610. Il est connu que le marc, unité de poids pour les métaux précieux, et surtout pour l'argent, faisait la moitié de la livre usuelle, soit huit onces, soit 244 grammes et 75 centigrammes [1]. L'once se divisait en 24 deniers, et le denier en 24 grains. Quand un lingot d'argent était pur de tout alliage, on disait qu'il était à 12 deniers [2]; comme on disait de l'or, en semblable condition, qu'il était à 24 carats.

Au moment où j'écris, l'argent vaut environ 54 fr. le marc. Sa valeur était plus grande dans le XIVe siècle, car, depuis lors le pouvoir des métaux est allé en décroissant. Au dire de Saint-Vincens, en 1332 le marc valait en Provence trois livres neuf deniers couronnats [3]. En 1465 il avait plus que doublé [4]. En 1513, il fut porté à douze livres dix sous, et depuis il a toujours été en augmentant. Il est arrivé au point où il est aujourd'hui, et il n'est guère présumable que son mouvement d'ascension s'arrête de sitôt, car le prix de l'argent,

---

[1] Migne, Dict. de numismatique. V° Marc.
[2] Boué. Traité d'orfèvrie. T. 1, page 98.
[3] Papon, hist. de Provence. T. 3, page 687.
[4]   Ibid.   Ibid.   page 630.

ainsi que de tout autre métal, n'est et n'a jamais été que relatif à la quantité mise en circulation. Par exemple, il est évident que l'ancien rapport existant entre l'or et l'argent est maintenant rompu, et que l'un tend à s'élever à mesure que l'autre décroît. La raison en est simple. La production de l'argent est presque stationnaire, tandis que celle de l'or augmente prodigieusement. Par conséquent, le premier doit renchérir et le second diminuer. C'est une vérité dont nous avons la preuve journalière.

Mais cela n'est bon que pour les économistes. Ce qu'il nous importe de savoir, c'est la valeur du marc d'argent pendant le XIVe siècle, comparée avec la valeur actuelle; en d'autres termes, combien il faudrait de francs pour faire une quantité déterminée de marcs. Ainsi, par exemple, lorsque le sénéchal de Provence ordonne de rechercher les personnes non nobles possédant terres seigneuriales et juridiction, il leur impose l'obligation de se présenter devant le juge royal à l'effet d'y exhiber leurs titres. Celui-ci en les sommant de comparaître par devers lui, dit que, à défaut de satisfaire à la citation, les récalcitrants seront condamnés au payement de cent marcs d'argent fin, pour chacun [1]. Reportons-nous au temps présent, supposons que le marc vaille 54 fr ; ce sera une somme de 5,400 fr. que devra payer chaque défaillant. La vanité était suffisamment punie, car tout roturier possédant fief devait bien se garder de montrer ses titres.

611. La livre, monnaie de compte, figure souvent dans les actes du XIVe siècle. En France elle se divisait en vingt sous. En Provence, on en connaissait très

---

[1] Acte du 22 février 1344. Notaire Guil. Autric. V. n° 224.

anciennement de trois espèces ; la livre royale, la livre provençale, et la livre couronnée.

612. D'après un parère de Bertand de Rousset, rational et archiviste, fait environ en 1525, la livre royale valait douze sous provençaux[1]. Mais cette livre étant fort peu usitée, puisque je ne l'ai jamais rencontrée dans les actes, je n'en parlerai pas, et me contenterai de renvoyer les curieux à Sain-Vincens [2].

613. Quant à la livre provençale, il résulte de ce parère et de textes positifs qu'elle valait vingt sous provençaux [3]. Elle était, par conséquent, bien inférieure à la livre tournois, puisque, au dire de Saint-Vincens, la monnaie tournois et la monnaie réforciate étaient dans la proportion de 15 à 16. La pièce nommée gros tournois à l'o rond valait en 1325 quinze deniers tournois, tandis que en Provence elle était évaluée à seize deniers réforciats. Or, la monnaie réforciate valant un quart de plus que la monnaie courante, l'importance de la livre provençale se trouve doublement diminuée [4].

Ainsi, nous savons que le tournois d'argent valait 16 deniers. Vingt de ces sous faisaient la livre tournois qui était, par conséquent, de 320 deniers. D'un autre côté, le sou provençal valait 10 deniers. A 20 sous par livre, nous avons la somme de 200 deniers, qui serait réellement la valeur de la livre provençale. Donc celle-ci serait inférieure de 6/10 à la livre tournois. Ce résultat me paraît évident, car c'est une question de chiffres.

Mais on comprend que cette cause d'infériorité n'est

---

[1] Archives des Bouches-du-Rhône. Arietis, f⁰ 125 v⁰.
[2] Papon, hist. de Provence. T. 2, page 561.
[3] Des monnaies qui avaient cours en Provence, page 22.
[4] Papon, hist. de Provence. T. 3, page 586.

pas la seule. Indépendamment de ce que la livre provençale contenait un nombre bien moindre de deniers que la livre tournois, ces derniers étaient encore inférieurs sous le rapport du titre. En supposant que la monnaie tournois et la monnaie réforciate fussent sur le pied d'égalité, ce qui est douteux, comme cette dernière surpassait d'un quart la monnaie courante, il s'en suivrait que la livre provençale devrait subir une seconde et notable dépréciation, et que, en réalité, elle aurait à peine valu la moitié de la livre tournois.

Ou les bases sur lesquelles portent ce résultat sont fausses, ou bien il faut l'admettre comme étant hors de doute. Cependant il est repoussé par une auteur contemporain. Cet écrivain, contestant la justesse de l'appréciation de la livre tournois faite par Saint-Vincens, et se basant sur la quantité de fin contenue dans les monnaies françaises et provençales du XIVe siècle, arrive à démontrer la similitude presque parfaite de la livre tournois et de la livre provençale[1]. Je ne sais s'il aura réussi, car la chose me paraît difficile.

Mais au fond le rapport entre la livre provençale et la livre tournois est assez indifférent. Leur rapprochement peut être un sujet d'étude intéressant pour l'antiquaire, pour le numismate, même pour celui qui s'occupe d'économie sociale. Quant à moi, je ne recherche qu'une chose, à savoir, quelle était la valeur de la livre provençale comparée avec les monnaies ayant cours dans le pays. Or, cette valeur est trouvée ; elle était de vingt sous provençaux. C'est là le point capital : tout le reste est surérogatoire. Car fussions-nous encore plus incertains sur la valeur relative de la livre tournois et

[1] Des monnaies qui avaient cours en Provence, page 25.

de la livre provençale, nous avons des renseignements suffisants pour savoir ce que valait celle-ci. Or, cela suffit au plan que je me suis tracé.

614. On trouve fréquemment dans les actes la mention de la livre couronnée, ou, pour m'exprimer avec plus de précision, *libra coronatorum*, c'est-à-dire, la livre composée de sous couronnats. J'ai déjà dit que ces couronnats n'étaient autre que des provençaux auxquels on avait donné un nom particulier [1]. Cependant, comme on en avait frappé de titres et de poids différents, cela aurait dû influer sur la valeur de cette espèce de livre. J'avoue néanmoins qu'il n'en est rien, et que la livre couronnée ne paraît avoir jamais subi de variations. Elle est toujours mentionnée purement et simplement, sans addition de valeur quelconque. Mais le parère dont j'ai parlé établit sa valeur à 25 sous provençaux.

615. Un acte sans date, mais qui paraît être du XIIIe siècle [2], mentionne une monnaie que je n'ai rencontrée que cette seule fois. Je veux parler du *cavallerium* évalué à 7 deniers. Cette monnaie était française, car je n'ai vu nulle part qu'il en avait été frappé en Provence. On la désignait ainsi parce quelle portait sur une de ses faces un homme à cheval, et pour la distinguer du franc à pied, dont le nom s'explique de lui-même [3]. D'après Saint-Vincens, cette effigie était celle du roi [4].

Ce cavalier valait un peu moins du sou tournois; son rapport avec ce sou étant de 7/16. C'était, par consé-

---

[1] Voir numéro 609.
[2] Notaire Pierre Ayméric, à Manosque. — Notaire Mille.
[3] Migne. dict. de numismatique, v° franc, § 31.
[2] Papon, hist. de Provence. T. 3, page 589.

quent, une monnaie d'argent. Or, je trouve partout que le franc à cheval était une monnaie d'or valant vingt sous tournois[1]. La valeur du franc à pied était la même[2]. Il résulte donc de là un point de fait incontestable, c'est que à une époque que l'on ne peut fixer, on avait frappé en France des cavaliers d'argent. L'exiguité de valeur de cette monnaie étant une preuve qu'elle n'avait pas été taillée dans le métal le plus précieux.

616. Le franc d'or, dont il est quelquefois question dans les actes, valait 20 sous provençaux. Ainsi par acte du 11 juin 1424, nobles Guillaume et Jean Paul, père et fils, de Saint-Michel, vendirent à Pons Coupier, prêtre, du même lieu, une ruelle, *androna,* existant entre leurs maisons, au prix de un franc d'or, de 20 provençaux ; *de soludis 20 soludorum provincialium quolibet franco computando* [3]. La valeur du provençal nous étant connue, il ne peut y avoir de doute sur celle du franc d'or[4].

617. Je m'arrête ici, car j'en ai suffisamment dit. Si quelque lecteur veut pénétrer plus avant dans le dédale du système monétaire usité en Provence dans le Moyen-Age, il recourra à des autorités plus imposantes que la mienne. Je désire qu'elles lui en donnent une idée nette et claire. Mais je le préviens que sa tache ne sera pas facile.

FIN DU TOME PREMIER

---

[1] Migne et Papon. Loc. Cit.
[2] Des monnaies qui avaient cours en Provence, page 27.
[3] Notaire Raymond Gautier. — Notaire Mille, à Manosque.
[4] Des monnaies qui avaient cours en Provence, page 26.

MANOSQUE, IMPRIMERIE A. DEMONTOY